担保物権法

平野裕之
Hiroyuki Hirano

DROIT CIVIL

日本評論社

はしがき

　本書は、昨年（2016年）出版した『物権法』に続く私の日本評論社シリーズの『担保物権法』の巻である。『物権法』の「はしがき」に書いたように、日本評論社シリーズは、著者の初級者向けのコアテキストシリーズ（新世社）と辞書として使用することを予定した民法総合シリーズ（信山社）の中間として、中級から上級者用の通読用の教科書として書かれたものである。執筆方針も『物権法』と同じである。注は少なめにして、一気に本文を読ませることすなわち通読する教科書であることを本書の基本方針とした。図や表は用いていないが、これはコアテキストシリーズを目で見る教科書として、図表を更に充実させようという意図を持っており、それとの棲み分けのためである。クロスレファレンスも充実させている。

　内容については、判例の解説・分析を中心として、説明に必要な場合に限り比較法や起草過程の説明を最小限行うことにした。また、学説の説明は網羅的ではなく、原則として代表的なものに限定して説明することにした。思考のトレーニングとして異説で説明する価値のあるものは注で説明するにとどめている。単に参考文献を表示するだけの注も削除し、文献も含めて詳しくは民法総合に譲ることにした。大審院時代のカタカナの判決文については、適宜濁点を付けまた必要に応じて句読点を追加した上でひらがなに変更した。また、判決文の下線また①などの番号は、特に判決文に元から付されていたことを注記していない限り、著者が説明の便宜のために追加したものである。登場人物についても、説明されている事例との対応関係がわかりやすいように、適宜変更している。判決文の引用の正確さには欠けるものの、これは読みやすさを考えたものである。

　ところで、本書の校正時の段階では、民法改正法案の審議中でありいまだ改正法が成立しておらず、改正法の影響を受けない分野を選んで先に出版する計画であるが、担保物権法も改正法の影響を全く受けないものではない。

そのため、改正法案については関係する改正法案の条文を引用する場合には「改正法案〇〇条」として引用することにしたことは、「文献等略記」に記載の通りである。

担保物権は、それ自体が主役である財産権ではなく、また、物権とはいっても所有権また用益物権とは大きく異なるがゆえの理解の難しさがある。担保法一般についていえることであるが、理論の美しさないし論理一貫性だけを追求するのではなく、実務の要請に応えることもこの分野では特に必要であり、その際に、債権者平等という原則と勤勉な債権者として担保をどこまで独占することが許されるのかなど、関係者の利益を政策的に調整することが必要になる。要するに結果の妥当性が、他の領域よりも特に重視されるといえようか。

担保物権法の分野は政策的な考慮が大きく立法に反映されるものであり、比較法的なグローバルな視野からの比較は不可欠である。その意味では、片山直也教授とフランス担保法改正について共同研究をしたことは母法の動向を知るのに参考となり、近江幸治教授の主催する担保法研究会に参加する機会を得て、アメリカ法など諸外国の研究を含めて種々の知識を得ることができた。さらには同じく近江教授が中心となっている日中韓の担保法の比較法研究会により同じアジアでの動向を把握でき大いに勉強させていただいた。研究会の先生方には感謝する次第である。

思い起こせば、助手の頃に、椿寿夫教授を代表者とする「抵当権制度研究会」に参加させていただいてから、抵当権法については強い関心を持ち続けてきた。代物弁済予約や譲渡担保を研究されてきた椿先生から「権利分属」、権利「帰属」といったことを研究するよういわれてから、問題意識は持ちつつも「所有権」とは何か、「権利」とは何か、「帰属」「処分権」「管理権」とは何か、研究を続け悩みつつも何ら完成させられないままになっている。抵当権制度研究会に共に参加されていた助手時代の指導教授である玉田弘毅先生からは、共有は争いの原因であるが、共有も一枚岩ではなく多様な態様があってよいことを説かれ、共有論も「帰属」論の一環として研究しなければと思いつつ、これもやり残したままである。教科書を書いている暇があったら研究しろとお２人の先生からはお叱りを受けそうである──残念ながら玉田先生からは天国から──。

はしがき

　本書は予備校のテキストと代わり映えのしない、独自の体系を抑えた客観的叙述に終始している。政策的考慮や結果の妥当性の追求が要求されると上に書いたが、「担保」特に物的担保については理論的・体系的整理も必要な分野であり、それこそが読者に学問的刺激を与えるものである。また、本当によい教科書は、疑問を覚えさせその点について自分で考えさせ、その際に自分で考えるための材料を提示するにとどめるものであろう。教科書はあくまでも読者が自分の頭で考えるための資料にすぎないのである。多湖輝『頭の体操』（光文社）のシリーズのように問題方式にはなっていないが、問題点を理解してもらい、それを考えてもらうという黙示の問題設定がされているという意識で、チャレンジングに自分で考えながら読んでもらいたい。

　最後になったが、校正段階で、早慶の私のゼミ生に目を通してもらい読者としての感想や改善すべき点の指摘などをしてもらった。貴重な意見を出してくれた、秋田拓真、河合光雄、森崎真（以上、慶應義塾大学4年生）、渋井朝葵、秋野博香、中川裕太、松下優子、三角侑子、山下鈴乃、和氣祐弥（以上、慶應義塾大学3年生）、野崎智裕、松崎俊紀、森崎蓮（以上、早稲田大学3年生）に感謝したい。何人かは『物権法』に引き続いての担当になった。また、室橋真利子さんには、今回もまた判例の確認から文章についての指摘など数限りないサポートをしてもらっており、感謝したい。

　このシリーズの先行していた『民法総則』の出版が校正の段階でストップしたままであるが、その原因であった民法改正の議会審議が開始され、現在の国会でようやく成立しそうな状況である。改正がなったならば、総則は瞬時にでも発刊する予定であり（そのため、本文中『民法総則』へのクロスレファレンスについては、刊行予定の新版の通し番号によっている）、本シリーズの残された債権総論、契約法、そして、事務管理・不当利得・不法行為まで速やかに刊行したい。

2017年1月

平野裕之

目次

第1章 担保法および担保物権法総論

§Ⅰ 債権者平等の原則と担保 … 2
1 債権者平等の原則と担保 … 2
(1) 債権者平等の原則 (2) 担保の意義とその必要性
2 物的担保と人的担保 … 4
(1) 物的担保（担保物権）(2) 人的担保 (3) その他の担保的機能を持つ制度

§Ⅱ 担保物権総論 … 5
1 担保物権の効力（権利）… 5
(1) 優先弁済的効力（優先弁済権）(2) 留置的効力（留置権限）(3) 収益的効力（使用収益権）
2 担保物権の分類 … 8
(1) 担保物権の効力を基準とした分類 (2) 発生原因を基準とした分類 (3) 民法に規定されているか否かによる分類
3 担保物権に共通の性質（通有性）… 10
(1) 債権への付従性・随伴性 (2) 担保物権の不可分性 (3) 物上代位性——優先弁済型担保物権に共通の性質 (4) 担保（価値）維持保存請求権（ないし義務）

第2章 抵当権——約定担保物権①

§Ⅰ 抵当権の意義・性質 … 16
1 抵当権の意義 … 16
(1) 抵当権の意義 (2) 抵当権の特色
2 抵当権の性質 … 18
(1) 抵当権の物権性 (2) 価値権という理解について

§Ⅱ わが国における抵当権に関する諸原則 … 20
1 公示の原則および特定の原則 … 20

　　2　順位昇進の原則 ･･ 21
　　3　消滅主義（ないし消除主義）･･･ 21
§Ⅲ　抵当権設定契約 ･･ 22
　　1　抵当権設定契約 ･･ 22
　　　⑴　諾成・不要式の契約　⑵　抵当権設定契約の当事者（債務者・物上保証人）
　　2　抵当権の設定できる物ないし権利 ･･････････････････････････････････････ 25
§Ⅳ　被担保債権および抵当権の効力の及ぶ目的物 ･･････････････････････････････ 27
　　1　抵当権の被担保債権 ･･ 27
　　　⑴　抵当権の被担保債権の意義・認定　⑵　利息などについて　⑶　抵当権を消滅させるために必要な弁済額
　　2　抵当権の効力の及ぶ目的物の範囲①──付加物と従物の関係 ･････････････ 32
　　　⑴　問題の整理　⑵　従物への効力　⑶　天然果実への効力
　　3　建物の合体と抵当権 ･･ 40
§Ⅴ　抵当権の侵害に対する効力 ･･ 41
　　1　目的物の占有──抵当権の実行妨害 ･･････････････････････････････････ 41
　　　⑴　問題の整理　⑵　妨害排除請求を否定する平成3年判決（香川判決）──価値権説に忠実な判決　⑶　その後の判例変更　⑷　妨害排除請求権が認められる時期
　　2　従物・立木などの侵害──分離物への抵当権の効力 ･･････････････････････ 49
　　　⑴　問題の整理　⑵　立木　⑶　従物
　　3　抵当権侵害による損害賠償請求権──物上代位との関係 ･･････････････････ 56
　　　⑴　問題の整理　⑵　学説の状況
§Ⅵ　物上代位 ･･ 59
　　1　物上代位総論 ･･ 59
　　　⑴　物上代位の意義・問題点　⑵　物上代位の法的構成──物上代位権とは
　　2　物上代位の目的物 ･･ 61
　　　⑴　民法の規定　⑵　目的物の売却代金　⑶　目的物の滅失または損傷による損害賠償請求権　⑷　目的不動産の賃料債権　⑸　損害保険金債権
　　3　物上代位における差押えの意味 ･･ 71
　　　⑴　問題の整理　⑵　特定性維持説　⑶　優先権保全説（差押公示説・第三者保護説）　⑷　第三債務者保護説

v

4　物上代位と第三者 ……………………………………………………… 75
　　　（1）第三者との関係の確認　（2）物上代位と第三債務者による相殺
　　5　物上代位の行使方法──配当加入でも行使可能か ………………… 79
§Ⅶ　抵当権の目的不動産の用益権者の保護 …………………………………… 80
　　1　民法当初規定による短期賃貸借制度の導入 ………………………… 80
　　2　短期賃貸借制度の廃止・明渡猶予制度へ …………………………… 81
§Ⅷ　法定地上権および一括競売権 ……………………………………………… 83
　　1　法定地上権制度の必要性 ……………………………………………… 83
　　2　法定地上権の成立要件 ………………………………………………… 85
　　　（1）土地の上に建物が存在すること　（2）土地と建物が同一の所有者に帰属すること
　　3　法定地上権の内容 ……………………………………………………… 96
　　4　一括競売権 ……………………………………………………………… 97
　　　（1）土地所有者が建築した建物──一括競売権は権利にすぎないか　（2）土地利用権者が建築した建物
§Ⅸ　抵当不動産の第三取得者の法的保護 ……………………………………… 99
　　1　第三取得者をめぐる法律関係 ………………………………………… 99
　　2　第三取得者の買主としての売買契約上の保護 …………………… 100
　　3　抵当権者との関係における保護①──代価弁済 ………………… 100
　　4　抵当権者との関係における保護②──抵当権消滅請求権 ……… 101
　　　（1）当初の民法における滌除制度の導入　（2）滌除制度の廃止と抵当権消滅請求権の導入
§Ⅹ　抵当権の処分 ……………………………………………………………… 104
　　1　転抵当権 ……………………………………………………………… 104
　　　（1）転抵当権の意義　（2）転抵当権の有効要件および対抗要件　（3）転抵当権の効力
　　2　抵当権の譲渡・放棄および抵当権の順位の変更・譲渡・放棄 … 106
　　　（1）抵当権の譲渡・放棄──無担保債権者との取引　（2）抵当権の順位の変更・譲渡・放棄──抵当権者間の取引
§ⅩⅠ　共同抵当権 ………………………………………………………………… 107
　　1　共同抵当権の意義 …………………………………………………… 107

2 抵当不動産が全て債務者所有の場合──同主共同抵当①……………… 108
    (1) 共同抵当における配当　(2) 共同抵当権における一部の抵当権の放棄──代位の期待の保護
  3 共同抵当が全部同一物上保証人所有の不動産の場合
      ──同主共同抵当② ……………………………………………………… 113
  4 債務者の所有不動産と物上保証人の所有不動産が共同抵当である場合
      ──異主共同抵当① ……………………………………………………… 114
    (1) 問題の提起　(2) 債務者所有の不動産の後順位抵当権者と物上保証人の優劣
    (3) 物上保証人の不動産の後順位抵当権者と物上保証人の優劣　(4) 抵当権の放棄
  5 異なった物上保証人の所有であった場合──異主共同抵当② ……… 118

§XII 根抵当権 …………………………………………………………………… 119
  1 根抵当権の意義 ………………………………………………………… 119
  2 根抵当権の設定 ………………………………………………………… 120
  3 根抵当権の限界づけの基準 …………………………………………… 121
    (1) 被担保債権の範囲　(2) 極度額　(3) 確定期日
  4 根抵当権の変更 ………………………………………………………… 125
    (1) 当事者の合意による変更　(2) 相続・合併による当事者の変更
  5 根抵当権の処分 ………………………………………………………… 127
    (1) 転抵当　(2) 根抵当権の譲渡
  6 共同根抵当権 …………………………………………………………… 128
    (1) 非累積式共同根抵当権（純粋共同根抵当権）　(2) 累積式共同根抵当権
  7 根抵当権の確定 ………………………………………………………… 129
    (1) 根抵当権の確定の意義　(2) 確定事由
  8 根抵当権消滅請求権 …………………………………………………… 130

§XIII 抵当権の消滅時効および抵当不動産の取得時効 ……………………… 131
  1 396条と397条の確認 …………………………………………………… 131
    (1) 条文の規定および問題の提起　(2) 問題となる事例の整理
  2 396条と397条の関係 …………………………………………………… 134
    (1) 通説・判例（別制度説＝396条消滅時効・397条取得時効）　(2) 少数説
    （396条・397条抵当権消滅時効説）

3　各論的考察 ··· 136
　　　(1)　抵当権設定後の占有者　(2)　占有開始後の抵当権設定事例
　　4　抵当権の目的である地上権・永小作権の放棄 ··················· 140
§XIV　抵当権の実行 ·· 141
　　1　抵当不動産の競売 ··· 142
　　　(1)　競売開始決定の要件・申立て　(2)　競売開始決定の方法　(3)　競売手続
　　　(4)　配当手続
　　2　担保不動産収益執行 ·· 146
　　3　抵当権の私的実行 ··· 147
　　　(1)　抵当直流　(2)　任意売却
　　4　倒産手続における抵当権の処遇 ······································ 148
§XV　特別法上の抵当権 ··· 149
　　1　工場抵当権 ·· 149
　　　(1)　工場抵当の効力の及ぶ目的物　(2)　工場抵当の効力の及ぶ目的物についての公示方法　(3)　工場抵当権の追及力
　　2　財団抵当権 ·· 152
　　3　企業担保 ·· 153
　　4　動産抵当 ·· 153
　　　(1)　農業動産信用法　(2)　建設機械抵当法　(3)　その他の動産抵当制度
　　5　立木抵当 ·· 154
　　6　物権とみなされる権利（採石権、鉱業権、漁業権）··········· 155

第3章　質権──約定担保物権②

§Ⅰ　動産質および不動産質の意義 ·· 158
　　1　質権の意義──占有担保 ··· 158
　　　(1)　質権の意義──庶民金融という制度設計　(2)　新しい動産担保へ──非占有担保へ

2　動産質 ··· 159
　　　(1) 動産質の設定　(2) 動産質の対抗要件　(3) 動産質の効力　(4) 質権者による転質
　　3　不動産質 ··· 168
　　　(1) 不動産質の設定　(2) 不動産質の効力
§Ⅱ　権利質（債権質） ··· 171
　　1　はじめに ·· 171
　　2　債権質の設定 ·· 172
　　　(1) 設定契約――要物契約性の制限　(2) 債権質の対抗要件
　　3　債権質の効力 ·· 174
　　　(1) 質権の効力の及ぶ債権　(2) 優先弁済的効力――直接取立権　(3) 債権質の質入債権に及ぼす拘束力

第4章　譲渡担保・所有権留保および仮登記担保

§Ⅰ　動産および不動産譲渡担保（譲渡担保権①） ············· 178
　　1　譲渡担保の意義 ·· 178
　　2　譲渡担保の法的構成 ··· 180
　　　(1) 問題点　(2) 判例の状況　(3) 学説の状況
　　3　譲渡担保権の設定 ··· 187
　　　(1) 設定契約――当事者・目的物・被担保債権　(2) 対抗要件（譲渡担保権の公示）――第三者の取引安全保護
　　4　譲渡担保権の効力の及ぶ範囲 ··································· 189
　　　(1) 効力の及ぶ目的物の範囲　(2) 物上代位
　　5　譲渡担保権の実行（私的実行） ································ 192
　　　(1) 譲渡担保権の私的実行の許容　(2) 譲渡担保権の実行方法　(3) 譲渡担保権設定者の受戻権
　　6　設定当事者間の法律関係 ··· 198
　　　(1) 目的物の利用関係　(2) 目的物の侵害

7　設定当事者と第三者との法律関係 …………………………………… 201
(1) 設定者による目的物の処分など——譲渡担保権の対抗　(2) 譲渡担保権者による処分など　(3) 第三者による権利侵害

8　集合動産譲渡担保（流動動産譲渡担保） …………………………… 208
(1) 集合動産譲渡担保の意義　(2)「集合動産」譲渡担保の可能性——分析的構成（分析論）と集合物構成（集合物論）　(3) 集合物の特定　(4) 第三者との関係——対抗要件および動産売買先取特権との関係

§Ⅱ　債権譲渡担保（譲渡担保権②） ………………………………………… 218
1　債権の譲渡担保 ……………………………………………………… 218
2　集合債権譲渡担保 …………………………………………………… 219
(1) 集合債権譲渡担保　(2) 集合債権の譲渡予約　(3) 集合債権の停止条件付き譲渡

§Ⅲ　代理受領および振込指定 ………………………………………………… 226
1　代理受領 ……………………………………………………………… 226
(1) 代理受領の意義　(2) 代理受領の効果

2　振込指定 ……………………………………………………………… 229

§Ⅳ　所有権留保 ………………………………………………………………… 231
1　所有権留保の意義 …………………………………………………… 231
2　所有権留保の法的構成 ……………………………………………… 233
(1) 所有権的構成　(2) 担保権的構成

3　所有権留保の合意——留保所有権の設定 ………………………… 235
(1) 所有権留保条項——売買契約の特約条項　(2) 所有権留保の対抗要件

4　所有権留保の効力 …………………………………………………… 236
(1) 所有権留保の実行　(2) 所有権留保の対内的効力　(3) 所有権留保の対外的効力

§Ⅴ　仮登記担保 ………………………………………………………………… 242
1　仮登記担保法の制定 ………………………………………………… 242
2　仮登記担保法の内容 ………………………………………………… 244
(1) 仮登記担保の意義と公示　(2) 仮登記担保権の実行　(3) 後順位抵当権者の清算金への物上代位　(4) その他

第5章 留置権——法定担保物権①

§I 留置権の意義 ……………………………………………………… 252
1 留置権の意義——同時履行の抗弁権と留置権 …………………… 252
2 留置権の性質 ……………………………………………………… 254
(1) 物権としての構成 (2) 担保物権性

§II 留置権の成立要件 ………………………………………………… 255
1 「他人の物」を「占有」していること …………………………… 256
(1) 債務者の所有であることが必要か (2) 目的物の占有——存続要件でもある
2 債権と物との牽連性——「その物に関して生じた債権」 ……… 260
(1) 債権が物自体から生じた場合 (2) 債権が物の返還義務と同一の事実関係または法律関係から生じた場合
3 債権の弁済期到来 ………………………………………………… 264
4 占有が不法行為によって開始したのではないこと …………… 264
(1) 295条2項の趣旨 (2) 295条2項の適用の拡大の可否

§III 留置権の効力 ……………………………………………………… 268
1 留置的効力 ………………………………………………………… 268
(1) 「留置」とは (2) 留置権の効力の及ぶ目的物の拡大 (3) 第三者への留置権の対抗力 (4) 留置権の不可分性
2 果実収受権および競売権 ………………………………………… 275
3 留置権行使の効果 ………………………………………………… 276
(1) 留置権が主張された場合の判決 (2) 被担保債権の消滅時効の中断（完成猶予）
4 留置物の管理 ……………………………………………………… 276

§IV 留置権の消滅原因 ………………………………………………… 277

第6章 先取特権——法定担保物権②

§I 先取特権の意義 …………………………………………………… 280
§II 一般先取特権 ……………………………………………………… 281

1　4つの一般先取特権 …………………………………………………… 282
　(1)　共益費用の債権　(2)　給料債権　(3)　葬式費用の債権　(4)　日用品供給の代金債権

2　一般先取特権の効力 …………………………………………………… 284
　(1)　優先弁済的効力など　(2)　一般先取特権の実行　(3)　先取特権間の優劣

§Ⅲ　動産先取特権 …………………………………………………………… 286
1　8つの動産先取特権 …………………………………………………… 286
　(1)　不動産賃貸借の賃料債権（不動産賃貸の先取特権）　(2)　動産売買の代金債権（動産売買の先取特権）　(3)　その他の債権（その他の先取特権）および即時取得規定の準用の有無

2　動産先取特権の効力 …………………………………………………… 292
　(1)　優先弁済権と追及力の制限　(2)　物上代位　(3)　動産先取特権間の優劣　(4)　動産質および動産抵当権との競合

§Ⅳ　不動産先取特権 ………………………………………………………… 297
1　3つの不動産先取特権 ………………………………………………… 297
　(1)　不動産保存に関する債権　(2)　不動産工事の報酬債権　(3)　不動産売買の代金債権

2　不動産先取特権の効力 ………………………………………………… 300
　(1)　抵当権の規定の準用など　(2)　不動産先取特権と抵当権との競合　(3)　不動産先取特権間の優劣

事項索引 ………………………………………………………………………… 303
判例索引 ………………………………………………………………………… 309
条文索引 ………………………………………………………………………… 314

文献等略記

【教科書】

石田文	石田文次郎『全訂担保物権法論 上巻・下巻』(有斐閣・1947年)
石田穣	石田穣『担保物権法』(信山社・2010年)
内田	内田貴『民法Ⅲ 債権総論・担保物権［第3版］』(東京大学出版会・2005年)
梅	梅謙次郎『増補訂正 民法要義 巻之二 物権編』(有斐閣・1984年［1911年版復刻］)
近江	近江幸治『民法講義Ⅲ 担保物権法［第2版］』(成文堂・2005年)
加賀山・担保法	加賀山茂『現代民法担保法』(信山社・2009年)
加賀山・講義	加賀山茂『債権担保法講義』(日本評論社・2011年)
勝本	勝本正晃『担保物権法論』(日本評論社・1940年)
川井	川井健『民法概論2 物権［第2版］』(有斐閣・2005年)
河上	河上正二『担保物権法講義』(日本評論社・2015年)
古積	松尾＝古積健三郎『物権・担保物権法［第2版］』(弘文堂・2008年)
鈴木	鈴木禄弥『物権法講義［5訂版］』(創文社・2007年)
高木	高木多喜男『担保物権法［第4版］』(有斐閣・2005年)
髙橋	高橋眞『担保物権法［第2版］』(成文堂・2010年)
田島	田島順『担保物権法』(弘文堂・1934年)
道垣内	道垣内弘人『担保物権法［第3版］』(有斐閣・2008年)
富井	富井政章『民法原論 第2巻 物権』(有斐閣・1986年［1915年版復刻］)
中島	中島玉吉『民法釈義 巻之二 物権編下』(金刺芳流堂・1916年)
船越	船越隆司『担保物権法［第3版］』(尚学社・2005年)
松井	松井宏興『担保物権法［補訂版］』(成文堂・2008年)
三潴	三潴信三『担保物権法［全訂第14版］』(有斐閣・1925年)
横田	横田秀雄『物権法論』(厳松堂・1921年)
松坂	松坂佐一『民法提要 物権法［第4版］』(有斐閣・1980年)
安永	安永正昭『講義 物権・担保物権法』(有斐閣・2009年)
山野目	山野目章夫『物権法［第5版］』(日本評論社・2012年)
柚木・高木	柚木馨＝高木多喜男『担保物権法［第3版］』(有斐閣・1982年)
我妻	我妻栄『民法講義Ⅲ 新訂担保物権法』(岩波書店・1971年)

【注釈書】

注民(8)［執筆者名］	林良平編『注釈民法(8)物権(3)』(有斐閣・1965年)
新注民(9)［執筆者名］	柚木馨＝高木多喜男編『新版注釈民法(9)物権(4)』(有斐閣・1998年)

文献等略記

【論文集など】
担保法大系第1巻・第2巻
　　　　　　　　　加藤一郎＝林良平編『担保法大系』第1巻（1984年）、第2巻（1985年）（金融財政事情研究会）
清原・物上代位　　清原泰司『物上代位の法理』（民事法研究会・1997年）
古積・換価権　　　古積健三郎『換価権としての抵当権』（弘文堂・2013年）
清水・留置権　　　清水元『留置権概念の再構成』（一粒社・1998年）
鈴木・研究　　　　鈴木禄弥『抵当制度の研究』（一粒社・1968年）
鈴木・論集　　　　鈴木禄弥『物的担保制度をめぐる論集』（テイハン・2000年）
鈴木・分化　　　　鈴木禄弥『物的担保制度の分化』（創文社・1992年）
関・留置権　　　　関武志『留置権の研究』（信山社・2001年）
髙橋・法理　　　　高橋眞『抵当法改正と担保の法理』（成文堂・2008年）
田高・展開　　　　田高寛貴『担保法体系の新たな展開』（勁草書房・1996年）
担保法の判例Ⅰ・Ⅱ
　　　　　　　　　椿寿夫編集代表『担保法の判例Ⅰ・Ⅱ』（有斐閣・1994年）
道垣内・諸相　　　道垣内弘人『担保法の諸相』（有斐閣・2013年）
鳥谷部・非典型担保
　　　　　　　　　鳥谷部茂『非典型担保の法理』（信山社・2009年）
松井・基礎理論　　松井宏興『抵当制度の基礎理論』（法律文化社・1997年）
薬師寺・留置権論
　　　　　　　　　薬師寺志光『留置権論』（三省堂・1935年［信山社復刻版・1990年］）
米倉・譲渡担保　　米倉明『譲渡担保』（弘文堂・1978年）
米倉・所有権留保
　　　　　　　　　米倉明『所有権留保の実証的研究』（商事法務研究会・1977年）
米倉・譲渡担保の研究
　　　　　　　　　米倉明『譲渡担保の研究』（有斐閣・1976年）
米倉・担保法の研究
　　　　　　　　　米倉明『担保法の研究』（新青出版・1997年）

【その他】
改正法案　　　　　「民法の一部を改正する法律案」（平27・3・31提出）

第1章
担保法および担保物権法総論

§Ⅰ 債権者平等の原則と担保

1 債権者平等の原則と担保

1-1 (1) 債権者平等の原則

　債務者の財産は総債権者（本書では債権・債務は金銭債権・債務を念頭に置いて説明する）の一般担保であり、債権者は債務者が弁済をしない場合には、債務者の財産を差し押さえてこれを競売にかけ、その競落代金から支払を受けることができる。ところが、債務者の財産が全ての債権者の債権額を満たさない場合（これを無資力状態という）、同一債務者の財産に対する債権者の債権は、発生原因、発生時期などにより区別されずに、倒産手続において全て債権額に応じて平等に扱われる。これを**債権者平等の原則**といい、日本では倒産手続のみならず、個別的な強制執行手続にまで貫徹させるという比較法的にも異例なほどの債権者平等が徹底されている。

　債務者について破産手続が開始するまでは、債権者による**債権回収は自由競争**に任され、一早く債務者の信用不安を察して債権回収に努力をした債権者が事実上優先的に債権の回収ができることになる（「**勤勉な債権者**」論）。ところが、債務者について破産手続が開始すると、個々の債権者による個別的な権利行使は禁止され、破産管財人が債権者の公正な代表者として債務者の財産を換価し平等に配当をすることになる。

　このように、どんなに巨額な債権があっても、債務者に資力がなければ無価値であり、債権の額面とその経済的価値とは一致せず、債権の価値は債務者の資力に左右されるのである。

1-2 (2) 担保の意義とその必要性

　(a) 担保の意義　以上の説明からわかるように、債権には回収不能のリスクが伴うので、債権者としてはそのリスクを避けるための種々の方策を事前に講じておく必要がある。また、債権者がそのような方策を講じていなくても、一定の債権については政策的に法が優先的な保護を与えることが要請される。このように、債権の回収を確保するための制度を広く**担保**ということができる。民法上、「債権の担保」（342条）、「債務の担保」（369条）と両方の

表現が使われるが、旧民法に債権担保編という編があったように、債権の担保という表現が普及しており、本書もこれにならう。

　例えば、担保として、債務者所有の不動産に抵当権を設定すれば、破産手続に拘束されずに抵当権の設定された不動産を競売し、その代金から優先的に支払を受けることができる。また、担保として保証人をとれば、主債務者の財産からは破産手続により平等にしか回収することができないが、それとは別に保証人の財産からも債権を回収することができ、債務者を増やし債務者以外の財産にも一般担保を認めることで債権回収の確実性が増えることになる。なお、担保のほかにも債権者が債権回収不能のリスクを回避する方法としては、保険制度の利用も考えられている（取引信用保険）。

1-3　**(b)　担保の必要性**　①事業活動や私人の日常生活は、活動資金がなければ行うことはできず、これを欠く者は資金を新たに獲得しなければならない。その方法として、財産を売却して資金を獲得するほかに、他から借金をすることが考えられる――その方法も金融機関から融資を受けたり、社債を発行するなど多様――。資金を必要とする者に融資が行われるようにするためにも、融資する者が、合意によって取得できる**約定担保制度**を各種用意して、それを自由に選択し利用できるようにして、経済社会の血液ともいえる金銭がスムーズに循環できるようにしなければならない。わが国では、かつては不動産担保と個人保証に依拠し、動産や債権を担保にとるのは二の次であった。しかしいまや動産、債権（流動性預金なども含めて）等を担保とする新たな担保制度が利用されるようになっている（ABL☞注67）。

　②他方で、日常生活において頻繁に生じる少額の取引においては、予め合意により担保をとっておくことは期待できない。代金を先払いにして債権回収のリスクを避ける自衛手段がとられることが多く、民法も同時履行の抗弁権を認めているが（533条）、法は債権者保護のために**法定担保制度**（合意によらずに当然に成立する担保）を用意している。あまりに多くの法定担保を用意すると、債権者平等の原則は骨抜きになるし、法定担保の優先順位をどう決定するかという難しい問題にも直面することになり、複雑化のおそれもある。

2 物的担保と人的担保

1-4 (1) 物的担保（担保物権）

　担保は物的担保と人的担保とに分類される。まず、「物的」担保または担保「物権」とは、債権担保のための物権（他物権）を債務者または第三者（物上保証人）の財産に成立させるものであり、その内容も、弁済まで留置するだけの同時履行の抗弁権と変わることのない留置権から、抵当権のように目的財産に優先弁済権が認められるものまで様々である。さらには、担保物権の設定という形をとらず、所有権等の財産権の「移転」または移転を「留保」するといった形で、債権担保の目的を達しようとする譲渡担保や所有権留保といった、実務慣行から生まれてきた担保取引もある。これらも物的担保に含められ、物的担保は担保物権の上位概念ということになる。また、「物的」とはいうが、これは次の「人的」担保に対する概念であり、「物」以外を対象とするという点も注意が必要である。例えば、担保物権の1つである権利質や、抵当権などが物上代位により債権に存続することがあり、物的担保とは、人的担保に対する消去法による定義であるといえ、「財産」を何らかの形で担保にとるものを広く含んで考えられている。

　民法が担保物権として規定したのは、当事者の合意により設定されるものとして質権と抵当権、法律上当然に成立するものとして留置権と先取特権である。この4つの担保物権については、特別法により認められるものが多数あり、商法上の商事質権、商事留置権、個別特別法の工場抵当権等、また種々の法律による先取特権が無数にある。

1-5 (2) 人的担保

　担保には、物的担保のほかに、債務者を増やして、責任財産を拡大することによって債権回収の可能性を高める人的担保がある。その代表例が、保証である。債務者（保証人に対して主債務者という）以外の者に、債務を代わりに履行する債務（保証債務）を負担させて、債務者を増やすことで任意の弁済の可能性また一般財産からの回収の可能性を高めることに加え、保証人に迷惑をかけられないという心理的プレッシャーを主債務者にかけて債務の弁済を促す等の種々の効果をねらった取引である。また、本来分割債務になるところを、同一取引に関して複数の債務者がいる場合に、これらの者に連

帯して全額の支払を義務づける連帯債務という特約が付されることがあるが、これも自分の支払額を超える部分については相互に保証をさせているのと等しい。これら以外にも、付従性のない損害担保契約、また、親会社が、子会社が銀行から融資を受けるに際して、銀行に対して子会社の経営を支援することを約束する経営指導念書といったものも、人的担保の一種として機能している。

1-6 **(3) その他の担保的機能を持つ制度**

　本来、総債権者の平等の責任財産であるはずの債務者の金銭債権から、実質的に優先的に回収を認めるに等しい法定の制度として、相殺や直接請求権（直接訴権☞総則7-48以下）という制度がある。また、合意によるものとして代理受領や相殺予約といった、実務慣行により生み出された担保取引もある。これらは特に担保権の設定・成立という形で構成されてはいないが、実質的には担保としての機能を持つ取引である。

　相殺は、民法上は債務者の側から規定され、債務者が弁済に代えて選択する簡易な決済方法といった程度の制度と位置づけられているが、実際には債権者の側の「債権回収手段」として、他の債権者を排して優先的に自分の債権の回収を行うことを可能とする担保制度として機能している。特に、銀行取引では相殺予約という形で予め債務者の自分に対する預金債権を担保にとったのも同然の状況を作り上げるということが慣行として行われており、ここに至ると債権質と紙一重となる（非典型担保［☞1-13］の一種）。また、代理受領は、譲渡や担保供与が禁じられている債権について、債権質同様の効果を図ろうとして考え出された取引であり、優先弁済権や第三者への対抗力が認められない脆弱な担保である。

§Ⅱ
担保物権総論

1　担保物権の効力（権利）

1-7 **(1) 優先弁済的効力（優先弁済権）**

　債権担保の仕組みとしては、①債務者から物を取り上げ、弁済まで留置し

て弁済を促すもの、②収益財を取り上げて、債権者が自ら収益をしてその収益から債権を回収するもの、および、③収益財を取り上げず、債務者に使用収益をさせ、その利益から任意の弁済をさせると共に、弁済がない場合にその財産から優先弁済を受けるものの3種が考えられる。最後の③の代表である抵当権から説明をしていこう。

　例えば、A銀行がBに5000万円を融資するに際してB所有の7000万円相当の土地建物に抵当権を設定したとすると、その土地建物が競売され代金から7000万円が配当される場合には、まず抵当権を持つA銀行の債権5000万円と利息（2年分）に優先的に配当されることになる。このように抵当権を持つ債権者は、債権者平等の原則を破る**優先弁済的効力**を取得することになる。権利としては**優先弁済権**という。この効力が認められる結果、目的物が競売された場合には、その競落代金は優先弁済権者にその順位に従い配当され、余剰があれば担保を持っていない債権者（**一般債権者**という）の間で債権者平等の原則によって分配されることになる。

　優先弁済的効力を有する担保権を持つ債権者は、債務者が破産をしても別除権者とされ（破65条2項）、破産手続によることなく担保権を実行して競売手続により優先弁済権を実現することができる。なお、優先弁済的効力の実現のために担保物権には**換価権**が認められ、換価権の行使は担保物権に基づく競売手続であるため、その実現のためには債務名義は不要であり、担保の存在を証する「文書」があれば実行できる（民執181条）。

1-8 **(2) 留置的効力（留置権限）**

　例えば、Aが運送業者Bからトラックの修理を依頼され、修理を終えて修理代として50万円の債権を持っているとする。この場合に、Bがトラックの返還を求めてきたならば、Aは「代金を支払うまでは渡せない」と返還を拒むことができる。これが留置権（295条1項）である。Bはトラックが戻ってこないと事業に支障が出るので、別の債務を差し置いてでも真っ先にこの代金を支払うことになる。また、質権といって、債務者が債権者に担保として質物を提供する担保物権もある。

　このように、債権者が債務の支払があるまである物を留置できるという、債務者に「債務の支払を間接的に促す」効力を**留置的効力**という。留置権という用語は法定担保物権である担保物権の1類型として使われているの

で、権利としては、質権では留置権限というほかない。質権は、目的物を債務者から取り上げてしまうため、収益財を担保とするには適さず、また、金融機関が質権の設定を受けて質物を管理するのは実際的ではない。そのため、質権はいわゆる質屋によって庶民金融として利用されてきている。

1-9 **(3) 収益的効力（使用収益権）**

目的物の占有を取得する質権や留置権では、債権者にその物の利用権限はないので目的物を使用収益できない（298条・350条）。ところが、不動産質では、債権者は質権に基づいてその不動産を使用収益することができる（356条）。債権者は賃料を支払わないので、実質的に賃料分を債権回収するに等しく、そのため不動産質の場合には利息を受けることはできない（特約可能［359条］）。このように目的物の使用収益権限が債権者（担保権者）に認められる場合に、これを担保物権の効力として**収益的効力**という。この点、買戻し（579条）によっても、同様の目的を達成することができ、占有を移転させない場合は譲渡担保と認定されるが、占有を移転する場合にも担保としての機能を持つことがわかる。しかし、金融機関が、自ら目的物を使用収益するという要請は高くなく、実際にも利用されるのは稀である。

目的物の使用権限が認められない留置権や動産質の場合でも、目的物の果実——例えば留置している鶏の産んだ卵——から優先的に弁済を受けることができる（297条・350条）。抵当権は弁済期以降は果実にもその効力が及び、また、賃料債権への物上代位が認められており、さらには担保不動産収益執行という担保権の実行制度が認められている。また、所有者の同意を得れば、留置権者（298条2項）や動産質権者（298条2項・350条）も目的物の使用が可能であり、この場合、留置権や質権と別個に使用貸借がされているのではなく、留置権や質権の内容となると考えるべきである。

1-10 **◆権利取得的効力**

このほかに、担保物権の効力の1つとして、権利取得的効力が挙げられている。権利取得的効力とは、債務の支払がない場合に、競売手続をとることなく、いわゆる私的実行または裁判所の許可により目的物の所有権を債権者が取得することができるという効力である。担保権者による権利取得は、質権では流質の合意は禁止されているが、抵当権では流抵当を認めることは可能と考えられており、他方で、非典型担保（☞1-13）といわれる仮登記担保、譲渡担保、所有権留保では性質上中心的な効力とされる。所有権留保の場合には、所有権を移転し

ていないが、売却した物を取り戻すのであり、また実質的には留保されている所有権は担保にすぎず完全な所有権を取り戻すことになる。債権が目的物の価格を上回る場合には清算がされるが、清算の方法には所有権を取得する帰属清算に対して、目的物の処分権を取得しこれを売却し、その代金を清算する処分清算もある。いずれにせよ、権利取得そのものが目的ではなく債権回収のための手段にすぎないので、設定者保護のために政策的に、実行後にも受戻権（☞ 4-31）が認められるべきである。

2　担保物権の分類

1-11 **(1)　担保物権の効力を基準とした分類**

①留置的効力のみを内容とする担保物権として、民法上の留置権（民事留置権）がある。商事留置権は破産手続においては先取特権と同視され、留置的効力だけにとどまらない。②他方、優先弁済的効力のみを内容とする担保物権として、抵当権と先取特権がある。担保物権ではないが譲渡担保や所有権留保は、実質的にはこの類型の担保であり、私的実行を可能とするため等の利点を得るために債権者を所有者とする形式がとられているものである。③また、留置的効力と優先弁済的効力とを有する担保物権として、質権——権利質は除く——がある。さらに不動産質権では、これに収益的効力まで加わることになる。

なお、権利質は「質権」とはいうが、留置的効力は問題とならず優先弁済的効力のみの担保物権の一種であり、その性質はむしろ抵当権に準ずるものである。

1-12 **(2)　発生原因を基準とした分類**

①債権者が債務者ないし第三者（物上保証人）との合意によって設定を受ける担保物権を、当事者の合意により設定されるという意味で**約定担保物権**という。約定担保物権として民法が用意したのは、抵当権と質権の2つである。民法以外の特別法によるものとして仮登記担保があり、また、譲渡担保や所有権留保といった実務慣行から生み出されてきた物的担保制度がある。このほか、担保物権に限定しなければ、実務上種々の担保的機能を持った約定の制度が生み出されている（相殺予約、代理受領、振込指定など）。

②法律上当然に成立が認められる担保物権を、**法定担保物権**という。法律に規定のある担保物権という意味に誤解されやすいが、その意味では法定の

担保物権というしかない。法律に規定のある担保物権は、典型担保物権といわれる（☞1-13）。法定担保物権としては、留置権と先取特権とが認められている。なお、担保的な機能を持った法定の制度として、ほかに相殺や直接請求権を指摘できる。法定担保物権については、他の債権者、場合によっては約定担保権者を害することになるので、どこまで強い保護を認めるべきか、立法に際しては政策的考慮が必要であると共に、安易な類推適用による拡大は慎まれるべきである。

1-13 **(3) 民法に規定されているか否かによる分類**

①民法上、担保物権として規定されているのは、留置権、先取特権、質権および抵当権の4つである。担保物権として民法上挙げられた担保物権を、**典型担保物権**という。民法の契約編に規定された契約を典型契約というのと同じ用法である。物権に限定せず担保的機能を持つ制度一般に視野を広げると、法律で規定されているものとして、法定相殺、保証債務、連帯債務、直接請求権などを挙げることができる。民法に規定されている制度についても、特別法に特例が規定されていることがあることはすでに述べた。

②これに対し、民法に法定されたものではなく、実務慣行から生み出された担保制度を広く非典型担保という。この中で、物権的なものを**非典型担保物権**ということができ、譲渡担保権、所有権留保がある。代物弁済予約は、暴利的行為としての濫用を抑止してきた判例の成果を取り入れた仮登記担保法が制定されており、現在はこれにより規律されている。ただし、立法されたとはいえ、仮登記担保権は物権取得権にすぎず、担保「物権」と明確に規定されたものではない（☞4-109）。物以外についても、債権等の権利の譲渡担保、相殺予約といった担保制度がある。物権法定主義（175条）、さらに債権者平等に対して例外を認める制度であるがゆえに、担保物権は法定のものに限定されるべきであるが、担保以上の形式をまとい——担保制度としては過ぎた形式を与える——、一般債権者に責任財産としての期待を奪う譲渡担保などは、合理的な社会の需要に基づき脱法行為と評価されるものではない限り、これを有効と考えるべきである。

3 担保物権に共通の性質（通有性）

(1) 債権への付従性・随伴性

担保物権は、債権を担保するための手段であり、債権という主役のための従たる存在にすぎない。そのため、債権（ないし債務）なしに担保は存在しえず、また、担保は債権の範囲に限界づけられることが、担保物権の宿命として導かれる。このような担保物権の債権に従たる性質を**付従性**といい、担保物権に限らず担保制度全てに通じる性質である。付従性から導かれる効果として、担保される債権（**被担保債権**といわれる）が、これを発生させた契約が無効などの理由により発生しない場合には、担保物権を設定する契約自体の有効要件に問題がなくても、担保物権は成立しないことになる。また、債権が消滅すれば、当然に担保物権も消滅することになる。

担保物権の付従性から、派生的に**随伴性**という主体における付従性も導かれる。例えば、抵当権の設定された債権が譲渡された場合に、譲渡されたのは債権であって抵当権ではないが、抵当権は債権の従たる権利として債権と付加一体となって当然に譲受人に移転する。譲渡人が債権を失ったのに抵当権だけを有していても仕方がないし、債権譲渡の当事者としても、抵当権付きの確実な債権として取引をしているはずだからである。その場合、譲渡されたのは債権であり、担保は随伴するだけなので、債権譲渡についてのみ第三者への対抗要件を満たせば足りる。なお、抵当権を物権とは認めず「債権の効力」の強化にすぎないという異説では（☞ 2-4）、別個の権利を想定しその付従性・随伴性を問題にする必要はなくなる。

◆弁済が先履行

担保の付従性からは、債務が消滅して初めて付従性により担保が消滅するという論理的関係になる。したがって、債務者の担保提供物の返還請求権や抵当権設定登記の抹消登記請求権などは、債務の支払があった後に成立するものである。判例も、弁済と抹消登記とは同時履行の関係には立たないという（最判昭57・1・19判時1032号55頁）。支払が先履行の関係になり、債権者の支払請求に対して、債務者は担保物の返還や抵当権設定登記の抹消登記について同時履行の抗弁権を主張することはできない。

また、支払をせずに、債務者が担保物の返還請求訴訟などを提起しても、請求棄却の判決を受けることになる。ところが、留置権は、実質的には抗弁権であ

り、債務を支払わずに留置物の返還請求訴訟が提起されても、請求棄却ではなく、債務の支払との引換給付の判決が出されることになる。

1-16 **(2) 担保物権の不可分性**

例えば、AのBに対する5000万円の債権のために、Bがその所有する5000万円相当の価格の土地に抵当権を設定したが、債権の一部が支払われ債権が2000万円しか残っていないとする。その場合に、Aはこの土地の価格につき2000万円分しか優先的に支配しておらず、残余価値は一般債権者の責任財産となっているはずである。しかし、その土地の2000万円分に限定して抵当権の効力を及ぶ部分を制限することはできず、また、利息や遅延利息がその後に膨らんでいく可能性もあり、抵当権の効力は依然としてその土地全体に不可分的に及んでいる。このように、債権の全部の弁済を受けるまで、担保物権は目的物全部に効力が及んでいることを、担保物権の**不可分性**という。民法は留置権について不可分性を規定し (296条)、この規定を他の担保物権に準用している (305条・350条・372条)。このため、目的物の価格に比して債権額がどんなにアンバランスであっても、目的物全てに担保物権の効力が及ぶことになる。目的物を取り上げる留置権については、この不都合を回避するために、債務者は代わりの担保を提供して留置権の消滅を求めることができることになっている (301条)。これは法定担保物権かつ留置的効力の認められる留置権に特有の権利であり、質権には準用されない (350条参照)。

1-17 **(3) 物上代位性──優先弁済型担保物権に共通の性質**

(a) 物上代位の意義 例えば、AのBに対する5000万円の貸金債権のためにBが抵当権を設定した建物を、Cが過失により滅失させてしまったとする。Bは建物所有者として不法行為を理由にCに対して損害賠償請求権を取得し、他方で、抵当権の目的物であった建物はなくなっている。もし抵当権が消滅するのであるとすると、BのCに対する損害賠償請求権は一般財産となり、AとBの他の債権者は平等に扱われることになってしまう。これでは、Bの他の債権者に棚ぼた的な利益を与え、また、Aのような債権者が担保をとったとして安心して融資を行うことができなくなる。かといって、抵当権侵害による損害賠償請求については、損害をめぐって問題が残される。

そのため、民法はこの場合においても抵当権が消滅することなくこのBのCに対する損害賠償請求権に存続し、あたかも法定の債権質のような形になることを認めた。これを**物上代位**という。ただ、その法的構成については理解が統一されていない。

①抵当権が消滅して、それに代わって物上代位権という法定の担保物権が成立するというのではない。抵当権の効力を、上記の例では損害賠償請求権に及ぼすものである。②その効果の発生時期については理解が分かれる。ⓐ当然に生じると考えるのであれば、物上代位という制度の効力で抵当権が存続するだけで、物上代位権という抵当権とは別個の「権利」を想定する必要はない。ⓑしかし、判例は「物上代位権」という権利を観念しており、明言はしないが、時効の援用権のように形成権として構成している（☞2-63）。すなわち、物上代位の効力は当然に生じるものではなく、物上代位権が成立しそれを行使する――要式行為であり「差押え」によらなければならない――意思表示があって初めてその効力が生じると考えている。その結果、差押えをして物上代位の効力を生じる前に、弁済、相殺、転付命令等がされてもはや「差押え」ができなくなれば、物上代位権は消滅しその行使による物上代位の効果を発生させることができなくなる。

物上代位は優先弁済権を持つ担保物権に認められる制度であり、民法は先取特権について規定し（304条）、質権と抵当権にこの規定を準用している（350条・372条）。物上代位の対象となる債権については、①目的物の価値的代位物、先の例の損害賠償請求権のようなものと、②物上代位の成立が政策的に要求される債権とがあり、後者も、ⓐ保険金請求権のような目的物の価値を填補するものと（価値的代位物に準ずるもの）、ⓑ賃料債権のように、目的物が存続しながらさらにそれへの物上代位を付加させるもの（付加的代位物）とが考えられる。付加的代位物にまで物上代位を認めることには、他の債権者の棚ぼた的利益の回避という趣旨は妥当せず、抵当権者に他の債権者を犠牲にして過ぎた利益を与えることにならないか、認めるとしても合理的に制限すべきではないかが検討されるべきである。

抵当不動産の損傷や従物の侵害の場合には、損害賠償請求権や保険金請求権が発生しても、修補により元の価値が復元されれば、物上代位の効力は消滅する、ないし物上代位権という形成権を想定する立場では、これが消滅す

ると考えるべきである。

1-18 **(b) 物上代位の理論的根拠づけ**　物上代位を対象たる債権の問題も視野に入れつつその根拠を考えてみると、種々の説明が可能である。

①まず、価値を支配する権利とはいえ、物権なので目的物がなくなれば消滅するのが帰結であり、抵当権者を保護し安心して融資をなしうるようにして、金融を円滑に行えるようにした政策的制度であると考えることもできる(**特則説**ないし**特権説**)。政策的な制度であり、「価値」ということから理論的に認められる法理ではないので、賃料債権への物上代位も政策的必要性さえ説明がつけばよいことになり、また、その認める範囲も政策的観点から考えられることになる。また、特則であるので、物上代位が認められるためには、「差押え」という特別の要件が設定される。

②これに対して、物上代位を理論的に説明しようとする学説もある（**価値権説**☞ 2-3）。これによれば、抵当権は物が把握している交換価値に対する権利であり、物が消滅しても所有権の価値を実現する価値的代位物が存在していれば、それに抵当権の効力が及ぶことは当然となる。この考え方からは物上代位は権利の性質からの理論的帰結となる。「差押え」は目的物たる金銭の一般財産への混入を防止するために必要とされる。しかし、物上代位の対象が価値的代位物として説明できるものに限定される窮屈さを避けられず、それは賃料を価値のなし崩し的実現と説明するところに表われる。

③そこで、②を基本としつつ、政策的に対象を拡大することを認める**折衷説**も考えられる。賃料債権についてはある程度理論的考察が反映されざるをえず、「差押え」の位置づけも、物上代位権という形成権と構成するかどうかは価値権といった理論と必ずしも結びつくものではない。ただし、この立場では、価値的代位物と賃料債権への物上代位を認める根拠づけとに差を認めることから、その法的処遇に合理的な差を認めることが可能になる。本書はこの立場に依拠する（☞ 2-63、2-74）。

起草者は、先取特権の物上代位について、先取特権はもともと「物の代価」について行うものであり、売却代金については極めて「当然」としつつ、賃料については、物上代位を認めるのが「実に至当」と説明しているのみである（梅 327 頁以下）。

1-19 (4) 担保（価値）維持保存請求権（ないし義務）

　判例は、抵当権者に目的不動産の所有者に対する抵当不動産維持保存請求権——所有者にとっては義務——を認めている（☞2-43）。これは抵当権設定契約の債権的——また相対的な——効力ではなく、抵当権の物権的効力によるものであり、第三取得者に対しても認められる。また、契約によらない先取特権においても認められるべきであり、譲渡担保なども含めて物的担保に広く認められるべき権利（義務）であり、担保（価値）維持保存請求権（ないし義務）ということができる。抵当権者は、抵当不動産の損傷などによる価値の低下——不可抗力によるものであってもよい——につき、所有者に対して、修補や従物の滅失に対して補充といった価値の復元を求める物権的請求権（増担保請求権）が認められる。譲渡担保においてもしかりであり、集合動産譲渡担保では、目的物が売却や盗難などにより減少したならば、その分の補充をして集合物の価値を維持することを義務づけられる。留置権は価値にかかわらないしまた目的物を債権者が占有しているので、この義務は問題にならない。

　また、抵当権の侵害は価値を下げるだけでなく優先弁済権の行使の妨害によっても行われ（☞2-45）、正確には担保（価値）維持保存に限らず抵当権の侵害を排除する請求権（義務）といってよい。そのため、抵当権の実行の妨害のため有効な賃貸借をすることも、それにより目的不動産が損傷されるわけではなく価値が低下しないとしても、この義務の違反となる。確かに賃貸借は契約当事者間では有効なので不法占有ではないが、抵当不動産維持保存義務に違反する賃貸借であり、賃借人が悪意、少なくとも妨害の通謀をしている場合には、抵当権者に物権的妨害排除請求権を認めるべきである（☞2-45）。

第2章
抵当権──約定担保物権①

§I
抵当権の意義・性質

1 抵当権の意義

2-1 **(1) 抵当権の意義**

民法は抵当権を次のような権利と定義している。

「抵当権者は、債務者又は第三者が占有を移転しないで債務の担保に供した不動産について、他の債権者に先立って自己の債権の弁済を受ける権利を有する」(369条1項)。「地上権及び永小作権も、抵当権の目的とすることができる。この場合においては、この章の規定を準用する」(同条2項)。

この規定からわかるように、抵当権は、目的不動産の占有を抵当権者に移さず設定者にそのまま使用収益を認めつつ、債務の弁済がなかった場合には、債権者が目的不動産(または地上権または永小作権)を換価してその代金から優先弁済を受けることができる権利である(換価権+優先弁済権)。

歴史的にみると、公示のない抵当権により債権者が害されるのを防止するために、登記制度が導入されたのであり、登記により公示できる不動産または不動産の用益物権にのみ、抵当権の設定が可能となっている。ただし、特別法では、登録動産の抵当権の設定が認められており、また、財団抵当、企業担保など包括的な財産への1つの抵当権の設定を可能とする立法もある(☞ 2-191以下)。

2-2 **(2) 抵当権の特色**

369条の規定からは、抵当権の特色として次の①〜③を導くことができる。物権であることについては2-4に説明する。

① 約定担保物権
② 優先弁済権型の担保物権
③ 非占有型の担保物権

①まず、抵当権は約定担保物権であり、債権者と目的物件の所有者との契約によって成立する点、合意によらないで成立する先取特権と異なる。②ま

た、優先弁済的効力を持つ担保物権であり、③債務者から目的物の占有を奪わず、債務者に目的物をそのまま使用させて、逆にいえば債務者がそのまま目的物を使用して事業を継続し、利益を上げながら融資を受けることを可能にするものである。そして、債務者が支払えなくなったいざというときには、抵当不動産から優先的に債権を回収するものである。

2-3 **◆近代的抵当権論＋価値権論（価値権説）**

　昭和初期に、石田文次郎博士と我妻博士とにより、その後に**近代的抵当権論**と称される理論が提案された。それは、資本主義の発展により、抵当権は、債権の実現を確保する保全抵当から、抵当不動産の交換価値を把握しこれを金融取引市場に流通させ、投資家の金銭投資の媒介を務める投資抵当へと発展していくべきであるという理論である。投資抵当を価値権と理解し（**価値権説**）、抵当権は、金銭投資の媒介を努めるという目的のために、①公示の原則、②特定の原則、③順位確定の原則、④独立の原則、そして、⑤流通性確保の原則という5つの原則が満たされるべきであるという（我妻栄『近代法における債権の優越的地位』、石田文次郎『投資抵当権の研究』）。しかし、近代的抵当権論も価値権論も、いずれも今では批判されている。

　①まず、近代的抵当権論はドイツの投資抵当制度を近代的抵当権として理想とするのであるが、ドイツにおいて投資抵当を中心に構成されたのは、ドイツの特殊な事情によるのであり、これを資本主義経済一般においてあるべき姿と捉えるのは間違いであるというのが、今では多くの理解であるといってよい。保全抵当から投資抵当へという図式は、封建領主が、イギリスの先進資本主義に刺激され、自己の農業経営を資本主義化していく過程で、所有地を担保として金融を受ける必要性から投資抵当が形成されてきたという、ドイツに特異な資本主義の発展にのみ妥当するにすぎない（鈴木・研究3頁以下）。したがって、投資抵当と結び付いた独立の原則、順位確定の原則、流通性確保の原則は、これがないからといって近代抵当権ではないとはいえないと批判される（星野240頁以下）。

　②また、投資抵当と結び付いた価値権論は、投資抵当を理想とする出発点にそもそもの問題があり、保全抵当として構成される日本の民法の解釈論として、直ちに妥当するものでない。投資抵当では、投資の手段として抵当権が転々流通し、抵当権の実行を重視する必要はないが、保全抵当では実行されることを前提に考えなければならない。価値権論では、価値権の本質として目的物の占有を伴わない点が強調され、目的物の占有や利用関係に干渉できないと解されるようになるが、「しかし、使用価値が交換価値の前提であり、両者が密接な関係にあることを考えるならば、交換価値を確保するために使用価値にも抵当権の効力が及ぶ。言い換えれば、目的物の占有や用益関係にも抵当権の効力が及ぶと解することも可能なのである」といわれる（松井・基礎理論114頁）。

2 抵当権の性質

2-4 (1) 抵当権の物権性

民法は、抵当権を債権の効力を強化する制度としてではなく、物権編に規定しこれを債権とは別個の権利として独立させ、「物権」の一種として位置づけている。そのため、その第三者による侵害に対しては物権的請求権が認められ、また、抵当不動産の所有者に対しては、抵当不動産維持保存請求権といった物権的請求権が認められる（☞1-19）。

もっとも、抵当権は債権と切り離されて存在するものではなく、債権の回収を確実にするための方策にすぎず、あくまで債権が主役であって、債権から独立してそれ自体に価値のある財産権ではない（付従性☞1-14）。

まず、抵当権は債務者に対する請求権ではなく、目的物を自ら売却（競売）することができる支配権である。そして、物に対する権利であるから、特定人との間での相対権ではなく、対世的な権利であり絶対権である。確かに、債権だけでも、債務者の財産を差し押さえて売却（競売）できるので、債権も債務者の財産に対する一種の支配権を有し（掴取力）、抵当権はこの「債権の効力」を強化しただけの制度ないし権利にすぎないという構成も不可能ではない。事実、学説の中には抵当権を物権として構成することに対して疑問を提起する主張がある（加賀山茂「『債権に付与された優先弁済権』としての担保物権」國井和郎先生還暦記念『民法学の軌跡と展望』291頁以下）。

2-5 ◆抵当権の対象——物か所有権かそれとも価値か？

①ボアソナードは、抵当権を所有権の内容の一部が独立した肢分権として理解していた（肢分権説）。②民法の起草者である梅博士は、「抵当権は物を以て其目的と為すと云はんよりは、寧ろ其所有権を以て其目的と為すと云うを正確とす」として、不動産という物が抵当権の対象なのではなく物の上の権利（所有権）を抵当権の対象とし、そのために、地上権や永小作権も抵当権の目的とすることができるという説明をしている（梅469頁）。③他方、川名博士は、抵当権も物に対する権利であるがゆえに物権とされていると説明する（川名459頁）。

④これらに対して、先の価値権説（☞2-3）は、抵当権の対象を交換価値そのもののように捉え、抵当権を物への支配から切り離す傾向にあるが、換価権説からは、物の交換価値が権利、とりわけ支配権の客観的対象になるというのは背理であると批判される（古積・換価権37頁）。本書は換価権説（☞2-7）に依拠し、物に対する換価権（＋優先弁済権）という支配権と考える。

(2) 価値権という理解について

2-6

(a) **価値権説の崩壊** 昭和初期に提唱された価値権説は、「目的物の所有者は、目的物の使用価値を保留してその交換価値だけを抵当権者に与えることになる」、「抵当権は目的物の物質的存在から全く離れた価値のみを客体とする権利」、すなわち、物質権（物体権、実体権）に対する意味での価値権の純粋な形態だという理解を本質とし（我妻208～9頁）、その後の学説に大きな影響を与えることになる。しかし、このような価値権という理解が、流通抵当を中心としているドイツ（プロンセン）抵当制度に特殊なものであり、債権回収のための保全抵当である日本の抵当法のモデルにはなりえないと批判されることはすでに述べた（☞2-3）。また、実行段階の前後を問わず、抵当権者は一切占有に干渉しえないと解するのはドイツの理論にもない我妻博士の発想であり、批判の的とされる（古積・換価権147頁）。

①松井教授は、使用価値と交換価値とを分けることに疑問を提起し、物に使用価値があるから交換価値が生まれるのであり、両者を切り離すことに反対し、使用価値が交換価値の前提であることから、交換価値を確保するために使用価値にも抵当権の効力が及ぶ、言い換えれば目的物の占有や用益関係にも抵当権の効力が及ぶと解することも可能であると批判する（松井・基礎理論114頁）。②また、古積教授は、抵当権の優先弁済権は目的物を金銭化して優先的に満足を得る権利であり、ここには物に対する支配が存在する、また、その金銭化・換価の方法としては、売却のみならず収益もありうるのである、民法も抵当権の実行段階以降の収益に対する効力を否定していないと批判する（古積・換価権150頁）。

2-7

(b) **換価権説** 抵当権は目的物を強制的に売却するなどして金銭に換価する権能を有しており——それは優先弁済権実現のため——、この換価権は、目的物の使用収益権能を包含する所有権を奪うものであるとして、次のように**換価権説**が提唱されている（古積263頁）。「抵当権も優先弁済という範囲で目的物を支配する物権であり、特にその本質は、目的物を処分・換価して優先的に満足を受ける権利（換価権）として捉えるべきである」、と。抵当権は「換価という支配を物に及ぼす権利」であり、これに後れる利用権は「その実行によって覆され」、また、抵当権者が目的物を売却する権能を有するならば、「その権能を行使する段階においては」目的物の占有権原にもなり

うるし、「この時点で」「抵当権者に対抗できる利用権なくして」目的物を占有する者がいるならば、かかる占有を「抵当権の侵害」と捉えることができるという（古積・換価権150頁）。この考えでは、確かに抵当権も占有権原たりうるが、占有に干渉できるためには実行段階に入る必要があり、目的不動産の差押えがされなければならない。また、賃料への物上代位も、使用収益を奪う抵当権の内容を考えれば、抵当権の実行としての差押えのように実行段階に入れば可能になる——逆にいうとそれまでは賃料に抵当権の効力は及ばない——。

抵当権は占有・利用に関わらないのではなく、実行手続に入れば所有者の利用に干渉することができ、これを排除し収益執行をしたり賃料への物上代位が可能になる。実行を妨害することも換価という抵当権の権利内容を侵害するものであり、所有者自身によるか第三者によるかにかかわらず、抵当権に基づく物権的請求権が認められるべきである。本書としては換価権説を基本として採用したい。

§Ⅱ わが国における抵当権に関する諸原則

1　公示の原則および特定の原則

2-8　近代抵当権論が、抵当権について、①公示の原則、②特定の原則、③順位確定の原則、④独立の原則、および、⑤流通性確保の原則という5つの原則を掲げたことは 2-3 に述べた。しかし、③④⑤は投資抵当・流通抵当という特質から導かれるものであり、保全抵当権である日本の民法上は、同様に考えるべきではないことも先に述べた。

抵当権は登記により公示をする必要がある。そして、公示のためには抵当権の効力の及ぶ目的物が特定されている、ないし特定の基準が決められている必要がある。これを**公示の原則**また**特定の原則**という。この原則との関係では、従物は、370条に規定する抵当不動産の付加一体物の関係に立ち登記の公示に包まれている限りで抵当権の効力が及び、主物から分離されてしまえば公示を失い抵当権の効力が及ばなくなるのか、それとも、分離され公示

を失っても対抗力が失われるだけなのかは議論がある（☞ 2-28）。また、工場抵当法では、従物などの付属物についても登記事項とされている。

2　順位昇進の原則

2-9　抵当権は同一の不動産にいくつも設定できるが、その優先順位は登記の順序による。登記の順序によるというのは、先に登記したものが優先するというだけであり、抵当権の登記の欄に第1順位の抵当権の登記欄、第2順位の登記欄があって初めから順位が確定されているものではない。いわゆる順位確定の原則はわが国では採用されていない。例えば、第2順位の抵当権は、第1順位の抵当権の対抗を受けるがために第2順位の扱いをされるのであり、第1順位の抵当権が弁済により消滅すれば第2順位の抵当権は第1順位に昇進する。これを**順位昇進の原則**という。設定時において配当の可能性がなくても抵当権を後順位で設定するのは、このような順位昇進を期待してのことである。

近代抵当権論では、ドイツの投資抵当・流動抵当において採用されている順位確定の原則こそ理念的であり、後順位抵当権者の順位昇進の利益を「棚ぼた的利益」と考え、消滅した抵当権の流用さえ認める提案もされた。しかし、現在では、上記のように順位昇進の可能性があるから後順位でも抵当権の設定がなされるのであり、この利益があることが融資の促進につながっている実態があり、順位昇進の原則を是認するのが一般的理解である。

3　消滅主義（ないし消除主義）

2-10　例えば、第2順位の抵当権が実行される場合、抵当権を実行しようとしていない第1順位の抵当権はどうなるのであろうか。第1順位の抵当権付きのまま競売され、買受人は抵当権付きの不動産を取得するという立法もあり、**承継主義**ないし**引受主義**という。上記の順位確定の原則とセットになった原則である。これに対して、日本の抵当権については、民事執行法の規定により、ある不動産についての抵当権が1つでも実行段階に入ると、その不動産の上の全ての担保物権が清算され、買受人は何の負担もない不動産を取得するという立法を採用している[1]。これを**消滅主義**または**消除主義**という。その結果、第1順位の抵当権者は抵当権をいまだ実行するつもりはな

くても実行を強制されることになる。そのため、後順位の抵当権の実行は先順位の抵当権者にとって迷惑なこともあり、余剰の生じる見込みがない場合には後順位の抵当権者は抵当権を実行できない（民執63条・188条）。これを**剰余主義**という。

§Ⅲ 抵当権設定契約

1 抵当権設定契約

2-11 **(1) 諾成・不要式の契約**

　抵当権設定契約は諾成・不要式の契約であり、抵当権設定登記は177条の原則通り対抗要件にすぎず、登記のない抵当権も成立し、ただ第三者に対抗できないだけである[2]。ただし、登記申請のためには登記原因情報として抵当権設定契約書が必要である。抵当権設定登記の登記事項として、まず①必要的登記事項として、ⓐ抵当権者の住所・氏名、ⓑ債務者の住所・氏名、ⓒ登記原因、ⓓ被担保債権額、等がある（不登59条・83条）。②任意的記載事項としては、ⓐ利息、ⓑ損害金、ⓒ債権に付随する条件、ⓓ抵当権の効力の及ぶ物的範囲についての特約、等がある（不登88条）。

　目的物の処分権限がある者により抵当権設定契約がされることが必要であるが、息子が親の不動産を無断で贈与を原因とする移転登記をした上で抵当権を設定した事例で、親による追認が116条の類推適用により認められている（最判昭37・8・10民集16巻8号1700頁）。また、共有者の一部が他の共有者に無断で、共有物自体に抵当権を設定した場合、追認がない限り全部が有効

---

1) 抵当権以外については、留置権は承継され買受人にも対抗できる。不動産質は361条により「性質に反しない限り」抵当権と同じ扱いを受けるので、抵当権同様に実行を強制され消滅するのであろうか。しかし、不動産質には使用・収益ができるという抵当権とは異なる「性質」があるため、特別な扱いがされる。すなわち、抵当権に後れる不動産質には消滅主義が適用されるが、抵当権に優先する不動産質については消滅主義は適用されず、買受人に承継される（民執59条4項）。これは使用・収益をするという「性質」に由来するので、使用・収益をしない占有だけの不動産質は消滅主義による（同条1項）。
2) 一度弁済を受け消滅した後に抵当権設定登記が残っているのを利用して、再度融資をして抵当権を設定する場合に旧登記を流用することの可否という問題があるが、物権法に述べた（☞物権法10-16）。

にならないが、その場合でも、設定契約をした共有者の持分については抵当権設定契約の効力が認められている（最判昭42・2・23金法472号35頁）。

2-12 **(2) 抵当権設定契約の当事者（債務者・物上保証人）**
　(a) 物上保証人の意義　抵当権設定契約の一方の当事者は、抵当権を取得する債権者である。他方の抵当権を設定する当事者は、債務者に限られない。債務者以外の第三者も、他人の債務のために自己の財産に抵当権を設定することができる。この第三者を、他人の債務につき自分の財産をもって責任をとらされる関係に立つため、保証人に類似することから**物上保証人**と呼ぶ。債務者に抵当権設定を依頼されて設定するのが普通であるが、債務者の依頼は必要ではないので、債務者の知らない間に第三者が自己の不動産に抵当権を設定することもできる。物上保証人の求償権については、保証人の求償権の規定が準用されている（372条・351条）。

2-13 　**(b) 物上保証の内容**　①通説的理解は、物上保証人は保証人とは異なり、債務を負担することはなく、抵当権を設定された目的物につき責任のみを負担するにすぎないものと考えている（**債務なき責任説**）。したがって、債権者から債務者の代わりに支払うよう請求されることはない。しかし、債務者が支払をしないと、自分の不動産の抵当権が実行され不動産を失うことになるため、実行を阻止するためには被担保債権を第三者弁済（474条）する必要がある。このとき、抵当権の被担保債権5000万円で抵当不動産の価値が3000万円でも、物上保証人は抵当権の不可分性からして、被担保債権5000万円全額を支払わなければ抵当権を消滅させることはできない。

　②これに対し、物上保証人も目的不動産の価額を限度とする「物的有限債務」を負担しているという、いわゆる**物上債務**を肯定する学説もある（鈴木226頁）。物上保証の意思表示の中には、一般財産でもって責任を負担せず、その目的不動産の限度でのみ責任また債務を負うという意思表示が含まれているものと考えるのである。この立場では、先の例では3000万円のみを支払えば抵当権を消滅させることができることになる（鈴木226頁・234頁、同・論集41頁以下・51頁以下）。物上債務を負担するので、債権者との間に相殺適状が認められることになる。

　物上債務は債務とはいえ、抵当権の実行による権利行使しかできない。物上保証人の保護の必要性から、不可分性を緩和して3000万円の弁済により

責任を免れる、また、相殺については第三者弁済的相殺を例外的に認めればよいのではなかろうか。

2-14 **◆物上保証と保証規定①──事前求償権**
(1) 460条の位置づけ
　物上保証人は保証規定に従い債務者への求償が認められるが（372条・351条）、その他の保証規定は類推適用の余地はないのであろうか。最も議論されていたのは、事前求償権の規定である。保証債務については、主たる債務者に依頼を受けて保証人になった者に限って、いわゆる事前求償権が認められている（460条）。物上保証人にも類推適用して、抵当権が実行される前に債務者に対する求償権が認められるべきであろうか。460条の規定は、①法が保証人保護のために特別に求償権を認めたものとみることも（創設規定説）、逆に、②特に規定を置かないと、649条により事前の費用支払請求権が認められてしまうので、保証の趣旨からこれを特に制限したものと考えることもできる（制限規定説）。いずれと解するかで、460条を物上保証人に類推適用できるかという問題についての解答が異なってくる可能性がある。

2-15 **(2) 物上保証人の事前求償権**
　①制限規定説では、前提として649条の規定により費用の前払請求権が成立しうることが必要になるが、物上保証人になることを依頼されても支払うことまでは依頼されていないので、649条の適用は考えにくく、前提を欠く。確かに、物上保証人にも事前求償権を認める必要性はあるが、目的不動産から抵当権の実行によりいくらの債権が回収できいくらの求償権が発生するか、抵当権の実行前には確定できない。そのため、判例は物上保証人の事前求償権を否定している（☞ 2-16）。
　②創設規定説では、事前求償権を認める必要性があることは物上保証人でも変わるところはなく、460条の類推適用を肯定するのが素直である。保証人でも代わりに支払うことまで債務者に対して義務づけられるためには履行の引受けという別の契約が必要になり、保証の委託の中に代位弁済が含まれているとはいえないのであり、創設規定説が妥当である。問題は、事前求償権の額の点であるが、物上保証人に証明責任を負わせ、とりあえずその当時の物権の価格に従い事前求償権──ただし供託請求にとどめる──を便宜的に認める余地はある。

2-16 **●最判平2・12・18民集44巻9号1686頁**　①「債務者の委託を受けてその者の債務を担保するため抵当権を設定した者（物上保証人）は、被担保債権の弁済期が到来したとしても、債務者に対してあらかじめ求償権を行使することはできないと解するのが相当である。けだし、抵当権については、民法372条の規定によって同法351条の規定が準用される」

> が、これは「物上保証人が右債務を弁済し、又は抵当権の実行により右債務が消滅した場合」の規定であり、「右規定が債務者に対してあらかじめ求償権を行使することを許容する根拠となるものではなく、他にこれを許容する根拠となる規定もないからである」。②「保証債務の弁済は右委任に係る事務処理により生ずる負担であるということができる。これに対して、物上保証の委託は、物権設定行為の委任にすぎず、債務負担行為の委任ではないから、受託者が右委任に従って抵当権を設定したとしても、受託者は抵当不動産の価額の限度で責任を負担するものにすぎず」、「抵当不動産の売却代金の配当等による被担保債権の消滅又は受託者のする被担保債権の弁済をもって委任事務の処理と解することもできない」。③また、「抵当不動産の売却代金による被担保債権の消滅の有無及びその範囲は、抵当不動産の売却代金の配当等によって確定するものであるから、求償権の範囲はもちろんその存在すらあらかじめ確定することはでき」ない。「したがって、……委託を受けた保証人の事前求償権に関する民法460条の規定を委託を受けた物上保証人に類推適用することはできない」。

2-17 **◆物上保証と保証規定②──事前求償権以外**
　①保証人には催告および検索の抗弁権が認められているが（452条・453条[改正455条]）、物上保証人に検索の抗弁権を類推適用すべきであろうか。旧民法債権担保編272条1項には物上保証人に検索の抗弁権を認める規定があったが、現行民法の起草に際してこの規定は承継されていない。そのため、検索の抗弁権の物上保証人への類推適用については、否定説が通説である（高木104頁）。その理由は、抵当権の実行を不当に遅延せしめること、また、保証人とは異なって物上保証人は抵当物件に責任が限定されているので、保証人ほどの保護は必要がないことである。
　②保証人は、主債務者が債権者に対して債権を有し相殺できる場合には、履行を拒絶することができる（457条2項[改正法案457条3項]）。判例としては、大阪高判昭56・6・23判時1023号65頁が、457条2項の物上保証人への類推適用を肯定している。学説にも、これを肯定する主張がある（浅沼武「物上保証人は債務者の債権で相殺し得るか」金法517号9頁以下、淡路剛久＝新美育文＝椿久美子「保証法理の物上保証人等への適用可能性」金法1266号16頁以下[椿]、高木105頁）。457条2項を類推適用して、物上保証人は相殺により被担保債権が全て消滅しうる場合には、抵当権の実行に異議を述べられるというべきである。

2　抵当権の設定できる物ないし権利

2-18　抵当権が設定できるのは、民法上は「不動産」（369条1項）または地上権

　　　　　　　　　　　　　　　§Ⅲ　抵当権設定契約

および永小作権 (同条2項) に限られている。

　①まず、土地に抵当権が設定できるのは当然であるが、日本では建物と土地とは別の物とされ、土地の抵当権は建物には効力が及ぶことはない (370条参照)。そして、土地については、土地の所有権について抵当権を設定できるのみならず、用益物権である地上権と永小作権についても抵当権が設定できることになっている (369条2項)。賃借権については、独立して抵当権を設定することはできないが、建物に抵当権を設定すると、従たる権利として建物の抵当権の効力が借地権に及ぶ。また、特別法により物権とみなされる権利についても、抵当権の設定が可能である。例えば、鉱業権の内容たる採掘権は抵当権の設定が可能とされている (鉱業法13条)。民間資金等の活用による公共施設等の整備等の促進に関する法律 (PFI法) 27条1項は、公共施設等運営権を物権と構成して登録による公示を可能とし、抵当権の設定を認めている。

　②建物については、土地とは別個の不動産であり、土地と共に共同抵当権の設定によるしかなく、土地建物に1つの抵当権を設定することはできない。建物所有者が土地について借地権を有する場合には、建物の抵当権の効力が借地権に及び、2つの権利関係がばらばらにされることはない。③また、土地の一部である立木については、立木法により土地とは独立して抵当権を設定することができる (立木法2条2項)。

　④動産については、民法上、独立して動産に抵当権の設定はできないが、不動産の従物には不動産の抵当権の効力が及ぶことが認められている (☞2-28以下)。特別法で登録制度が用意されている動産については、目的物に打刻するなどして、抵当権の設定が可能とされている。⑤1つの目的物に1つの抵当権が成立するのが原則であり、従物は主物に成立した抵当権の効力が及ぶにすぎない。ところが、企業施設全体を1つの財団として、これに1つの抵当権を設定することが可能であり、これを財団抵当という。工場抵当法などにより、財団抵当が認められている (☞2-191以下)。

§Ⅳ 被担保債権および抵当権の効力の及ぶ目的物

1 抵当権の被担保債権

2-19 **(1) 抵当権の被担保債権の意義・認定**

　抵当権の被担保債権は1つの債権である必要はなく、複数の債権を1つの抵当権で担保することもできる[3]。1つの債権の一部を担保する一部抵当も可能である。債権は現に存在している債権だけでなく、将来の債権であっても、債権発生の基礎となる具体的な法律事実関係が存在し債権が確定さえしていれば、債権の発生前に抵当権を有効に設定しその登記をすることができる[4]。さらには、将来発生する債権を一定の基準で限定してこれを包括的に担保する抵当権を設定することもでき、このような抵当権を**根抵当権**という（☞2-141以下）。

　被担保債権額は、抵当権設定登記の必要的記載事項であり、これを登記で公示しなければならず（不登83条1項1号）、また、登記をした範囲でのみ第三者に対抗ができる。

2-20 　**◆被担保債権を発生させる契約が無効な場合**

　法人の目的外の貸付事例（員外貸付）について、これを無効とした場合の貸金債権のために設定した抵当権の効力が問題とされている。同額の不当利得返還請求権が成立することに変わりはないのであり、経済的には同じ債権である不当利得返還請求権のための抵当権として有効とできないかが問題になる。

---

3)　**＊1つの抵当権に債権者が数人いる場合（抵当権の準共有）**　本文に述べたように、複数の債権のために1個の抵当権が設定できるが、それぞれの債権の債権者が異なってもよいのであろうか。登記実務は否定的であるが（民事局長通達　昭35・12・27民事甲3280号）、学説では認めて差し支えないと考えられている（我妻246頁、鈴木182頁、道垣内124頁）。肯定する場合に問題になるのは、準共有である。共有規定が適用されるとすると、抵当権の実行は処分として全員で行わなければならないのかということが問題になる。共同根抵当権について議論されており、全員によるべきであるという学説（我妻526頁）、各共有者が単独ですることができるとする学説（鈴木禄弥『根抵当法概説〔新版〕』442頁）とがある。抵当権は債権に付従するものであり、債権には全員で行使しなければならないという拘束はないので、単独行使を支持したい。

4)　消費貸借契約がされたが、いまだ融資が実行されていない段階での抵当権の設定がその代表であり、また、保証人の将来の求償権のために抵当権を設定しておくことも有効とされている（最判昭33・5・9民集12巻7号989頁）。

§Ⅳ　被担保債権および抵当権の効力の及ぶ目的物

　最判昭41・4・26民集20巻4号849頁は、農協XによりY組合員Y_1への貸付がなされ、その貸付債権についてY_2（Xの代表理事）が保証をし保証債務を担保するために抵当権を設定することが合意された事例で、——保証債務を貸金債権ではなく不当利得返還請求権のための保証とできるかが問題——、XからY_1への貸金分の不当利得返還請求を認容し、保証人Y_2への請求は棄却した原審判決を支持する。Y_2は、Y_1への貸付がXの目的事業とは全く関係なく、組合定款に違反することを承知して貸し付け、またY_1もこれを承知して借り受けた事実関係では、妥当な結論であるという。Y_2の保証をXのY_2に対する不当利得返還債権についての保証と構成することの可否については、「Y_2の右保証がY_1の原判示消費貸借契約上の債務を担保するためになされたことを認定し、右消費貸借が原判示の理由により無効である以上、右保証もまた無効であり、従って右保証債務を担保するためなされた右抵当権設定契約もまた無効であると判断」した原審判決に、審理不尽、理由不備の違法は認められないとする。
　他方で、最判昭44・7・4民集23巻8号1347頁は、労働金庫AによるXへの員外貸付につき抵当権が設定され、返済がされずに抵当権が実行されて、Yが抵当不動産を競落した事例で、Xが買受人Yに競売を無効と主張し移転登記の抹消登記手続を求めた事例で、「自ら虚無の従業員組合の結成手続をなし、その組合名義をもって訴外労働金庫から本件貸付を受け、この金員を自己の事業の資金として利用していたというのであるから、仮りに右貸付行為が無効であったとしても、同人は右相当の金員を不当利得として訴外労働金庫に返済すべき義務を負っているものというべく、結局債務のあることにおいては変りはないのである。そして、本件抵当権も、その設定の趣旨からして、経済的には、債権者たる労働金庫の有する右債権の担保たる意義を有するものとみられるから、Xとしては、右債務を弁済せずして、右貸付の無効を理由に、本件抵当権ないしその実行手続の無効を主張することは、信義則上許されない」とした。
　後者も抵当権設定契約を、不当利得返還請求権のために有効とし無効行為の転換をすることまで明言はしていない。しかし、実行後にその無効を主張できないということは、有効というのと変わらない。法人の目的外の貸付については、無効行為の転換を認めるべきではないが、それ以外の事例では、貸付債権と不当利得返還請求権とは経済的に同一の債権であるため、無効行為の転換を認めるべきである。

2-21 (2) 利息などについて

(a) 利息　AがBに5000万円を融資し、Bの所有の土地に抵当権が設定され、この融資には年10％の利率による利息を支払うことが約束されていたとする。その後に抵当権を設定して融資をする後順位抵当権者は、利息も覚悟すべきではあるが、利息も全額対抗できるとなると、弁済がされずに利

息が積み重なっていく可能性があり、いくらになるのか計算できない。

　民法は、利息についても登記事項とし登記をすることで抵当権の優先弁済効を認める一方で、最後の2年分だけにその範囲を限定し（375条1項本文）、後順位抵当権設定者の計算可能性を保障した。この制限は、他の債権者に対する優先弁済権を制限するものにすぎず[5]、被担保債権から除外されるわけではなく、債務者との関係では制限を認める必要はない（第三取得者や物上保証人については☞2-25以下）。ほかに配当加入する債権者がいなければ利息全額につき配当を受けられる。また、債務者が弁済をして抵当権を消滅させるには利息全額を弁済しなければならない。なお利息の2年分という制限は「登記による公示がない」ためによる制限であるので、既発生の利息債権について特別の登記をすれば、2年分という制限に服さないことになる（権利変更の登記による。昭30・1・7民甲2731号民事局長回答）。すなわち、登記した利息債権については、2年以上経過しても抵当権により優先弁済が受けられる（375条1項ただし書）。後順位抵当権者の同意なしにこの登記はできるが、当然のことながら、その対抗力は、登記以後の第三者に限られる[6]（大判昭3・8・25新聞2906号12頁）。

2-22　**(b)　遅延損害金**　利息に遅延損害金が含まれると考えれば375条1項の規定のみで足りるが、これが含まれないと考えるならば利息とのバランスを失するため、民法施行3年後に第2項が追加された。同条2項は、遅延損害金についても、利息同様に抵当権者は最後の2年分しか抵当権を行えないという制限を設けた（同項本文）。満期までは利息、満期後は遅延損害金という形になり、これを一本として利息とあわせて2年分という制限を受けることになる（同条1項ただし書）。したがって、1年分の利息と、5年分の遅延損害金がある場合には、過去2年分の遅延損害金分だけが、抵当権による優先的回収が認められる範囲になる。なお、375条の制限を援用できる人的範囲については、便宜上、2-25以下に説明をする。

---

5)　これらの者との関係で優先権が制限されるというだけであるので、2年分を超えて利息全額について競売の申立てができ、したがって、利息全額について時効中断の効力が認められる（大判大9・6・29民録26輯949頁）。

6)　後順位抵当権者の同意を得て、付記登記によって特別の登記をした場合には、過去2年分を超える利息についても後順位抵当権者に優先すると考えられている（川井332頁）。

§Ⅳ 被担保債権および抵当権の効力の及ぶ目的物

2-23 **(3) 抵当権を消滅させるために必要な弁済額**

(a) **元本債権** 抵当権不動産の価格が被担保債権額を下回っていても、債権全額が抵当権によって担保されているので（不可分性）、債務者また第三者が被担保債権を弁済により消滅させ、抵当権を消滅させるためには、債権全額を支払わなければならない。ただし、物上保証人や第三取得者については、いわゆる物上債務論では、抵当不動産の価格に匹敵する債務額を弁済すれば抵当権を消滅させることができる（☞2-13②）。

例えば、5000万円の債権なのに、登記上何らかの理由により3000万円の債権と登記されている場合には、残額は登記されていないので対抗力は認められず、抵当権者は3000万円の債権しか第三者に対抗しえない。しかし、一部のみの担保としての抵当権がされたわけではないので、①第三取得者など第三者は、登記された額を弁済すれば足りるが、②債務者や物上保証人は、当事者であって第三者ではないので、抵当権者は実際の元本額を対抗でき、これらの者は5000万円の弁済をしなければ抵当権の付従性による消滅を主張できない。

2-24 **◆一部担保（一部抵当）の場合**

例えば、元本5000万円のうち抵当権によって担保されるのは3000万円と約束され、その旨の登記がされている場合には、保証における一部保証と同様の関係になる。第三取得者や後順位抵当権者は、登記された債権額だけを覚悟すればよいので、登記されていない債権を含めれば一部にすぎないとしても3000万円を弁済すれば抵当権を消滅させることができる。問題とされているのは、設定者である債務者や物上保証人である。①一部保証におけるのと同様に債権者に有利に考え、5000万円全額の弁済があるまで抵当権は消滅しないものとするのが当事者の意思に合致するとして、債務者・物上保証人は、元本債権全額の支払が必要であるという学説と（我妻244頁）、②債務者や物上保証人も、抵当権によって担保される金額（3000万円）だけを支払えば、抵当権を消滅させることができるという学説（高木157頁）とが対立している。後者は、この問題に488条、489条の類推適用を認め、抵当権によって担保されている部分・無担保の部分のいずれに弁済が充当されるかという問題と考えて（先に述べたように、抵当不動産の価格が債権額を超える場合のような不可分性は認められない）、弁済者に有利な抵当権によって担保されている債権部分へ充当されるというのが理由である。

2-25 **(b) 利息債権── 375条の人的保護範囲**

㋐ **第三取得者** 抵当権の実行により優先弁済を受けられるのは2年分

の利息にすぎないが、優先弁済権が制限されているだけで、抵当権自体の効力が否定されているわけではなく、債務者や物上保証人が抵当権を付従性で消滅させるためには、全額の利息を弁済しなければならない。では、第三取得者についてはどう考えるべきであろうか。

①少数説として、第三取得者は、目的物の残余価値を期待してこれを取得するのであるから、後順位抵当権者と同様に扱うという主張がある（鈴木236頁、道垣内159頁）。この考えによれば、第三取得者は、代位弁済（474条）についても375条の制限額まで支払えば、抵当権を消滅させることができそうである。

②しかし、第三取得者は、設定者の負担を承継するので、設定者と同視し、375条の適用を否定するのが通説であり（我妻249頁、高木156頁、古積271頁、高橋147頁、安永277頁）、また、判例も、設定者の「地位を承継したる抵当不動産の第三取得者も亦之と同一金額の代位弁済を為すにあらざれば、抵当権者に対し抵当権消滅を原因として之が登記抹消を訴求すべき権利なきや明なりとす」という（大判大4・9・15民録21輯1469頁）。第三取得者は設定者の地位を承継するものであり、民法もこのことを前提として、その不利益から解放するために、買受けに際して抵当権の負担を免れる種々の制度を用意しているのであるから、通説を支持してよいであろう。

2-26　**(イ) 後順位抵当権者**　後順位抵当権者に対して、第1順位の抵当権者は抵当権の実行に際して2年分の制限が適用されることは疑いない。では、債務者に代わって弁済をして第1順位の抵当権を消滅させる場合にも、2年という制限を受け、2年分の利息だけ支払えばよいのであろうか。この点につき、判例は、後順位抵当権者についても、債務者の代わりに弁済をするので債務者と同じ規律をして、2年という利息の制限を否定している（大判昭12・3・17裁判例11巻民71頁）。「債務者の他の債権者の代位弁済と雖も、債務者の為すべき弁済を債務者に代りて為すものなること、単純なる第三者の代位弁済と何等択む所無く、従て其の為すべき弁済は債務者自身の為すべき所と内容範囲等を異にすべき理拠あること莫ければなり」と説明する。要するに、第三者弁済にすぎず、債務者以上の制限を主張できないのであり、後順位抵当権者としての権利行使の場面ではないということである。判例が支持されるべきである。

2　抵当権の効力の及ぶ目的物の範囲①——付加物と従物の関係

2-27　**(1) 問題の整理**

　民法上、抵当権の設定ができるのは不動産および地上権ならびに永小作権に限られ、動産に対して抵当権を設定することはできない。しかし、これは動産には抵当権の効力が及ばないということを意味するのではない。

　まず、合意によって動産を抵当権の対象とすることを認めるべきではない。例えば、量販店の建物に抵当権を設定し、店内の商品に抵当権の効力を及ぼす合意をしても無効である。抵当権の効力が及ぶのは、登記の公示の衣に包まれ、また、不動産の常用に供され一体として価値が評価される動産に限られるべきである。その要件を満たすならば、抵当権設定当時の動産か設定後の動産かを区別する必要はない。問題は、それを条文上どう根拠づけるのかである。

　なお、付合物（広義の付合物☞物権法20-11）は不動産の一部となるので、不動産の抵当権の対象になるのは当然である。山林に抵当権を設定する場合、山林の価値の評価は、二束三文の土地ではなく立木を評価するものであって、付合物である立木にも土地の抵当権の効力が及ぶのは当然である（大判大14・10・26民集4巻517頁）。他方、農作物については、抵当権の効力が及ぶことを認めると収穫ができなくなってしまい、目的物の利用をそのまま設定者に認め、その収益から返済をさせるという抵当権の性質上不都合である。そのため、民法は果実に及ぶ抵当権の効力を制限した（371条☞2-37）。

　この結果、問題となるのは従物であり[7]、この点を次に詳しくみていくことにする（従物等の侵害については後述☞2-49以下）。

---

7)　＊**集合物理論の影響**　従物にも特定従物のように処分が許されないものもあるが、これは集合動産と共に特定動産が対象とされた事例も同様であり、処分授権は及ばないことになる。他方、流動する集合動産の譲渡担保では、商品のような販売目的の動産は処分授権の対象とされるが、入れ替わることが容認される従物が集合動産譲渡担保の対象とされた場合にも、営業が継続され集合物として従物の価値が維持されている限り、新たな従物で満足すべきであり従物の処分に対する干渉を認めるべきではない。これと同様に、抵当権の効力が従物に及ぶ場合でも、内容の変動が取引通念上容認される集合物たる従物については、営業が継続され新たな従物が補充されて集合物としての従物の価値が維持される以上は、従物の処分について抵当権者による干渉を認めるべきではない。

2-28 **(2) 従物への効力**

(a) **問題点** 例えば、料亭の土地建物に抵当権が設定されたとしよう。①抵当権設定当時に、料亭の日本庭園に高価な庭石等が置かれ立派な庭園になっていれば、債権者としてはその価値を全体として評価したのであり、庭石等にも抵当権の効力が及ぶことを認め、債権者は庭石なども一括して競売でき、また、庭石等の処分を阻止できてしかるべきである。一方、②抵当権設定当時には貧弱な庭園であったが、その後に本格的な造園がなされ高価な庭石、石灯籠などが置かれた場合、抵当権者が考えてもいなかった価値の増加を抵当権者に享受させ、設定者がそれを自由に処分することを否定し、また、設定者の他の債権者に優先させるのは適切であろうか。登記によって動産まで公示できれば合意によって自由に決めてよいが、競落人との関係を考えると、抵当権の効力が及ぶ従物については客観的な基準で決められる必要がある。

抵当権設定当時の従物が取り換えられることが取引通念上容認される場合には、集合物のように流動性が認められ、取換えは許され、新たに設置された従物に抵当権の効力が及ぶ。抵当権設定当時予定されていなかった従物が設置されたとしても、取引通念から抵当権者に優先権を与えてしかるべきものであれば、これにも抵当権の効力を及ぼしてよい。しかし、予定していない高額の従物が設置された場合に、設定者の他の債権者を犠牲にして抵当権者を一方的に保護することには疑問がある（☞2-35）。他方、公示という観点からは、現地を見れば従物の存在を確認でき、主物たる不動産の抵当権設定登記で十分である（最判昭44・3・28民集23巻3号699頁[8]）。「公示の衣」論であり、搬出されて公示の外に出ていってしまった場合の効力は問題になるが、2-53以下に述べる。

抵当権設定前からの従物、設定後の従物いずれについても抵当権の効力が

---

[8] **＊従物についての対抗要件** 本判決は後述（☞2-32）のように、「①本件石灯籠および取り外しのできる庭石等は本件根抵当権の目的たる宅地の従物であり、②本件植木および取り外しの困難な庭石等は右宅地の構成部分であるが、右従物は本件根抵当権設定当時右宅地の常用のためにこれに付属せしめられていたものである」から、「本件宅地の根抵当権の効力は、右構成部分に及ぶことはもちろん、右従物にも及び……、この場合右根抵当権は本件宅地に対する根抵当権設定登記をもって、その構成部分たる右物件についてはもちろん、抵当権の効力から除外する等特段の事情のないかぎり、民法370条により従たる右物件についても対抗力を有する」としている。

及ぶという結論に学説上争いはなく[9]、その民法における条文上の根拠づけについては、判例に変遷がある。

2-29　**(b) 判例の状況**

　　㋐　最初の判例　出発点となった判例は、①369条が不動産のみを抵当権の対象としていることから、抵当権の目的物は不動産に限られ、87条2項は抵当権には適用されない、②370条の付加一体物は従物を含まず、付合物を意味するとして、結論として、抵当権は動産にすぎない従物に効力を及ぼすことはないとした（大判明39・5・23民録12輯880頁）。事例は設定時の従物である。「動産は其性質として唯だ類似品多く甲を以て乙に代へ得るのみならず、此より彼に転し容易に其所在を失し債権弁済の担保とする目的を達し難く、当事者間常に紛議を生じ、為めに訴訟を惹起し公私共に其弊を受くる」という実際上の理由も述べられている。分離物を考える際に、この初期の判決の問題提起は忘れられるべきではない。

2-30　**㋑　その後の判例変更①――87条2項による設定時の従物への効力肯定**　その後、大判明39・5・23（☞ 2-29）は段階的に変更されていく。まず、大連判大8・3・15民録25輯473頁がこれを抵当権設定時の従物について連合部判決により変更し、369条は必ずしも87条2項の適用を排除するものではないとして、87条2項を根拠として、従物への抵当権の効力を認めるようになる。すなわち、「建物に付き抵当権を設定したるときは、反対の意思表示あらざる限り、該抵当権の効力は抵当権設定当時建物の常用の為め之に附属せしめたる債務者所有の動産にも及び、是等の物は建物と共に抵当権の目的の範囲に属するものと解すべきは、民法第87条第2項の規定に照し疑を容れざる所とす」という。「民法第369条、第370条は抵当権の効力が其目的たる不動産に附加して之と一体を成したる物以外の動産に及ばざるが如き解釈を容るべきが如し、然れども民法第369条……未だ以て抵当権の効力は其目的たる不動産の従物たる動産に及ぼすことを得ざる旨をも併せて規定したるものと解すべきにあらず」と、370条の付加一体物は付合

---

[9]　あくまでも抵当不動産と一体でのみ抵当権の効力の対象となるのであり、従物だけについて抵当権の実行をすることはできない。工場抵当法7条2項では、「第2条ノ規定ニ依リテ抵当権ノ目的タル物［付加一体物など］ハ土地又ハ建物ト共ニスルニ非サレハ差押、仮差押又ハ仮処分ノ目的ト為スコトヲ得ス」とこのことを明記する。

物と理解し、87条2項を条文上の根拠とする説明である[10]。

2-31　**(ウ)　その後の判例変更②——設定後の従物への効力肯定**　次いで、大判昭5・12・18民集9巻1147頁が、抵当権設定後の従物に抵当権の効力が及ぶことを認めた。しかし、この判例は、条文上の根拠は必ずしも明確ではない。「原判決は……物件の畳建具類なるも何れも容易に建物より分離し自由に取外し得るものなるが故に、之を目して建物に附加して之と一体を為せるものと解するを得ずと云ふも、……此等の物件が建物と一体を為すや否やは単に建物に対する物理的関係のみにより之を観察すべきものにあらず」というのみである。370条の付加一体物を問題とし、これに従物を含めることを認めたものであるが、一般論は展開していない。抵当権設定後の従物の事例であり、抵当権設定時の従物についての2-30判決が87条2項によったのを変更するかどうかについても言及はない。

2-32　**(エ)　その後の判例変更③——設定時の従物への効力肯定・370条を根拠？**　2-30判決は抵当権設定時の従物に抵当権の効力を及ぼしたが、87条2項を根拠としており、抵当権設定後の従物については明確ではないが、370条によったと解しうる2-31判決がその後に出され、条文根拠の整合性が問題として残された。

最判昭44・3・28民集23巻3号699頁は、他方、設定当時の従物の事例につき、従物に抵当権の効力が及び、他の債権者がした強制執行を抵当権に基づいて排除できるかが問題とされた事例で、「本件石灯籠および取り外しのできる庭石等は本件根抵当権の目的たる宅地の従物であり、本件植木および取り外しの困難な庭石等は右宅地の構成部分である」。「本件宅地の根抵当権の効力は、右構成部分に及ぶことはもちろん、右従物にも及び（……）、この場合右根抵当権は本件宅地に対する根抵当権設定登記をもって、その構成部分たる右物件についてはもちろん、抵当権の効力から除外する等特段の

---

[10]　大判大8・3・15前掲は続けて、「如何なる物を以て抵当権の効力の及ぶべき従物と認むべきやは当事者の意思を基礎とする主観的標準に依るべきものにあらずして、前示する所に従ひ一般取引上の観念により定まるべき客観的標準に則り之を決定すべきものとす」、「畳建具の如き通常建物の従物と看做さるべきものは格別、本件事案に於けるが如き営業用諸器具の如き必ずしも常に之を建物の従物と看做すを得ざると同時に、絶対に之を従物と為し得ざるものと為すに及ばざるべく、其従物たるや否やは一に建物の利用の目的如何に因り定まるべきものと為すを相当とすべし」という。

事情のないかぎり、民法370条により従物たる右物件についても対抗力を有する」とした。370条が対抗力の根拠とされているが、その前提として、効力が及ぶ根拠とも考えているものと思われ、従物について、抵当権の効力が及ぶ根拠についての判例の立場は370条に統一されたといってよい。

その後も、条文根拠は示されていないが、借地上のガソリンスタンド建物に抵当権が設定された事例で、設定当時から存在している地下タンクなどにも抵当権の効力が及ぶことを認めている（最判平2・4・19判時1354号80頁）。建物よりもこれらの設備の価格の方がはるかに高い（4倍程度）事例である。

2-33 **(c) 学説の状況**

❶ **87条2項適用説**　旧民法では、フランス民法にならい、「用途による不動産」という概念を認め、これにより抵当権の効力を動産に及ぼしていた。現行法は、用途による不動産という概念を放棄し、ドイツ民法学から従物理論を導入し87条に一般規定を置いた。起草者は370条で建物を例外として除くことからもわかるように、付加一体物として付合物を考えており、また、古い学説も付合物を念頭に置いていた。抵当権設定当時の従物には、87条2項により抵当権の効力が及ぶと説明していたのである（富井543頁、中島1054頁以下、田島202頁、近藤300頁、三潴503頁以下）。その結果、抵当権設定時の従物にのみ抵当権の効力が及ぶにすぎないが、抵当権設定後の従物でも、畳建具など取り換えられることが容認されている従物は別とされていた（近藤300頁）。

その後、抵当権設定行為は売買のように契約時の従物だけを考えるのではなく、設定から実行までのスパンを考慮してなされるものであり、87条2項に依拠しつつ抵当権設定後の従物への抵当権の効力を認める87条2項新説が提唱される。また、そもそも87条2項は単なる意思表示解釈規定を超えて、不動産と従物との一体としての法律的運命を規定したより広い規定であると考えれば、87条2項の効力として従物の置かれた時期を問うことなく抵当権の効力が及ぶことになる（石田・上巻159頁以下）。また、「処分」は、抵当権設定という一時点における行為のみを意味するのではなく、「更にその後の抵当権実行までの一体としての態様を意味する」といった説明もされている（柚木・高木255頁）。

2-34 ❷ **370条適用説（通説）**　付合物に抵当権の効力が及ぶのは当然であ

り、わざわざ規定を置いたことの意義を認めて、370条の付加一体物には従物が含まれると解するのが現在では通説となっている（我妻270頁、松坂304頁、鈴木196頁、内田397頁、安永251頁など）。「付加」の時期を抵当権設定前に制限していないので、文言としても抵当権設定後の従物を含むことは可能である。この学説は、付加一体は付合物と従物とを含む概念であると理解することになる。87条2項によるのとは異なり、従物とは異なる概念と理解するため、従物が全て付加一体物に含まれるわけではなく、これを制限する余地がある。それゆえに、抵当権設定当時に予定されていなかった高価な従物が設置された場合に、これには抵当権の効力を及ぼさないという解決ができる（☞2-35）。従物、付合物とは別に第3の概念として付加一体物という概念を認める意義がここにある。ただし、87条2項説でも当事者の合理的な意思の推定として、高価な従物を除外することは可能であり、いずれの学説によっても同じ結論を実現できるから、実益のある議論ではない。

　370条ただし書の「別段の定め」として、不動産登記法88条1項4号は370条ただし書の別段の定めを登記事項としており、抵当権の効力が及ばないことが合意されても登記されなければ競落人に対抗できない。

2-35　**◆高価な従物など――抵当権設定後の従物への抵当権の効力**
　抵当権の効力が目的不動産の従物に及ぶことについては、それが当初の従物を差し替えて同等の価値の従物を備え付けたのであれば、他の債権者との関係で問題が生じることはない。ところが、それが取引通念上合理的に予想しえないほどの高価な物である場合には――例えば、庭の従物とされる池の何百万円もするような鯉――、一方的に抵当権の効力を及ぼしてよいのかは疑問が残る。これを肯定すると、①一般財産から除外され一般債権者の不利益は大きく、また、②債務者もその物を売却したり譲渡担保に供するなどの行為が制限されてしまい、資金調達の途が閉ざされることになる。結論としては、抵当権設定後の高価な従物については、抵当権の効力が及ばず、他の債権者も平等に債権回収のための責任財産とでき、また、債務者も自由に処分することができると考えるべきである。問題は抵当権の効力を否定する法的構成であるが、370条説では、370条ただし書の適用により、特約がある場合または詐害行為に当たる場合には抵当権の効力が及ばないものとすることができる（林良平「抵当権の効力」『金融法論集』183頁）。しかし、特約が登記されなければ買受人には対抗できない。

　本書としては、①抵当権設定当時の高価な従物については特約で排除されない限り370条の付加一体物とされるが、②抵当権設定後の高価な従物について

は、これを予定して担保評価していたといった特段の事情がない限り付加一体物に含まれないという制限的解釈をしたい。東京高判昭53・12・26判タ383号109頁は、劇場兼キャバレーの建物に、抵当権設定後に建物価格を超える価値の舞台装置などが設置された事例で、これらの従物に抵当権の効力が及ぶものとしたが、疑問である。

2-36 **◆従たる権利**

抵当権の効力は動産である従物のみならず、いわゆる抵当不動産の**従たる権利**にも及ぶものと考えられている。問題になるのは、建物に抵当権が設定された場合の、その建物のための借地権である。建物にだけ抵当権の効力が及び建物だけ競売できても仕方ない。敷地の利用権なしに建物だけ競落人が取得しても、不法占有になるだけである。そこで、借地権にも抵当権の効力を及ぼす必要性があり、従たる権利として従物とパラレルな議論がされている[11]。判例も、「建物を所有するために必要な敷地の賃借権は、右建物所有権に付随し、これと一体となって一の財産的価値を形成しているものであるから、建物に抵当権が設定されたときは敷地の賃借権も原則としてその効力の及ぶ目的物に包含される」という（最判昭40・5・4民集19巻4号811頁[12]）。ただし、条文上の根拠を示していない。買受人は借地権の譲渡を受けたことになるので、賃貸人の承諾が必要になり（612条）、賃貸人が任意の承諾をしない場合には、承諾に代わる判決を裁判所から受けるしかない（借地借家20条）。借地契約の合意解除は、放棄に準じて抵当権者に対抗できないが（398条）、債務不履行解除は抵当権者に対抗できる[13]。

2-37 **(3) 天然果実への効力**

目的物の賃料など法定果実については、2-71以下に述べることにして、

---

11) ＊**抵当権設定後の従たる権利**　東京高判昭60・1・25判時1153号169頁は、敷地の利用権を有しない建物所有者が建物に抵当権を設定後に敷地利用権を取得した事例で、「建物を所有するためのその敷地の賃借権は、建物の存立に必要欠くべからざるものであって、建物に附随しこれと経済的一体を成すものであるから、建物が抵当権の目的となっているときは、建物の従たる権利として民法370条にいう附加物に含まれ、原則として、その敷地賃借権にも建物抵当権の効力が及ぶものと解すべきであるところ、同条は、物が目的不動産に附加して一体を成すに至った時期については、それが抵当権設定の前であるか、後であるかの区別をしていないから、従たる権利について同条を適用する場合においても、抵当権設定の際又はその後において別段の定めをしない限り、建物抵当権の効力は、抵当権設定後に成立したその敷地の賃借権にも及ぶものと解するのが相当である」と判示する。

12) 強制競売の事例においても、「建物所有者が其の敷地に対し賃借権を有し該建物の所有権が競落に因り競落人に移転したる場合に、建物所有に必要なる敷地の賃借権は土地所有者に対する対抗問題は姑く之を措き権利移転の当事者たる建物所有者と競落人との間に於ては特別の事由なき限りは建物所有権と共に競落人に移転すべきものとす」とされている（大判昭2・4・25民集6巻182頁）。この場合には87条2項を根拠にせざるをえない。

ここでは天然果実、すなわち抵当権の設定された土地の収穫物である農作物などに限定して考察をしたい。例えば、抵当権の設定されたミカン園やリンゴ園のミカンやリンゴにも抵当権の効力が及ぶのであろうか。結論としては、目的不動産の使用を設定者に許しその収益から返済をさせるという抵当権制度の趣旨からして、抵当権の効力が及び設定者が収穫・処分できないというのは不都合である。ミカン農家やリンゴ農家の場合、その収益はミカンやリンゴを栽培し採取・売却することによって得られるのであるから、それを禁止するというのは本末転倒も甚だしい。

そのため、民法は、「抵当権は、その担保する債権について不履行があったときは、その後に生じた抵当不動産の果実に及ぶ」と、それ以前には果実に抵当権の効力が及ばないことを裏から規定した（371条1項）。「その後に生じた」というのであるから、不履行以降はそれ以前に収穫した果実にも抵当権の効力が及ぶのではなく、不履行以降に「生じた」果実に効力が及ぶにすぎない。ここでいう果実には土地の立木も含まれると考えられ、抵当権者は不履行後に伐採を禁じることができる——伐採され動産になった場合に抵当権者のなしうる法的請求については後述する（☞ 2-50 以下）——。

現行 371 条は、2003 年（平成 15 年）に改正された規定であり、改正前は、抵当権の実行に着手してから果実への効力が認められていたにすぎなかった。2003 年の民事執行法の改正により、抵当権の実行として、目的不動産の収益執行が可能になったことを受けて[14]、それとの整合性を保ち法的根拠

---

13) ＊土地所有者との事前通知義務の合意　抵当権者としては、借地人が地代の支払遅滞により賃貸借契約が解除され建物が収去されることにより、抵当権の対象となっている借地権付きの建物を失うのを予防する必要がある。抵当権者Xが、賃貸人Yから（事例は土地の転貸人による解除）、賃借人の「地代不払い、無断転貸など借地権の消滅もしくは変更を来たすようなおそれのある事実の生じた場合またはこのような事実が生じるおそれのある場合は、……貴行に通知するとともに、借地権の保全に努めます」という念書を差し入れてもらったが、「地代不払を理由に本件転貸借契約を解除する場合には、上記の地代不払が生じている事実を遅くとも解除の前までにXに通知する義務」の「不履行によりXに損害が生じたときは、損害賠償を請求することが信義則に反すると認められる場合は別として、これを賠償する責任を負う」とし、Xの過失を斟酌し8割を減額して賠償請求を認めた原審判決が容認されている（最判平 22・9・9 判時 2096号 66 頁）。なお、この事前通知義務は、「土地賃貸人の地位にある者が、地上の建物とともにその敷地に係る価値を担保として把握し、それゆえ借地権の帰趨について重大な利害関係を有するに至った当該建物の抵当権者に対して、負担するものであるから、土地の賃貸借契約と密接な関連を有し、当該契約に係る賃貸人の地位の移転に伴い、当然新賃貸人に承継される」と考えられている（東京地判平 10・8・26 判タ 1018 号 225 頁）。

を与えるために、不履行時から抵当権の効力が及ぶというように修正したのである。

2-38 ◆**抵当権者に対抗できない用益権者の果実取得権**

抵当権が設定されても、設定者による抵当不動産の使用、果実の取得が妨げられないのみならず、用益権が設定されている場合に、用益権者による使用、また果実の取得も妨げられない。用益権者が抵当権設定登記よりも先に対抗要件を満たし、抵当権者に対抗できる場合には、買受人にも用益権を対抗できるためその果実取得権は否定されるべきではない。では、抵当権設定登記後の用益権であり用益権が抵当権に対抗できない場合には、どう考えるべきであろうか。対抗できない用益権は、競売された場合に、買受人に対して用益権を対抗できないが、実行前は用益権を否定されることはない。とはいえ371条が適用され、債務不履行後は用益権者も果実取得権を否定されるのであろうか。この点、大判大4・3・3民録21輯224頁は、改正前の規定であるが、「抵当権が抵当不動産の差押ありたる後は之と一体を成す果実にも其効力を及ぼすことは民法第371条第1項但書の規定に依りて明白にして、該規定たるや第三者が賃借権其他の権原に基き収益を為す場合と雖も之を以て抵当権者に対抗することを得ざる限りは適用す」べきものであると判示し、371条1項ただし書による制限を認めている。

3　建物の合体と抵当権

2-39　甲・乙2つの建物、例えば、温泉旅館の旧館と新館とを改修工事により1つの建物とした場合、甲・乙建物が滅失したわけではないので、その上の抵当権が消滅することはない。同様の事象は、隣接した2つの区分所有部分の仕切りを除去して1つの区分所有権の対象にする場合にも起こる。類似の事例として、共有持分に抵当権を設定した後に、他の持分を相続などにより取得し単独所有になった事例で抵当権がどうなるのかも問題となる[15]。

それぞれ異なる抵当権が設定されている2つの建物が合体し1つの建物になった事例について、最判平6・1・25民集48巻1号18頁は、「互いに主従の関係にない甲、乙2棟の建物が、その間の隔壁を除去する等の工事

---

14) 設定者の占有を排して管理人が天然果実を取得し、これを換価して配当することも、第三者に賃貸して賃料を取得しこれを配当することもでき、また、賃貸中の場合には管理人に管理させ賃料を受け取って配当することもできる（民執95条1項）。担保不動産収益執行の配当は、執行手続をとった者に限定され、したがって、他の抵当権者は重ねて収益執行の二重開始決定を受けなければならない（民執188条・93条の2）。

により 1 棟の丙建物となった場合においても、これをもって、甲建物あるいは乙建物を目的として設定されていた抵当権が消滅することはなく、右抵当権は、丙建物のうちの甲建物又は乙建物の価格の割合に応じた持分を目的とするものとして存続する」という解決をした（学説も高木138頁など賛成）。

では、一方の建物のみ抵当権が設定されているにすぎない場合には、合体した建物に抵当権の効力を拡大するのであろうか。この場合の難点は、抵当権者に他の債権者の犠牲の下に過ぎた利益を与えることになるということである。上記判決はこの場合にも当てはまるというべきである。

> §V
> 抵当権の侵害に対する効力

1　目的物の占有──抵当権の実行妨害

2-40　**(1) 問題の整理**

---

① 妨害排除請求権の根拠（抵当権侵害［価値権説 or 換価権説］、抵当不動産維持保存請求権保全のための代位権の転用）
② いつ妨害排除請求が認められるか
③ 妨害排除請求のみならず、抵当権者への明渡しを求め自ら「管理占有」を行えるのか
④ 管理占有を認めるとしたら、管理占有ができる要件は何か

抵当権も709条にいう「権利」であるので、侵害により損害が発生すればその賠償を請求でき、また、侵害状態が継続していれば抵当権に基づき物

---

15)　＊**共有持分に抵当権設定後に単独所有となった場合**　類似の問題として、例えば、AB共有の不動産の持分にAが抵当権を設定後に、AがBの持分を取得またはBがAの持分を取得して単独所有になった場合に、持分の抵当権がどうなるのかという問題がある。最高裁判決はないが、東京高判昭60・9・30判時1173号60頁は、「不動産の共有持分に抵当権を設定した者が他の共有持分全部を取得して不動産の単有の所有者となった場合でも、右抵当権の効力は当初の共有持分の上にのみ及ぶのであり、当然に新たに取得した共有持分の上にまで及ぶことはない」とする。

権的請求権として侵害の停止・排除を請求できるはずである。しかし、抵当権には目的物の使用権限また占有権原はなく、また、被担保債権の従たる権利であり独立した財産権ではないので、どのような場合に侵害があり、損害が発生したと認められるのかについては、難しい問題がある。

①この点、「抵当権は、目的物の有する担保価値（交換価値）を把握する権利であって、目的物の用益に干渉しないものである」と理解する価値権説（我妻294頁）に立つ学者は、抵当権侵害を「目的物の交換価値が減少しそのために被担保債権を担保する力に不足を生ずることである」と説明している[16]（我妻383頁）。目的不動産を損傷したり、従物を持ち出すなどの行為は、第三者・設定者のいずれが行おうと価値を低下させる抵当権侵害行為となり、抵当権者は妨害排除を請求でき[17]、所有者に対しては抵当不動産維持保存請求権に基づいて修補、従物の補充といった価値復元を請求できる。

②他方、抵当権には使用権限は含まれないので、抵当権者は目的物を「利用できない」という形で侵害されることはない。ただし、抵当権を実行して競売に着手した後は、一般債権者による競売の場合も含めて、競売の妨害行為と認められれば、抵当権者は手続法上妨害排除請求が認められる（競売開始決定前でも可能[民執187条]）。抵当権実行手続に入る前段階にも——さらに弁済期前と後とに分けられる——、抵当権者に民法上妨害排除請求権が認められるかが問題となる。

現在では沈静化しているが、かつては抵当権の実行を妨害するために占有屋が抵当不動産を占拠し、買受人は競落後に占有屋を追い出すのに苦労し、何らかの金銭を支払って立ち退いてもらうことになり、買受けが敬遠される結果、市場価格より安くしか競落されなかった。また、任意売却の支障にもなる。そのため、抵当権者としては、競売手続に入る前に、さらには弁済期前でも占有屋を排除することが切望されたのである。

---

16) ＊**価値が被担保債権額を下回ることが必要か**　担保価値を下げるだけでなく、債権を担保する力が不足することを要件とすると、例えば、被担保債権5000万円で、目的不動産である土地建物が合計1億円相当である場合に、100万円相当の従物を売却しても抵当権侵害ではなくなってしまう。しかし、抵当権の不可分性、また、抵当不動産の価値が十分か否か——下落の可能性がある——将来不確実な問題であり、被担保債権を下回る状態になることは抵当権侵害となるための要件ではない（我妻386頁、松坂310頁）。

17) 換価権という観点からは、抵当権行使の障害になる無効な登記、例えば消滅した先順位の抵当権設定登記の抹消登記を請求することができる（大判大8・10・8民録25輯1859頁）。

抵当権に基づく妨害排除請求権をめぐる問題点を冒頭の図のようにまとめることができる。

判例は、①価値権説のドグマを貫き妨害排除請求また代位行使、共に否定した平成3年判決、②抵当不動産維持保存請求権を被保全債権とする代位行使を肯定した平成11年判決、そして、③価値の低下を問題にせず交換価値の実現の妨害を理由に抵当権の侵害を認め、抵当権に基づく妨害目的の賃借人への妨害排除請求を認めた平成17年判決と変遷してきている。以下にこれまでの判例の流れを追って説明をしていこう。

2-41 **(2) 妨害排除請求を否定する平成3年判決（香川判決）
——価値権説に忠実な判決**

最初の下記平成3年判決は、抵当権に基づく不法占有者への妨害排除請求を否定した。価値権説の忠実な当てはめであり、抵当権は目的物の利用にかかわる権利ないし占有を目的とする権利ではなく、第三者が不法に占有していても抵当権の価値の減少があるとはいえず、抵当権の侵害はないことが否定の理由である。また、所有者Aの不法占有者Cに対する物権的請求権を423条の転用により代位行使できるかについても、債権が侵害されているわけではないという理由で否定した。

2-42 **●最判平3・3・22民集45巻3号268頁** ①抵当権者が、395条ただし書（現在削除）に基づき短期賃貸借の解除を求め、解除を命ずる判決の確定を条件に、抵当権に基づく妨害排除請求がされた事例である。本判決は、抵当権に基づく請求につき、「抵当権は、設定者が占有を移さないで債権の担保に供した不動産につき、他の債権者に優先して自己の債権の弁済を受ける担保権であって、抵当不動産を占有する権原を包含するものではなく、抵当不動産の占有はその所有者にゆだねられているのである。そして、その所有者が自ら占有し又は第三者に賃貸するなどして抵当不動産を占有している場合のみならず、第三者が何ら権原なくして抵当不動産を占有している場合においても、抵当権者は、抵当不動産の占有関係について干渉し得る余地はないのであって、第三者が抵当不動産を権原により占有し又は不法に占有しているというだけでは、抵当権が侵害されるわけではない」と判示して、これを否定した。

②また、代位行使についても、「賃借人等の占有それ自体が抵当不動産の担保価値を減少させるものでない以上、抵当権者が、これによって担保価値が減少するものとしてその被担保債権を保全するため、債務者たる所有者の所有権に基づく返還請求権を代位行使して、その明渡しを求めることも、その前提を

> 欠くのであって、これを是認することができない」と、これも否定する。
> [追記] 旧395条は次の通り：「第602条に定めたる期間を超えざる賃貸借は抵当権の登記後に登記したるものと雖も之を以て抵当権者に対抗することを得但其賃貸借が抵当権者に損害を及ぼすときは裁判所は抵当権者の請求に因り其解除を命ずることを得」

2-43 **(3) その後の判例変更**

(a) 判例変更①（平成11年判決）——抵当不動産維持保存請求権の保全・対不法占有者 ①その後、平成11年の大法廷判決が、不法占有者に対する妨害排除請求につき、価値の低下を問題とせず換価権の侵害だけで抵当権侵害を認め、所有者に対する抵当不動産維持保存請求権に基づき所有者の不法占有者に対する妨害排除請求権を代位行使することを認める。②さらに、平成17年判決は、適法賃借人に対して——所有者に妨害排除請求権が認められず、その代位行使ができない——、換価権の行使の妨害による抵当権の侵害を認めて、抵当権に基づく賃借人に対する明渡請求——例外的に抵当権者への——を認める。平成11年判決も平成17年判決も、判決文では抵当権実行後また弁済期到来後に限定をしていないが、実行開始後の事例であり、先例価値もそのような事例に限定される。まず、平成11年判決を紹介したい。

最高裁は、下記平成11年の大法廷判決により、不法占有による抵当権侵害を認めて（☞①）、抵当権者の抵当不動産維持保存請求権を被保全債権として所有者の妨害排除請求の代位行使を認める（☞②）。「第三者が抵当不動産を不法占有することにより、競売手続の進行が害され適正な価額よりも売却価額が下落するおそれがあるなど、抵当不動産の交換価値の実現が妨げられ抵当権者の優先弁済請求権の行使が困難となるような状態がある」ことが、抵当権侵害と認められるための要件とされている。抵当権者の優先弁済請求権の行使が妨げられるという要件は後述平成17年判決に承継されるが、「適正な価額よりも売却価額が下落するおそれがあるなど」といまだ価値権説の呪縛から完全に脱していない。

しかし、抵当権の侵害が認められるために、抵当権者は所有者に対して「抵当不動産を適切に維持又は保存するよう求める請求権」——価値の維持・保存に限定していないことに注意——により不法占有者を排除するよう

請求でき、したがって、所有者が不法占有者を排除しないのはこの義務を怠っていることになり、抵当権者はこの請求権を被保全債権――債権ではないので類推適用――として所有権の妨害排除請求権を代位行使できるものとしたのである。抵当権に基づく不法占有者への妨害排除請求権についても、傍論として認めている（☞③）。抵当不動産維持保存請求権は、所有者に対する物権的請求権であり、第三取得者に対しても認められることになる[18]。

2-44
●**最大判平11・11・24民集53巻8号1899頁** Ｘ（国民金融公庫）は、Ａに対する貸金債権のためにＡ所有の土地建物に設定された根抵当権の実行としての競売を申し立て、不動産競売の開始決定がなされたが、建物を賃借したと称して占有しているＹらがいるため（不法占有）、買受けを希望する者が躊躇したため入札がなく、その後競売手続は進行していない。そのため、Ｘが、Ｙらに対してＡの本件建物の所有権に基づく妨害排除請求権を代位行使して、本件建物の明渡しを求めた。第一審判決は、債権を保全するため、本件建物の明渡請求権を代位行使することを認める。原審判決もこれを維持し、抵当権者自身への明渡請求が可能であるとする。

　①「抵当権は、競売手続において実現される抵当不動産の交換価値から他の債権者に優先して被担保債権の弁済を受けることを内容とする物権であり、不動産の占有を抵当権者に移すことなく設定され、抵当権者は、<u>原則として、抵当不動産の所有者が行う抵当不動産の使用又は収益について干渉することはできない</u>」。「しかしながら、第三者が抵当不動産を不法占有することにより、競売手続の進行が害され適正な価額よりも売却価額が下落するおそれがあるなど、抵当不動産の交換価値の実現が妨げられ<u>抵当権者の優先弁済請求権の行使が困難となるような状態があるときは、これを抵当権に対する侵害と評価する</u>ことを妨げるものではない」。

　②「抵当不動産の所有者は、抵当権に対する侵害が生じないよう抵当不動産を適切に維持管理することが予定されているものということができる。したがって、右状態があるときは、抵当権の効力として、抵当権者は、抵当不動産の所有者に対し、その有する権利を適切に行使するなどして右状態を是正し<u>抵当不動産を適切に維持又は保存するよう求める請求権を有する</u>というべきである。そうすると、抵当権者は、右請求権を保全する必要があるときは、民法423条の法意に従い、所有者の不法占有者に対する妨害排除請求権を代位行使することができる」。

---

[18] 松岡久和「抵当目的不動産の不法占有者に対する債権者代位権による明渡請求(下)」NBL683号44頁は、「法的構成の点で無理があり、必要性に乏しく、副作用が憂慮される不適切な転用である」と批判する。

③「第三者が抵当不動産を不法占有することにより抵当不動産の交換価値の実現が妨げられ抵当権者の優先弁済請求権の行使が困難となるような状態があるときは、抵当権に基づく妨害排除請求として、抵当権者が右状態の排除を求めることも許される」。

(b) 判例変更②（平成17年判決）——抵当権に基づく妨害排除請求権・対賃借人 平成11年判決で抵当権の侵害が認められたが（☞ 2-44③）、代位行使によりえない賃借人——限りなく灰色の適法占有者——に対する事例につき、抵当権に基づく妨害排除請求が次の平成17年判決により認められる。換価権の実行の妨害が抵当権の侵害になることは平成11年判決が認めた通りであるが、価値を下げるという例示も削られた。

所有者が抵当不動産を賃貸するのは許された適法行為であるが、妨害のために賃貸することは、所有者に認められた行為ではなく、平成11年判決の抵当不動産維持保存義務に違反することになる。そのため、それは有効な設定権限に基づく賃借権とはいえず、いわば抵当権者には対抗できない賃借権となり、不法占有者に準じて抵当権に基づく妨害排除請求が可能となる。ただし、特別の要件として、「抵当権設定登記後に抵当不動産の所有者から占有権原の設定を受けてこれを占有する者についても、①その占有権原の設定に抵当権の実行としての競売手続を妨害する目的が認められ、②その占有により抵当不動産の交換価値の実現が妨げられて抵当権者の優先弁済請求権の行使が困難となるような状態がある」ことが必要とされている。判決文では実行段階に入ることは要件とはされていないが、実行段階の事例である。不法占有に対する抵当権による妨害排除請求は、依然として平成11年判決の傍論が先例価値を有しているが、平成17年判決は、不法占有者への抵当権に基づく妨害排除請求もその射程に含まれると考えてよい。

妨害排除請求の内容も、債務者である建物所有者たる「A社が本件抵当権に対する侵害が生じないように本件建物を適切に維持管理することを期待することはできない」ことから、「抵当権に基づく妨害排除請求として、直接自己への本件建物の明渡しを求めることができる」ものとされている。

●最判平17・3・10民集59巻2号356頁 ［事案と原審判決］Xは、A社

との建築請負契約に基づいて、A所有の土地上に地下1階付9階建ホテル（本件建物）を建築したが、Aが請負代金の大部分を支払わないため、本件建物およびその敷地に抵当権および停止条件付賃借権を設定し、XはAに本件建物を引き渡した。ところが、Aは弁済を一切行わず、Xの承諾を得ずに、B社に対し、賃料月額500万円、期間5年、敷金5000万円の約定で本件建物を賃貸して引き渡し、その後、敷金を1億円に増額し、賃料を月額100万円に減額した（敷金が実際に交付されたか否かは不明）。Bは、さらにXの承諾を得ずに、Yに対し、賃料月額100万円、期間5年、保証金1億円の約定で本件建物を転貸して引き渡した（本件建物の適正賃料額は500万円前後）。YとBの代表取締役は同一人であり、Aの代表取締役は、Yの取締役の地位にあった者である。Aは銀行取引停止処分を受けて事実上倒産している。Xは、本件建物およびその敷地につき抵当権の実行としての競売を申し立てた。Xは、Yに対し、Yによる本件建物の占有により本件停止条件付賃借権が侵害されたことを理由に、賃借権に基づく妨害排除請求として、本件建物を明け渡すことおよび賃借権侵害による不法行為に基づき賃料相当損害金を支払うことを請求した。

第一審判決は、XA間の賃貸借契約を無効とし、Xの賃借権に基づく妨害排除請求また損害賠償請求をいずれも棄却した。そのため、Xは控訴し、抵当権侵害による妨害排除請求および損害賠償請求（賃料相当額の損害）を主張した。原審判決は、「抵当不動産の交換価値の実現が不法に妨げられている……場合もまた、抵当権者の優先弁済請求権の行使が不法に侵害されているものというべきである。そして、第三者が抵当不動産の所有者の承諾のもとに占有していることによって、このような状態が生じている場合には、<u>抵当権者は、抵当不動産の所有者に対しては、抵当不動産を適切に維持管理することを求める請求権があるから、これに基づきその侵害の排除を求めることができる</u>」。「その必要性が肯定されるときには、抵当権者は、これらの者に対して、抵当不動産に対する第三者の占有を解いて、抵当権者の管理占有に移すこと、すなわち、その明渡しを求めることができる」（抵当権侵害による賃料相当額の賠償も認める）。これに対し、Yが上告した。

[最高裁判旨] 最高裁は、明渡しを認容した部分についてはYの上告を棄却するが、損害賠償請求を認めた部分については、原審判決を破棄し、Xの控訴を棄却している。

① 「抵当権設定登記後に抵当不動産の所有者から占有権原の設定を受けてこれを占有する者についても、<u>その占有権原の設定に抵当権の実行としての競売手続を妨害する目的が認められ、その占有により抵当不動産の交換価値の実現が妨げられて抵当権者の優先弁済請求権の行使が困難となるような状態があるときは、抵当権者は、当該占有者に対し、抵当権に基づく妨害排除請求として、上記状態の排除を求めることができる</u>」。「なぜなら、抵当不動産の所有者

は、抵当不動産を使用又は収益するに当たり、抵当不動産を適切に維持管理することが予定されており、抵当権の実行としての競売手続を妨害するような占有権原を設定することは許されないからである」。「抵当権に基づく妨害排除請求権の行使に当たり、抵当不動産の所有者において抵当権に対する侵害が生じないように抵当不動産を適切に維持管理することが期待できない場合には、抵当権者は、占有者に対し、直接自己への抵当不動産の明渡しを求めることができる」。

② 「抵当権者は、抵当不動産に対する第三者の占有により賃料額相当の損害を被るものではない」。「なぜなら、抵当権者は、抵当不動産を自ら使用することはできず、民事執行法上の手続等によらずにその使用による利益を取得することもできないし、また、抵当権者が抵当権に基づく妨害排除請求により取得する占有は、抵当不動産の所有者に代わり抵当不動産を維持管理することを目的とするものであって、抵当不動産の使用及びその使用による利益の取得を目的とするものではないからである」。

2-48 **(4) 妨害排除請求権が認められる時期**

換価権説では、被担保債権に不履行が生ずれば抵当権には目的物を換価する権能があり[19]、その換価権の行使においては目的物の管理権限も認められる。抵当権の換価権の実行段階においては、抵当権に対抗しうる利用権を持たない者の占有は、抵当権を侵害するものであり、抵当権者は物権的請求権の行使として目的物の引渡請求をなしうる（古積・換価権191頁、古積339頁）。逆に不法占有でも、換価権の行使がなされない段階では、抵当権者には占有権原がない以上、第三者の占有は抵当権の侵害にはならない。目的物を占有して売却するという換価権の行使を妨害するということは、抵当権の実行段階において初めて問題になる[20]。抵当権者は実行着手前には、占有には干渉しえないが、目的物を侵害し価値を低下させる行為は当初把握した換価権を侵害するものであり、たとえ弁済期前でも妨害排除請求が認められるのは当然である[21]。

本書は換価権説を支持したい[22]。抵当権の優先弁済権を実現するため換価

---

[19] 抵当権に基づく競売開始決定後は、抵当権者は所有者に対しても、抵当権に基づく物権的請求権の行使として明渡しを請求でき、その占有は、目的物の所有権を奪う意味を持っているから、自主占有の性質すら有し、抵当権者は所有者に対して善管注意義務を負うことはなく、自己の物の補完に必要な注意義務を負うにすぎないものとする（古積・換価権192頁）。

権に基づいて目的物の占有管理が可能になり、抵当権に対抗しえない占有を排除できるようになる。それ以前も、目的物の価値を低下させる行為に対してのみ、その停止また原状回復を請求することができるにすぎない。

2 従物・立木などの侵害——分離物への抵当権の効力

2-49 (1) 問題の整理

　土地や建物の従物や土地上の立木にも抵当権の効力が及び、その価値も併せて抵当権が把握していることはすでに述べた。したがって、従物が搬出されまたは立木が伐採され搬出されると、目的物の価値が下がってしまい——山林では価値は無に等しくなる——、抵当権の侵害に該当することは明らかである。債務者である所有者自身によって行われても変わることはない。用益権が設定された場合に、所有者が用益権者の占有を妨害すれば、債務不履行ではなく物権たる用益権の侵害になり、用益権者には所有者に対して第三者に対するのと同様の物権的請求権が認められるのである。

　立木が伐採されて動産になった場合に、「抵当権は、動産には及ばないか

20) 道垣内・諸相 201 頁も、抵当権実行着手後にのみ抵当権に基づく不法占有者への妨害排除請求を認め、それ以前には代位行使も含めて抵当権者の権利行使を否定する。梶山玉香「抵当物件の使用利益について」同法 54 巻 3 号 267 頁も、「交換価値支配が具体化した段階では、抵当権者による使用収益への干渉も、かなり広い範囲で認められる」が、それまでは干渉を否定する。鈴木 250 頁も、目的物の価値の減少が生じない限り、抵当権は目的物の使用・収益を所有者に委ねるものであるため、実行着手後に限定する。松岡久和「抵当目的不動産の不法占有者に対する債権者代位権による明渡請求(中)」NBL682 号 41 頁も、競売申立てを抵当権侵害の要件とするが、せいぜい拡張しても、民事執行法 187 条の 2 との均衡から、抵当権の実行が確実視される場合でなければならないとする。清水元「判批」判時 1912 号 194 頁は、「管理占有」といった曖昧な概念によりかかって、抵当権者の負担において妨害を排除させるのはマイナスが大きすぎるので、むしろ保全処分による取扱いが有効かつ合理的であるとしつつ、抵当権者への明渡しを認めるとしても、競売開始決定後に限られるべきであるという（平成 17 年判決の射程もそこまでと評する）。

21) 民事執行法によっても競売開始前の保全処分が認められ（民執 187 条）、担保不動産競売の開始決定前であっても、債務者または不動産の所有者または占有者のなす価格減少行為に対して、執行裁判所は、特に必要がある場合には、競売の申立てをしようとする抵当権者の申立てにより民事執行法 55 条 1 項各号の保全処分等を命じることができる。しかし、価格の減少またはそのおそれの程度が軽微であるときは、この申立ては認められない。

22) *任意売却の前提としての妨害排除　実務においては任意売却の前提として妨害排除を使いたいという要請にはマッチすることになるが、八木一洋・最判解民事篇平成 11 年度(下) 852 頁は、任意売却を、競売手続やその他これに準ずる強制換価手続における売却と同視して論じることには問題があると評している。しかし、任意売却がされるのは、弁済期以後であり、任意売却のための抵当権に基づく妨害排除を積極的に認めようという提案もある（村上正敏「抵当権に基づく妨害排除請求権について」判タ 1053 号 58 頁、田高寛貴「判批」法教 301 号 83 頁）。

ら、伐採とともに木材には及ばなくなる」と考え、従物についても、搬出されてしまえば返還請求ができないという学説がある（鈴木240頁以下）。これは卓見であり、民法上の抵当権は動産を対象としないから、付加一体物として不動産と一体的関係になっている限りにおいて例外的に抵当権の効力が及ぶにすぎず、分離されてしまえば原則通りになるというのも1つのありうる解決である。このように考えたとしても、抵当権者には所有者に対する抵当不動産維持保存請求権があるため、従物を元に戻すないし代替の従物を設置するよう請求できる。しかし、立木は元に戻せないし植栽しても価値が復元するには長い時間がかかるので、同様には論じえない。

　もはや土地の一部ではなく従物（付加一体物）でもない動産への抵当権の効力をどのように説明すべきであろうか。分離してしまえば抵当不動産（立木の場合）、抵当不動産の付加一体物（従物の場合）といった目的物の要件を満たさなくなり、不動産の一部、付加一体物という要件は効力を及ぼす成立要件であるだけでなく存続要件ではないかという疑問がどうしても残るところである。①物上代位の勿論解釈による学説もあるが、②通説は、分離し動産になっても一旦成立した抵当権は「消滅しない」と考えているといえる。

　以下には、立木と従物とに分けて、また、搬出前と搬出後とに分けて、問題を検討していくことにする。

2-50　**(2) 立木**

　(a) 抵当権の対象を不動産に限定していた時代の判例　大判明36・11・13民録9輯1221頁は、伐採された立木には地盤の抵当権の効力が及ばないものとする。搬出の有無は不明であるが、搬出されている模様であり、そのために立木だけについて抵当権の実行をしようとしたようである。当時は、抵当権の対象は不動産だけであり、従物である動産さえも抵当権の効力が否定されており（☞2-29）、伐採により動産になれば抵当権の効力は否定されるということは論理一貫している。「立木が抵当権の目的たるは恰かも動産より成る家屋の造作が家屋の一部を為せる間は不動産たれども、若し之を家屋より引離したるときは動産たると同じく、樹木が立木として土地に生立せる間に限るものにして、一たび伐採せられたるときは不動産たる性質を失ひ動産と為るが故に縦令ひ従来地所と共に抵当権の目的たりしと雖も、伐

採せられたる以上は抵当権者は之に対し抵当権の直接の目的として其権利を行ふことを得ず」としている。「立木の伐採せられて材木となりたる後、之に対しても抵当権者が依然抵当権を実行し追従することを得るものとするときは、転輾して伐採したる材木を買受けたる第三者までも意外の損失を被むる可きが故に、法律は抵当権の目的を不動産に限りたる所以なり」。「立木の伐採せられたる以上、此立木たるや不動産としては滅失したるに外ならず」ともいう。

2-51　**(b) 抵当権の効力を従物にも認めるようになった時代の判例**　その後、山林が差し押さえられていた事例において、その後に伐採されても差押えの効力を免れないと考え、差押えの効力を根拠に搬出禁止を認めた判例が出される（大判大5・5・31民録22輯1083頁）。大判大5・5・31前掲は、「伐採せられたる時は不動産たる性質を失ひ動産と為るが故に抵当権者は之に対し抵当権の直接の目的として其権利を行ふことを得ざる」が、「是れ唯立木が抵当権の実行に先だち土地と分離して動産と為りたる場合に於てのみ然るものにして、本件の如く抵当権者が抵当権の目的たる山林に対して既に権利の実行に著手し競売の開始せられたる場合に於ては……土地及び之と一体を成す立木に対し差押の効力を生じ、……不動産所有者は爾後之が処分を制限せらるるものにして、随て所有者より立木のみを買受けたる第三者と雖も、抵当権を無視して其目的物の価格を減少すべき行為を為すことを得ず。抵当権者は其者に対し立木の伐採を差止め得るは勿論、既に伐採したるも尚ほ其地上に存する木材は仮令性質を変じて動産と為りたりとも、之が搬出を拒み得る」という。根拠としては、物上代位の法意を持ち出している。また、弁済期の到来も必要ではないとされるが、事例はすでに差押えがなされている事例、さらには競売までされている事例である（大判昭6・10・21民集10巻913頁。大判昭7・4・20新聞3407号15頁も同様）。しかし、通説は、差押えを要することなく、伐採・搬出を抵当権に基づいて禁止することを認める。山林については土地ではなく立木に財産価値がありこれに着目して担保価値を評価しているのであり、伐採した瞬間に抵当権の効力を否定するのは実務上の要請に合致しない。物上代位の規定の類推適用を認め、伐採された立木の差押えを第三者に対する対抗要件と考えるべきである[23]。

2-52 **(3) 従物**

(a) **目的物が搬出されていない段階**　戦後は、立木が問題となる事例はなくなり、従物についての判例にとって代わられる。立木と異なり、従物は初めから例外的に付加一体物であるがために動産でありながら抵当権の効力が及ぶのであり、また、立木のように担保価値の中核というわけではない。最判昭44・3・28民集23巻3号699頁は、従物に抵当権の効力が及ぶことを認めた上で、「Xは、根抵当権により、右物件等を独立の動産として抵当権の効力外に逸出するのを防止するため、右物件の譲渡または引渡を妨げる権利を有するから、執行債権者たるYに対し、右物件等についての<u>強制執行の排除を求めることができる</u>とした原判決（その引用する第一審判決を含む。）の判断は正当である」として、設定者の一般債権者による従物の差押えを排除することが認められている。学説も伐採や搬出を禁止することを認めることに異論はない（我妻273頁・385頁、松坂310頁）。搬出前には抵当権の効力が及んでいるので、その搬出を禁止できるのは疑いない。

なお、山林については間伐ができ、また、家屋の畳等が老朽化した場合に新しいものと取り替えることができるのは当然である。要するに、目的物の価値が維持されればよく、また、利用には干渉しないという性質から、不合理な改装等でない限り価値的に維持されるのであれば、抵当権者は従物の変更について干渉できないというべきである。

2-53 (b) **目的物の搬出後**

㋐ **抵当権の追及力を否定する学説**　まず、搬出されてしまうと、もはや抵当権の効力が及ばなくなるという考えがある。その理由としては、①登記による公示の衣の範囲外となること、また、②動産に例外的に抵当権の効力が及ぶのは、370条の付加一体物という要件を満たしているからであり、これは成立要件であるだけでなく存続要件でもあることである（鈴木241頁）。なお、ドイツ民法では、1120条以下に、搬出前に抵当権者による抵当不動

---

23)　*立木についての動産執行の可否*　学説には、伐採された立木を、山林と一緒に不動産競売手続によって競売をすることができるだけでなく、伐採された立木だけを動産競売の手続によって競売することも可能という主張がある（我妻268頁）。共同抵当権とは異なり、目的物の一部だけを競売することはできないが（例えば、庭石だけを競売できない）、立木は、伐採された木を元に戻せないし、そのままにしたのでは傷んで商品価値がなくなってしまい、また、山林の価値は立木にあることを考えれば例外を認めるべきである。

産の差押えがあった場合に限り、その後に分離された動産にも抵当権の効力が存続することが認められている。

　本書としてはこの立場を支持する。所有者には抵当不動産維持保存義務があるので、抵当権者は所有者に対しては原状回復または別の従物による価値の復元を求めることができる。第三者に売却され搬出された場合には、その代金債権への物上代位は可能である。また、抵当権の効力が及び、対抗可能な状態で従物を買い取った者に対しては、搬出によって抵当権の効力を消滅させているのであるから、抵当権者は価値の原状回復請求権として返還を請求できると考えるべきである。なお、別の従物が補充され価値が復元されたならば、物上代位も返還請求も認められない。

　工場抵当法5条1項の「第三取得者ニ引渡サレタル後卜雖其ノ物ニ付之ヲ行フコトヲ得」というのは、2条の登録があるから認められた例外となる。最判平6・7・14民集48巻5号1126頁は、「工場抵当権者が供用物件につき第三者に対してその抵当権の効力を対抗するには、3条目録に右物件が記載されていることを要するもの、言い換えれば、3条目録の記載は第三者に対する対抗要件である」という。このことから、対抗力がないだけで分離された従物にも抵当権の効力は及んだままと考えていると直ちに評価すべきではなく、民法上の抵当権については何も判断していないと考えるべきである。

2-54　**(イ)　抵当権の追及力を肯定する学説**

　❶　**対抗力否定説**　これに対し、通説は、従物が分離しても抵当権の効力が及ぶものと考えている。その上で、第三者の取引安全保護をどう実現するかについて、学説は分かれる。まず、公示の衣から出ていくことから、対抗要件主義を採用し、対抗可能性の原則（☞物権法3-6）を制限しているわが国の立法では、従物や立木に抵当権の効力が及んでいることを第三者に「対抗できない」と処理すればよいという考えが有力である（我妻268頁以下・272頁、松坂303頁、近江139頁、道垣内180頁、高橋186頁）。

　この対抗力否定説も、①従物や立木が不動産に設置されているままで取得した者は対抗力のある＝対抗力ある段階での取得者（第三者）であるから、抵当権を対抗できると考え、②公示の外に出て完全に動産になった後の取得者は、背信的悪意でない限り抵当権の対抗を受けないと考える点では共通し

ているが、①の事例でその後に第三者に従物が引き渡された場合については、理解が分かれる。

ⓐまず、土地にあるままで立木や従物を買い取った者には、この者が搬出した後でも抵当権を対抗できると考えることが可能である（道垣内180頁、安永258頁）。売買は有効なので、所有権取得は否定できない。取引の安全という観点からは、取引の時点の公示を問題にすればよく、質権や留置権のように占有の存続を対抗力の存続要件とする必要はない。搬出されても、買主に返還請求できることになる。

ⓑこれに対して、「登記により公示に包まれている限りにおいてだけその上の抵当権の効力を第三者に対抗しうるが、そこから搬出されたときは、もはや第三者に対抗することができなくなる」と述べる学説もある（我妻268頁）。明確ではないが、公示のある間に取引をしたとしても、搬出後はその第三者にも対抗できなくなると考えているようである。動産質についての352条とパラレルな扱いを想定しているものといえる。

2-55　❷ **即時取得説**　学説の中には、工場抵当法5条1項および2項のように、従物等が搬出されても抵当権の効力が存続するだけでなく対抗力も存続することを前提に、第三者が即時取得するまで抵当権を対抗できると考える立場もある（星野252頁、高木132頁）[24]。抵当権の負担があるというだけで、所有者からの買受けであるから、譲受人は192条によるまでもなく所有権を承継取得できる。即時取得を問題にするのは、抵当権の負担のない所有権の取得を原始取得により認めるためである。自己物の取得時効により抵当権を消滅させる議論を彷彿させる。しかし、工場抵当法5条2項が即時取得を問題にしているのは、同法3条また5条1項により占有喪失後も登録を根拠に対抗力を認めることが前提になっているためである[25]。物権については対抗可能性の原理があり、確かに対抗不能という制限法理がなければ即時取

---

[24]　従物の譲受人からの転得者は、①対抗要件制限説では、背信的悪意でない限り抵当権の対抗を受けないが、②即時取得類推適用説では、善意無過失でない限り抵当権の対抗を受けてしまうことになるという違いが生じる。しかし、工場抵当法の従物登記のように公示による対抗要件が満たされていない民法の従物への抵当権の効力について、どうして公示の衣が失われた段階での転得者との取引につき、抵当権者が対抗できるのか疑問が残される。なお、対抗要件制限説では、設定者が抵当不動産から分離し公示の衣の及ばない場所に保管していて、売却した場合には買主に抵当権は対抗できず、反対に、買主が抵当不動産に従物が設置された状態で転売したのであれば、転得者に対しても抵当権を対抗することができる。

得によらざるをえないが、177条・178条により対抗不能法理が物権変動一般に認められており、177条を類推適用して対抗不能とすることが可能である（本書の立場は2-53）。工場抵当法の適用がある場合についての判例はあるが、民法上の抵当権の従物への効力についてはいまだ判断した判例はない。

2-56　◆**即時取得説における善意無過失**

　即時取得説の利点として、買主が抵当権の設定されている不動産の従物であることを知っていても、抵当権者が処分に同意しているものと買主が信じていた場合には、即時取得が可能となる——192条の類推適用？——という点がある。工場抵当法5条2項の議論であるが、福岡高判昭28・7・22高民集6巻7号388頁は、192条の「要件として具備することを要する善意無過失は、処分者の無権利者であることについてではなく、いわゆる備附物が抵当権者の同意なくして分離されたということ、すなわち抵当権の存することを知らず且その知らざるについて過失のないこと別言すれば備附物の分離は抵当権者の同意を得たものであると信じ、且その信ずるについて過失のないことを要するものと解すべきである」と、このことを認めている。しかし、事例によっては処分授権について110条の類推適用を認めることにより、譲受人を保護することができる。基本権限を必要とせずに192条を適用することについては疑問である。

2-57　◆**抵当権者のなしうる法的主張**

　①抵当権の追及力を分離搬出物に認める立場では、抵当権者は占有権限がないので、第三者に対してどのような主張をなしうるのかが問題になる。設定者も売却事例では占有権原を有しておらず、買主たる第三者が所有者で使用収益ができるはずである。

　まず、従物は主物と分離することにより主物の価値を低下させるものであるため、価値の復元請求という意味で、元の場所に戻すよう請求できてよい。しかし、抵当権者も設定者も占有権原を有しておらず、占有を取り戻す物権的「返還」請求権は認められない。最判昭57・3・12民集36巻3号349頁が、工場抵当法の適用事例につき、「第三者において即時取得をしない限りは、抵当権者は搬出された目的動産をもとの備付場所である工場に戻すことを求めることができる」、「抵当権の担保価値を保全するためには、目的動産の処分等を禁止するだけでは足りず、搬出された目的動産をもとの備付場所に戻して原状を回復すべき

25）立木抵当についても同様の規定がある。立木が当事者の協定した方法で伐採された場合を除き、伐採された立木にも立木抵当の効力は及び（立木4条1項）、第三者の取引安全保護は即時取得によることになっている（同条5項）。

必要があるからである」と述べているように、「価値を保全」するための「原状回復」である。例えば、音響設備であれば、技術者を使って配線などから全部元通りに復元するよう請求でき、その費用は被告の負担になる。価値原状回復ないし価値復元請求権である。売却事例では設定者は売却してしまっており、所有権がなく使用収益できず、これを使用したら不当利得になる——損害賠償は違法性がない？——。買主は売買契約の解除ができしかるべきである。

②共同抵当ではないので、従物を抵当権に基づいて差し押さえてこれを競売することはできない。ただし、立木の場合には、元の山林にわざわざ戻してもらっても腐ってしまうだけである。この点、分離物について、動産の競売方法によることを認める学説もあるが（我妻269頁、星野251頁以下）、抵当不動産と一体で、不動産の競売の方法によるべきであるという学説が有力である（高木153頁、高橋125頁）。この点、伐採された立木について物上代位を根拠に抵当権の効力を認める学説の利点は、代位物として賃料同様に独立して行使ができる点に求められようか。

2-58 **◆増担保請求権（抵当不動産維持保存義務）**

抵当権の目的物が滅失損傷した場合に、抵当権者に増担保請求権を認める立法が多い。旧民法債権担保編201条は増担保請求権を認めていたが、現行民法にはこれを認める規定を置かなかった。増担保を請求した後でなければ期限の利益を喪失させられないとするのは、増担保の当否に関する争いを生じて抵当権者に不利であるというのが理由である。この趣旨に従い、137条2号で、担保目的物を滅失損傷すれば直ちに期限の利益が喪失されるようにしたのである。

しかし、抵当権に増担保請求権を認めて、価値の復元により期限の利益が維持されることを選択することを認めることには、債務者に不都合はない。学説としても、解釈により抵当権者に増担保請求権を認める提案がされている。判例は、抵当権の効力として、抵当不動産維持保存請求権・義務を認めており、維持保存には現状の維持だけでなく、担保の減少に対する復元も含めて考えるべきであるから、抵当権者に増担保請求権を認めるべきである。なお、目的物の滅失損傷は、抵当権者の帰責事由による場合だけでなく不可抗力——地震、台風、津波、竜巻、第三者の行為など——による場合でも、設定者に抵当不動産維持保存義務が認められ増担保を義務づけられる。

3 抵当権侵害による損害賠償請求権——物上代位との関係

2-59 **(1) 問題の整理**

抵当権の設定された建物やその従物などが設定者ないし第三者の故意または過失により滅失させられるか、または、処分され、従物などにつき追及力

が遮断された場合、抵当権者は侵害をした設定者や第三者に対して、不法行為を理由として損害賠償を請求できるであろうか。例えば、AのBに対する5000万円の債権を担保するために、B所有の7000万円相当の評価がされる甲建物に抵当権が設定されたが、隣家のCが重過失により火災を出し、類焼により甲建物も焼失した場合、AはCに対して抵当権侵害を理由として損害賠償を請求できるであろうか——建物の損傷の場合に修補されたり、従物が壊された場合に同等の価値の従物が補完されれば、損害は解消される——。

　この場合、BはCに対して7000万円の損害賠償請求権を取得し——保険会社に対する火災保険金請求権も——、抵当権者Aはこれに物上代位して、Cに対して5000万円の支払を請求できる。まさにこのような場合に対処するために、物上代位という制度が用意されているのである。物上代位することができるのであるから、損害がないといってもよい。さらにいえば、抵当権は独立した価値のある財産権ではない。そのため、物上代位以外に、AのCに対する抵当権侵害を理由とした損害賠償請求権を認めるかどうかは議論されている。

　なお、抵当不動産の不法占有も抵当権の侵害になるのであれば、損害賠償も請求できそうであるが、この点、最判平17・3・10（☞2-46）は、抵当権者の妨害目的でなされた賃貸借の賃借人に対する損害賠償請求を退けている。実行の妨害により、競売が遅れて地価が下落して競売代金が減少したならば、その適正価格との差額を賠償請求できてしかるべきである。

2-60　**(2) 学説の状況**

　❶ **肯定説**　まず、物上代位権を行使するか否かは自由なので損害がないとはいえず、被担保債権額5000万円を限度として抵当権者に損害賠償請求権を認め、他方で、物上代位権も行使できるから、両者は選択的関係に立つという処理が考えられる。Cに対する、Aの所有権侵害による7000万円の損害賠償請求権とBの抵当権侵害による5000万円の損害賠償請求権は、5000万円の範囲で競合し連帯債権になり——Cに5000万円、Aに残額2000万円の損害賠償請求権を認める余地もある——、Cはいずれに支払っても有効であり、物上代位の304条1項ただし書の趣旨が没却されることはない。また、BのAに対する被担保債務と、CのAに対する損害賠償債

務も不真正連帯債務の関係とし、BがCから5000万円の支払を受ければ、Aの被担保債務も消滅する。

　損傷の場合に損害賠償を請求できる時期については、抵当権の実行前——それも、①弁済期前でもよいか、②弁済期後に限るかでさらに分かれる——でもよいのか、それとも、③実行するまでは目的不動産の価額が確定せず、損害額が確定しないため、抵当権実行前の損害賠償の請求はできないというべきかは、問題がある。いずれにせよ、修繕により価値が復元すれば抵当権者の損害賠償請求権は消滅する（本書の立場からは、増担保請求権として修繕請求権が認められる☞2-58）。大判昭7・5・27民集11巻1289頁は、山林に抵当権が設定され立木が売却・伐採された事例で、「抵当権侵害に因る損害は抵当権に依りて担保せられたる債権が完済せられざる場合に於てのみ生ずる」ため、「抵当債権の弁済期以前に於ては該損害の発生は不明に属し弁済期後に於ても抵当債権にして、若し抵当権の目的物中侵害なき爾余の物件に対する抵当権の実行により完済を受け得たりとせんが、右不法行為に因る損害無きに帰すべし。故に、斯る不法行為に因る現実の損害の賠償範囲を定むるに付ては、……<u>抵当権実行の時又は抵当債権の弁済期後抵当権実行前に於ける賠償請求権行使の時を標準とすべきものと</u>」した。

　7000万円の山林に、5000万円を被担保債権とする抵当権が設定されている場合に、伐採により山林の価値が4000万円に下がれば1000万円が損害となる。ただし不可分性を考えれば、侵害された3000万円分の損害賠償請求権を認めることも考えられる。

2-61　❷　**否定説**　他方で、物上代位に一本化し、抵当権者に独自の損害賠償請求権を認めない学説も有力である（鈴木253頁以下、高木166頁、近江181頁、高橋194頁）。まさにこのような場合に用意されているのが物上代位という制度であり、また、第三債務者、この場合でいえば損害賠償義務者を保護するために304条1項ただし書が用意されていると考えることも可能である。抵当権は物上代位制度により存続するので、そもそも損害を受けていないとも説明されている。

　ただし、この立場でも、物上代位が機能しない場合には例外を認めている。例えば、所有者である物上保証人や第三取得者が故意・過失で目的物を滅失させたような場合、抵当権を消滅させたことによる損害賠償請求権を抵

当権者に認めている——債務者ではないので債務者は期限の利益を失わない——。目的物の担保価値維持義務の違反になるのである。この場合、損傷についてはいつ損害賠償を請求できるのかは、肯定説同様に問題になる。ただし、債務者ではなくても所有者なので、損傷などの場合には、抵当権者は抵当不動産維持保存請求権を行使することができ、修補や新たな従物の設置などにより価値の復元が図られれば、損害がなくなり損害賠償請求権は消滅する。否定説が、現在の多数説ないし通説といってよい。

§Ⅵ 物上代位

1 物上代位総論

(1) 物上代位の意義・問題点

2-62
　民法は、先取特権について物上代位の規定を置き、「先取特権は、その目的物の売却、賃貸、滅失又は損傷によって債務者が受けるべき金銭その他の物に対しても、行使することができる」と宣言する（304条1項本文）。この規定は、抵当権（372条）と質権（350条）に準用されている。ただし、法定担保であり、追及力のない動産先取特権を対象とする先取特権の物上代位規定を、登記により公示される約定担保である抵当権に無修正で適用することがはたして適切なのかは疑問があり、抵当権への304条の準用については常にこのことを意識しておくべきであろう。

　物上代位をめぐっては基本的な問題をいくつか指摘できる。①第1に、物上代位という制度がどうして認められているのか、その根拠づけの問題であるが、これはすでに述べた（☞1-18）。②第2に、物上代位が認められる対象の範囲について、保険金と賃料などが問題とされる。③第3に、物上代位について抵当権を「行使することができる」という、物上代位の効果をどう法的に構成するか、それとの関係で「物上代位権」という概念を認めるか、そして、④第4に③との議論が明確に識別されていないが、物上代位における「差押え」という要件の理解が問題になる（304条1項ただし書）。以下、③→②→④の順に考察をしていこう。

2-63 **(2) 物上代位の法的構成──物上代位権とは**

　物上代位の対象は基本的には債権と考えるべきであるが、債権についての物上代位による優先弁済権をどう構成すべきであろうか。

　①立法には、抵当権が消滅する代わりに法定担保権として法定債権質の成立を認める構成もみられる（スイス民法）。日本での解釈論としても、特権説では、抵当権は目的物の滅失により消滅して、それに代わる法定担保として優先弁済権を債権に成立させ、それを物上代位権と呼ぶことも不可能ではない。抵当権は消滅し（賃料への物上代位では例外）、物上代位権という法定担保権が新たに成立するのである。こう考えれば、物上代位権という権利を問題にする意義が認められる（**物上代位権＝法定担保権**）。しかし、日本では、「先取特権（準用により「抵当権」）は……行使することができる」と規定されており、「物上代位権」の成立と読み替えることはいささか解釈論としては無理があろう。

　②やはり、抵当権を消滅させずに、債権に効力を及ぼすことで抵当権を存続させるのが物上代位制度と考えるべきである。債権質と同じ関係が物上代位により抵当権にも成立することになるのである。もっともこの効果は当然に生じると考えるかは理解が分かれる。

　ⓐまず、当然にその効力が生じることを認めると、債権質と同様の関係になるため、第三債務者や第三者との関係で、抵当権の効力が債権に及ぶこと──その債権が弁済されても無効──の対抗を問題にすることができる。権利として認められるのは抵当権であって、物上代位の効力により抵当権が代位物に存続することを認めれば足り、物上代位権という権利を想定する必要はない（**当然代位説**といっておく）。

　ⓑしかし、他方で、法は抵当権を「行使することができる」というにすぎず、当然に抵当権の効力が及ぶとは規定していないため、形成権的に構成する解釈も可能である。消滅時効において、時効期間の経過により債権は「消滅する」と規定されていても、時効期間経過（時効完成）により援用権が成立し、その行使により初めて消滅すると2段階に構成されているのと同様に考えるのである。物上代位の原因があると抵当権の効力を債権に及ぼすことのできる「形成権」が抵当権者に成立し、その行使──差押えによることが必要とされる要式行為──により初めて抵当権の効力が債権に及んで、債

権質類似の関係が成立することになる。この立場では、この形成権を物上代位権ということができ――時効援用権にならえば物上代位援用権というべきか――、この物上代位権の第三者への対抗を問題にすることが可能になる（**物上代位権説**といっておく。当然代位説に対して援用権説ともいえる）。

判例は明言しないが②ⓑの物上代位権説を採用しており、これは調査官解説からもうかがわれる[26]。本書は付加的代位物たる賃料債権についてのみ物上代位権説を採用する（☞ 2-74）。

2　物上代位の目的物

2-64 **(1)　民法の規定**

物上代位の対象について、抵当権に準用される先取特権についての304条1項では、「その目的物の売却、賃貸、滅失又は損傷によって債務者が受けるべき金銭その他の物」と規定されている。物上代位は物権である抵当権の存続を認めるため、条文の表現に従うと引き渡される金銭といった「物」が対象とされているが、例えば「代金」ではなく「代金債権」が対象になると考えるべきである。

ところで、物上代位は、担保目的物の「代償」に限られることなく、「目的物が変形して他種の物となりたる場合」にも認められるといわれる。抵当権の設定された土地が収用により代替地を与えられた場合だけでなく、抵当不動産の一部が動産となった場合、例えば、山林の立木が伐採されたり、建物が倒壊によって生じた材木が例示されている（近藤209頁）。判例も、物上代位の法意によっている（☞ 2-51）。建物が倒壊した場合には目的物が消滅してしまうので物上代位により、抵当権を消滅させずに動産となった廃材に効力を及ぼす必要があるが、立木の場合には土地の抵当権が存続するので、その効力を存続させるという処理も考えられる（本書は物上代位説☞ 2-51）。

なお、304条1項では「債務者が受けるべき」金銭その他の物になっているが、抵当権では物上保証人や第三取得者が所有する事例を含むので、所

---

[26]　杉原則彦・最判解民事篇平成13年度(上)267頁は、賃料の物上代位の事例につき、「自ら差押えをすることにより、抵当権設定登記時に設定され、かつ、対抗要件を備えた質権となるような権利」と物上代位を定義している。差押えを成立要件とする法定債権質といった理解といえようか。

有者と読み替えられるべきである。

2-65 **(2) 目的物の売却代金**

例えば、Bがその所有する土地にAのために抵当権を設定したが、Bがその土地をCに売却したとする。この場合に、抵当権には追及力があり、Cの土地になってもBの債務のための抵当権が存続する。では、Aはこの代金債権について物上代位の主張が可能であろうか。抵当権に準用される304条1項には「目的物の売却」が原因として含まれているが、抵当権に準用するに際してはそれぞれの特殊性を考慮して考えなければならない。

動産先取特権は、売却され引き渡されると消滅するため（333条）、物上代位が問題になるだけである。ところが、抵当権は追及力を有している。また、抵当不動産が売却された場合に、抵当権者が代金から債権回収をする手段として、民法は、代価弁済（378条）という制度を用意しているのである。抵当権者には、追及力と代価弁済とを任意に選択できるようにしており、物上代位が利用されることは想定されていない。したがって、抵当権者は代金債権からの回収のためには代価弁済によるべきであり、それを無視して物上代位権の行使をすることはできないのではないか、といった疑問を生じる。学説は分かれる。

2-66 **❶ 肯定説** 代金債権への物上代位を肯定する学説がかつての通説である（我妻281頁、松坂306頁）。同条1項に「売却」が規定されていること、代金は目的物の価値実現であること、追及力があっても、競売によることなく代金から回収することに実益があること、代価弁済によらないことに特に不都合はなく、むしろ一般債権者の差押えを排除できその必要性もあること、等が理由である。

この立場では、代金債権の物上代位と目的物の抵当権の追及力とは選択関係にあり、両者を主張することはできない。例えば、2000万円の債権のために1000万円の土地に抵当権が設定してある場合に、物上代位により代金1000万円から支払を受け、さらに不動産を競売して競落代金1000万円から残額を回収するということはできない。代金から物上代位により債権回収をしたならば、たとえ被担保債権全額の満足が受けられなくても、目的不動産の抵当権は消滅すると考えられている。このような制限をする限り選択関係を認めて不都合はない。

なお、従物が売却された場合には代価弁済は適用されず、追及力があっても従物の代金についての物上代位を認めるべきであり、この場合には抵当権を消滅させる効果は従物についてのみ認められ、主物の抵当権は存続するのは当然である。

2-67 ◆**物上代位と追及力との関係**
　本文に述べたように、肯定説では抵当権者が代金債権について物上代位を主張して代金を受け取った場合には、被担保債権全額の満足を受けられなくても、抵当権は消滅し目的物への追及力は認められないはずである。しかし、抵当権が付いていることを考慮して、時価よりかなり安い代金で不動産が売却された場合には、その代金の物上代位だけでよいのかは疑問となる。勝本42頁は、代金について物上代位権を行使した場合に、目的物の全価値に代わる代償であれば、物上代位権を行使した場合には抵当権は消滅するが、目的物の全価値を代表するものではない代償（実際の価格よりも代金が安い場合）については、「抵当権は更に、自己の債権の満足を受けざる程度に於て目的物に追及し得る」と主張する。近時も、米倉教授により、売却代金債権が、①全部代償物の場合には、抵当権者が物上代位権を行使すれば、被担保債権の回収に不足が生じても抵当権は消滅するが、②目的不動産の時価から被担保債権額を控除した一部代償物にすぎない場合には、売却代金債権に物上代位権を行使するのみならず、不可分性の原則により不足額について目的不動産に追及効を認めてよいとされる（米倉明「売却代金債権に対する物上代位の可否」タートンヌマン9号1頁以下・11頁以下・35頁以下）。他方、①全部代償物——幾分廉価でもよい——についてのみ物上代位を認め、②一部代償物については物上代位を認めず、目的不動産への追及効によるという折衷説もある（我妻編『判例コンメンタールⅢ担保物権法』297頁［清水誠］）。

2-68 ❷ **否定説**　近時は代金債権については物上代位を否定する考えが有力である（鈴木249頁、高木141頁、内田403頁、高橋130頁、安永261頁、石田穣330頁など）。その理由としては、①まず、物上代位制度の位置づけとして、抵当権が消滅すべき場合についての制度という理解が根底にある——賃料は例外——。代金に先取特権の物上代位を認めたのは、動産先取特権では追及力がないという特性による（333条）と理解する。②また、抵当権には、別に378条の代価弁済の制度も認められており、起草者も、抵当権については代価弁済で処理するつもりであり、物上代位を認める意図はなかったといわれている[27]（道垣内164頁、同・諸相245頁以下）。③さらには、物上代位を認めることには、後順位抵当権者がいる場合の権利関係について不都合が指摘されている。第1順位の抵当権者が物上代位権を行使して代金から債権を回収した

が、後順位抵当権は追及力が認められ存続するとなると、買主は代金を支払ったのに抵当権が消滅しないことになる。やはり後順位抵当権者も含めて手続的な配慮をしたのが代価弁済規定であり、代価弁済規定により物上代位は排除されると考えるべきである。

2-69 **◆買戻しによる代金返還請求権（買戻代金）**
　地方公共団体AはBに土地を買戻特約付きで売却し、Bは移転登記を受けた後に（買戻特約の登記あり）、Cから融資を受けこの土地に抵当権を設定しその旨の登記をした。その後、Aは買戻権を行使して土地を買い戻した。この場合に、BのAに対する買戻代金につき、Cは物上代位できるであろうか。なぜこの問題が議論されるのかというと、買戻しは、新たに売買契約をする再売買予約とは異なって、売買契約を解除により消滅させて土地を取り戻すものだからである。買戻しにより前の売買契約がなかったことになるから、Cは所有者ではないBから抵当権の設定を受けたことになり、そもそもCの抵当権取得自体が否定されるのではないかという疑問が生じるのである。
　①この疑問通りに物上代位を否定した下級審判決もある（東京高判昭54・8・8判時943号61頁）。「買戻の意思表示により、本件土地所有権は当初の売買の時にさかのぼってAに復帰し、右買戻の特約の登記後に設定された本件抵当権及び根抵当権はこれにより消滅したものと解さざるを得ず、かように買戻の特約の登記の対抗力にもとづき本件抵当権及び根抵当権が消滅した以上、その買戻代金債権等に対する物上代位が生ずると解する余地はない」と判示している。
　②しかし、最高裁は買戻代金への物上代位を肯定した（最判平11・11・30民集53巻8号1965頁）。「買戻特約の登記に後れて目的不動産に設定された抵当権は、買戻しによる目的不動産の所有権の買戻権者への復帰に伴って消滅するが、抵当権設定者である買主やその債権者等との関係においては、買戻権行使時まで抵当権が有効に存在していたことによって生じた法的効果までが買戻しによって覆滅されることはないと解すべきであり、また、買戻代金は、実質的には買戻権の行使による目的不動産の所有権の復帰についての対価と見ることができ、目的不動産の価値変形物として、民法372条により準用される304条にいう目的物の売却又は滅失によって債務者が受けるべき金銭に当たるといって差し支えない」という。
　物上代位を否定すると買主の一般債権者が買戻代金債権につき望外の利益を得ることになるが、債権者間の利害調整制度としての物上代位制度の趣旨からいっ

27）道垣内・諸相253頁は、代価弁済は物上代位の特別の形態であり、378条は304条・372条の特則と考え、抵当不動産の代金に対して抵当権者の強制的な権利行使を認めると、特に抵当権者が複数存在する場合に不都合であるから、代価弁済によることに限定したのだと説明する。

て、物上代位を否定する必要はないし、また、物上代位が否定されると、買主は目的不動産を担保として融資を受ける可能性を奪われてしまうため、物上代位を認める結論は適切である。問題は、その理論的な説明であるが、買戻しによる売買契約の覆滅の効果は、判例がいうように、売主が抵当権の負担のない不動産を取り戻すのに必要な限度にとどめ、抵当権者と他の債権者との関係では一度有効に抵当権が成立したという効力をなかったことにする必要はなく、物上代位の効力が認められるべきである。

2-70 **(3) 目的物の滅失または損傷による損害賠償請求権**

　例えば、Bがその所有の建物にAのために抵当権を設定したが、Cが過失でこの建物を滅失または損傷した場合、BはCに対して損害賠償債権を取得する。この損害賠償債権につき、Aの物上代位が認められることに異論がない。目的不動産の損傷の場合には、目的物についての抵当権が存続しており、設定者が自らの費用で修補して損傷前の価値を復元すれば、賠償金がいまだ払われていないとしても、物上代位を認める必要はない。そうでなければ、抵当権者が賠償金とともに修補された建物の競落代金から債権回収ができてしまい、一般債権者を犠牲にして過度の保護を与えることになり適切ではない。同様に、建物が滅失したが、再築された建物が同等の価値でありそれに旧建物の抵当権の被担保債権のために新たに抵当権の設定がされたのであれば、旧建物についての抵当権の物上代位は消滅するというべきである。別の不動産が代わりの担保として合意され、同様の抵当権が設定された場合も同じように考えるべきであろうか。

2-71 **(4) 目的不動産の賃料債権**

　(a) 問題の提起　物上代位制度を、目的物が滅失しその上の抵当権が消滅してしまう事例において、その代償に抵当権を存続させる制度だと理解すれば、賃貸不動産であれば抵当権を実行することができるのであり、一般債権者に優先して債権回収が認められるのは目的物の代償に限られるのであって、物上代位により賃料にまで抵当権者に優先権を認めるのは適切ではない。

　ところが、304条1項は物上代位の原因として「賃貸」を掲げている。民法施行後、賃料への物上代位に注目されることはなかったが、バブル経済崩壊後、抵当権を実行するのではなく賃料から安定的に債権回収を図ることが注目され、一躍「賃料」への物上代位が注目の的となった。また、政策的

にみても賃料からの回収もできるという利点も備えれば、抵当権を設定して安心して融資が行えるという、融資を促進することにもなる[28]。そのため、賃料への物上代位を肯定するのが通説・判例であるが、①代償への物上代位と完全に同じに扱ってよいのであろうか、また、②賃料への物上代位を認めるとしてもどの段階の賃料債権から物上代位が認められるのであろうか（抵当権設定後、弁済期到来後、差押え後のいずれか）。後者については、304条1項の「賃貸」には時期的制限はなく、抵当権設定後の全ての賃料への物上代位が認められるかのようである。ところが、以下のような抵当権特有の問題点がある。

抵当権特有の規定として果実に関する371条の規定があり、抵当権は被担保債権の履行遅滞まで——2003年（平成15年）改正前はその実行着手まで——「果実」には効力が及ばないことになっている。同条は特に天然果実に限定をしていないため、抵当権においては賃料債権には、371条が優先的に適用されるのではないかという疑問を生じる。また、抵当権では、法定担保物権である先取特権とは異なり、利用には干渉しないという点を貫く必要がある。

その他、目的物の上の抵当権が消滅して抵当権を債権に存続させるのとは異なって（代償的物上代位）、目的物に抵当権はそのまま存続する付加的物上代位にすぎないという事情もある。目的物について抵当権を認めつつ、賃料にまで優先権を認めるのは、他の債権者を害して抵当権者に過ぎた保護を与えることにならないかという疑問もある。

2-72　**(b)　371条適用肯定説**　2003年改正前の371条1項は、「前条の規定は果実には之を適用せず。但抵当不動産の差押ありたる後又は第三取得者が第381条［滌除権者への実行の通知］の通知を受けたる後は此限に在らず」と規定されていた。これは、フランスの競売手続における管理制度を導入しよ

---

[28]　バブル崩壊後、抵当権を実行しようにも買い手が付かない、また、予想した金額の回収ができないといった問題が露呈し、賃料から安定的に債権を回収していく方法に注目がされたのである。他方で、債務者である賃貸人としては、賃料についてまで抵当権による拘束があるとは考えず、将来の賃料債権を担保（集合債権譲渡担保）として新たな融資を受けたいという要請がある。また、債務者の一般債権者としても、抵当不動産のみならず、賃料債権にまで抵当権の物上代位が認められてしまっては、債権を回収する一般財産がなくなってしまうことになる。このような、関係者の利益をどう調和させるのが妥当なのか、問題が問われているのである。

うとした規定である。競売手続の開始により果実に抵当権の効力を及ぼすものであり、動産である天然果実が念頭に置かれている（梅515頁）。

この起草者の考えに従い、古くは、371条の「果実」に法定果実を含めない考えが通説であった（中島1066頁、三潴436頁、山下270頁、勝本487頁など）。法定果実たる賃料については、抵当不動産の差押えの前後を問わず賃料への物上代位が認められると考えられていた。

しかし、古くから、371条は抵当不動産の所有者の果実収取権に対する例外を認めた規定として、天然果実と法定果実を区別すべきではないという371条適用肯定説もあった（石田・上巻164頁）。戦後は、抵当権は利用に関わらないという価値権説の影響を受け、371条適用肯定説が有力に主張されるようになる（鈴木250頁、槇160頁など）。2003年改正により収益執行制度が導入されたが、これは物上代位を否定しこれに集約するものではなく、依然として371条を基準として物上代位を認めるものと考えられており、物上代位と収益執行とは選択関係になると考えられている（道垣内146頁以下）。371条適用肯定説では、弁済期前の賃料も弁済期になれば物上代位を行使できるというものではない。

2-73　**(c) 371条適用否定説（372条・304条適用説）**　371条の改正前から、通説（我妻275頁、柚木・高木262頁など）は371条適用否定説を採用し、372条により賃料についても304条を無制限に適用していた。判例も、最判平元・10・27民集43巻9号1070頁により、「抵当権の目的不動産が賃貸された場合においては、抵当権者は、民法372条、304条の規定の趣旨に従い、目的不動産の賃借人が供託した賃料の還付請求権についても抵当権を行使することができる」と宣言する。その理由として、①372条により304条が準用されていること、②「設定者が目的物を自ら使用し又は第三者に使用させることを許す性質の担保権である」ことは、抵当権と先取特権とで異なるものではないこと、③「抵当権設定者が目的物を第三者に使用させることによって対価を取得した場合に、右対価について抵当権を行使することができるものと解したとしても、抵当権設定者の目的物に対する使用を妨げることにはならない」ことが挙げられる。

371条の制限を認めないと、抵当権設定後の賃料は弁済期前のものでも物上代位の対象になる。価値権説では、価値的代位物を物上代位の対象と考

え、賃料債権を交換価値のなし崩し的実現といった説明をする（我妻281頁）。この考えでは、賃料への抵当権の物上代位の根拠条文は372条・304条であり、時期を問わず、すなわち弁済期前のものも含めて全ての賃料が物上代位の対象となる。しかし、利用に干渉しないという抵当権の性質、また、他の債権者を害して抵当権者に延々と賃料からの優先的回収を認めることになることなど、結論の妥当性には疑問がある。また、交換価値のなし崩し的実現という説明は、少なくとも土地については妥当しない。いずれにせよ、弁済期前の賃料も物上代位の対象になるとしても、判例のいう物上代位権の行使ができるためには、弁済期の到来が必要になるというべきか。

2-74　(d)　**換価権説**　賃料のような付加的代位物は、これを認めるかまたどの範囲で認めるかは、結局、一種の立法政策の問題に帰すると評される（鈴木・論集245頁）。371条適用肯定説よりもさらに制限することも、立法政策的には可能である。

　換価権説は、目的物の賃貸による収益も金銭化（換価）の一方法であり、抵当権の換価権能の中に収益権能も包含されると考える。「物上代位においても、抵当権の優先的効力の対象は差押え以降に生ずる賃料に限定され、それ以前に生じた収益・賃料は所有権者の一般財産として留保されなければならない」という（古積・換価権207～8頁）。

　しかし、抵当不動産の差押えを要することなく抵当権者は弁済期以降の賃料債権に対して抵当権の効力を及ぼすことができると考えるべきである。これは371条による抵当権の効力の拡大であり（371条適用肯定説）、372条・304条による物上「代位」は代償的代位物に限定し、賃料債権は371条の規定により抵当権の効力を及ぼすものであり――これも広義の物上代位といってよい――、根拠条文を304条ではなく371条に求めるべきである。そして、304条の物上代位については当然代位を認めるが、371条による抵当権の効力の拡大については、抵当権の効力を及ぼすためには賃料への差押えを成立要件とし、それ以前には形成権たる物上代位権が成立しているにすぎないと考える。これにより、判例の賃料債権についての扱いを合理的に説明することが可能になる。

　以上のように考えれば、賃料に対して無制限に抵当権の効力を及ぼして抵当権者を過度に保護しているという批判は当たらないことになる。ただ、差

押えさえすれば完済するまで抵当権者が賃料を独り占めできてしまうという批判は甘受せざるをえない[29]。

2-75 ◆**転貸料債権への物上代位について**
　転貸料債権については、抵当権の物上代位の対象にならないと考えられている。最決平 12・4・14 民集 54 巻 4 号 1552 頁は、304 条 1 項の「債務者」には、「原則として、抵当不動産の賃借人（転貸人）は含まれない」と、これを否定する。債務者以外に物上保証人や第三取得者といった所有者に拡大はできるが、「所有者は被担保債権の履行について抵当不動産をもって物的責任を負担するものであるのに対し、抵当不動産の賃借人は、このような責任を負担するものではなく、自己に属する債権を被担保債権の弁済に供されるべき立場にはない」ことが理由である。ただし、「所有者の取得すべき賃料を減少させ、又は抵当権の行使を妨げるために、法人格を濫用し、又は賃貸借を仮装した上で、転貸借関係を作出したものであるなど、抵当不動産の賃借人を所有者と同視することを相当とする場合には、その賃借人が取得すべき転貸賃料債権に対して抵当権に基づく物上代位権を行使することを許すべきものである」と、例外の余地を認める。学説も、転貸料債権には原則として物上代位を否定し、執行妨害・執行回避に該当する場合には例外的に物上代位を肯定しようとしている（松岡久和「物上代位権の成否と限界(2)」金法 1505 号 13 頁以下）。
　転貸料債権は物上代位の対象にはならず、物上代位の対象になるのはあくまでも抵当不動産の所有者たる賃貸人の賃借人に対する賃料債権のみである。しかし、その代位の対象たる賃貸料債権には 314 条で転貸料債権に先取特権、613 条で直接訴権が認められており、賃借人、転借人とも賃料を未払いである限り、抵当権者は物上代位に基づく賃料債権の行使にあわせて転貸料債権につき先取特権または直接訴権を行使することができる。それで十分であり、それ以上の保護を認める必要はない。

2-76 ◆**賃料債権への物上代位と債権譲渡**
　この問題は 304 条 1 項の「差押え」という要件の理解に関わるが、賃料債権の物上代位と第三者との関係について、先に結論だけ確認をしておこう。賃料債権につき集合債権として第三者に譲渡（譲渡担保）された場合に、その譲受人に

---

29)　学説は多様であり、ほかにも、原則として賃料への物上代位を否定し、債務者が信用危機に陥った後の賃料についてのみ物上代位を肯定する学説（槙悌次「動産売買先取特権の効力とその実現(5)」金法 1174 号 18 頁以下）、抵当権設定後の賃貸借についてのみ、抵当不動産の評価額はかなりの程度減少することが予想されるので、この場合には所有者の受ける賃料は減少した交換価値のなし崩し実現としての性格を持つことを否定できないとして、物上代位を肯定する学説（伊藤眞「賃料債権に対する抵当権者の物上代位(上)(下)」NBL1251 号 9 頁以下、1252 号 12 頁以下）、などもある。

対しても抵当権者による物上代位権の行使を認めるのが判例である。判例は、先にみたように、賃料につき371条の制限を認めないため、弁済期以前から賃料債権に抵当権の効力が及んでおり、抵当権設定登記により物上代位権を対抗できると考える。したがって、差押えしなければ賃借人の弁済の無効を主張できないが、第三者への債権譲渡がされても物上代位権を行使して賃料債権へ抵当権の効力を及ぼすことができる(最判平10・1・30☞2-82)。304条1項ただし書の「払渡し又は引渡し」に、債権譲渡は該当せず、抵当権者は債権譲渡が対抗要件を満たした後でも、第三債務者の弁済がされる前であれば、目的債権を差し押さえて物上代位権を行使することが可能となる。

　また、賃貸不動産が譲渡された場合も類似した問題を生じる。最判平10・3・24民集52巻2号399頁は、「自己の所有建物を他に賃貸している者が第三者に右建物を譲渡した場合には、特段の事情のない限り、賃貸人の地位もこれに伴って右第三者に移転するが」、第三取得者になるので、304条1項の「債務者」を拡大して適用してよく、抵当権設定登記により第三取得者に抵当権が対抗でき、別個に物上代位権の対抗を問題にする必要はない。

2-77 **(5) 損害保険金債権**

　例えばAがその所有の建物にBのために抵当権を設定し、Aが保険会社との間で火災保険契約を締結しているとする。火災が発生して、Aが保険会社に保険金請求権を取得したとして、Bは保険金請求権に物上代位が認められ抵当権の効力が及ぶことを主張できるのであろうか。

　なぜ問題になるかというと、物上代位の対象を価値的代位物に限定する限り、保険金は保険契約の履行にすぎず、保険契約に基づいて保険料を支払った対価であって、目的不動産から当然に発生する価値的代位物とはいえないからである。しかし、歴史的にみても物上代位を政策的に認める必要性が最もあるのは保険金債権であり、これを物上代位の対象から除外することは制度を骨抜きにしてしまうことになる。

　古くには商法学者の中に、上記のような疑問から保険金債権についての物上代位を否定する考えが主張されたことがある。しかし、現在では、保険金債権が物上代位の対象となることについて異論はない。物上代位の対象は、政策的な観点から考えられるべきであり、民法制定当時に、物上代位の対象として主に念頭に置かれていたのは保険金債権である。抵当権の目的物たる建物が焼失しても保険金から優先的に債権回収ができるのであれば、金融機関は安心して建物に抵当権を設定して融資ができることになるのである。経

済社会の血液ともいえる金銭が、これによりスムーズに循環することが期待できるのである。したがって、372条・304条により、保険金債権について抵当権の物上代位を肯定すべきである（我妻283頁など通説）。判例も、大判大2・7・5民録19輯609頁、大連判大12・4・7民集2巻209頁は保険金債権への物上代位を認める。戦後は抵当権についての最高裁判決はないが、集合動産譲渡担保の物上代位について最決平20・12・2民集64巻8号1990頁がこれを肯定する。

3　物上代位における差押えの意味

2-78 **(1) 問題の整理**

　物上代位により、抵当権者は保険金債権などに「行使することができる」——「何を」行使するのか（抵当権か物上代位権か）は明記なし——が、「その払渡し又は引渡しの前に差押えをしなければならない」（304条1項ただし書）。差押えが要求されているのはなぜであり、この差押えとは担保権実行のための差押えと同義なのであろうか。これに先の物上代位の効果についての理解（☞2-63）を組み合わせて考える必要がある。

　物上代位の効力により当然に債権質と同様の状況になり、第三債務者にも抵当権者がそのことを対抗できるならば（当然代位説☞2-63②ⓐ）、第三債務者が債務者に支払をしても、それを抵当権者に対抗できないはずであり、第三債務者に二重弁済のリスクを負担させることになる。そこで、物上代位の第三債務者への対抗要件として、抵当権設定登記でよいのか、また、第三者への対抗要件はどう考えるべきなのか問題となる。

　この点、かつては特定性維持といったことも議論され（☞2-79）、また、近時は、判例により物上代位の上記の効力が当然に生じるものではなく、物上代位の効力そのものの対抗ではなく形成権としての物上代位権の対抗を問題にしており、議論は混乱を極めている。

2-79 **(2) 特定性維持説**

　この問題は、かつては物上代位の本質論と結び付けて議論される傾向があった。価値権説からは、抵当権の効力が目的物の価値的代位物に及ぶのは当然であり、また、目的物の登記による公示により物上代位の公示としても十分であり、公示の観点から特に差押えが必要とされるのではなく、特定性維持

のためであるといわれたりもした（**特定性維持説**）。金銭が物上代位の対象でありそれが支払われてしまうと債務者の一般財産に混ざってしまうので、もはや抵当権の効力を及ぼしえず、それを阻止し目的物の特定性を維持するために差押えが必要とされているという理解もされていた（石田・上巻78頁以下、勝本48頁、我妻290頁以下）。特定されてさえいればよいので、差押えを抵当権者がする必要はないことになる。判例は当初この立場を採用した（大判大4・3・6民録21輯363頁）。

しかし、特定性維持説は、304条の物上代位の目的物を「物」としていることにとらわれすぎたものである（88条2項の法定果実も同様）。物上代位の対象は債権であり、債権質のように債務者に対抗できるのならば、特定性は問題にならず（清原泰司『物上代位の法理』103頁参照）、その支払を抵当権者には対抗できないはずである。判例は大審院連合部判決（☞2-80）により抵当権者自身が差押えをしなければならないものと変更され――特定性維持説を放棄――、それにあわせて説明も次第に微妙に変わっていく。

2-80 **(3) 優先権保全説（差押公示説・第三者保護説）**

他方、物上代位の本質についての特権説によると、物上代位は法が特に抵当権に認めた特権であり、本来ならば、目的物と共に抵当権も消滅するはずであるところを、例外的に問題となる債権に抵当権の効力を及ぼすのであり、抵当権者自ら抵当権の効力が及んでいることを公示して初めてその効力が認められるないし第三者に対抗できると考えられる。例外的に効力の及ぶことの公示のために「差押え」が必要とされていると考えるのである。この立場によると、①差押えは抵当権者が自らする必要があり（吉野衛「物上代位に関する基礎的考察(上)」金法968号10頁）、また、②差押えをしていない限り、抵当権者は、債権の譲受人などの第三者に物上代位を対抗できず――304条1項ただし書の「払渡し又は引渡し」は、債権譲渡や差押えにも拡大される――、そして、③差押えが第三者に対する対抗要件であるから、第三者との優劣決定は抵当権の設定登記ではなく差押えが基準になる。また、対抗関係なので差押債権者も「第三者」に含めるのが通説・判例であり、物上代位による差押え前に物上代位の目的たる債権を債務者の一般債権者が差し押さえてしまえば、物上代位を対抗できなくなる。判例は第三債務者保護説に変更する前は、この立場を採用しており（大連判大12・4・7民集2巻209頁）、これが

学説においても通説であった。

その後、優先権を公示して保全するという主張が支持され（香川 229 頁、高島 64 頁）、判例が第三債務者保護説に変更された現在でも優先権保全説の支持者は多い（近江 64 頁、鈴木 201 頁、内田 414 頁など）。その後の判例は微妙に説明が揺れ動いており、特定性維持と優先権保全を根拠としたり（大決昭 5・9・23 民集 9 巻 918 頁）、第三債務者保護的説明をさらに加味したりして（最判昭 59・2・2 民集 38 巻 3 号 431 頁）、最終的には第三債務者保護説にたどり着くがそれも優先権保全説的な要素を取り込んだ構成である。

2-81 **(4) 第三債務者保護説**

❶ **当然代位説→「物上代位」対抗説** ボアソナードは、物上代位においては担保権実行のための差押えを考えていたのではない。フランスでは（当時）、債権譲渡も債務者に対抗するためには、譲受人が裁判所によって債権譲渡の送達をしてもらう必要があるが——申立てに際してチェックされるので譲受人でよく、通知の到達時が執達吏により記録される——、物上代位についても抵当権者が物上代位が生じたことを裁判所に送達してもらう制度が導入されている。船舶抵当につき、当初は登記により当然に物上代位の対抗を認める立法がされたが、第三債務者たる保険会社がプレッシャーグループとなって改正がされ、物上代位の送達を必要としたのである。あくまでも第三債務者保護のための制度にすぎない。

ボアソナードはこの制度を日本にも導入しようとし、その際の誤訳とも評されているが、この裁判所の送達が「差押え」と訳されて旧民法に規定された。そしてこの「差押え」が、債権回収のための差押えと誤解され、解釈が迷走する原因となった。当初の意図に忠実に考えれば、物上代位により当然に債権質同様の状況になり（当然代位説）、登記により当然に第三債務者に対抗でき物上代位を知らずに支払うと無効とされ、「差押え」は第三債務者を二重弁済を強いられることから保護しようとしたものであり、第三債務者への物上代位そのものについての対抗要件である。したがって、抵当権者が物上代位を第三債務者に知らせるべきであり、抵当権者による差押え——ただし、強制執行のための差押えではなく保全的差押えといわれている——が必要になる。

他方で、債権を差し押さえたり譲り受ける第三者に対しては、抵当権設定

§Ⅵ　物上代位

登記で物上代位の公示は十分であり、そもそも債権については取引の安全が図られていないため、譲受人等、第三者の側に調査を要求しても酷ではないと考えられる。要するに、第三債務者に対してのみ債権質における467条1項の準用と同じ趣旨で「差押え」が必要とされているにすぎない。この立場では差押えは「第三債務者のみに対する物上代位権の効力保存要件ないし対抗要件にすぎない」ことになり（清原泰司『物上代位の法理』104頁）、同一の債権に複数の抵当権による物上代位が問題になる場合にも、その優先順位は差押えではなく、抵当権設定登記に従って決せられることになる[30]。本書は原則としてこの立場を採用する（賃料は例外☞2-74）。

2-82　❷　**物上代位権説→「物上代位権」対抗説（判例）**　判例は、最判平10・1・30民集52巻1号1頁により、物上代位の対象である賃料債権につき債権譲渡がなされた事例において、「差押えをすることを要するとした趣旨目的は、主として、抵当権の効力が物上代位の目的となる債権にも及ぶことから、……第三債務者……は、右債権の債権者である……抵当権設定者……に弁済をしても弁済による目的債権の消滅の効果を抵当権者に対抗できないという不安定な地位に置かれる可能性があるため、<u>差押えを物上代位権行使の要件</u>とし、第三債務者は、差押命令の送達を受ける前には抵当権設定者に弁済をすれば足り、右弁済による目的債権消滅の効果を抵当権者にも対抗することができることにして、二重弁済を強いられる危険から第三債務者を保護するという点にある」と宣言し、第三債務者保護説を採用した。しかし、下線部の「物上代位権行使の要件」との説明からわかるように、❶とは微妙な差が残される。

実際、後述最判平13・3・13（☞2-86）によりおぼろげながら、物上代位権説（☞2-63①ⓑ）を採用していることがわかる。形成権としての物上代位権というものを想定し、その行使は差押えによることが必要である。抵

---

[30]　沿革からの研究に基づいて第三債務者保護説を支持する有力説として、清原27頁以下・31頁以下・72頁以下・101頁以下がある。なお、現行民法においては、ボアソナードの第三債務者保護説の意図は失われたとして、判例を沿革的視点から批判する論稿もある（平井一雄「抵当権に基づく物上代位権行使における『差押』の意義」中京法学40巻1＝2号12頁）。今尾真「動産売買先取特権に基づく物上代位とその目的債権の譲渡」明学79号127頁以下は、公示は不要であるが優先弁済権を目的物に置き換わったものに及ぼすという微弱・潜在的な効力を顕在化・確定するための行為が「差押え」であり、付随的には保存の機能を持つが、「払渡し又は引渡し」には債権譲渡は入らないという。

当権設定登記で対抗を認めるのは、物上代位そのものではなく、この形成権たる物上代位権にすぎないのである。そのため、物上代位権行使前に相殺や転付命令がされてしまうと、もはや差押えができず物上代位権の行使ができず債権に抵当権の効力を及ぼしえなくなり、第三債務者保護説でありながら後記判例が矛盾なく説明が付くことになる。

しかし、第三債務者保護説は当然代位を前提とした議論であり、差押えを第三債務者対抗要件ではなく物上代位の成立要件とすると、その前提自体がなくなり、なぜ差押えを成立要件と構成しなければならないのか振出しに戻って疑問になる。整合的な議論とは思われず、それ以前の差押公示説の影を引きずった修正された第三債務者保護説とでもいうべき構成である。本書が304条の物上「代位」と371条による賃料債権への抵当権の「効力の拡大」とを区別することは、2-74に述べた。

4 物上代位と第三者

2-83 **(1) 第三者との関係の確認**

上述のように物上代位における対抗をめぐっては、物上代位の効力そのものは当然に生じその対抗を問題にするのか、物上代位権という形成権を問題にするのかということの理解自体が、まずは分かれる。当然代位説＋第三債務者保護説では、物上代位そのものの効力の対抗が問題になり（いわば物上代位対抗説）、これを抵当権設定登記によって第三者に対抗できることになり、第三者との関係では差押えを必要としない。

他方で、差押公示説は、物上代位という例外的制度の効力が生じるためには差押えが要件とされ、公示をして初めて抵当権の効力を債権に及ぼしうることになる。そのため、それ以前に債権譲渡や差押えがされたならば物上代位を対抗できず、このことを表現するため「払渡し又は引渡し」に債権譲渡や差押えも含まれると説明される。判例は、第三債務者保護説を採用することを説きながらも、物上代位権説（☞ 2-63 ②ⓑ）を採用し、抵当権の債権への効力は当然には生ぜず、物上代位権という形成権が成立するだけで、その行使により──差押えによることが必要な要式行為──初めて物上代位の効力が生じることになる。抵当権設定登記により第三者に対抗しうるのは、物上代位権にすぎないが（いわば物上代位権対抗説）、債権が譲渡されたり

差し押さえられても、これらの者には物上代位権を抵当権設定登記により対抗できるので、その後に差押えをして物上代位権を行使して債権に抵当権の効力を及ぼすことができる（差押えの事例につき、最判平10・3・26民集52巻2号483頁）。しかし、差押え前に弁済や相殺がされればもはや差押えをして抵当権の効力を及ぼすことができず（☞2-85）、また、転付命令が発せられれば手続法上もはや差押えができないので、物上代位権は消滅することになる（☞2-84）。

2-84 **◆物上代位の対象となっている債権について転付命令がされた場合**

　被代位債権について転付命令が行われた場合に、債権譲渡と同様に、抵当権者は転付命令を受けた債権者に対して物上代位を対抗できるのであろうか。当然代位説による第三債務者保護説（物上代位対抗説）では、物上代位の対抗を肯定し、後述の判例を否定する（清原泰司「判批」銀法621号91頁）。ただし、物上代位の追及を認めることには、現行法上手続的な難点があることも確かであり（萩澤達彦「判批」リマークス27号123頁以下参照）、転付命令を受けた債権者に不当利得返還請求をするしかない。

　判例は、最判平14・3・12民集56巻3号555頁により、「抵当権者が物上代位により被転付債権に対し抵当権の効力を及ぼすためには、自ら被転付債権を差し押さえることを要し……、この差押えは債権執行における差押えと同様の規律に服すべきものであり（同法193条1項後段、2項、194条）」、転付命令後はもはや差押えをして物上代位権の行使をなしえないものとする。「最高裁は、物上代位に強力な地位を与えすぎた先の一連の判例を修正したと見るべきではないかと思う」と、好意的な評価もある（内田415頁）。物上代位権の対抗にすぎないので、手続上、もはや転付命令がされると差押えができなくなるので、物上代位権の行使ができなくなり、物上代位権が消滅することになる。

2-85 **◆債権譲渡の譲受人または差押債権者への支払がされた場合**

　①第三債務者保護説の物上代位対抗説では、差押えをするまでもなく抵当権設定登記により、物上代位そのものを債権譲受人や差押債権者に対抗できるので、第三債務者には物上代位を対抗できず弁済は有効になり債権は消滅するが、債権譲受人や差押債権者に対して受領した金額を不当利得返還請求できることになる。本書はこの立場である。

　②これに対して、判例はいまだないが（野山宏・最判解民事篇平成10年度(上)28頁は否定）、判例の第三債務者保護説の物上代位権対抗説によれば、次のようになるはずである。あくまでも第三者に対抗できるのは物上代位権という形成権にすぎず、すでに有効な弁済がされ債権が消滅してしまえば、債権を差し押さえて物上

代位の本体的効力を生じさせることはできなくなる。したがって、物上代位そのものの効力を債権譲受人や差押債権者に対して生じさせることができないので、これらの者に対して不当利得返還請求をすることはできないことになる。第三債務者保護説では、債権譲渡や債権質設定は304条1項ただし書の払渡し等には含まれないはずであるが、弁済によりそもそも物上代位権が消滅することになる。不当利得返還請求を否定する考えの実質的な根拠として、必ずしも抵当権者が物上代位権を行使するとは限らないのであり、にもかかわらず、弁済受領後に不当利得返還義務の発生まで認めると、当該第三者を不当に不安定な地位に置くことになることが主張されている（道垣内151頁）。

2-86 **(2) 物上代位と第三債務者による相殺**

第三債務者が物上代位に対して相殺をもって対抗できるかが、賃料債権をめぐる判例において問題になっている[31]。物上代位の効力が当然に生じると考える立場では、債権質が設定された場合に、第三債務者が債務者に対する債権により相殺をもって、債権質権者に対抗できるのかという問題とパラレルな問題となる。

①まず、当然代位説による第三債務者保護説（物上代位対抗説）では、第三債務者への対抗が問題になっているものの、相殺の主張については、二重弁済からの解放という趣旨は当てはまらない。相殺は債権回収という債権者としての権利行使であるため、債権者と同視して相殺に対しては抵当権設定登記でもって対抗を認めるべきである。したがって、抵当権設定登記後に取得した債権を自働債権とする相殺をすることはできず、第三債務者が相殺の

---

[31] ＊**賃借人が目的不動産を取得した場合** 物上代位により将来の賃料債権が差し押さえられた場合（民執151条）、賃貸人は賃料債権の処分を禁止され、賃料債権の免除をしても抵当権者には対抗できない。その後に、賃貸人が賃貸不動産を賃借人に売却して混同により賃貸借契約を終了させ、賃料債権が発生しないようにしても、抵当権者に対抗できないのであろうか。物上代位の事例ではなく、賃料債権の包括的差押え後に賃貸不動産を賃借人が取得した事例について、最判平24・9・4判時2171号42頁は、「本件賃貸借契約に基づく賃料債権は第三者の権利の目的となっているから、民法520条ただし書の規定により……賃料債権が混同によって消滅することはな」いとした原審判決を破棄し、「賃料債権の差押えを受けた債務者は、当該賃料債権の処分を禁止されるが、その発生の基礎となる賃貸借契約が終了したときは、差押えの対象となる賃料債権は以後発生しないこととなる。したがって、賃貸人が賃借人に賃貸借契約の目的である建物を譲渡したことにより賃貸借契約が終了した以上は、その終了が賃料債権の差押えの効力発生後であっても、賃貸人と賃借人との人的関係、当該建物を譲渡するに至った経緯及び態様その他の諸般の事情に照らして、賃借人において賃料債権が発生しないことを主張することが信義則上許されないなどの特段の事情がない限り、差押債権者は、第三債務者である賃借人から、当該譲渡後に支払期の到来する賃料債権を取り立てることができない」と判示した。

§Ⅵ 物上代位

意思表示をしても無効である。抵当権者による差押えは必要ではない。

②ところが、判例は物上代位権説（物上代位権対抗説）によるため、差押えをするまでは債権への抵当権の効力が及ばないので、第三債務者の弁済だけでなく債権者としてなす相殺も有効となる。最判平13・3・13民集55巻2号363頁は、「抵当権者が物上代位権を行使して賃料債権の差押えをした後は、抵当不動産の賃借人は、抵当権設定登記の後に賃貸人に対して取得した債権を自働債権とする賃料債権との相殺をもって、抵当権者に対抗することはできない」と判示しつつ、傍論であるが、「物上代位権の行使としての差押えのされる前においては、賃借人のする相殺は何ら制限されるものではない」と宣言する。

<u>「差押えがされた後においては、抵当権の効力が物上代位の目的となった賃料債権にも及ぶ</u>ところ、物上代位により抵当権の効力が賃料債権に及ぶことは抵当権設定登記により公示されているとみることができるから、抵当権設定登記の後に取得した賃貸人に対する債権と物上代位の目的となった賃料債権とを相殺することに対する賃借人の期待を物上代位権の行使により賃料債権に及んでいる抵当権の効力に優先させる理由はない」と、第三債務者による相殺については差押え後には第三者とパラレルに扱われている。

判例はここまでの説明であるが、調査官解説により、抵当権設定登記を債権質設定通知と同視することはできず、「『自ら差押えをすることにより、抵当権設定登記時に設定され、かつ、対抗要件を備えた質権となるような権利』を第三債務者（賃借人）に対抗できる」のであり、「抵当権設定登記によって公示された権利（法的地位）は」、「自ら差押えをすることにより物上代位することができる権利」にすぎないと説明されている（杉原則彦・最判解民事篇平成13年度(上)269頁）。物上代位権説（☞2-63②ⓑ）が明言されている[32]。

2-87 **◆保険金請求権の債権質と物上代位**

例えば、AがBのために抵当権を設定した建物につき、保険会社Cと火災保険契約を締結しているが、AのCに対する将来の保険金請求権につきDのために債権質を設定したとする。その後に、建物が火災にあい、AのCに対する保険金請求権が発生した場合に、抵当権の物上代位と債権質との優劣はどう考えるべきであろうか。

①第三債務者保護説の物上代位対抗説では、債権質は364条により467条2項が基準になり、抵当権設定登記後の債権質に対して、物上代位が優先すること

になり、差押え前に債権質権者が弁済を受けても、抵当権者はこれに対して不当利得返還請求権を取得することになる。②他方、判例の第三債務者保護説の物上代位権対抗説では、抵当権者は保険金請求権を差し押えて物上代位の効力を生じさせ、債権質に対して優先することができる。しかし、先に債権質権者が取り立てて支払がされてしまった場合には、もはや物上代位権を行使することはできないので、抵当権者は債権質権者に対して不当利得返還請求はできないことになる。ほかに、保険金請求権は建物の価値的代位物ではなく、質権を設定した者を差し置いて抵当権者が優先するというのは妥当ではないとして、質権を優先させる学説もある（鎌田薫『民法ノート物権法①』203頁）。

5　物上代位の行使方法——配当加入でも行使可能か

2-88　物上代位における「差押え」は、当然代位説＋第三債務者保護説では、第三債務者に物上代位の効力が生じていることを抵当権者が裁判所を通じて通知するという、第三債務者への対抗要件具備のための要件にすぎない。これに対して、判例の物上代位権説では、物上代位の効力を生じさせるための要件であり、かつ、これにより物上代位の効力を第三債務者に対抗できることになる。いずれにせよ、この「差押え」が保全的差押えなどといわれ、担保権実行のための差押えではなく、被担保債権の弁済期が到来していることは必要ではない。

ところで、物上代位のための「差押え」を行う場合に、すでに別の債権者により差押手続がなされていても、物上代位権説でも差押債権者に対抗できるので、抵当権者は物上代位権を行使することができる。では、その場合、

32)　**敷金の充当と物上代位**　最判平14・3・28民集56巻3号689頁は、「目的物の返還時に残存する賃料債権等は敷金が存在する限度において敷金の充当により当然に消滅する」。「このような敷金の充当による未払賃料等の消滅は、敷金契約から発生する効果であって、相殺のように当事者の意思表示を必要とするものではないから、民法511条によって上記当然消滅の効果が妨げられない」。「また、抵当権者は、物上代位権を行使して賃料債権を差し押さえる前は、原則として抵当不動産の用益関係に介入できないのであるから、抵当不動産の所有者等は、賃貸借契約に付随する契約として敷金契約を締結するか否かを自由に決定することができる。したがって、敷金契約が締結された場合は、賃料債権は敷金の充当を予定した債権になり、このことを抵当権者に主張することができるというべきである」。「敷金が授受された賃貸借契約に係る賃料債権につき抵当権者が物上代位権を行使してこれを差し押えた場合においても、当該賃貸借契約が終了し、目的物が明け渡されたときは、賃料債権は、敷金の充当によりその限度で消滅する」と、差押えがされた後でも敷金充当の効力を認めている。なお、目的物の使用ができないことによる賃料の減額は、対価関係を維持するものであり、また、相殺とは異なり当然にその効力が生じると解すべきであり（改正法案611条1項）、物上代位にも対抗できる。

どのような手続をとるべきであろうか。配当要求でもよいのであろうか。当然代位説＋第三債務者保護説では、すでに生じた物上代位の効果を裁判所により第三債務者に通知してもらうのが、第三債務者対抗要件たる差押えの機能と考えるのであり、配当要求によることも可能である（古積・換価権259頁も肯定）。しかし、差押えを物上代位権の行使とし、物上代位の効力を生ずるための要件と位置づける判例は、「抵当権に基づき物上代位権を行使する債権者は、他の債権者による債権差押事件に配当要求をすることによって優先弁済を受けることはできない」とし、「民事執行法154条及び同法193条1項は抵当権に基づき物上代位権を行使する債権者が配当要求をすることは予定していない」ことを理由とする（最判平13・10・25民集55巻6号975頁）。

§Ⅶ 抵当権の目的不動産の用益権者の保護

1 民法当初規定による短期賃貸借制度の導入

2-89　例えば、Aがその所有する土地建物にBのために抵当権を設定したとする。建物が賃貸ビルやアパートでありその目的が自己使用ではなく賃貸による賃料収入の獲得にあれば（収益財）、抵当権設定後の賃貸か前の賃貸かを問うことなく買い受ける者としては賃借人（テナント）が埋まっている優良物件であるかどうかに関心を抱く。建物を取り壊して土地を利用することを考えている者でなければ、賃借人がいることはプラスの事由でしかない。ところが自己使用の土地や建物として評価して担保にとった後に（自己使用財）、所有者が目的不動産を賃貸した場合、買い受けようとする者は自己使用を考えて買い受けるのであり、借地借家法の適用のある借地権や借家権の拘束を受ける物件では買受人が出てこない危険がある。

　また、対抗関係という観点からいうと、賃貸中の貸ビルを担保にとるのとは異なり——抵当権に賃借権が対抗できる——、自己使用の何の負担もない所有権を担保にとったつもりであり、何の負担もない所有権として競売し、買受人に何の負担もない自己使用可能な所有権を取得させることができるはずである。そのため、例えば、不要になった建物を賃貸に出して事業を縮小

しようとしても、抵当権設定後は——競売時の第1順位の抵当権を基準とする——、抵当権の実行の危険を心配して借り手が現われない可能性がある。

このような危惧から、当初の民法は、「第602条ニ定メタル期間ヲ超エザル賃貸借ハ抵当権ノ登記後ニ登記シタルモノト雖モ之ヲ以テ抵当権者ニ対抗スルコトヲ得但其賃貸借カ抵当権者ニ損害ヲ及ホストキハ裁判所ハ抵当権者ノ請求ニ因リ其解除ヲ命スルコトヲ得」という、**短期賃貸借制度**を導入した（旧395条）。602条の期間を超えないいわゆる短期賃借権は、買受人にも対抗できたのである。

その結果、買受人は競落してすぐに自己使用ができないが、それは短期なので大きな障害ではなかったが、問題はこの制度が抵当権の実行妨害に濫用されたことにある。すなわち、建物賃貸借契約においては、賃貸人に敷金が交付されることが通常であるが、この敷金は新賃貸人に当然に承継されるところ、濫用事例においては、法外な敷金を交付したこととし、買受人がその敷金の交付を受けたか否かを問わず賃借人に対する敷金の返還が義務づけられることになる。短期賃借権により僅かな期間利用が制限されるだけならまだしも、これでは誰も買い受けるはずはない。

2　短期賃貸借制度の廃止・明渡猶予制度へ

2-90　民法は必要かつ適切な制度として短期賃貸借制度を導入したのであるが、現実には抵当権の実行に対する不当な制約になっていた。債務者から依頼されたいわゆる占有屋が、抵当不動産に賃貸借名目で居座って、上記のような法外な敷金を交付したと主張して、競売がされないように妨害をしていたのである。バブル崩壊後の経済再建のため、銀行の債権回収が急務とされ、2003年（平成15年）には民事執行法が改正され、同じく同年の民法改正により、短期賃貸借制度は廃止され、賃貸借契約を終了させることで敷金の承継を否定した上で、明渡しを6カ月猶予するという**明渡猶予制度**を、建物に限って導入したのである（395条）。賃貸ビルでは、対抗できない賃借権であろうと賃借人が埋まっていて初めて収益が可能な建物になるのであるから、買受人はそのまま賃借人との合意により賃貸借契約を承継することになり、賃借人が追い出されるということは杞憂にすぎない。

§Ⅶ　抵当権の目的不動産の用益権者の保護

　明渡猶予期間制度により全ての賃借人が保護されるのではなく、次のような要件がある（同条1項）。

① 建物の賃借人（抵当建物使用者）であること（395条1項柱書）、したがって、土地の賃借人には適用されない。
② ⓐ競売手続開始前から使用または収益をしている者（同項1号）、または、ⓑ競売手続開始後に、強制管理または担保不動産収益執行による賃貸借により使用または収益をする者であること（同項2号）。

　登記した賃借権については、抵当権設定登記後でも全ての抵当権者が同意し、かつその同意の登記がされている場合には抵当権者に対抗できるという規定がされている（387条1項。同条2項で、抵当権者の同意により不利益を受ける者がいる場合には、その同意も要するものとされている）。短期賃貸借であることは要件ではない。

2-91　◆猶予期間中の法律関係
　395条2項は、議会での審議で猶予期間が3カ月から6カ月に延長され、また、その間の法律関係について何らかの手当てをすることが必要になり、急遽、法務省によって追加された規定である。6カ月の間の法律関係は、賃貸借契約は終了しているのであって、元の賃貸借契約が継続しているわけではない。しかし、その間の対価を支払うべきこと、1カ月以上支払わないと、元賃借人は占有を継続できなくなることを追加したのである。契約関係がないので解除とは規定していないが、法定の賃貸権を認めるに等しい。
　賃借人は買受人に対抗できず、賃貸借契約は終了しているので買受人には承継されず、買受人は敷金の返還義務を負わない。競落不動産の使用は不当利得になるが、不法占有ではないので、不法行為にはならない。従来の賃料額ではなく相当な賃料額を、買受人は賃借人に対して請求できることになる。しかし、賃貸借契約が承継されないので、従前の月の初めに1カ月分の前払いを請求できず、使用した分をいつでも請求できることになる。1カ月分以上の使用の対価について支払を請求したのに、相当期間内に支払がされないと、明渡猶予の利益を失う（395条2項）[33]。賃貸借契約は終了しているので、賃貸人についての建物の修繕義

33) この点については、結局は訴訟による決定に委ねざるをえず、訴訟が決着する前に6カ月が経過してしまうため、買受人は明渡猶予期間の満了を根拠にして引渡命令を求める方が簡単であり、395条2項が現実に機能する場合はさほど多くないと評されている（道垣内・諸相370～1頁）。

務や債務不履行責任は問題にならない。しかし、法定の賃貸借として、可能な限り賃貸借契約の規定の適用を認めるべきである。

§Ⅷ 法定地上権および一括競売権

1 法定地上権制度の必要性

2-92 「土地及びその上に存する建物が同一の所有者に属する場合において、その土地又は建物につき抵当権が設定され、その実行により所有者を異にするに至ったときは、その建物について、地上権が設定されたものとみなす。この場合において、地代は、当事者の請求により、裁判所が定める」(388条)。この規定により成立する地上権を、**法定地上権**という。

例えば、Aが土地建物を所有していて、①土地だけに抵当権が設定されこれが実行されて、土地を競落人Bが取得した場合、建物所有者Aは法定地上権を取得し建物を収去する必要はない、他方、②建物だけに抵当権が設定されこれが実行され、建物をCが競落した場合、Cは法定地上権を取得し、建物を収去する必要はない。もし法定地上権制度がないと、①ではA、②ではCが土地利用権なしに建物を所有していることになり、建物を収去しなければならないのを修正しているのである。

法定地上権は、民法の原案には存在しなかった制度である。当初は土地と建物はヨーロッパの民法にならって1つの不動産とするつもりであり、土地に抵当権を設定した後に、設定者が建物を建築すれば抵当権の効力が土地の一部にすぎない建物に効力を及ぼすし、建物と土地に別々に抵当権を設定することはありえなかったのである。しかし、370条の原案の法典調査会での審議に際して、土地に抵当権設定後に、土地の上に建てられた建物に抵当権の効力が及ぶものとすることへの反対意見が出され[34]、この反対意見が多

---

34) その根拠として、土地と建物は別の物であるというのが日本の法意識であること、土地と建物とが現在別々の公示がされていること（土地は地券、建物は別）、土地よりも建物の方が（当時は）値段が高いのに、土地について設定された抵当権の効力が建物にまで及ぶのは不合理であることなどが主張された。

数を占め、土地建物を別の物とすることが了解され——370条が建物が土地とは別個の物とする民法上の唯一の根拠条文であり、後に不動産登記法により明確化される——、370条に「抵当地の上に存する建物を除き」という文言が追加されたのである。このため、土地に抵当権が設定されても、建物には抵当権の効力が及ばず、また、建物に独自に抵当権を設定することも可能になり、土地または建物のいずれかの抵当権だけが実行されるという異例な事態が出てくる危惧が生じたのである。

そこで、急遽法定地上権（388条）と一括競売権（389条）の2つの規定が追加された。急いで導入した規定であり、またヨーロッパの民法に参考となる対応規定がなく、必ずしも十分な検討を経たものではない。

2-93 **◆法定地上権制度の根拠**

「法定」地上権というので、当事者の意思・期待・予測といったものによるのではなく、法が政策的に押し付ける制度のようであるが、確かに合意によって設定される地上権ではないが、抵当権者の意思・予測を無視した制度ではない。抵当権は土地建物の価値全体を評価しているのであり、土地だけを抵当にとる場合も老朽化した建物を取り壊し、新たに建築される建物もあわせて抵当にとる予定であり、土地建物全体の価値を評価しているのである。土地だけにしか抵当権を設定しなかったからといって、法定地上権に制約を受ける底地（☞注36）としての価値を考えているわけではない。法定地上権制度の運用に際しては、「抵当権者の合理的意思」が尊重されるべきである。

上記の事例で、建替えがされず建物がそのままになったり、建て替えられたが新しい建物に他の債権者のために抵当権が設定されてしまったとしても、結果として法定地上権が問題となるが、抵当権者の意思ないし予期を無視すべきではない。判例（最判平9・2・14 ☞ 2-99）も、後述の全体価値考慮説（☞ 2-99 ②）を導入する前提として、法定地上権制度の運用が抵当権者の合理的意思に依拠した制度であることを認める。すなわち、建物を収去しなければならないというのは、「①これは、土地が競売によって売却されても、土地の買受人に対して土地の使用権を有しているものとする建物の所有者や土地の使用権があるものとして建物について担保価値を把握しているものとする抵当権者の合理的意思に反する結果となる。そこで、民法388条は、右合理的意思の推定に立って、このような場合には、抵当権設定者は競売の場合につき地上権（以下「法定地上権」という。）を設定したものとみなしているのである。②その結果、<u>建物を保護するという公益的要請にも合致することになる</u>」と説明する（抵当権者の全体価値を把握する意思を保護し、法定地上権の成立を否定☞ 2-99）。①抵当権者の合理的意思の推定を中心とし、②公益的要請にも合致することを付随的に挙げるにすぎな

い。

　ただ、全体価値考慮（☞ 2-99）という抵当権者の主観を持ち出すことは、よほど抵当権者が不合理な抵当権の設定・実行をした場合でない限り、法定地上権の成立の余地はなくなり、法定地上権制度を骨抜きにしかねない危険性をはらんでいる。個別価値考慮に依拠し広く法定地上権を認めようとしていた学説に対して、全体価値考慮説は黒船来到にも近い発想の変更が求められるが、本書の一括競売を間接義務と考える立場からは（☞ 2-110）、不合理ではない。また、土地建物を別の不動産とした立法は歪みを生じさせており、なるべく一体として扱うべきであり、土地建物を一体としてその価値を把握することが必要である。

2-94 **◆特約による法定地上権の排除**
　設定者と抵当権者との間で、法定地上権を排除する特約を結んだ場合、この合意は有効であろうか。この問題については、法定地上権は買受人との間で問題になる点を考慮して考えなければならない。

　①古い判例に、法定地上権制度は、公益的な制度であるとして、排除特約を無効と考える判決がある（大判明41・5・11民録14輯677頁）。②他方、抵当権設定当事者の予測ないし予期を抵当権実行時に現実化させる制度であり、それ自体を強行法規と考える必要はないが、第三者に契約の効力が及ばないという意味で、特約の効力を対抗できないと考える学説が正当であろう（高木191頁）。後者の考えでは、建物に抵当権が設定され、建物が競売された場合に、買受人が設定者・抵当権者の合意の対抗を受けず、法定地上権を取得する。競売前に第三取得者が建物を取得していれば、第三取得者にも合意の効力は及ばず、法定地上権の成立が認められることになろう。他方、土地に抵当権が設定された場合には、設定者である建物所有者は合意に拘束され法定地上権を取得できないことになる。

2　法定地上権の成立要件

① 抵当権設定時に土地の上に建物が存在すること
② 土地と建物が同一の所有者に属すること
③ 土地または建物の抵当権のみが実行され土地と建物が別人に帰属するようになったこと

2-95 **(1)　土地の上に建物が存在すること**
　(a)　建物が再建された場合①——土地だけに抵当権が設定され、法定地上権の要件を満たしている場合　建物の建替資金の融資を受け、当時の建物

（建物αとする）は取り壊すため土地のみに抵当権を設定し、新たに建築される建物（建物βとする）に抵当権を設定する予定であったが、建て替えられた建物に抵当権が設定されなかった場合、土地の抵当権が実行されたならば、建物βのために法定地上権が成立するであろうか。

388条は「その建物について」地上権が設定されたものとみなすと規定している。「その建物」とは、冒頭の「その上に存する建物」すなわち法定地上権の要件を満たした当時の建物（上記の例では建物α）ということになる。では、そのように形式的に考えて、当時の建物が滅失してしまえば法定地上権の成立の余地がなくなると考えるべきであろうか。建物が滅失したことにより抵当権者に法定地上権の解放という望外の利益を与える必要性はない。他方で、新建物のために法定地上権を認めるとなると、建物の内容が異なっている場合に、旧建物での法定地上権を予測していた抵当権者に不利益を与えかねず、この点も考慮されねばならない[35]。

2-96　**(ア)　法定地上権を認める判例**　抵当権者は土地だけにあえて抵当権を設定し法定地上権を予定すべきであったので、望外の利益を与える必要はなく法定地上権の成立を認めてよいと考えられている。ただし、前の建物についての法定地上権を甘受していたので、前の建物を基準とした法定地上権の成立が認められる（大判昭10・8・10民集14巻1549頁）。土地所有者が妻に抵当地上に建物を再築させ、妻と共に建物で居住していたという特殊な事例でも、法定地上権の成立が認められている（大判昭13・5・25民集17巻1100頁）。

その後、判例は、「法定地上権の存続期間等の内容は、原則として、取壊し前の旧建物が残存する場合と同一の範囲にとどまる」が、これは「抵当権者に不測の損害を被らせないためであるから、右の抵当権者の利益を害しないと認められる特段の事情がある場合には、再築後の新建物を基準として法定地上権の内容を定めて妨げない」と変更をしている（最判昭52・10・11民集

35）　ただし、この問題は、旧借地法の堅固・非堅固により借地権の期間が異なったために生じた問題であり、借地借家法の下ではこのような区別がなくなったので、せいぜい建物の大きさから法定地上権が認められる範囲の差をめぐって問題になる程度である。例えば、それぞれ建物が存在して隣接する甲地と乙地を購入しそれぞれの土地に抵当権を設定し、その後に建物を解体して2つの土地上に1つの建物を建築した場合、2つの旧建物を基準として法定地上権が成立し、1つの新建物を基準とした法定地上権は認められず、新建物は撤去されるべきことになるのであろうか。

31巻6号785頁)。建替費用の融資であり、再築後の建物を予定している場合が、これに該当すると考えられている。しかし、次に述べるように、その場合に法定地上権を認めることには疑問がある。

2-97　**(イ) 全体価値考慮説による帰結**　後述の全体価値考慮説（☞ 2-99）をここにも応用する余地があり、そうすると実は法定地上権を認めること自体が疑問となる。地上建物の建替費用の融資の場合、確かに融資時に地上にある建物には取り壊す予定であるため抵当権を設定しないが、建て替えられた新しい建物には抵当権を設定することが合意されているはずであり、土地建物の両方に抵当権を設定する予定である。したがって、土地は法定地上権の負担のある底地価格ではなく、時価そのもので建物と共に競売できるものと予定してその担保価値を評価しているはずである。にもかかわらず建て替えられた建物に抵当権が設定されなかった場合、次の(b)の事例と何ら変わることはないはずであり、法定地上権の成立を認めてしまうと、抵当権者が害されることになる。

ただ(b)ケースと異なるのは、このケースでは、建替資金の融資であり全体価値が考慮されていたという事情が、買受人にはわからないことである。この点、本書では、一括競売を義務づけるため（☞ 2-110）、このような問題自体が生じない。更地価格の土地と建物とが競売され、もし建物に他の債権者のために抵当権が設定されていれば、建物についてはその者が優先するだけである。

2-98　◆**再築前に抵当権が実行された場合──実行時の建物の存在は必要か**
　　判例は建物が競売時に再築されていることを法定地上権成立のための当然の前提としており、通説もこれを支持しているが、学説には異論がある。反対説は、土地に抵当権を設定するにあたって建物の存在を考慮して評価したことを法定地上権が認められるための要件だとすると、競売開始までに建物が再築されていなくても、法定地上権の成立を認めても構わないというのである（我妻354頁、田中克志「法定用益権の効力とその内容」大系(1) 493頁以下）。そうすると、土地が競売された時点では建物が取り壊されて存在していなかったが、その後に元の土地建物所有者が建物を再築した場合、それは不法占有ではなく、法定地上権に基づく適法な占有ということになる。法定地上権の成立要件は、抵当権設定時に建物が存することであり、実行時においても建物が存することは必ずしも要件にはなっておらず、買受人も客観的事情から法定地上権の成立を予測できるので、肯定説に賛成すべきである。ただし、抵当権者が全体価値を考慮しており、建物にも抵当権

が設定されていた次の(b)ケースの場合——取壊し予定で建物に抵当権が設定されず、それが取り壊された(a)ケースは、抵当権者の主観にとどまるので微妙——には、法定地上権を否定すべきである。

2-99 **(b) 建物が再建された場合②——土地と建物の両方に抵当権が設定された後に、建物が再築された場合** 例えば、AがBに融資をするに際して、B所有の土地（例えば5000万円）および地上建物（例えば5000万円）に共同抵当権を設定したが、その後、Bが建物を建て替え、新建物にはAのために抵当権が設定されていないとする。法定地上権の要件としては、土地建物の一方だけに抵当権が設定されたことは必要ではなく、両者に抵当権が設定されたがいずれかだけが実行され、土地建物の所有者が別々になればよい。では、建替えがあっても法定地上権が認められるという理論を適用し、新建物のために法定地上権が成立するのであろうか。

①確かに、この場合には、土地も建物も法定地上権の要件を満たしている。そのため、土地抵当権は底地としての担保価値（例えば2000万円）、建物は建物プラス法定地上権としての価値（例えば5000万円＋3000万円）を把握していると、バラバラに考えることも可能である（合計1億円）。これを**個別価値考慮説**という。この考えでは、上記の場合には、法定地上権が成立する。

②しかし、土地と建物の両方に抵当権を設定するのは、底地としてではなく、土地と建物を両者の価格を合計した評価で一括して競売するためであり、土地について法定地上権の負担を受ける底地の価格で評価しておらず時価で評価しているのである[36]。建物5000万円＋土地5000万円（合計1億円）と評価しているのである。これを**全体価値考慮説**という（近江190頁、古積319頁など通説）。土地建物を一緒に競売する予定であり、両者を実行できなくなったのでやむをえず土地だけの抵当権を実行したのに法定地上権の成立

---

36) ＊**底地とは** 底地とは建物が建っている敷地のことではなく、利用権の制約を受け自ら利用できない土地の意味である。例えば、土地が法定地上権の拘束を受けない土地の価格で5000万円、建物が3000万円の場合、土地と建物を一緒に売却する場合にはその合計額で売却できる。更地としての評価というと建物がない場合だけと誤解されやすいので、時価といえばわかりやすいであろう。両方を担保にする場合には両方を一緒に競売できるので合計8000万円の評価がされる。建物につき法定地上権の成立を認めると、土地の価格は5000万円ではなく相当低く評価されることになり（例えば2000万円）、それが底地価格である。しかし、決して、土地を底地として評価してはいないのである。

を認めて（土地から2000万円しか回収しえない）、不利益を甘受させるのは適切ではない。判例もこの立場であり、「新建物が建築された時点での土地の抵当権者が新建物について土地の抵当権と同順位の共同抵当権の設定を受けたとき等特段の事情のない限り、新建物のために法定地上権は成立しない」と判示する（最判平9・2・14民集51巻2号375頁）。新建物に抵当権が設定されないのに法定地上権の成立を認めると、「抵当権者は、当初は土地全体の価値を把握していたのに、その担保価値が法定地上権の価額相当の価値だけ減少した土地の価値に限定されることになって、不測の損害を被る結果になり、抵当権設定当事者の合理的な意思に反する」ことが理由である。「このように解すると、建物を保護するという公益的要請に反する結果となることもあり得るが、抵当権設定当事者の合理的意思に反してまでも右公益的要請を重視すべきであるとはいえない」と付け加えている。

しかし、次の更地の事例との整合性を考えれば、この場合も一括競売によるべきであり（土地から5000万円回収できる）、土地だけの競売を認めるべきではない。

2-100 **(c) 更地であった場合**　土地に抵当権を設定した時には、建物が存在していなかった場合[37]、388条の要件を満たさず、その後に土地所有者が建物を建築しても、建物のために法定地上権は認められないことになりそうである。この場合の処理についてはどう考えるべきであろうか。

判例は、更地に抵当権が設定された場合には、388条の要件を満たさないため法定地上権を認めない（大判大4・7・1民録21輯1313頁、大判大7・12・6民録24輯2302頁）。また、土地に対する抵当権設定当時、当該建物はいまだ完成しておらず、更地としての評価に基づき抵当権を設定したことが明らかであるときは、たとえ抵当権者において建物の築造を予め承認した事実があっても、388条の適用を認めるべきではないとされている（最判昭36・2・10民集15巻2号219頁など）。学説も問題を認めつつも、解釈論としては判例に従わざるをえないという考えが有力である（我妻353頁）。全体価値考慮説を当てはめれば、建物建築資金の融資であり建築後の建物も抵当にとるつもりで土地建

---

[37] 抵当権設定当時に建物が建設中であった場合（屋根が葺かれ、壁の下地ができていた事例）について、東京高判昭47・5・24下民集23巻5〜8号268頁は法定地上権を認める。

物の価値を全体として考慮していたのであり、建築された建物に抵当権が設定されなかったならば、(b)ケースのように再築された建物に抵当権が設定されなかった事例と同じであり、法定地上権を認めないのは論理的一貫性がある。

抵当権者が建物建築を容認していたか否かという主観により法定地上権の成否が左右されるのを認めないのは、競売の法的安定ないし買受人の保護が理由といえよう。そのため、抵当権設定当時に建物の建築がすでに開始している場合には、建物が建築されることが外形上明白になっており、しかも抵当権者も建物の存在を前提として担保評価していると考えられるため、法定地上権の成立を認めてよいという考えがある（近江187頁）。

しかし、そもそも上記のように建物建築資金の融資の場合、建築される建物にも当然抵当権が設定されることが合意されており、抵当権者は全体価値を把握しようとしているはずである。建築された建物に抵当権が設定されなかった場合に、法定地上権の成立を認めることは抵当権者の合理的予期に反するのは、いずれも共通である。ところが、全体価値考慮の実現は389条の一括競売権によっても可能であり、これによれば建物をそのまま残すことができるのである。建物保護という388条の趣旨を考えるならば、389条の一括競売を間接的な義務と考えるべきである。土地と建物を一括して売却するため、土地は法定地上権の制限を受ける底地価格ではなく時価で競売でき、抵当権者に不利益はないのである。

2-101 **(2) 土地と建物が同一の所有者に帰属すること**

(a) 建物の保存登記がされていなかった場合 土地または建物ないし両者に抵当権を設定した時に、土地に建物が存在してそれが同一人（設定者）に帰属していることが必要であるが、以下には、登記をめぐって問題となる事例を検討したい。まず、土地に抵当権を設定した時に、建物が建築されていたが表示登記も所有権保存登記もされていなかった場合に、建物のために法定地上権が成立するのであろうか。

①当初の判例は、建物の建築については所有権取得を登記なくして対抗できるとして法定地上権の成立を肯定した（大判昭7・10・21民集11巻2177頁）。対抗関係を問題にしながら、新築による建物所有権の取得には177条の適用はなく、登記なくして対抗できるというのである。②その後の判例は、抵

当権者および買受人は登記欠缺を主張する正当な利益がないことを理由に、法定地上権の成立を肯定する（大判昭14・12・19民集18巻1583頁）。すなわち、「本件の場合の如く土地のみに付き抵当権を取得したる者は……該地上に建物の存在したる事実は之を了知せることを通常の事例とするが故に」、法定地上権は「当然予期すべき所にして、斯る土地を競落したるものも亦同様なり」。「土地の抵当権者又は競落人は保存登記の欠缺を主張するに付き正当の利益を有せざるものなり」、と説明する。しかし、抵当権者の合理的意思を重視する全体価値考慮説では、建物についても抵当権を設定するつもりであったのに、抵当権設定登記がされなかったならば、2-99と同様に考えるべきである――一括競売を拡大適用すべき――。

2-102 **(b) 所有権移転登記がされていなかった場合** ①借地人Aが土地所有者Bから土地を買い受けたが、その所有権移転登記をする前に、ⓐAが建物だけに抵当権を設定したり、ⓑBが土地に抵当権を設定した場合、または、②土地所有者Bが借地人Aから地上建物を取得したが所有権移転登記をする前に、ⓐBが土地だけに抵当権を設定したり、ⓑAが建物に抵当権を設定した場合に、その法律関係はどう考えるべきであろうか。

それぞれのⓑケースは、所有権を失った者による抵当権の設定であるが、AまたはBによる所有権取得が対抗できないために抵当権の設定は有効となり、①ⓑではAに買受人に対する借地権の対抗を認めればよく――混同の例外[38]――、②ⓑでは、競落人に借地権の取得を認めればよい。問題はそれぞれのⓐケースである。

判例は、②ⓐケースにつき、「建物が存立している以上これを保護することが社会経済上の要請にそうゆえんであって、もとよりこれは抵当権設定者の意思に反するものではなく、他方、土地につき抵当権を取得しようとする者は、現実に土地をみて地上建物の存在を了知しこれを前提として評価するのが通例であり、<u>競落人は抵当権者と同視すべきものであるから</u>、建物につき登記がされているか、所有者が取得登記を経由しているか否かにかかわら

---

[38] 抵当権設定時に土地建物が別々の所有に属し、かつ建物所有者が賃借権を有し借地権について対抗要件を満たしていて、土地または建物に抵当権が設定された場合には、その後に同一所有になり、第2順位の抵当権が設定されても、混同の例外として賃借権の存続を認めればよい（最判昭46・10・14民集25巻7号933頁も混同の例外を肯定する）

ず、法定地上権の成立を認めるのが法の趣旨に合致する」と、建物が未登記の場合にも言及し、法定地上権の成立を認める（最判昭48・9・18民集27巻8号1066頁）。ⓐでは大判昭14・12・19が第三者性の否定によったが、ここでも買受人を抵当権者と同視するという解決によっている。その後、①ⓐケースにつき、上記最判昭48・9・18を援用するだけで法定地上権の成立が認められている（最判昭53・9・29民集32巻6号1210頁も同様）。

結論としては、①ⓐは抵当権者が借地人のままだと思っていたとしても、建物買受人に法定地上権を取得させるのは不都合ではなく、②ⓐは抵当権者が借地のままだと思っていたならば、借地の負担を甘受していたのであり、法定地上権の負担を認めても酷ではない。そのため、結論としては不都合はないが、対抗関係の解決としては、「競落人は抵当権者と同視すべき」として第三者性を否定するしかない――判例だと、登記欠缺を主張する正当な利益がないということになる――。なお、移転登記を受けた後、抵当権の設定を受けることが合意されていた場合には、全体価値考慮説からは、抵当権設定登記がされなかったならば法定地上権を認めることは問題がある。

2-103 ◆**親子夫婦、会社と経営者の関係の場合**

土地と建物の所有者が別人であるが、親子や会社と経営者のような場合には、法定地上権を認めるべきであろうか（再築事例につき☞2-96の大判昭13・5・25）。東京高決昭31・7・13下民集7巻7号1837頁（土地が養子、建物が養母所有）、最判昭51・10・8判時834号57頁（土地は母親、建物甲は子、建物乙は夫所有）は法定地上権を否定、東京地判昭57・5・10金判667号45頁（土地が代表者、建物が法人所有）は肯定している。最判昭51・10・8は否定の理由として、「土地と建物が別個の所有者に属する場合には、たとえその間に親子・夫婦の関係があっても、土地の利用権を設定することが可能なのであるから、その間の土地利用に関する法律関係に従って競売後の土地所有者と建物所有者との間の法律関係も決せられるべきものであって、このような場合にまで地上権を設定したものとみなすべきではない」と説明する。しかし、黙示の使用貸借を認めても、賃借権とは異なり対抗要件を具備できない。これに対して、東京地判昭57・5・10が肯定する理由は、「A商事といい、Bといっても実質はBの事業体であり、本件土地建物は実質的には同一所有者に属するのと同視すべき関係にあった」、「建物の存立の基礎を確保し社会経済上の不利益を防止するという公益的理由並びに抵当権設定者及び抵当権者の土地利用権存続に関する通常の意思とに根拠をおく法定地上権制度の趣旨に鑑みれば、Yは、本件建物を競落することにより、Bに対し民法388条の法意にしたがい本件土地の利用権を取得したも

のというべき」であるという。

2-104　(c)　**第 2 順位の抵当権設定時には法定地上権の要件を満たしていた場合**
①更地の所有者 A が土地に C のために抵当権を設定した後に、建物を建築し、その後に A が土地建物に D の抵当権を設定（土地は第 2 順位の抵当権）した場合、② A の土地の上に B が建物を所有しており、A が土地に C のために抵当権を設定した後に、ⓐ B が A から土地を購入した、または、ⓑ A が建物を B から買い取り、ⓐケースでは B、ⓑケースでは A が D のために土地に抵当権（第 2 順位）を設定した場合、その後に土地抵当権が実行されたとする。C の第 1 順位の抵当権については法定地上権の要件を満たしていないが、D の第 2 順位の抵当権についてはこれを満たしている。法定地上権の成否はどう考えるべきであろうか。

さらには、②の事例も、親族間での使用貸借事例ではなく、AB 間に借地契約がある場合には、混同の例外によることとの関係が、また、土地ではなく B が建物に C のために抵当権を設定していた——借地権に抵当権の効力が及ぶ——が、ⓐケースでは B、ⓑケースでは A が建物に D のために第 2 順位の抵当権を設定した場合にも、やはり法定地上権が問題になる[39]。

2-105　**㋐　土地に抵当権が設定された場合（土地ケース）**　①判例は、土地は A、建物は A の子の B が所有し、C は土地と建物の両者に第 1 順位の抵当権を設定し、その後に A が死亡し B が土地を取得して、B が土地と建物の所有者になり、さらにその後、B は建物を取り壊し新建物を建築し、土地に別の債権者らのために第 2 順位から第 4 順位の抵当権を設定し、土地について第 1 順位の抵当権に基づいて競売がなされた事例で、建物所有者 B の法定地上権を否定した（最判平 2・1・22 民集 44 巻 1 号 314 頁）。1 番抵当権が実行される場合には、「1 番抵当権者は、法定地上権の負担のないものとして、土地の担保価値を把握するのであるから、後に土地と地上建物が同一人に帰

---

39)　後述の平成 19 年判決をここにも適用すれば、①建物に抵当権が設定された場合、C の第 1 順位の抵当権は競売時に消滅しており、D が第 1 順位の抵当権者になっているため、法定地上権の成立が認められることになる。D はいずれにせよ第 1 順位の C を基準とすると借地権を競落人が取得しうることを期待していたものである。②前者の土地に抵当権が設定された事例で、土地の抵当権実行の時に C の抵当権が消滅し、D の抵当権が第 1 順位となっていた場合にも、法定地上権を認めてよい。D は、第 1 順位の C を基準として借地権の混同の例外が適用されることを甘受していたのであり、結論として不都合はない。2-106 では、第 1 順位の抵当権が存続している場合について説明する。

属し、後順位抵当権が設定されたことによって法定地上権が成立するものとすると、1番抵当権者が把握した担保価値を損なわせることになる」ことが理由である。

②このように第1順位の抵当権者保護が理由なので、第1順位の抵当権が消滅している場合には異なる解決が可能になり、判例は法定地上権を肯定する（最判平19・7・6民集61巻5号1940頁）。甲抵当権設定時は法定地上権の要件を具備していなかったが、その後の乙抵当権設定時にはこれを具備していたという例を用いて、「乙抵当権者の抵当権設定時における認識としては、仮に、甲抵当権が存続したままの状態で目的土地が競売されたとすれば、法定地上権は成立しない……ものと予測していた」が、「甲抵当権が被担保債権の弁済、設定契約の解除等により消滅することもあることは抵当権の性質上当然のことであるから、乙抵当権者としては、そのことを予測した上、その場合における順位上昇の利益と法定地上権成立の不利益とを考慮して担保余力を把握すべきものであった」として、「乙抵当権者に不測の損害を与えるものとはいえない」という。これは、2-104の①の更地ケースにも当てはまるというべきか。

2-106　**(イ)　建物に抵当権が設定された場合（建物ケース）**　Aの土地の上にBが建物を所有しており、Bが建物にCのために抵当権を設定した後に、①BがAから土地を購入し（建物所有者土地取得ケース）、または、②AがBから建物を購入し（土地所有者建物取得ケース）、①ケースではBが、②ケースではAが、建物（および土地）に抵当権をDのために設定し、建物抵当権が実行された場合、建物競落人は建物のために法定地上権を主張できるであろうか。土地ケースと異なり設定者が法定地上権の負担を受ける事例である。

判例は、①ケースにつき、Dのために抵当権を設定した時に土地建物がB所有である以上、その設定当時土地建物が別人に帰属していたCの抵当権により競売が申し立てられたとしても、法定地上権が成立するという（大判昭14・7・26民集18巻772頁）。この場合に法定地上権を否定すると、「建物を建物として其の敷地上に存置せしめ以て之が所有者並びに国家経済上の利益を保護すると共に延て抵当権の効力を全ふせしめんとの」388条の目的を貫徹できないということを理由として述べるだけである。建物ケースでは、第1

順位の抵当権も法定地上権成立により不利益を受けないという点が、土地ケースとの大きな差である。

②ケースについての判例はない。建物に抵当権が設定された後に、土地所有者が建物を取得し、建物の抵当権実行時には土地建物が同一所有者になっていた事例で、法定地上権を否定した判例がある（最判昭44・2・14民集23巻2号357頁）。Aが土地建物の所有者になった後に建物に後順位抵当権を設定しておらず、法定地上権の要件を満たす抵当権が全くない事例である。抵当権者に不利益がなければよいというだけでなく、法定地上権の要件を満たす抵当権の存在が必要であり、また、建物に抵当権を設定したのではないAが法定地上権の拘束を受けるかが問題となるという事例の差もあるため、このような解決にならざるをえない。

2-107 **◆抵当権設定後に同一人の所有になった場合**

抵当権設定時に土地建物が同一人に帰属していることが、法定地上権の要件である。①土地に抵当権が設定された後に、土地建物が同一人に帰属するに至った場合、ⓐ借地権であれば抵当権に対抗できるが、ⓑ使用貸借では抵当権に対抗できないので、法定地上権を拡大できないかが問題になる。ⓐケースはすでにみたように、混同の例外により処理され、建物所有者は借地権を競落人に対抗できる（我妻357頁など）。ⓑケースでは、土地抵当権者は、使用貸借であり対抗を受けないと考えているので、法定地上権の成立を認めるべきではないであろう。

②建物に抵当権が設定された後に、土地建物が同一人に帰属するに至った場合、ⓐ借地権であれば抵当権の効力が借地権に及び、混同の例外により、建物競落人は借地権を取得できるが、ⓑ使用貸借では抵当権の効力は使用借権に及ぶとしても、使用貸主の同意なしに移転ができない。競落人は使用借権の取得を対抗できないはずである。抵当権者に法定地上権を取得するという望外の利益を与える必要もないので、この場合にも法定地上権の拡大を認めるべきではない。

2-108 **◆共有の場合**

土地または建物が共有の場合については、土地と建物が同一人に帰属するという要件をどう考えるべきであろうか。判例を確認するにとどめておく。抵当権を設定していない他の土地共有者の保護を考える必要がある。

①まず、土地のみが共有で持分に抵当権が設定された場合、例えば、AとBの共有の土地上にA所有の建物が存在し、Aの土地持分に抵当権が設定された場合には、Aの土地持分についての抵当権が実行され競売されても、共有土地にAの建物のために法定地上権は成立しない（最判昭29・12・23民集8巻12号2235

頁)。AはBの持分との関係では使用貸借が認められようが、買受人には対抗できない。

②次に、建物のみが共有で土地に抵当権が設定された場合、例えば、A所有の土地上にAB共有の建物が存在し、Aの土地に抵当権が設定された場合には、土地の抵当権が実行され競売されたならば、AB共有の建物のために法定地上権が成立する（最判昭46・12・21民集25巻9号1610頁）。

③さらには、土地建物共有で土地共有持分につき共同して抵当権を設定した場合、例えば、ABら3名が土地を共有し、地上建物はABを含む9名が共有していて、Aの債務を担保するため（BらはAの妻子）、ABら共有者全員が土地の共有持分に抵当権を設定し、これが実行され、Cが土地を買い受けた事例では、建物につき法定地上権の成立が否定されている（最判平6・12・20民集48巻8号1470頁）。その理由は、「共有地全体に対する地上権は共有者全員の負担となるのであるから、土地共有者の一人だけについて民法388条本文により地上権を設定したものとみなすべき事由が生じたとしても、他の共有者らが……法定地上権の発生をあらかじめ容認していたとみることができるような特段の事情がある場合でない限り、共有土地について法定地上権は成立しない」、ABらが親子であるから容認が認められるしても、「土地共有者間の人的関係のような事情は、登記簿の記載等によって客観的かつ明確に外部に公示されるものではなく、第三者にはうかがい知ることのできないものであるから、法定地上権発生の有無が、他の土地共有者らのみならず、右土地の競落人ら第三者の利害に影響するところが大きいことにかんがみれば、右のような事情の存否によって法定地上権の成否を決することは相当ではない」、「第三者、すなわち土地共有者らの持分の有する価値について利害関係を有する一般債権者や後順位抵当権者、あるいは土地の競落人等の期待や予測に反し、ひいては執行手続の法的安定を損なうものであって、許されない」ということである。

3　法定地上権の内容

2-109　　388条の要件を満たすと、「その建物について、地上権が設定されたものとみなす」という効果が認められる。いわゆる法定地上権が成立することになる。地代などの内容については、当事者で協議をして自由に定めることができるが、その協議が調わなかった場合が問題である。まず、法定地上権の存続期間であるが、法定地上権の存続期間は、当事者の協議が調わないと、建物所有のためのものであるため借地借家法が適用されることとなり、同法3条により30年となる。他方で、地代については、当事者の協議が調わない場合には、裁判所により決定してもらうしかない（388条後段）。法定地上権

成立後に、建物所有者が地代の支払をしないまま建物を法定地上権と共に譲渡しても、「前主の未払地代の支払債務については、右債務の引受けをした場合でない限り、これを当然に負担するものではな」く、地代が裁判所によっていまだ確定されていなかったとしても変わることはない（最判平3・10・1判時 1404 号 79 頁）。

4 一括競売権

2-110 **(1) 土地所有者が建築した建物――一括競売権は権利にすぎないか**

更地に抵当権が設定され、その後に設定者が建物を建築した場合に、建物には抵当権の効力は及ばず (370条)、土地だけ抵当権を実行して競売すると法定地上権の要件を満たさないので、場合によっては建物が建築されたばかりなのに建物所有者は収去を義務づけられることになる。それでは、一方で法定地上権により建物を保護しようとしている態度と足並みが揃わない。そのため、民法は、「抵当権の設定後に抵当地に建物が築造されたときは、抵当権者は、土地とともにその建物を競売することができる。ただし、その優先権は、土地の代価についてのみ行使することができる」と規定した (389条1項)。したがって、債務名義なしに、抵当権実行手続によって建物まであわせて競売できるのである。これを**一括競売**という。

通説・判例は、389条の「できる」という文言に忠実に、一括競売は権利（一括競売権）にすぎず行使するか否かは自由であると考えている。しかし、それでは建物保護という趣旨が完全には活かされない。抵当権者に何ら不利益がなく、むしろ土地建物を一括で競売しえた方が買受人が得られやすいのであり、一括競売によらずに土地抵当権の実行はできないとすべきである。例えば、土地が時価 5000 万円である場合、更地として 5000 万円で売れるだけでなく、建物があっても建物と共に販売する場合――建売住宅など――、土地＋建物の価格で販売でき、土地は時価 5000 万円で販売される。妨害目的で価値のない建物を建築した事例は別として、建物の収去を請求しなければならない土地としてよりも建物と共に競売できた方が、買い手が付く可能性はむしろ高く、抵当権者に不都合はないはずである。なお、取り壊すため老朽化した建物を土地と共に抵当権の対象としなかった事例では、そもそも 389 条の一括競売の要件を満たさない。土地と建物を別の不動産と

する立法の下でも、できる限り両者は一体と扱われるべきであり、両者に全体価値考慮により抵当権が設定されるのがあるべき姿であり、イレギュラーな事例のみに法定地上権が問題になるにすぎない。

学説には、抵当権を設定した後も自由に土地に建物を建てて利用でき、これは抵当地の利用価値を増大するものとして望ましく、一方において法が抵当地の利用を認めこれを希望しながら、抵当地の競落に際しては建物を収去し崩壊させようとするならば、それは矛盾甚だしいとするものがある（柚木・高木365頁。本書もこの立場）。また、土地は建物と共にでなければ執行の目的とはなしえず、土地のみについての競売申立ては違法として却下すべきであり、競売開始決定がされたとしても、建物所有者は執行異議の申立てができると主張する学説もある（高木215頁）。本書はこの主張に賛成である。

2-111 **(2) 土地利用権者が建築した建物**

「前項の規定は、その建物の所有者が抵当地を占有するについて抵当権者に対抗することができる権利を有する場合には、適用しない」と規定されている（389条2項）。

抵当権設定時に更地であったが、借地権登記がされていたり借地権者の建物が滅失したが借地借家法10条2項により対抗力を保持している場合、土地に抵当権が設定された後に建物が建築されても、借地権を抵当権に対抗できる。この場合には、借地権を競落人に対抗することで建物が保持できるので、一括競売手続による建物の存続を図る必要はないし、また、借地権者が建物まで競売されてしまうのは不合理である。そのため「抵当権の設定後に抵当地に建物が築造されたとき」であっても、借地権者が対抗しうる場合を除外したのである。

389条1項は土地所有者により建物が建築された場合に適用を限定していないこと、そして、同条2項の反対解釈から、抵当権設定後の抵当権に対抗しえない借地権者が建築した建物については、抵当権者の一括競売権が認められることになる。2003年（平成15年）の民法改正前は、「設定者」が建築した建物であることが要件になっていたが、この事例にも適用を拡大するために、389条1項本文を改正して「抵当権の設定後に抵当地に建物が築造されたときは」と、設定者による建設に限定しないことにしたのである。この場合、建物は債務者の財産ではないので、建物の競売代金は借地権

者に渡されることになる。

> §Ⅸ
> **抵当不動産の第三取得者の法的保護**

1　第三取得者をめぐる法律関係

2-112　例えば、AがBのために抵当権を設定した土地をCに売却したとする。この場合に、抵当権は登記があり第三者に対抗できる限り、土地の買主Cにも対抗できる。これを、所有者が変わってもその所有権の移転に抵当権が伴われるということから、**抵当権の追及力**という。そして、この抵当権の目的物——さらに広く担保の目的物（財産）——を取得する者を、**第三取得者**という[40]。

第三取得者にとって、抵当権の被担保債権の弁済がなされ抵当権が消滅すれば問題はない。また、抵当権が設定されていても、目的不動産を自由に使用収益することはできる。しかし、この場合万が一、債務者が弁済をできずに抵当権が実行されれば、せっかく取得した不動産を失うことになる。第三取得者はそのような不安定な立場にあるため、民法は、①抵当権者Bとの関係、および、②売主Aとの関係につき、第三取得者Cの保護を図る規定を置いている。

ただし、公示のない抵当権に悩まされた中世の時代とは異なり、登記制度が完備され抵当権の存在が公示されているため、抵当権付きの不動産が売却される場合には、売却代金により被担保債権の弁済をして抵当権を消滅させるのが通常であり、抵当権付きのまま抵当不動産が売買されることは考えられない。例外的に考えられるのは、被担保債権額が代金額を大きく上回っていて、代金による弁済をもってして抵当権を消滅させられないが、買主がど

---

[40]　債務者とは異なって、第三取得者は買受人となることができる（390条）。なお、抵当権が実行され、第三取得者が所有権を失った場合には、196条の区別に従い、抵当不動産に支出した費用の償還について、最優先で償還を受けられる（391条）。この償還がされずに配当がされてしまった場合には、配当を受けた抵当権者に対して、第三取得者は不当利得返還請求をすることができる（最判昭48・7・12民集27巻7号763頁）。

うしてもその不動産を取得したいという事例である。そのような事例においても抵当権者が抵当権を消滅させることに同意してくれればそれで解決され、合意が成立しない場合だけが残される。その場合には、民法の用意した抵当権消滅請求権（☞ 2-115）が使われることになる。

2　第三取得者の買主としての売買契約上の保護

2-113　第三取得者は、取得した不動産に抵当権が付いているというだけでは何ら損害を受けておらず、抵当権の実行により所有権を失って初めて売主の責任を追及できるにすぎない (567条1項)[41]。もっとも、第三取得者には抵当権消滅請求権 (379条) が認められているので、これを行使して売主に対して求償権により代金と相殺できることが好ましい。そのため、民法は、「買い受けた不動産について抵当権の登記があるときは、買主は、抵当権消滅請求の手続が終わるまで、その代金の支払を拒むことができる」ものとした (577条1項前段)[42]。「この場合において、売主は、買主に対し、遅滞なく抵当権消滅請求をすべき旨を請求することができる」(同項後段)、また、「売主は、買主に対して代金の供託を請求することができる」(578条)。

抵当権消滅請求権が行使されずに抵当権が実行された場合、第三取得者は買主として売買契約を解除することができる (567条1項)。また、損害賠償も請求できる (同条3項)。

3　抵当権者との関係における保護①——代価弁済

2-114　第三取得者は、抵当権を実行され、いつ自分の取得した不動産を失うかわからない不安定な立場に立たされるため、抵当権の被担保債務を代位弁済して債務者に対する求償権を取得した上で (567条2項)、それと代金債務とを相殺することができる。しかしこの手法は被担保債権の額が代金を上回る場合には使えない。そこで、民法は2つの制度を用意した。

まず、「抵当不動産について所有権又は地上権を買い受けた第三者[43]」が、

---

41) ただし、抵当権の従物が売却された場合には、搬出が阻止されたり、取り戻されることになる結果、買主は使用収益ができなくなるので、買主は566条を類推適用して実行前でも解除を認めるべきであろう。

42) 買主の同様の拒絶権は、「買い受けた不動産について先取特権又は質権の登記がある場合」も認められる (577条2項)。

抵当権者の請求に応じてその抵当権者にその代価を弁済したときは、抵当権は、その第三者のために消滅する」(378条)、という制度が用意されている。これを**代価弁済**という。抵当権者が第三取得者に対して、目的物の代価を自分に支払うように請求でき（物上代位との関係につき☞2-65）、第三取得者がこれに応じて抵当権者に代金を支払うと、それが被担保債権額に満たなくても抵当権が消滅する。このように、被担保債権額に満たなくても、代価弁済により抵当権が消滅するところにこの制度の利点があるが、抵当権者による請求が必要である。後順位抵当権者がいて、この者の被担保債権は代金から回収できなかったとしても、代価弁済により後順位抵当権も消滅する。後順位抵当権者は値上がりの期待を有しているといえるが、買主保護のためにやむをえないし、また、そのようなリスクを予想・計算して後順位抵当権は設定されるべきものである。

4　抵当権者との関係における保護②──抵当権消滅請求権

2-115　**(1) 当初の民法における滌除制度の導入**

　被担保債権額が抵当不動産の価格を大きく上回っている場合、第三取得者は代金額で代位弁済をして抵当権を消滅させることはできない。しかし、どうせ抵当権を実行しても全額の回収ができない抵当権者に代金を支払って抵当権を消してもらう交渉をすれば、成功する可能性は高い。抵当権者としても実行の手間が省け、代金が適正額である限り助かる。民法もそのために代価弁済という手続を用意していることは上述の通りである。

　しかし、抵当権者が値上がりを期待している場合には、現在の適正額で抵当権を消滅させる交渉に応じないことが考えられる。それでも抵当不動産を売りたいまたは取得したい場合、抵当不動産の取引を活性化するために、民法は第三取得者が一方的に抵当権を消滅させることができる手続を用意した。それが、当初は**滌除**（てきじょ）という制度であり、弊害が目立ったため緩和して現

---

43) 378条では、第三取得者だけではなく、抵当不動産について地上権を買い受けた者も代価弁済ができる。これは、地上権の設定された期間の分、設定時に一時金で設定の代金として支払うため、売買と類似するし（毎年小作料を支払う永小作権者が含まれていないのはこれが理由）、また、抵当権設定後に地上権の抵当権が実行されると地上権者はその地上権を失うため、地上権者にも代価弁済制度の利益を享受させる必要があるからである。

在では**抵当権消滅請求権**となっている。

滌除制度のメリットとして、抵当権設定者による抵当権付きの不動産の処分をしやすくなり、抵当権が設定されることにより不動産の流通が閉塞することを防止できる点が挙げられる。他方、デメリットとして、①まず、確かに現在は元本割れしているかもしれないが、将来不動産の価格が上昇すれば回収できる額が増加するはずが、第三取得者の提案する現在の価格での支払によって抵当権を消滅させるというのであるから、抵当権者の値上がりに対する期待・利益が奪われることになる。②また、改正前の滌除制度の運用状況は、不動産を低廉に取得しようとする狡猾な者かまたは抵当不動産所有者の関係者による制度の利用しかなく、不動産の流通促進という目的は達成されていなかった。そして、これらの場合、相当の価格での滌除が提案されることはなく、不適切な滌除の圧力に対して、抵当権者は増加競売という対抗措置をとらざるをえず、もし提案された額以上での競落人が出てこない場合には、抵当権者が自らその提案した金額に10分の1の増額した代金で自ら買い取らなければならないとなっていたため（旧384条）、抵当権者には重荷になっていた。滌除は抵当権者にプレッシャーをかける手段として濫用されていたのである。

2-116 **(2) 滌除制度の廃止と抵当権消滅請求権の導入**

2003年（平成15年）の民法改正により、滌除制度は廃止された。しかし、抵当不動産の流通を促進するという制度趣旨は、合理的な運用がされる限り適切なものであり、滌除に代わり**抵当権消滅請求権**という制度が創設された[44]。379条は、「抵当不動産の第三取得者は、第383条の定めるところにより、抵当権消滅請求をすることができる」と改められ、滌除の不適切な点を改善した内容の制度としている。抵当権消滅請求は停止条件付きの第三取得者には、条件の成否未定の間は認められない（381条）。385条の要件を満たした抵当権消滅請求の送付を受けた抵当権設定登記をした全ての債権者

---

44) ＊**抵当権設定者らによる担保消滅請求権** 　滌除や抵当権消滅請求権は第三取得者に抵当権を消滅させる権利を認めた制度であるが、民事再生法では、抵当権設定者らに抵当権などの担保権の消滅請求権が認められている。すなわち、当該財産が債務者の「事業の継続に欠くことのできないものであるときは」、債務者は裁判所に「当該財産の価額に相当する金銭を裁判所に納付して当該財産につき存するすべての担保権を消滅させることについての許可の申立てをすることができる」（民再148条1項）。

が、第三取得者の提供した「代価」または消滅請求「金額」を承諾し、かつ、第三取得者がその「代価」または「金額」を債権の順位に従って払い渡しまたは供託したときに、抵当権は消滅する (386条)。以下には滌除からの改善点について概説しておこう。

①改正前は、抵当権者は、第三取得者に抵当権の実行通知をし、通知後1カ月しなければ不動産競売手続の申立てができなかった。そのため、競売手続が遅延するのみならず、その間に執行妨害を招きやすいなどの不都合があった。抵当権消滅請求権では、抵当権実行通知義務を廃止し、抵当権者は被担保債権について履行遅滞があれば直ちに競売の申立てができることになった。そして、抵当権消滅請求ができる期間も、抵当権の実行としての競売による差押えの効力が生ずるまでに制限された (382条)。

②改正前は、滌除通知を受けた抵当権者は、その送達を受けてから1カ月以内に増加競売の申立てをしないと、第三取得者の滌除の申出額を承諾したものとみなされた。これに対して、改正法は、増加競売制度を廃止し、抵当権消滅請求をされたとしても、抵当権者は通常と同じ競売の申立てをして、抵当権消滅請求を拒否できることにし、また、競売申立期間も2カ月に延長している (384条)。これにより、1割増の保証金を提供する義務も、買受人がいない場合に1割増しで自ら買い取る義務もなくなった。

③また、改正前は増加競売の申立てが、抵当権者により取り下げられた場合だけでなく、却下ないし取消しがされた場合にも、増加競売の請求は効力を失い、抵当権者は申出額を承諾したものと扱われていたが (民執旧187条)、増加競売制度の廃止に伴い削除された。抵当権者が抵当権消滅請求に対抗して申し立てた競売を取り下げた場合などに限り、第三取得者の申出額を承諾したものとみなす (384条2号〜4号)。

④改正前は、抵当不動産について、所有権、地上権または永小作権を取得した第三者が滌除権者とされていたが、改正法では、抵当権消滅請求権者は抵当不動産の第三取得者に限定された (379条)。なお、主たる債務者、保証人およびこれらの承継人は第三取得者であっても抵当権消滅請求権は認められない (380条)。

§Ⅹ
抵当権の処分

1 転抵当権

2-117 (1) 転抵当権の意義

転抵当権とは、「抵当権を他の債権の担保」とすることである（376条1項）。抵当権者が自分の有する抵当権——転抵当権に対して**原抵当権**という——に、自分の債権者のためにないしは物上保証として他人の債務のために抵当権を設定でき、その抵当権を転抵当権というのである。しかし、抵当権によって担保されている債権に債権質を設定すれば、債権の従たる権利である抵当権にも効力が及ぶことになるため、特に抵当権だけを担保にする制度を認める意義はない。

例えば、Aがその所有の土地にBがAに有する5000万円の債権のために抵当権を設定し、BがCから3000万円の融資を受けるに際してCのためにこの抵当権に転抵当権を設定したとする。この抵当権が実行される場合には、Bの抵当権の被担保債権額5000万円のうち、まずCのBに対する3000万円の債権に配当され、その残りの2000万円がBに配当されることになる。

2-118 ◆転抵当権の法的性質

転抵当権の法的性質については諸説がある。具体的には、原抵当権の被担保債権の債務者に対して、転抵当権者が直接取立てをすることができるか否かという結論においての差があるだけである（①はできない、②はできる）。

①まず、抵当権の把握した担保価値を、被担保債権の範囲で担保にとるものという考えがある（**単独処分説**）。この中でも、ⓐ抵当権者がその目的不動産に自分の把握した抵当権の範囲でその担保価値に、再度抵当権を設定するという**抵当権再度設定説**（我妻390頁、鈴木271頁、川井472頁、古積327頁）、ⓑ抵当権に質権（権利質）が設定されているとする**抵当権質入説**（近藤309頁など過去の学説）とに分かれる。

②他方で、転抵当とは、抵当権者が被担保債権と抵当権とに質権を設定するものと考える**共同質入説**がある（中島1083頁、石田文・上201頁、柚木・高木294頁）。しかし、債権に質権を設定すれば、従たる権利である抵当権にも質権の効力が及び、また、債権質の対抗要件を満たすことにより、従たる権利である抵当権にも

効力が及ぶことについての対抗力を有することになるため、これを独自に転抵当権という必要があるかは疑わしい。共同質入説からは、原抵当権の設定者（原抵当権の被担保債権の債務者）への、転抵当権者の直接取立権が認められることに利点があると説明されている（石田・下巻479頁、柚木・高木294頁以下、近江212頁）。

2-119 **(2) 転抵当権の有効要件および対抗要件**

転抵当権は、原抵当権者と転抵当権者との契約で成立し、契約一般の有効要件を満たせば足り特別の有効要件はない。原抵当権の被担保債権よりも、転抵当権の被担保債権が小さいことが特別の有効要件として説明されることもあったが、転抵当権の被担保債権が上回っていても原抵当権の被担保債権の範囲でしか効力が認められないにすぎず、有効要件ではない。

転抵当権には、債権質と同様に2つの対抗関係が考えられる。①まず、原抵当権の被担保債権の債務者などへの対抗がある。転抵当権の設定により、原抵当権の被担保債権の債務者は、自己の債権者である原抵当権者に弁済をしてもそれを転抵当権者に対抗しえないため、転抵当権を原抵当権の被担保債権の債務者に対抗するための要件が問題となる。この点、債権質の設定と同様に、債権譲渡についての467条1項を準用し、債務者に転抵当権設定を通知することを必要とした（377条1項）。②次に、第三者への対抗が問題となり、転抵当権の設定を受けた者が、その後に同じ抵当権につき転抵当権の設定を受けた者に対抗するためには、登記（抵当権設定登記への付記登記）が必要である（376条2項）。

2-120 **(3) 転抵当権の効力**

原抵当権の被担保債権の範囲が、転抵当権を設定できる限度となるため、転抵当権者は原抵当権の被担保債権により限界づけられるものの、その範囲では原抵当権者に優先して債権の回収ができる。転抵当権を実行するためには、原抵当権および転抵当権の両者について実行の要件を満たすことが必要であり、両被担保債権が履行期にあることが必要である。

原抵当権が消滅すると転抵当権も消滅する関係に立つため、関係当事者には以下のような拘束がある。①まず、原抵当権者は、原抵当権を放棄したり、被担保債権の弁済を受けたり、債務免除をしたりして原抵当権を消滅させる行為をすることは許されない。②原抵当権の被担保債権の債務者は、弁済などにより原抵当権の被担保債権を消滅させることはできず、また、保証

人や物上保証人においても保証債務を履行したり代位弁済をしたりして、原抵当権を消滅させることができず、このような拘束を受けるため、2-119 ①に述べたように債務者や保証人、物上保証人などへの対抗要件も必要になるのである——通知・承諾は債務者だけでよい——。

ところで、原抵当権者も抵当権の実行ができるであろうか。判例はこれを肯定するが（大決昭7・8・29民集11巻1729頁など）、学説は多岐に分かれている。共同質入説では、原抵当権の被担保債権にも質権の効力が及ぶので、弁済を受けるだけでなく競売による強制的回収も許されない（柚木・高木298頁）。単独処分説では、原抵当権への拘束力を認め原抵当権の実行を否定する学説（川井129頁）、原則としては否定しつつ、原抵当権・転抵当権の双方について抵当権実行の要件を満たした場合に肯定する学説（我妻394頁）、さらに制限し転抵当権の被担保債権額が原抵当権のそれを下回り残余がある場合のみ肯定する学説（槙238頁）などに分かれる。

2　抵当権の譲渡・放棄および抵当権の順位の変更・譲渡・放棄

2-121 **(1)　抵当権の譲渡・放棄——無担保債権者との取引**

抵当権の譲渡・放棄は、抵当権者が、その債務者の<u>無担保の債権者</u>となす契約である（376条1項）。複数人に対して行われた場合には、その順位は抵当権の登記への付記登記の前後によることになる（同条2項）。例えば、Aがその所有の土地にBのために第1順位の抵当権を設定している例で説明しよう。

①**抵当権の譲渡**は、抵当権者Bが、抵当権を有していないAに対する別の債権者Cに対して抵当権を譲渡して、Bが無担保債権者となりその代わりにCがBの有していた抵当権を自己のAに対する債権の担保とする取引である。譲渡の効力は、Cの債権の限度でのみ効力が生じ、Bの債権がそれを上回る場合には、その残額はBがCに譲渡した抵当権から配当を受けられる。後順位の抵当権者に望外の利益を得させる必要性はないからである。

②**抵当権の放棄**は、Bが、債務者Aの無担保債権者Cに対してその第1順位の抵当権につきCの債権も担保されることを認める取引である。BCの債権額に応じてBの受けるべき配当額が按分比例で分けられることになる。相対的放棄ともいわれる。

(2) 抵当権の順位の変更・譲渡・放棄——抵当権者間の取引

2-122　①同一の不動産について設定された複数の抵当権の優先順位は設定登記の前後によるが (373条)、抵当権の順位は、抵当権者間の合意により——債務者、設定者、抵当不動産の所有者の同意は不要——これを変更することができる (374条1項本文)。ただし、抵当権の**順位の変更**については、利害関係を有する者がいる場合には、その者の承諾を得なければならず (同項ただし書)、また、順位の変更は、法律関係の明確化のために登記が成立要件となっている (同条2項)。

②抵当権の**順位の譲渡**も可能であり (376条1項)、例えば、同一の不動産につき、Aが第1順位 (3000万円の債権)、Bが第2順位 (2000万円の債権)、Cが第3順位 (2000万円の債権) の抵当権を有しているとして、AがCに対して、自分が抵当権により配当を受けられる額についてCに優先的に配当を受けさせるものである。例えば、配当が4000万円だとすると、第1順位への配当金3000万円はまずCに2000万円が配当され、残りの1000万円がAに配当され、さらに残った1000万円がBに配当されることになる。複数の者に順位の譲渡がされた場合には、抵当権の登記への付記の前後によってその順位は決められる (同条2項)。

③抵当権の**順位の放棄** (376条1項)、上記の例を用いると、AがCに順位の放棄をすると、CがAに優先するのではなく、AとCがその債権額に応じて第1順位の抵当権の配当額から配当を受けることになる。例えば、配当が4000万円であり、第1順位の抵当権の3000万円について、ACが3対2でA1800万円、C1200万円で配当を受け、残りの1000万円がBに配当されることになる。数人の者に抵当権の順位を放棄した場合には、その順位は付記登記の先後による (同条2項)。

§XI
共同抵当権

1　共同抵当権の意義

2-123　同一の債権の担保のために、複数の不動産の上に抵当権を設定する場合

に、この抵当権を**共同抵当権**という。例えば、AがBから融資を受ける際に、その所有の甲地だけでは担保として十分ではないので、別の乙地にも抵当権を設定するような場合である。民法上の抵当権は、設定行為と目的不動産の数によってその個数が定まり（我妻243頁）、同じ債権のために、1つの設定行為で設定されても、目的不動産ごとに抵当権が成立する——従物は効力が及ぶだけで、独立した抵当権は成立しない——。わが国では、土地と建物が別々の不動産とされているため、土地と建物共に抵当権が設定されるのが普通であり、この場合にも共同抵当権となる。共同抵当権の目的となる不動産の登記には、これと共同抵当関係にある不動産が存在する旨が記載され、共同目録が添付される（不登83条・84条、不登規166条～170条）。しかし、これは共同抵当関係の対抗要件ではない。

共同抵当権が設定された場合、各不動産に後順位の抵当権者がいて、しかもそれが別人である場合には、この後順位の抵当権者間の利害の調整が必要になるため（☞2-124以下）、この点について民法は規定を設けて規律をした（392条）。以下、本規定について説明をしていく。

2 抵当不動産が全て債務者所有の場合——同主共同抵当①

2-124 **(1) 共同抵当における配当**

(a) **同時配当の場合** 例えば、Aが甲地と乙地（いずれも5000万円相当）とにそれぞれ第1順位の共同抵当権を有し（被担保債権5000万円）、甲地にはBが第2順位の抵当権（被担保債権5000万円）、乙地にはCが第2順位の抵当権（被担保債権5000万円）を有しており、債務者はいずれもD、甲地乙地の所有者もDとする。**同時配当**とは、全ての共同抵当権が実行される場合であり、この場合には、「その各不動産の価額に応じて、その債権の負担を按分する」（392条1項）。これを**割付主義**という。同時配当がされる場合には、抵当権者が不動産ごとの配当割合を自由に決めることはできず、必ず不動産の価額に応じた配当が保障されることになる。共同抵当権の一部だけを実行するか、全部を実行するかは、原則として自由であるが、一部だけで完済が得られる場合には、民事執行法73条（188条による準用）の制限がある。

これにより、①後順位抵当権者間に不公平が生じるのを避けられ、また、

②設定者は残担保価値を有効に利用できることになる。甲乙両不動産が合計1億円であり、1億円の担保価値に対してAの被担保債権が5000万円なので、残余担保価値は5000万円であるのに、どちらからでも自由に全額の回収ができ、後順位抵当権者の保護がなければ、甲地も乙地もいずれも5000万円の第1順位の抵当権が設定されているので、いずれについても後順位抵当権を設定して融資をしようという者が現われない可能性がある。これでは、共同抵当権を設定した不動産の残余担保価値の利用の途を閉ざすことになる。

ところが、割付主義のおかげで、甲地が5000万円、乙地が5000万円の配当がされるとして、Aは甲地から2500万円、乙地から2500万円の計5000万円の配当を受け、BCは、Bは甲地から残額の2500万円、Cは乙地から残額の2500万円の配当をそれぞれ受けられることになる。その結果、甲乙それぞれ残余担保価値2500万円を利用する可能性が保障されるのである。なお、根抵当権については割付がされない累積式共同根抵当権が認められている（☞2-157）。

2-125 **(b) 異時配当の場合** 共同抵当権者が全ての抵当権を実行することは義務ではなく、そのうちの1つで十分であればその目的物の上の抵当権だけを実行し、割付金額ではなく債権全額の回収をすることができる。民法も「ある不動産の代価のみを配当すべきときは、抵当権者は、その代価から債権の全部の弁済を受けることができる」と、このことを確認している（392条2項前段）。このように、共同抵当権の一部だけが実行され配当がされることを、**異時配当**という。

異時配当により上記の割付主義の趣旨が没却されては元も子もない。例えば、上記の例で、Aは甲地の抵当権だけを実行し、5000万円全額の回収ができる。甲地の後順位抵当権者Bは回収0円となる。乙地のAの抵当権が消滅し、Cが第1順位に上昇し5000万円の回収ができるというのでは不合理である。それでは、Aが同時配当を選択するか、異時配当を選択するか、また、甲地乙地のどの抵当権を先に実行するかというAの恣意により、後順位抵当権の配当が左右されることになってしまう。

同時配当で割付主義を採用したのも、このような不合理を避けるためである。そのため、異時配当の場合に、民法は、「次順位の抵当権者は、その弁

済を受ける抵当権者が前項の規定に従い他の不動産の代価から弁済を受けるべき金額を限度として、その抵当権者に代位して抵当権を行使することができる」ものと規定した（392条2項後段）。Bが同時配当ならば受けられた額との差額2500万円につき、乙地のAの本来消滅すべきであった第1順位の抵当権に代位を認めたのである[45]。したがって、その後の乙地の配当は、B：2500万円、C：2500万円となり、同時配当の事例との整合性が保たれる——乙地の抵当権が先に実行されても同様——。

2-126 ◆**一部代位の場合**

もしAの債権が6000万円であれば、甲地と乙地は3000万円ずつの割付となり、Aが甲地の抵当権を実行して5000万円の配当を受けても、Aの抵当権が乙地に1000万円分残る。この場合、Aの抵当権をBが2000万円分代位取得し、1つの抵当権によりAの債権とBの債権とが担保される準共有の状態になりそうである。当初の判例は、共同抵当権者の抵当権はいまだ消滅していないとして、代位を否定したが、大連判大15・4・8民集5巻575頁は、後順位抵当権者は将来において代位し抵当権を行使しうべき地位を有するので、代位付記の仮登記ができるものとした。しかし、代位自体は認めていない。学説には、判例を支持する立場もあるが（柚木・高木381頁、高木241頁）、代位の効果を認め、仮登記ではなく代位の付記登記自体を肯定する主張がある（我妻452頁、川井147頁）。後者では、抵当権の実行をめぐって、弁済者代位における一部代位と同様の問題を生じさせる。①Bも独立して抵当権の実行ができる、②抵当権の実行は処分に当たるのでいずれも単独で実行できない、または、③Aのみが抵当権を実行できるという3つの選択肢が考えられる（本書は③を支持する）。

2-127 **(2) 共同抵当権における一部の抵当権の放棄——代位の期待の保護**

(a) 問題の提起 2-124の例で共同抵当権者Aが乙地の抵当権を放棄したとする。この場合、392条2項による代位の対象を失った甲地の後順位抵当権者Bを保護する必要があるが、それをどのような法的構成でまたどのような形で実現すべきかは、規定もなく種々の見解が主張されている。

---

[45] 392条2項による代位によって抵当権を行使する後順位抵当権者は、代位の対象である「抵当権の登記にその代位を付記することができる」（393条）。なお、例えば、AがBに対する1000万円の債権につき、甲地と乙地（それぞれ700万円相当）に共同抵当権を設定し、乙地に後順位抵当権者Cがいる場合に、Cが登記後に、BによりAに500万円の一部弁済がされた場合に、甲地乙地250万円ずつに負担割合が変更されるのではなく、当初のCの500万円ずつ（したがって、乙地の残余価値200万円）という信頼が保護されるべきであり、Aが乙地の抵当権を実行して500万円を受ければ、Cは甲地のAの抵当権につき500万円の範囲で代位できる。

乙地の抵当権が放棄により消滅すると、①Aが甲地の抵当権を実行した場合、甲地の後順位抵当権者Bは392条2項の代位ができない不利益を被る。②他方で、乙地の後順位抵当権者Cは順位が上昇する結果5000万円の回収ができる。乙地の抵当権はBにとって代位の対象になっているのであり、Aの乙地の抵当権の放棄はBに2500万円の代位ができなくなるという不利益をもたらすのである。

> ① 自分に属する権利は自由に放棄ができる
> ② 他方で、他人に不合理な不利益を与えるべきではない

　契約自由の原則からは、自分の財産をどう処理するかは原則として自由であるが、"第三者を害することはできない"はずである。①類似の事例について明文がある場合としては、ⓐ第三者にその行為の効力を対抗できないとする（398条）、ⓑ担保保存義務違反によるサンクションを与える（504条）、といった規定があり、②解釈論としては、ⓐ問題の行為を公序良俗に違反し無効とする（90条）、ⓑ有効とした上で、損害賠償義務を負わせる（709条）、といった処理が考えられる。

　②ⓐの無効という処理は、放棄したAに放棄を無効として抵当権を存続させるものであるが、後順位抵当権者Cの順位上昇の利益まで奪う必要はない。①ⓐの398条の類推適用も、Bは放棄された抵当権の存続を主張して代位できることになり、Cの順位上昇の利益を奪うことになるのは同様である。②ⓑであれば、Cの順位上昇の利益を奪うという難点を回避でき、Bの代位の期待という利益が侵害されているとして、不法行為の成立を認めることは可能である。しかし、代位により抵当権に基づいて確実に2500万円は回収できたのに、無担保の損害賠償請求権になる点にはやはり難点が残される。そうすると、最善の解決はAが放棄後に、甲地の抵当権の実行をしようとしても、Bに対して2500万円の配当を否定できず、自分は2500万円しか優先権を主張しえないという処理がされることになる①ⓑと同様の方法である。判例・学説を概説してみよう。

(b) 判例の状況

❶ **当初の判例**　当初の判例は、「1番抵当権者が右の弁済を受けざる限

りは2番抵当権者は単に代位することの希望を有するに過ぎざるものとす。然れば1番抵当権者が2番抵当権の目的不動産のみに付弁済を受くるに先立ち他の抵当不動産に付抵当権を放棄する場合は、2番抵当権者は其放棄を妨ぐべき何等の権利を有するものに非ざるなり」として、上記後順位抵当権者Bの保護を否定した（大決大6・10・22民録23輯1410頁。大判昭7・11・29民集11巻2297頁も同様）。しかし、学説の批判を受け、判例はその後変更される。

2-129　❷　**変更後の判例**　その後、大判昭11・7・14民集15巻1409頁により判例変更がされ（ただし傍論）、「這は民法第392条及び第504条の法意を類推するに依りて知るを得べし」といい、上記の例に置き換えるが、Aが「乙不動産に対する抵当権を抛棄したるときは、他日甲不動産に対する抵当権を実行し其の競売代金を配当する場合に、若し右の抛棄無かりしならば、Bが民法第392条第2項に依り乙不動産に付き代位を為すを得べかりし限度に於て、AはBに対し優先弁済を受くるを得ざるものとす」とした。最判昭44・7・3民集23巻8号1297頁は501条の代位の事例であり、傍論であるが、この結論を再確認するものの、条文の説明がなくなっている。その後、この法理は、同一の物上保証人所有の事例につき、最判平4・11・6民集46巻8号2625頁にも承継され、甲地について共同抵当権者Aが全額配当を受けた後に、後順位抵当権者Bから392条2項を根拠として不当利得返還請求がされたのを認容している。

2-130　(c)　**学説の状況**

❶　**放棄をした共同抵当権者に不利益を負担させない学説**　共同抵当権者Aに何ら不利益を与えず、放棄を受けた乙地の後順位抵当権者に放棄の利益——順位上昇の利益——を与えない解決をする学説もある。

①後順位抵当権者の同意がない限り、先順位抵当権者の抵当権放棄は無効であるという学説がある（石田・上巻324頁、香川597頁）。Aによる乙地の抵当権放棄は無効となり、Bは不利益を受けない。しかし、Aは甲乙両地から5000万円を回収でき何ら不利益を負担せず、他方で、放棄されたにもかかわらずCは順位上昇の利益を享受できないことになる。Bが保護されるのはよいが、その他の結論に疑問が残される。

②また、抵当権放棄自体は有効であるが、後順位抵当権者の承諾がない限り、後順位抵当権者には対抗できず、後順位抵当権者は392条2項の代位

ができるという学説がある（柚木・高木387頁）。Aの乙地の抵当権の放棄は有効であるが、甲地の後順位抵当権者Bの承諾がなければBには対抗できず、甲地の抵当権が実行された場合、Aは5000万円回収でき、Bは乙地のAの抵当権に代位でき、Cは順位上昇の利益を受けないことになる。①説と同様に結論の妥当性に問題がある。

❷ **放棄をした共同抵当権者に不利益を負担させる学説**　以上に対して、Bを保護しつつ、Cに順位上昇の利益を与え、Bの代位の期待を侵害した不利益をAに負担させる解決を模索する学説もある。

①まず、放棄を無効とすることはできないが、放棄を代位の期待を害する不法行為と構成し、Bは代位できた額を損害としてAに対して賠償請求することを認める学説もある[46]。Bは392条2項の代位ができないが、その不利益はAに対する損害賠償により償われることになる。乙地の後順位抵当権者Cも順位上昇の利益を受け、全額5000万円の配当を受けられる。甲地につきAは5000万円の配当を受けるが、Bにより2500万円の損害賠償の請求を受けることになる。

②しかし、多くの学説は、判例の結論を支持している（我妻455頁、山野目287頁、道垣内205頁など）。条文解釈としては、504条の類推適用という説明がされている。結論としては、放棄をしたAが不利益を受け、放棄をした乙地の後順位抵当権者Cが利益を受けることは①と同じである。責任を免れるという扱いを受けるのではないので類推適用が可能かどうかは疑問があるが、504条も究極的には信義則に反して代位の期待を害する権利行使を制限することに趣旨があるので、392条2項の代位に類推適用する基礎がないわけではないであろう（本書はこの学説を支持する）。

3　共同抵当が全部同一物上保証人所有の不動産の場合──同主共同抵当②

同一の物上保証人が共同抵当権を設定した場合には、501条の代位は問題

---

[46] 戒能通孝「判批」『判例民事法昭和7年度』633頁、高木多喜男「後順位抵当権者のための共同抵当権者の担保保存義務」金法1382号26頁（高木243頁も同様）、角紀代恵「判批」判タ823号60頁。高木243頁は、504条では故意または懈怠が要求されているのにこの場合に結果責任となるのは適切ではないとして、「後順位者の代位の期待利益を不当に奪う放棄だけを不法行為として、損害賠償義務を負わせるにとどめる」考えを支持する。

にならず、後順位抵当権者間の公平を考えるだけでよく、392条を適用してよい。後述のとおり、異主共同抵当では、共同抵当でありながら392条の適用が排除されるのは（☞2-133以下、2-139）、501条が特別規定として機能するためであり、同一の物上保証人による共同抵当では392条を原則通り適用してよい。判例も「甲不動産の所有権を失った物上保証人は、債務者に対する求償権を取得し、その範囲内で、民法500条、501条の規定に基づき、先順位の共同抵当権者が有した一切の権利を代位行使し得る立場にあるが、自己の所有する乙不動産についてみれば、右の規定による法定代位を生じる余地はなく、前記配分に従った利用を前提に後順位の抵当権を設定しているのであるから、後順位抵当権者の代位を認めても、不測の損害を受けるわけではない」として、392条2項の適用を認めている（最判平4・11・6民集46巻8号2625頁）。

共同抵当の対象である不動産の1つが第三取得者に売却された場合であっても、設定者たる債務者の地位を承継するにすぎず、依然として392条により規律されたままである。

4　債務者の所有不動産と物上保証人の所有不動産が共同抵当である場合——異主共同抵当①

(1)　問題の提起

例えば、AがBから5000万円の融資を受けるに際して、Aがその所有する甲地に抵当権を設定するのみならず、Cにも依頼してC所有の乙地にも抵当権を設定してもらい（いずれも第1順位、価格5000万円相当）、その後、Aが甲地にDのために第2順位の抵当権を設定した、または（ないしさらに）、Cが乙地にEのために第2順位の抵当権を設定したとする。この場合には、次の2つの代位が衝突する。

① 債務者Aの甲地が実行された場合の、甲地の後順位抵当権者Dの392条2項による物上保証人C所有の乙地のBの第1順位の抵当権への代位

② 物上保証人Cの乙地の抵当権が実行された場合の、物上保証人Cの501条による債権者Bの債務者A所有の甲地の抵当権への代位（それ

についてのＥの権利も問題になる）

　この２つの代位のいずれを優先すべきかが問題である。結論からいえば、物上保証人Ｃの代位を優先すべきである。というのは、ＣはＢの甲地の抵当権に代位できるため、自分の土地の抵当権が実行されてもＡへの求償は大丈夫だと思っていたのに、その後にＤが後順位抵当権を取得することによりＣのこの代位の期待を害するのは妥当ではないからである。以下に、事例を分けながら説明をしていこう。

　なお、類似の問題は共同抵当の目的不動産の１つが譲渡された場合に、第三取得者と債務者所有不動産の後順位抵当権者との関係についても問題になる。第三取得者の登場が後順位抵当権者の登場より先であれば先に成立した弁済者代位の期待の保護が必要になり、後順位抵当権者登場後の第三取得者については、後順位抵当権者の代位を優先すべきか。

2-134　**(2)　債務者所有の不動産の後順位抵当権者と物上保証人の優劣**

　(a)　異時配当の場合　①債務者Ａ所有の甲地に後順位抵当権者Ｄがいて、甲地の抵当権だけが実行された場合について、判例は、「抵当権の実行に遇い其の不動産の代価を以て代位弁済を為したる第三者の代位権は常に債務者所有の不動産に対する後順位抵当権の設定に依り不当に害せらるるに至る結果を生ず可ければなり」という理由で、Ｄによる392条2項の代位を否定している（大判昭4・1・30新聞2945号12頁）。②傍論であるが、抵当権者Ｂが物上保証人所有の乙地の抵当権を実行した場合については、「物上保証人Ｃは、民法500条により、右共同抵当権者が甲不動産に有した抵当権の全額について代位する」とし、その理由として、「物上保証人としては、他の共同抵当物件である甲不動産から自己の求償権の満足を得ることを期待していたものというべく、その後に甲不動産に第2順位の抵当権が設定されたことにより右期待を失わしめるべきではない」ことを挙げる（最判昭44・7・3民集23巻8号1297頁）。392条に対して、501条が特別規定として優先的に適用されることになる。

　学説においても、判例に賛成し、物上保証人の代位の期待を保護し弁済者代位規定を優先するのが通説である（我妻457頁、高木245頁以下など）。392条2項を適用せず、501条を適用し、Ａの甲地がＢへの債務を全面的に負担

し、最終的には物上保証人Cの乙地は負担がないことになる。これに対して、少数説として、392条2項を適用する学説もある（勝本・下528頁、香川544頁）。物上保証人といえども、共同抵当の目的物を提供した以上、その不動産の価格に比例した被担保債権の按分額だけはこれを負担することを覚悟すべきことを理由とする。しかし、物上保証人の代位の期待を優先すべきであるという説明の方がはるかに説得的であり、本書も通説・判例を支持する。

2-135　**(b) 同時配当の場合**　債務者A所有の甲地の抵当権と物上保証人C所有の乙地の抵当権が同時に実行された場合についても、異時配当の事例と同じように、通説・判例では、債務者所有の甲地が全面的に負担する結論が認められるべきである。判例は、物上保証人所有不動産に<u>後順位抵当権者がいる事例</u>における異時配当についての「理は、両不動産が同時に競売された場合についても異ならない」とする（最判昭61・4・18☞2-137）。甲乙両不動産の価格に応じてBに配当するが——乙地の後順位抵当権者Eはまずこれにより2500万円を受けられる——、Aの不動産につきCは2500万円全額を代位でき、これにつきEがあたかも物上代位するかのように権利行使でき、その結果、Eは5000万円の配当を受けられる。B：5000万円、E：5000万円の配当となり、甲地の後順位抵当権者Dは配当を一切受けられない。しかし、同時配当で代位というのは技巧的であり、501条が特別規定となって392条1項の適用を排除し、501条により負担割合が決められそれを基準にして配当すると説明すればよい（古積306頁も、まず債務者所有の不動産から満足を受けるべきであるという）。

これに対して、392条2項優先適用説（異説）として、最判昭61・4・18（☞2-137）における裁判官香川保一の反対意見は、同時配当でも「後順抵当権者の民法第392条第2項の規定による代位に劣後する」という。したがって、甲地はB：2500万円、D：2500万円、乙地はB：2500万円、E：2500万円の配当ということになる（392条1項の適用）。

2-136　**(3) 物上保証人の不動産の後順位抵当権者と物上保証人の優劣**

(a) 異時配当の場合　以下には、通説・判例である501条優先適用説の立場からのみ説明する。①まず、債務者A所有の甲地の抵当権が実行され、Bが5000万円の配当を受けた場合には、甲地の後順位抵当権者Dは、

物上保証人Ｃ所有の乙地のＢの抵当権に代位できない。乙地の上のＢの抵当権は消滅し、乙地の後順位抵当権者Ｅの抵当権が第１順位に上昇する。②他方で、物上保証人Ｃの乙地の抵当権が実行された場合には、新たな問題が登場する。

> ⓐ 物上保証人Ｃについて、<u>501 条による債務者Ａ所有の甲地のＢの抵当権への代位</u>
> ⓑ 後順位抵当権者Ｅについて、<u>392 条 2 項による債務者Ａ所有の甲地のＢの抵当権への代位</u>

　ⓐの物上保証人Ｃの代位だけでは、Ｅは無担保債権者になってしまう。後順位とはいえ、Ｃの他の債権者に優先しえたのに、Ｃが代位取得した権利の行使につき債権者平等に引き降ろされてしまう。しかし、それを避けるために、ⓑの 392 条 2 項の代位を認めるのは（異説）、①と②との事例で扱いを異にすることになり、あまりにも便宜的解決である。しかも、全額の代位は認められない。

　そのため、判例は、ⓐの物上保証人Ｃの 501 条の代位を認めつつ、「後順位抵当権者は物上保証人に移転した右抵当権から優先して弁済を受けることができる」ことを承認することで解決を図っている。すなわち、「物上保証人所有の不動産が先に競売された場合においては、<u>民法 392 条 2 項後段が後順位抵当権者の保護を図っている趣旨</u>にかんがみ、物上保証人に移転した 1 番抵当権は<u>後順位抵当権者の被担保債権を担保するものとなり</u>、後順位抵当権者は、あたかも、右 1 番抵当権の上に民法 372 条、304 条 1 項本文の規定により物上代位をするのと同様に、その順位に従い、物上保証人の取得した 1 番抵当権から優先して弁済を受けることができる」と説明する（最判昭 53・7・4 民集 32 巻 5 号 785 頁）。①消滅主義によりＥの抵当権は消滅するため、求償権——代位取得した原債権とその抵当権を行使できる——への物上代位そのものではなく、②物上保証人Ｃが代位取得した抵当権につき、後順位抵当権者Ｅが転抵当権を取得するに等しい法律関係になる。

2-137　(b) **同時配当の場合**　Ｃ所有の乙地に後順位抵当権者Ｅがいる場合、通説・判例の 501 条優先適用説では、同時配当の場合には、392 条の適用は

なく、Bにまず債務者A所有の甲地から配当がされ、それで足りない分がCの乙地から配当を受けられるにすぎない。Bにその残額分の配当をした後の配当金は後順位抵当権者Eに配当されるべきである。甲乙いずれも5000万円なので、Bは甲地の5000万円から回収し、甲地の後順位抵当権者Dは配当を受けられず、Eは乙地から5000万円全額の配当を受けられることになる。判例は、ここでの同時配当でも、異時配当の場合と同様に501条の代位を介在させて説明しようとしている（最判昭61・4・18集民147号575頁）。

2-138 **(4) 抵当権の放棄**

①抵当権者Bが物上保証人C所有の乙地の抵当権を放棄した場合につき、最判昭44・7・3民集23巻8号1297頁は、501条優先適用説の立場に立ち、「共同抵当権者は、乙不動産の抵当権を放棄した後に甲不動産の抵当権を実行したときであっても、その代価から自己の債権の全額について満足を受けることができる」として、甲地の後順位抵当権者Dの保護を否定している。今までの議論からわかるように、Dは保護されるべき利益を有しないのである。

②他方で、抵当権者Bが債務者A所有の甲地の抵当権を放棄した場合には、物上保証人が501条により弁済者代位することのできる抵当権の放棄であり、504条の担保保存義務違反により物上保証人は免責されることになる。この結果、乙地については、Eが第1順位の抵当権に順位上昇することになる。

5 異なった物上保証人の所有であった場合──異主共同抵当②

2-139　例えば、AがBから5000万円の融資を受けるに際して、Bの債権のために物上保証人C_1所有の甲地および物上保証人C_2所有の乙地不動産に共同抵当権が設定されたとする。この場合には、債務者・物上保証人間のように一方的ではなく、相互的に501条後段4号の代位が問題となる。甲地または乙地に後順位抵当権者がいる場合に、これと392条2項の代位との関係が議論されることになり、理屈は変わることはない。したがって、ここでも弁済者代位が392条2項の代位の適用、さらには同時配当の場合には同条1項の適用を排除するものと考えるべきである（道垣内308頁）。

判例も、大判昭11・12・9民集15巻2172頁により、乙地に後順位抵

権者 E がいて、B が乙地の抵当権を実行した場合、C_2 は C_1 所有の甲地の抵当権に 2500 万円につき代位できるが、これにつき E が物上代位するかのように優先行使を認めている。すなわち、「民法第 392 条第 2 項後段の規定に依りて次順位抵当権者を保護する立法の趣旨を考ふれば、右の如き場合に於ては B より C_2 に移転したる 1 番抵当権が E の債権を担保するものにして、恰も E は該抵当権の上に同法第 372 条、第 304 条第 1 項前段の規定に依る物上代位を為すと同様の結果とな」ることを認めている。債務者と物上保証人との関係の事例と同様の処理である。

なお、物上保証人のほかに保証人がいる場合には、原債権と共に保証人に対する債権者を頭割りで代位取得しこれを行使できるのは（501 条後段 5 号）、物上保証人だけということになる。

2-140 ◆**物上保証人 C_1・C_2 間に負担割合についての合意がある場合と後順位抵当権者**
上記のように、後順位抵当権者はあたかも物上代位するかのように、物上保証人の代位につき優先的権利行使ができるのであるが、それは 501 条後段 4 号により抵当不動産の価格に従うことになる。しかし、501 条後段の代位の負担割合は、あくまでも任意規定にすぎず、当事者間の特約があればそれが優先する。では、C_1・C_2 間で C_2 が全面的負担という特約をしている場合に、C_2 の不動産の後順位抵当権者 E に特約を対抗できるのであろうか。

最判昭 59・5・29 民集 38 巻 7 号 885 頁は、保証人・物上保証人間での物上保証人が全面的に負担する旨の特約を、後順位の抵当権者に対抗できるものとした。この処理は、物上保証人間における代位の特約についても当てはまるものと考えられる。ただし事例を分けて考えるべきである。後順位抵当権を E が設定した後に、E のあたかも物上代位をするという法的地位を害することはできず、C_1・C_2 間の上記特約は E に対抗できないというべきである。これに対して、先にこの特約がされていて、E が乙地に後順位抵当権を設定した場合には、特約を E に対抗できると考えるべきである。

§XII
根抵当権

1 根抵当権の意義

2-141 「抵当権は、設定行為で定めるところにより、一定の範囲に属する不特定

の債権を極度額の限度において担保するためにも設定することができる」(398条の2第1項)。このような「不特定の債権」を包括的に担保する抵当権を**根抵当権**という。「根抵当権者は、確定した元本並びに利息その他の定期金及び債務の不履行によって生じた損害の賠償の全部について、極度額を限度として、その根抵当権を行使することができる」(398条の3第1項)。

将来複数かつ多数の債権が当事者間に発生することが予定されている場合に、特定の債権を個別的に担保する抵当権しか認められないとすると、債権が発生するたびに抵当権を設定しなければならず、取引がひどく煩雑になる。包括的な抵当権が設定・公示できれば便利である。当初の民法には根抵当権規定がなかったため、1971年(昭和46年)に民法の改正により、根抵当権を認める規定が398条の後に枝番号を付して新設された。

根抵当権の法律関係は2段階の構造になっている。第三者に対する対抗力を認める必要性から(付従性を緩和して)、被担保債権なしに根抵当権の成立を認めるが、確定により通常の抵当権に変化することになる。①確定前は、確定時まで存在すれば被担保債権となるという条件付き法律関係にすぎない。②確定後は、通常の抵当権同様の権利関係になる。したがって、確定により担保される債権が特定されるまでは、債権に対する付従性・随伴性は認められず、確定前において、被担保債権が譲渡されたり免責的債務引受がされるともはや被担保債権になりえなくなる(398条の7第1項前段・2項)。また、第三者が代位弁済し被担保債権を代位取得しても、根抵当権に弁済者代位をすることはできない(同条1項後段)。確定前の免責的債務引受については当事者の合意で根抵当権を引受人が負担する債務に移すことはできず(改正同条3項)、また、債権者交替による更改も同様である(同条4項)。確定後は、特定の債権のための通常の抵当権同様に、付従性・随伴性が認められる。

2 根抵当権の設定

2-142　根抵当権も、抵当権設定者と債権者との間の設定契約により設定される。根抵当権設定契約も諾成不要式の契約であり、登記は対抗要件にすぎない。

当事者は、設定契約において、①被担保債権の範囲、②債務者、そして、③極度額を決定しなければならず(398条の2)、これらは設定登記の必要的登記事項となる。後順位抵当権の設定をしようとする債権者は、どの程度目的

不動産に担保余剰があるのかを知る必要があるため、極度額を設定しない根抵当権は認められない。なお、元本確定の原因が合意されている場合には、それを登記する必要がある。

3　根抵当権の限界づけの基準

2-143 **(1)　被担保債権の範囲**

　根抵当権を無制限に認めると、将来の債権について特定の債権者に担保価値の独占を許すことになる。確かに、約定担保においては、自由競争の下に努力をした者にその努力に報いるような利益を与えることが妥当であるが、これを無制限に認めるのは適切ではない。そのため、民法は根抵当権につき、①極度額の設定を必要とするとともに（次述）、②被担保債権の範囲を無制限に認めることはせず、一定の基準によって制限することを要求し、大きくは2つの基準を設定している。

　根抵当権の担保すべき不特定の債権の範囲は、①ⓐ「債務者との特定の継続的取引契約によって生ずるもの」、ⓑ「その他債務者との一定の種類の取引によって生ずるものに限定して、定めなければならない」（398条の2第2項）。②また、「特定の原因に基づいて債務者との間に継続して生ずる<u>債権又は手形上若しくは小切手上の請求権</u>［改正法案では、下線部は「債権、手形上若しくは小切手上の請求権又は電子記録債権（……）」］は、前項の規定にかかわらず、根抵当権の担保すべき債権とすることができる」（同条3項）。

　債務者が1人である必要はない（☞ 2-144）。また、根抵当権設定時にすでに発生している債権も被担保債権とすることができ、この場合には将来の債権ではないので上記の基準に該当しないものでも、根抵当権の被担保債権とすることができる（登記しなければ対抗できない）。この場合にも、根抵当権を設定するため付従性・随伴性は認められない。なお、根抵当権として設定し登記をしたが、特定の債権を担保するものである場合に、その効力をどう考えるべきかは問題が残される（☞ 2-145）。

2-144　**◆共用根抵当権と配当・弁済充当**

　　協調融資のように根抵当権によって担保される債権者が複数いる場合のみならず、債務者が複数人の根抵当権の設定も可能である。例えば、Aが自己の債務のみならず、関連会社Bの債務も――したがってこの点では物上保証人になる――

担保する根抵当権の設定をすることも可能である。これを**共用根抵当権**という。この場合に、確定後、根抵当権の実行による配当金が債務全額を満足させるに足りない場合に、配当また債権への弁済充当はどうなされるべきであろうか。

この点につき、最判平9・1・20民集51巻1号1頁は、「配当金を各債務者に対する債権を担保するための部分に被担保債権額に応じて案分」すべきであり、その理由として「債務者複数の根抵当権は、各債務者に対する債権を担保するための部分から成るものであるが、右各部分は同順位にあると解されるから、配当金を各債務者についての被担保債権額に応じて右各部分に案分するべきであ」り、「債権者の選択により右各部分への案分額が決められるものと解する余地はな」いという。次に、債権への弁済充当については、「右案分額を民法489条ないし491条の規定に従って各債務者に対する被担保債権に充当すべきである」とし、「同一の債務者に対する被担保債権相互間においては、法定充当の規定により右案分額を充当することが合理的であるからである」と説明する。いずれも適切な解決である。

2-145 **◆特定債権のための根抵当権の効力**

特定債権の担保のためなのに根抵当権設定契約をしその旨の登記をした場合の効力については、①普通抵当権としての効力を認める考え、および、②根抵当権として成立するが、新たな債権がさらに発生することはありえないので、設定登記と同時に確定するという考えとがある。利息が2年分という制限を回避することが、特定債権でありながらも根抵当権とした意図であり、①では制限を受け、②では制限を受けないことになる。根抵当権として公示がされ、極度額までは第三者は覚悟しているので、②の考えが妥当であろう。ただ、そうすると、特定債権の担保でも根抵当権とすれば、2年分という制限が潜脱されるかのようであるが、これはそもそも利息について公示がないために設けられた制限にすぎないので不合理ではない。

最高裁判例はないが、盛岡地判平元・9・28判タ714号184頁は、「本件根抵当権設定契約は、前記2口の債権のみを担保する目的でなされたものということになるから、根抵当権設定契約ではなく、通常の抵当権の設定契約と解するほかない」と、①を採用する。その上で、登記の効力については、「右根抵当権登記は実体的な法律関係に符合しない登記であって右登記どおりの効力を認めることはできない」とし、その理由として「通常の抵当権と根抵当権では、……種々の点でその法律効果が異なっており、本件のように通常の抵当権について根抵当権設定登記をした場合、あるいはその逆の場合いずれにおいても、その登記は実体関係とは大きく異なる内容が公示されることとなるのであるから、一方の登記をもって他方の登記に流用することは許されない」と述べている。

2-146 **(a) 債務者との取引上の債権** まず、「債務者との特定の継続的取引契約

によって生ずるものその他債務者との一定の種類の取引によって生ずるもの」(398条の2第2項)を、根抵当権の「担保すべき不特定の債権」とすることができる。ここに規定されているのは特定の債務者（設定者に限らない）との取引により生ずる債権であり、2つが示されている。①まず、「債務者との特定の継続的取引契約」によって生ずる不特定の債権を根抵当権の被担保債権とすることが可能であり、例えば、継続的に商品を供給するという基本契約に基づいて、将来この基本契約に基づき個々の売買契約が締結され、代金債権がその度に発生するが、この代金債権を根抵当権の被担保債権とすることができる。その他、当座貸越契約や継続的手形割引契約など、一定の種類の取引から生じる債権を包括的に担保することもできる。②このような継続的取引契約がない事例でも、「債務者との一定の種類の取引」によって生ずる不特定の債権を根抵当権の被担保債権とすることもできる。例えば、銀行取引といった形で、取引の種類を抽象的に限定する方法であり、基本契約の締結はないが、繰り返して取引がされることが予定される場合に利用できる。

2-147　**(b)　債務者との取引によらない債権**　根抵当権は、債務者との取引によらずに生ずる不特定の債権についても設定できる。すなわち、①「特定の原因に基づいて債務者との間に継続して生ずる債権」、②「手形上若しくは小切手上の請求権」についても根抵当権の設定が可能とされている（398条の2第3項）。①は、例えば近隣の工場から発生する騒音による損害賠償請求権を担保するような場合である。②は、債務者が振り出したり、裏書きしたり、保証したりした手形・小切手を、債権者が取得した場合は、債権者と債務者との取引によるものではないため、第2項の債務者との取引による場合には含まれないが、このいわゆる回り手形・小切手を包括的に根抵当権の被担保債権とすることを別に規定したのである。②の「債務者との取引によらないで取得する手形上又は小切手上の請求権［改正法案では「電子記録債権」が追加される］」については、ⓐ債務者の支払の停止、ⓑ債務者についての破産手続開始、再生手続開始、更生手続開始または特別清算開始の申立て、または、ⓒ抵当不動産に対する競売の申立てまたは滞納処分による差押えのいずれかがあった場合には、「その前に取得したものについてのみ、その根抵当権を行使することができる。ただし、その後に取得したものであっても、

その事由を知らないで取得したものについては、これを行使することを妨げない」(398条の3第2項)。

2-148 **(2) 極度額**

　担保される債権の限度額の定めをしない包括根抵当権は認められない。包括根抵当権では、第三者の残担保価値の計算可能性を奪うことになるからである。民法は、根抵当権を「極度額の限度において担保する」ものとし(398条の2第1項)、一定の限度額——これを**極度額**という——例えば5000万円に至るまでを担保するという合意をすることを要求した（共同抵当につき☞ 2-156以下)。

　極度額については、元本のみを制限する元本極度額による立法も考えられるが、民法は、元本のみならず利息、遅延利息も含めて債権全体についての極度額、いわゆる**債権極度額**とした(398条の3第1項)。その極度額までは認容しているのであるから、利息や遅延利息について2年という制限は及ばない。

　確定した債権が7000万円であり極度額を超えていても、5000万円までが被担保債権にすぎず、7000万円の債権のために5000万円の不動産に普通抵当権が設定された場合とは異なる（この場合には7000万円全額が被担保債権となる）。そのため、判例は、「根抵当権についての極度額の定めは、単に後順位担保権者など第三者に対する右優先弁済権の制約たるにとどまらず、さらに進んで、根抵当権者が根抵当権の目的物件について有する換価権能の限度としての意味を有するものであって、その結果、根抵当権者は、後順位担保権者など配当をうけることのできる第三者がなく、競売代金に余剰が生じた場合でも、極度額を越える部分について、当該競売手続においてはその交付をうけることができない」とする(最判昭48・10・4判時723号42頁)。不動産が7000万円で競売された場合に、確定した債権が7000万円あっても、根抵当権者は5000万円の極度額の限度で配当を受け、債務名義によらない抵当権による競売手続では残りの2000万円の配当を受けることはできず、これは債務者（抵当不動産の所有者）に交付されることになる。

2-149 **(3) 確定期日**

　設定契約で定められた債権が発生する可能性がある限り、永遠に根抵当権が存続するのは好ましくない。そのため、民法は、①一方で、5年を限度と

して、確定期日を合意また変更することを認めると共に（398条の6第1項・3項）、②合意で確定期日を定めなかった場合には、設定者は設定から3年を経過した時点で確定請求ができるものとした（398条の19第1項）。確定について詳しくは、2-158以下に説明する。

4 根抵当権の変更

2-150 **(1) 当事者の合意による変更**

(a) 被担保債権の範囲および債務者の変更 ①元本の確定までは、当事者は根抵当権の被担保債権の範囲を変更することができる（398条の4第1項前段）。例えば、A取引からB取引に被担保債権の範囲が変更された場合、B取引に属する債権は、変更前の債権であっても担保されるが、A取引の債権は変更後のもののみならず、変更前にすでに発生していた債権についても担保されなくなる。

根抵当権の設定された不動産が第三者に譲渡されている場合には、債務者が他人の不動産についての権利関係を変更することはできないので、現在の所有者である第三取得者の承諾が必要になる。もっとも、根抵当権では極度額という枠が設定されているため、後順位抵当権者の承諾は不要である（398条の4第2項）。被担保債権の範囲の変更は、確定前に登記をしないと変更がなかったものとみなされることになっており（同条3項）、登記は対抗要件ではなく、効力発生要件とされている。

②また、元本の確定前であれば、債務者を変更することもできる（同条1項後段）。債務者をAからBに変更する場合、A所有の不動産に根抵当権が設定されていれば、Aは物上保証人になる。変更の要件・効果については、①と同じである。第三者の承諾を必要とせず、登記は効力発生要件であり、また、新債務者に対する債権は変更前のものも担保されるが、旧債務者に対する債権は変更前にすでに発生していたものも担保されない。

2-151 **(b) 極度額の変更** 極度額の変更は第三者の利害に大きく関わるものであるため、利害関係を有する第三者の承諾が必要になる（398条の5）。この場合の変更登記の効力は規定されていないが、効力発生要件として考えられている。

①まず、極度額を増額する場合には、後順位抵当権者に不利益をもたらす

ため、その承諾が必要である。後順位抵当権者が複数いる場合には、その全員の承諾を得ることが効力発生のための要件であり、一部の者から承諾を得てその者には対抗できるといった複雑な法律関係は認められない。②次に、極度額を減額する場合には、後順位抵当権者の承諾は不要であるが、減額によって不利益を受ける根抵当権の転抵当権者がいれば、その承諾が必要になる。

2-152　**(c) 確定期日の変更**　確定期日を延長したり、短縮したり、廃止することもでき (398条の6第1項)、これにつき、後順位抵当権者等第三者の承諾は不要である (同条2項)。新しい確定期日は、変更から5年以内でなければならない (同条3項)。確定期日の変更の登記をしないまま、変更前の確定期日が到来してしまうと、根抵当権は確定することになる (同条4項)。

2-153　**(2) 相続・合併による当事者の変更**

①相続については、ⓐ根抵当権者について相続があった場合には、相続人と根抵当権設定者との合意がなされる限り、ⓑ債務者側に相続があった場合には、根抵当権者と相続人との合意がされる限り、いずれについても合意から6カ月以内に登記がされるならば、根抵当権は確定することなく相続人に承継される (398条の8第1項・2項・4項)。後順位抵当権者の同意は不要である (同条3項)。このような合意がされない場合、または、合意から6カ月以内に登記がされなかった場合には、相続開始時に根抵当権は確定したものと扱われる (同条4項)。

②次に、会社の合併の場合には、合併後の法人が取引を承継するのが普通であるため、根抵当権者、債務者いずれに合併があっても根抵当権をめぐる法律関係は合併後の法人に承継されることを原則とした (398条の9第1項・2項)。しかし、債務者が実質的に変更されるのであるし、第三者が合併後の取引に拘束されるのは酷であるため、物上保証人や第三取得者については債務者の合併に際して根抵当権の確定請求ができるものとした (同条3項本文)。確定請求がされた場合、合併時に確定したものと扱われる (同条4項)。この確定請求は、請求権者が合併の事実を知った時から2週間以内、かつ、合併から1カ月以内にしなければならない (同条5項)。

5 根抵当権の処分

(1) 転抵当

2-154　元本の確定前は、抵当権の譲渡・放棄、抵当権の順位の譲渡・放棄は根抵当権については認められないが、根抵当権についても転抵当権の設定はできる（398条の11第1項）。根抵当権の転抵当の場合には、377条2項の適用が排除され（同条2項）、確定前においては、根抵当権の債務者は債権者（根抵当権者）に弁済を有効にすることができる。

(2) 根抵当権の譲渡

2-155　根抵当権をその被担保債権から切り離して譲渡することができ（398条の12）、3つの種類が考えられる。いずれについても、根抵当権の譲渡のためには、設定者の承諾が必要であり、登記が対抗要件である。

　①1つ目は、例えば、AのBに対する債権の担保のための根抵当権を、Aが全てCに譲渡し、CのBに対する債権を担保する根抵当権とすることができる（同条1項）。これを**全部譲渡**という。この場合、被担保債権の範囲の変更を同時に行うことになる。AのBに対する債権をCのDに対する債権へ変更することもでき、この場合には債務者の変更もあわせて行う必要がある。

　②2つ目は、例えば、極度額5億円の根抵当権をAがBに対して有している場合に、この根抵当権を2つに分割して、Aが3億円の極度額の根抵当権を保持し、残りの2億円の極度額の根抵当権をAがCに対して譲渡し、CのBに対する2億円を極度額とする根抵当権とすることもできる。これを**分割譲渡**という。これにより、AのBに対する極度額3億円の根抵当権とCのBに対する極度額2億円の根抵当権の2つに分かれることになる。もしAの根抵当権にDのために転抵当権が設定されていた場合には、分割譲渡の結果Cが取得した根抵当権についてはDの転抵当権は消滅するため、転抵当権者Dの承諾を要する（同条3項）。

　③3つ目は、例えば、AのBに対する根抵当権を、分割せずAがCにその全体の持分を譲渡し、CのBに対する債権の担保のためにCも根抵当権を取得し、AとCとが1つの根抵当権を準共有する状態にすることもできる（398条の13）。これを**一部譲渡**という。根抵当権が準共有される場合に

は、債権額に応じて弁済を受けることになるが、ACが確定前に弁済割合を予め決定したり、共有者間で優先順位を決めた場合には、それに従う（398条の14第1項）。また、「抵当権の順位の譲渡又は放棄を受けた根抵当権者が、その根抵当権の譲渡又は一部譲渡をしたときは、譲受人は、その順位の譲渡又は放棄の利益を受ける」（398条の15）。

6 共同根抵当権

2-156 **(1) 非累積式共同根抵当権（純粋共同根抵当権）**

同一の根抵当権が複数の不動産を対象として設定される共同根抵当権の場合、民法は、「第392条及び第393条の規定は、根抵当権については、その設定と同時に同一の債権の担保として数個の不動産につき根抵当権が設定された旨の登記をした場合に限り、適用する」と規定し（398条の16）、①「同一の債権の担保として数個の不動産につき根抵当権が設定」され、かつ、②設定と同時にその旨の登記をした場合に限り抵当不動産による同一被担保債権の割付を認めることにした。極度額を超える被担保債権がある場合には、極度額しか配当を受けられず、不動産の価格により割り付けられることになる。例えば、甲地と乙地に共同根抵当権を設定し極度額を5000万円と合意した場合、甲地と乙地から合計5000万円の配当を受けられるにすぎず、割付主義が適用になる。

共同根抵当の場合には、根抵当権の被担保債権の範囲、債務者ないし極度額の変更、根抵当権の全部または一部譲渡は、全ての不動産にその登記をしなければその効力が生じない（398条の17第1項）。また、元本の確定については、不動産の1つについて確定事由が生じれば、全部について確定の効果を生じることになる（同条2項）。

2-157 **(2) 累積式共同根抵当権**

根抵当権の共同抵当権は、「数個の不動産につき根抵当権を有する者は、第398条の16の場合を除き、各不動産の代価について、各極度額に至るまで優先権を行使することができる」のが原則である（398条の18）。これを**累積式共同根抵当**という。したがって、(1)の登記がされていない限り、例えば、極度額5000万円として甲乙2つの土地に根抵当権を設定した場合、累積式共同根抵当では、甲乙からそれぞれ5000万円合計1億円の配当を受け

られる。ただし、被担保債権が極度額合計に達しない場合、上記の例で例えば確定した被担保債権が 5000 万円の場合には、392 条の類推適用を認めるべきかは議論がある。

①異時配当の場合には、根抵当権者は任意に不動産を選択して極度額に至るまで全額の配当を受けられ、その後、他の不動産について根抵当権を実行しても、残りの被担保債権が極度に達しない場合には、後順位抵当権者間に不公平を生じるが、後順位抵当権者は初めから極度額を覚悟していたのでやむをえない（我妻 533 頁、新注民(9) 721 頁 [高木多喜男]）。②他方で、同時配当の場合には、392 条 1 項を類推適用すべきであると考えられている（我妻 533 頁以下、新注民(9) 722 頁 [高木]）。

7　根抵当権の確定

2-158 **(1)　根抵当権の確定の意義**

根抵当権は、将来発生する不特定多数の債権を担保するものであるが、いつまでもそのような関係が続くというのは、債務者そして債務者の他の債権者にとって好ましくない。そこで、民法は、①一定の事由の発生により当然に（398 条の 20 等）、または、②債務者の確定請求（398 条の 21）により、担保される債権を確定し、それ以後の債権は担保されなくなり、特定の債権を担保する普通の抵当権と同じ状態になることを認めた。これを、**根抵当権の確定**という。被担保債権が確定されるだけであり、その債権についての利息や遅延利息などについては、その後の債権であっても極度額まで 2 年分という制限を受けることなく担保される。したがって、確定とはいっても「元本」の確定である。

そのため、根抵当権者は、極度額に余裕がある場合には、債権者が根抵当権を実行せず利息を膨らませてから実行をすることができてしまう。そのため、「元本の確定後においては、根抵当権設定者は、その根抵当権の極度額を、現に存する債務の額と以後 2 年間に生ずべき利息その他の定期金及び債務の不履行による損害賠償の額とを加えた額に減額することを請求することができる」ものとされた（398 条の 21 第 1 項）。非累積式共同根抵当権では、1 つの不動産について極度額減額請求がされると、すべての不動産について極度額減額の効果が発生する（同条 2 項）。

(2) 確定事由

2-159　398条の20に確定事由がまとめて規定されているが、その他にも確定事由が散在している。確定事由は以下のようにまとめることができる。

①まず、被担保債権が発生しなくなった場合、例えば、被担保債権の発生原因である取引関係が終了した場合、新たな債権が発生しなくなるので、根抵当権は確定される。②また、根抵当権の目的たる不動産の上の抵当権が実行されるとなると、配当を受ける債権を特定する必要があるので、根抵当権を確定させる必要がある。民法は、根抵当権者が抵当不動産について競売もしくは収益執行などの申立てをしたとき（実際に差押えや収益執行手続の開始が必要）、根抵当権者が抵当不動産について滞納処分による差押えをしたとき、抵当不動産に競売手続の開始ないし滞納処分による差押えがあったことを知った時から2週間を経過したとき、また、債務者または抵当権設定者が破産手続開始の決定を受けたときを規定する（398条の20第1項1号〜4号）。

③確定期日が合意されていれば確定期日の到来により確定する（398条の6参照）。確定期日が定まっていない場合には、設定から3年が経過すれば<u>設定者に確定請求権が認められ、確定請求により確定することになる</u>（398条の19第1項）。④2003年（平成15年）の改正により、根抵当権者による確定請求も可能となり、これは根抵当権設定から3年の経過は必要ではなく、いつでも行うことができる（同条2項）。⑤また、当事者は確定の合意ができる。

8　根抵当権消滅請求権

2-160　「元本の確定後において現に存する債務の額が根抵当権の極度額を超えるとき」、債務者は不可分性により債務全額を弁済しなければ確定した抵当権を消滅させることができないが、「他人の債務を担保するためその根抵当権を設定した者又は抵当不動産について所有権、地上権、永小作権若しくは第三者に対抗することができる賃借権を取得した第三者」は、「その極度額に相当する金額を払い渡し又は供託して、その根抵当権の消滅請求をすることができる」（398条の22第1項前段）。この場合、「その払渡し又は供託は、弁済の効力を有する」（同項後段）。物上保証人らはその極度額のみを覚悟したにすぎないので、民法は、上記規定により極度額の支払で根抵当権を消滅させる

ことができるものとしたのである。主債務者と保証人には根抵当権消滅請求権は認められない（同条3項・380条）。また、根抵当不動産の停止条件付き第三取得者は、その停止条件の成否が未定である間は、根抵当権消滅請求をすることができない（同条3項・381条）。

　非累積式共同根抵当の場合には、1つの不動産について根抵当権消滅請求があれば、他の不動産の根抵当権も消滅することになる（398条の22第2項）。

§XIII 抵当権の消滅時効および抵当不動産の取得時効

2-161　抵当権が、混同、放棄——順位の放棄と区別し絶対的放棄といわれる。実際には抵当権設定契約の合意解除により行われる——といった物権共通の消滅原因により消滅することは当然であり、また、被担保債権が弁済により消滅すれば付従性により抵当権も消滅し、さらには、抵当権特有の消滅原因として、代価弁済と抵当権消滅請求権がある（☞2-114以下）。ここでは、「抵当権の消滅」と題して民法が規定している396条から398条の規定について説明をしたい。

1　396条と397条の確認

2-162　**(1)　条文の規定および問題の提起**
　民法は、「抵当権の消滅」と表題を付した節において、時効に関連して次の2つの規定を置いている。同様の規定は、特別法上の抵当権にも規定されている（自動車抵当法18条・19条等）。

> ①「抵当権は、債務者及び抵当権設定者に対しては、その担保する債権と同時でなければ、時効によって消滅しない」（396条）
> ②「債務者又は抵当権設定者でない者が抵当不動産について取得時効に必要な要件を具備する占有をしたときは、抵当権は、これによって消滅する」（397条）

①まず、抵当権も167条（改正法案166条）2項により20年で消滅時効にかかるが、被担保債権の消滅時効が完成していないのに、従たる権利にすぎない抵当権だけ消滅時効により消滅してしまうのは適切ではない。そのため、396条が債務者および物上保証人につき167条2項の適用を制限する特別規定であることについては、異論がない[47]。では、無制限に反対解釈をして、抵当不動産の第三取得者のみならず後順位抵当権者にまで、167条2項が原則通り適用になるのであろうか。

第三取得者については後述するとして、後順位抵当権者については、被担保債権の消滅時効についても援用権を認めないのが判例であり、抵当権の消滅時効についても同様にそもそも援用権を否定するべきである。

②また、取得時効は原始取得なので、抵当不動産を時効取得すると、抵当権は消滅するはずである。397条はそのことを規定し、396条と同様に債務者と設定者については時効取得しても、抵当権の消滅を認めない例外を規定しているものと考えるべきであろうか。

2-163 **(2) 問題となる事例の整理**

第三取得者について、抵当権の消滅時効または抵当不動産の取得時効による抵当権の消滅が問題となる事例は次のように整理できる。

①抵当不動産について越境して占有することにより取得時効が問題になる場合に（越境型）、抵当権が消滅することの民法上の条文根拠また要件をどう考えるか。397条によるか、それとも取得時効の勿論解釈によるか、という問題である。越境事例以外にも、不動産が被相続人名義になっていて、相続人が所有の意思を持って占有を開始した場合にも問題になる。

②抵当不動産の無効な取引により占有を取得し、取得時効が問題になる場合に（無効または無権代理取引型）、抵当権が消滅すると考えるべきか、その場合の根拠条文はどう考えるべきか。この場合には、抵当権付きの不動産として買い取り抵当権を容認して占有を開始したのに、取得時効を理由とすると抵当権の負担を免れてよいのか、という疑問がある。

③自己物の取得時効を認める判例によるならば、抵当権付きで不動産を有

---

[47] なお、判例は396条の趣旨から、債務者についての時効中断の効果が物上保証人にも及ぶことを認めている（☞総則9-117）。

効に譲り受けたが、移転登記をしていなかった場合に（有効取引型）、抵当権を消滅させるために取得時効の主張を認めるべきか、抵当権を容認していたといえるから、②と同様の疑問を生じる。所有権移転登記をしている場合には、取得時効の援用を認めるべきではなく、抵当権の消滅時効の援用のみを認めるべきである。この場合、第三取得者による抵当権の消滅時効の援用を認めるとしても、396条の反対解釈により167条2項の適用によるか、それとも、397条によるべきかが議論されている。前者では、時効期間の起算点は166条により抵当権が実行できるようになった時であるのに対して、後者では、起算点は第三取得者の占有開始時となる——弁済期より前になることも後になることもある——。

【事案の分類・整理】
① 越境型
　ⓐ 抵当不動産を占有開始　取得時効すれば抵当権は消滅
　ⓑ 占有開始後に抵当権設定
　　㋐ 時効完成前　取得時効を対抗でき抵当権は消滅。
　　㋑ 時効完成後　取得時効を対抗できず、抵当権の負担を受ける。
② 無効または無権代理取引型
　ⓐ 抵当不動産を買い取って占有　取得時効できるが、抵当権を容認しているので、抵当権の消滅を主張できるか。
　ⓑ 移転登記もなくその後に譲渡人が抵当権設定
　　㋐ 時効完成前　取得時効を対抗でき抵当権は消滅。
　　㋑ 時効完成後　取得時効を対抗できず、抵当権の負担を受ける。
③ 有効取得型（自己物の取得時効）
　ⓐ 抵当不動産を有効に買い取る　移転登記をせずに——移転登記までしているのに取得時効を認める必要はない——取得時効を援用して、抵当権を消せるのか。②ⓐ同様に抵当権を容認している。
　ⓑ 所有権移転登記をしない間に譲渡人が抵当権を設定　移転登記をせずに取得時効を援用して、抵当権を消せるのか。
　　㋐ 時効完成前　取得時効を対抗でき抵当権は消滅。
　　㋑ 時効完成後　取得時効を対抗できず、抵当権の負担を受ける。

2　396条と397条の関係

(1)　通説・判例（別制度説＝396条消滅時効・397条取得時効）

2-164
通説的見解（川井415頁など）は、下記のように396条を抵当権の消滅時効の規定、397条を抵当不動産の取得時効による抵当権の反射的消滅についての規定と理解している。

> ① 抵当権の消滅時効
>   →396条（債務者および設定者につき167条2項の消滅時効否定）
> ② 抵当不動産の取得時効の反射としての抵当権の消滅
>   →397条（債務者および設定者についての抵当権消滅否定）

規定を待つまでもなく取得時効は原始取得なので抵当権は消滅するはずであり、397条を置いた意味は、「債務者又は抵当権設定者でない者」については、取得時効による抵当権の消滅を認めないことにある。

2-165
(a)　396条の理解——債務者および設定者への抵当権の消滅時効の否定
通説は、167条2項により抵当権も消滅時効にかかるのが原則であり、396条は、債務者ないし設定者について例外を認める規定であり、反対解釈により「債務者及び抵当権設定者」以外については、167条2項が適用され抵当権が被担保債権と離れて消滅時効にかかるものと理解している（我妻422頁、柚木・高木420頁以下）。166条1項の原則通り「権利を行使することができる時から」すなわち弁済期から抵当権の消滅時効が起算されることになる。判例も、傍論として、第三取得者のみならず後順位抵当権者との関係において、396条の反対解釈によって、167条2項の適用により抵当権が消滅時効にかかることを認めている（大判昭15・11・26民集19巻2100頁）。しかし、被担保債権も時効にかかっていた事例であり、当時は第三取得者に援用権が認められていなかったために396条によった事例であり、現在での先例価値としては疑問が残る。

2-166
(b)　397条の理解——債務者および設定者への抵当不動産の時効取得についての制限　通説・判例は、「取得時効に必要な要件を具備する占有をした」という要件を持ち出していることから、397条は、①抵当不動産が時効

取得された場合に、抵当権の付いた所有権が反射的に消滅することを原則として認めて、②ただし、397条はその例外として、債務者ないし設定者が時効取得しても抵当権消滅の効果は認めないという制限をした──396条が167条2項を制限したように──規定と考えている（我妻423頁）。しかし、起草者である梅博士は、397条は抵当権の消滅時効の規定と説明しているが、民法施行後の通説・判例は上記のように考え、中島1192頁は、梅博士の説明を引用して、「誤解して消滅時効と混同するものあり」と、「誤解」とまで言い放っている。なお、学説には、取引に基づく場合には抵当権を容認していたか否かを問わず、397条の適用をおよそ一般的に排除する考えもある。

　そして、時効と登記の問題として、①時効取得完成前の抵当権には取得時効による抵当権の消滅を登記なくして対抗できるが、②時効完成後の抵当権に対しては登記なくして対抗できず、抵当権の負担の付いた所有権を時効取得することになる。ただし、①の事例でも、時効取得者が抵当不動産を当初から抵当権を容認して占有開始した場合には、抵当権の負担の付いた所有権を時効取得できるにすぎない。

2-167 **(2)　少数説（396条・397条抵当権消滅時効説）**

　少数説は、396条も397条も抵当権の消滅時効についての特則と考え、①396条は、抵当権についての167条2項の適用を債務者および設定者につき否定する規定であり、他方、②397条は、抵当不動産の第三取得者につき（2-163の表の③の有効取得型）、抵当権の権利行使可能時ではなく第三取得者の占有開始時から起算する特殊な抵当権の消滅時効（ないし消滅原因）を規定したものと考える。第三取得者は、被担保債権の時効中断（更新）により時効が完成せず167条2項の適用がなくても、397条により抵当権の消滅を主張できることになる。

　越境型（誤認相続型も含めて）、移転登記のある無効または無権代理取引型の場合、また、移転登記がされていない有効取得型も取得時効の主張が認められるが、抵当権を容認していれば抵当権付きの所有権の取得時効のみが認められ、そうでない場合に取得時効により抵当権を消滅させることができ、それは取得時効の勿論解釈であり397条によるものではない。本書はこの立場を支持する。

§XIII　抵当権の消滅時効および抵当不動産の取得時効

> ① 抵当権の消滅時効①
> 　→396条（債務者と物上保証人について167条2項の適用を否定）
> ② 抵当権の消滅時効②
> 　→397条（第三取得者についての要件についての特則）
> ② 抵当不動産の取得時効による抵当権の消滅→162条1項の当然の効果

3　各論的考察

(1)　抵当権設定後の占有者

(a)　**抵当不動産の有効取得者（2-163の表の③）**

(ア)　**登記を取得した場合**　抵当権の設定されている不動産を取得した第三取得者については、①少数説では、397条により占有開始時から20年の抵当権の消滅時効（消滅原因）が適用される——弁済期19年後でも占有から10年または20年——。②これに対して、通説・判例では、396条の反対解釈として、167条2項により抵当権の行使ができる時から20年で消滅時効にかかることになる。

判例（大判昭15・8・12民集19巻1338頁）は、「抵当不動産を買受け其の所有者と為りたる第三取得者に対しては、其の買受け当時抵当権の設定ある不動産なることを知れりや否やを問わず、第397条の規定を適用すべき限に在らず」と、397条の適用を否定する。この場合、大判昭15・11・26民集19巻2100頁は、第三取得者に396条の適用を否定し20年の抵当権の消滅時効を肯定する。通説も有効な第三取得者を物上保証人と同様に考えて397条の適用を否定している（我妻423、川井416頁、近江258頁、船越265頁）。

(イ)　**登記を取得していない有効取得者**　抵当不動産を譲り受けた者が移転登記を受けずに占有している場合には、取得時効を主張することができ、所有者に対して時効を理由に所有権移転登記を求めることができる。譲受人が目的不動産に抵当権が設定されていることを承知で取得したにもかかわらず、取得時効を援用して抵当権の負担のない所有権を取得することが認められるのであろうか。抵当権を容認して占有している場合には、抵当権付きの所有権しか取得しえないと考えられているので、通説・判例でも抵当権付き

の取得時効しかできないことになる。ただし、その場合でも、通説・判例では 396 条の反対解釈により抵当権の消滅時効を援用することができる。

2-170　**(b)　本来の取得時効が問題となる場合**　抵当不動産を譲り受けたが、その契約が他人物売買や無権代理であり所有権を取得しえない場合、譲受人は取得時効により所有権の取得を主張できる。譲渡が有効であったならば抵当権の負担の付いた所有権を取得していたはずなのに、取得時効により抵当権の消滅を主張できるのであろうか。抵当不動産を取引によらずに悪意または善意で占有し、これを取得時効する越境型や誤認相続型の場合も問題になる。誤認相続型は抵当権付きの不動産を取得したと考えているので無効取引型に準じるが、越境型については別の扱いが検討されるべきである。

2-171　**(ア)　無効な取引に基づく第三取得者（2-163 の表の②）**　通説・判例は、抵当不動産の取得時効につき 397 条を適用するため、抵当権が消滅するかのようである。判例は、「民法第 397 条は債務者又は抵当権設定者に非ざる者が、抵当不動産に付<u>何等抵当権の如き物上負担なきものとして之れを占有し</u>、取得時効に必要なる条件を具備せる占有を継続したる場合に、抵当権は時効に因り消滅することを規定したるものと解せざる可からず」という（大判昭 13・2・12 判決全集 5 輯 6 号 8 頁）。抵当権を容認して占有していた場合には抵当権は消滅しないことになる。その理由について、「抵当権設定し、ある不動産を占有する右の第三者に於て<u>抵当権の存在を承認して之れを占有するときは</u>、其占有が如何に継続するも此者に対し抵当権を消滅せしめて之を保護すべき何等の理由存せざるを以てなり」という。

397 条につき善意か否かは所有権について問題とされ、「占有の目的物件に対し抵当権が設定されていること、さらには、その設定登記も経由されていることを知り、または、不注意により知らなかったような場合でも、ここにいう善意・無過失の占有というを妨げない」（最判昭 43・12・24 民集 22 巻 13 号 3366 頁［397 条の事例ではない］）。

397 条の適用を取引に基づかない場合に限定する学説（次述）では、無効な取引に基づく第三取得者についても 397 条の適用が否定されることになる。取得時効があっても抵当権が消滅するのは、次の境界線を越境して占有するような事例に限定される（古積・換価権 325 頁等）。

2-172　**(イ)　取引に基づかない単純不法占有者（2-163 の表の①）**　397 条の適用

を、取引に基づかない占有者による抵当不動産の取得時効に限定する学説もある（我妻 423 頁、鈴木 235 頁、安永 329 頁）。越境して他人の土地部分を占有しこれを取得時効する場合には、他人の土地についてさらには抵当権について悪意でも、抵当権を容認して取引したわけではないので、397 条の保護が可能になる。この立場では、397 条はこのようなごく例外的な場合——境界紛争型——にしか適用にならない規定ということになるが、第三取得者については何度もいうように、396 条の反対解釈により 167 条 2 項による抵当権の消滅時効が認められるので、不都合はない。

2-173 **(2) 占有開始後の抵当権設定事例**

(a) 有効な未登記譲受人（2-163 の表の③）　まず、有効に譲り受けた不動産を占有しているが、移転登記を受けていなかったために、その移転登記を受ける前に、不動産について譲渡人が抵当権を設定してしまった場合、譲受人と抵当権者は対抗関係（177 条）となる。抵当権者が先に登記したならば、譲受人は抵当権の負担の付いた不動産を取得できるにすぎない。この場合に、売主に対して売買契約に基づく移転登記——これをすると対抗関係により抵当権の負担は免れない——ではなく取得時効に基づく移転登記を請求して、抵当権を消滅させることができるのであろうか。抵当権を消すためだけの取得時効の主張が許されるのであろうか。

自己物の取得時効を認める限り、これは肯定せざるをえない。しかし、常に取得時効が優先的に保護されるわけではなく、取得時効と第三者の議論が適用になり、①時効完成前の抵当権設定であれば、取得時効により抵当権の消滅を主張できることになるが、②時効完成後の抵当権設定では抵当権の負担を免れないことになる[48]。ただ、後者の事例においても、時効取得者は債

---

[48] 抵当権設定後の取得時効が所有権ではなく、不動産賃借権の場合については、最判平 23・1・21 判時 2105 号 9 頁が「抵当権の目的不動産につき賃借権を有する者は、当該抵当権の設定登記に先立って対抗要件を具備しなければ、当該抵当権を消滅させる競売や公売により目的不動産を買い受けた者に対し、賃借権を対抗することができないのが原則である。このことは、抵当権の設定登記後にその目的不動産について賃借権を時効により取得した者があったとしても、異なるところはないというべきである。したがって、不動産につき賃借権を有する者がその対抗要件を具備しない間に、当該不動産に抵当権が設定されてその旨の登記がされた場合、上記の者は、上記登記後、賃借権の時効取得に必要とされる期間、当該不動産を継続的に用益したとしても、競売又は公売により当該不動産を買受けた者に対し、賃借権を時効により取得したと主張して、これを対抗することはできないことは明らかである」と判示した。

務者でも抵当権設定者でもないので、通説・判例では396条の抵当権の消滅時効を援用することができる（少数説では397条）。

2-174 ◆**時効完成後の抵当権者と再度の取得時効の認否**
　時効完成後に抵当権設定登記がされたが、それからさらに取得時効に必要な期間占有を継続した場合につき、①占有者が初めて取得時効を主張する場合と、②すでに取得時効を援用し抵当権付きで所有権移転登記を受けていた場合とにつき、判決の年月日は逆になるが、判例により異なった解決がされている。
　①の事例につき、最判平24・3・16民集66巻5号2321頁は、「不動産の取得時効の完成後、所有権移転登記がされることのないまま、第三者が原所有者から抵当権の設定を受けて抵当権設定登記を了した場合において、上記不動産の時効取得者である占有者が、その後引き続き時効取得に必要な期間占有を継続したときは、上記占有者が上記抵当権の存在を容認していたなど抵当権の消滅を妨げる特段の事情がない限り、上記占有者は、上記不動産を時効取得し、その結果、上記抵当権は消滅する」とした（事例への当てはめも肯定）。
　②の事例につき、最判平15・10・31判時1846号7頁は、「Xは、……時効の援用により、占有開始時の昭和37年2月17日にさかのぼって本件土地を原始取得し、その旨の登記を有している。Xは、上記時効の援用により確定的に本件土地の所有権を取得したのであるから、このような場合に、起算点を後の時点にずらせて、再度、取得時効の完成を主張し、これを援用することはできないものというべきである。そうすると、Xは、上記時効の完成後に設定された本件抵当権を譲り受けたYに対し、本件抵当権の設定登記の抹消登記手続を請求することはできない」とした。①についての判例と結論に差が出たのは、再度の取得時効また自己の物の取得時効を認める判例の立場と整合的に考えれば、抵当権を容認して占有していたという点に求められることになる。

2-175 **(b) 無効譲受人または越境占有者（2-163の表の①および②）**　不動産を無効な売買契約に基づいて占有しているなど取得時効が問題になる事例において、占有開始後に所有者が目的不動産に抵当権を設定した場合、ここでは占有者の所有権の取得時効を問題にするしかない。越境型で占有後に抵当権が設定された場合も同様である。この場合にも、時効完成前の抵当権設定か、時効完成後の抵当権設定かが区別されることになる。そして、時効完成後の抵当権設定であっても、時効取得者は債務者または抵当権設定者ではないため、通説・判例では396条、本書の立場では397条が適用になること、2-173の事例と同様である。
　判例は、時効完成前の抵当権者につき、取得時効により抵当権が消滅する

ことを、「民法第397条の場合に於ては取得時効の完成に因り抵当権が消滅するものなれば、<u>抵当権者は所有者と同様に時効の当事者なり</u>と解すべく、同法第177条に所謂第三者に該当すべきものにあらず。従て右時効に因る所有権の取得は登記なくして抵当権者に対抗し得るものと解するを相当とす」と、397条によって説明し時効完成前の抵当権者には登記なくして対抗することを認める（大判大9・7・16民録26輯1108頁）。

4　抵当権の目的である地上権・永小作権の放棄

2-176　地上権または永小作権に抵当権を設定できるが（369条2項）、その場合には、「地上権又は永小作権を抵当権の目的とした地上権者又は永小作人は、その権利を放棄しても、これをもって抵当権者に対抗することができない」（398条）。例えば、AのBに対する債権の担保のためにBがCの土地に有する地上権たる借地権に抵当権を設定した場合、Bは自分の権利を放棄するのは自由であるが、地上権がなくなるとその上の抵当権まで消滅してしまうため、抵当権まで不利益を受けることになる。そのため、地上権の放棄は自由であるが（設定者との関係では有効）、抵当権者の承諾を得ていない限り、抵当権者に対抗できないものと扱ったのである。

この規定の趣旨は、自分の権利であっても他人の利益がそれにかかっている場合には、その権利を放棄してもその第三者には対抗できないというように一般化ができ、ここに規定されたケースに限定されるものではない。そのため、この規定はその趣旨が妥当するそれ以外のケースにも類推適用することができる（異論なし）。例えば、借地上の建物に抵当権を設定すると、その従たる権利である借地権にも抵当権の効力が及ぶが、その場合に建物に抵当権を設定した建物所有者が借地権を放棄しても、抵当権者には対抗できないとされている（大判大11・11・24民集1巻738頁）。また、放棄ではなく、地主と借地契約の合意解除をした場合も同様である[49]。

2-177　◆借地上の建物の抵当権と債務不履行解除

例えば、A所有の土地に借地権を持つBが地上に建物を建築し、C銀行から融

---

[49]　建物を土地所有者が買い取った場合、合意解除ないし借地権の放棄を抵当権者に対抗できないので、借地権の混同による消滅が問題になり、混同の例外として借地権は存続することになる。

資を受ける際にその建物にCのために抵当権を設定したとしよう。この場合、抵当権の効力は従たる権利である借地権にも及ぶため、Bが借地権を放棄しても上記のように398条により、抵当権者には対抗することはできない。しかし、賃貸借における転貸人と同様に、Bの放棄や合意解除は対抗できなくても、Bの債務不履行を理由としてAが解除をする場合には、Cにも対抗できることになる（Cは借地権が消滅するので、借地権のない建物の抵当権になり、意味がなくなる）。このような事態を避けるため、抵当権者C銀行としては、賃料の振込先をC銀行の口座に指定し、遅滞がないかどうか管理する方法がとられるが、そのような確認をする事務も煩雑である。そのため、建物を抵当にとる際に、抵当権者Cは債務者Bに、土地所有者AからBに賃料不払がある場合には自分に通知をしてくれるように同意をもらってくるよう要求することが多い。この通知により、Cとしては第三者弁済をして借地の抵当権が消えてしまうのを回避できるのである。

　ところが、問題が生じるのは、Aがこの約束した通知をCにすることなく、Bに対して債務不履行を理由に賃貸借契約を解除した場合である。この通知は、Cが借地権の抵当権を失い建物抵当権が無価値になるという損失を避けるためのものであり、代理受領のようにCに対する債務（また不法行為法の義務）にすぎないので、あくまでも解除は有効であり、Cが受けた損害の賠償をAに請求できるだけである。

§XIV 抵当権の実行

2-178 　抵当権者が、抵当不動産より優先弁済を受ける方法としては、抵当不動産を競売して、その代金から配当を受ける方法のほか、2003年（平成15年）の民事執行法の改正により抵当不動産についての**収益執行**という方法が導入された。抵当不動産の価格が被担保債権額に満たない場合には、競売を避けて収益執行をすることが適切であり、また、逆に被担保債権額が抵当不動産の価格により十分回収できる場合にも、収益執行により利ざやを稼ぎつつ債権を回収する方法を選ぶことも考えられる。いずれにしても、抵当権者はどちらの方法も自由に選択することができる。

2-179 ◆**一般債権者としての競売権**

　抵当権者は、債務名義を有する場合には、抵当権を実行せず、債権者として債

務者の抵当不動産以外の一般財産から債権の回収ができるであろうか。これを禁止する理由もないので、可能と考えられている。しかし、抵当権による優先的な回収の可能性を留保したまま、一般債権者と平等に残余財産から債権回収ができ、その後に債務者が危機的状態になってから抵当権を実行するというのは、一般債権者との関係で不公平感を拭えない。そのため、民法は、「抵当権者は、抵当不動産の代価から弁済を受けない債権の部分についてのみ、他の財産から弁済を受けることができる」（394条1項）、「前項の規定は、抵当不動産の代価に先立って他の財産の代価を配当すべき場合には、適用しない。この場合において、他の各債権者は、抵当権者に同項の規定による弁済を受けさせるため、抵当権者に配当すべき金額の供託を請求することができる」（同条2項）、と規定した。この規定は、一般債権者を保護する規定であり、債務者は394条2項の異議を述べることはできない（大判大15・10・26民集5巻741頁）。

1 抵当不動産の競売

2-180 **（1） 競売開始決定の要件・申立て**

抵当権者が優先弁済権を実現して債権回収を図る方法として、民事執行法に基づく競売がある。債権者として行う債務者の責任財産への競売である**強制競売**と区別して、担保権の実行としての競売を**任意競売**という。その手続については、いくつか民法にも規定が置かれているが、詳しくは民事執行法の講義に譲り、ここでは概説にとどめておく。

まず、抵当権を実行するためには、次の3つの実体法上の要件が満たされることが必要である。

> ① 被担保債権の存在
> ② 抵当権の存在
> ③ 弁済期の到来

執行裁判所は、これらの要件については実質審査をせずに、形式的に申立文書だけで判断し開始決定をした上で、設定者に執行異議によって争わせることになる（民執181条〜183条）。

抵当権の実行は、抵当不動産の所在地を所管する地方裁判所（**執行裁判所**という）への申立てによって行われる。申立てには、抵当権の存在を証する文書（**開始文書**という）が提出されなければならない。強制競売における場

合とは異なり債務名義（民執145条）は不要であるが、抵当権の存在を証する文書としては次の3つが列挙されている（民執181条1項）。抵当権設定登記があれば③の登記事項証明書の提出によることになる。

> ① 担保権（抵当権）の存在を証する確定判決もしくは家事審判、またはこれらと同一の効力を有するものの謄本
> ② 担保権（抵当権）の存在を証する公証人が作成した公正証書の謄本
> ③ 担保権（抵当権）の登記がされている登記事項証明書

2-181　**◆他の債権者による競売手続の開始**
　　一般債権者が強制競売手続を開始したり、他の担保権者が担保権実行としての競売手続を開始している場合でも、抵当権者は重ねて競売手続を申し立てることができる（民執47条・188条）。しかし、すでに開始した競売手続内で、その順位に応じて配当を受けるだけである（民執87条1項1号）。ただし、抵当権者は、競売をあえて申し立てる必要はない。というのは、抵当権は競売により全て消滅する消滅主義が採用されているため、当然にその順位に応じて配当を受けられるからである（同項4号）。

2-182　**(2) 競売開始決定の方法**
　　執行裁判所は、申立てを受理したならば、抵当不動産について競売開始の決定をし、これを差し押さえる旨を宣言しなければならない。この開始決定は、債務者ないし所有者に送達され、書記官により差押えの登記が登記所に嘱託されることになる。抵当不動産についてすでに収益執行がされている場合には、収益執行の申立人および管理人に対して、競売申立ての開始決定がされたことを通知しなければならない（民執規24条・173条1項）。
　　差押えにより、所有者は抵当不動産の処分が禁止される（民執46条1項・188条）。この差押えの効力は、競売開始決定が債務者に送達された時、または、差押登記のいずれか早い時に生じる（民執46条1項ただし書・188条）。開始決定に対しては、債務者または抵当不動産の所有者は、抵当権の不存在または消滅などを理由に執行異議を申し立てることができる（民執11条・182条）。

2-183　**(3) 競売手続**
　　①差押えの効力が生じたら、書記官は、配当要求の終期を決定し、これを公告し、公告と共に、差押えの登記前に登記された仮差押債権者、売却によ

り消滅する先取特権を有する債権者および租税その他の公課を所管する官庁または公署に対して、債権の存否ならびにその額を、配当要求の終期までに届け出るべき旨を催告しなければならない（民執49条2項・188条）。

②執行裁判所は、執行官に、不動産の形状、占有関係、その他の現況についての調査（**現況調査**という）を命じなければならない（民執57条1項・188条）。そして、執行裁判所は、現況調査や評価人の評価に基づいて、不動産の売却額の基準となるべき「売却基準価額」を決定しなければならない。従前は、買受希望者は、この書面だけで中身の不動産を見ることなく競落をせざるをえなかったが、現在では、「内覧制度」が導入され、買受希望者が抵当不動産の現物を競落前に確認することができるようになった。

不動産の売却方法は、入札、せり売りのいずれかによるが、買受けの申出には、裁判所の定める額・方法による保証を提供しなければならない（民執66条・188条）。執行裁判所は、売却決定期日を開き、売却の許可または不許可を言い渡す。最も高い価額を付けた者が最高価買受申出人となり、この者に不動産を売却するかは裁判所が決定する（民執69条・188条）。そして、売却許可決定が確定すると、買受人は、一定期限内に代金を納付しなければならない（民執78条・188条）。買受人は、代金の納付によって不動産の所有権を取得し（民執79条・188条）[50]、書記官は所有権移転登記、売却により消滅した権利の登記の抹消を嘱託する[51]。

2-184　◆**購入希望者のための三種の神器（3点セット）**

　買受希望者は、裁判所競売係の閲覧室で「物件ファイル」を自由に閲覧でき

---

50) ＊**抵当権がないのに競売がされた場合**　民事執行法には、「担保不動産競売における代金の納付による買受人の不動産の取得は、担保権の不存在又は消滅により妨げられない」と規定されている（民執184条）。例えば、東京高判平25・5・22判時2201号54頁は、抵当権設定が公序良俗に違反し無効な事例に民執184条を適用している。最判平5・12・17民集47巻10号5508頁は、「実体法の見地からは本来認めることのできない当該不動産所有者の所有権の喪失を肯定するには、その者が当該不動産競売手続上当事者として扱われ、同法181条ないし183条の手続にのっとって自己の権利を確保する機会を与えられていたことが不可欠の前提をなすものといわなければならない。これを要するに、民事執行法184条を適用するためには、競売不動産の所有者が不動産競売手続上当事者として扱われたことを要し、所有者がたまたま不動産競売手続が開始されたことを知り、その停止申立て等の措置を講ずることができたというだけでは足りない」という。なお、被担保債権まで存在しない場合には、民執184条は適用されるべきではない。

51)　占有屋による妨害は論外であるが、債務者が破産してほかに行き先がないと、どうしても立退きが滞ることになり、このことは買受希望者の競落意欲を減少させることになる。また、苛酷執行からの債務者の保護も考慮する必要があり、執行機関と住居福祉関係の行政機関との連携等が要請されている。

（現在では、インターネットでの閲覧も可能）。そこでは、①「物件明細書」、②「現況調査報告書」、および、③「評価書」が閲覧できる。これらは三種の神器ないし3点セットと俗称される。物件明細書は、現段階における裁判所の売却条件についての判断を示したものであり、競落人がそのまま引き継がなければならない賃借権などの権利があるかどうか、土地か建物だけを買い受けたときに建物のために法定地上権が成立するかどうかなどについての裁判所の判断が記載されている。現況調査報告書は、執行官が物件の現況を調査した報告書であり、不動産の状況のほか、占有者の氏名や占有権原等が記載され、物件の写真も添付されている。評価書は、裁判所の選任する評価人が、物件の価額を算定したものであり、物件の価額のほか、周囲の環境の概要、行政上の規制等が記載され、周辺の地図や物件の図面も添付されている。この評価額は、購入希望者の競争によって適正な価額となることを予定して設定されているため、通常の取引価額より低廉になっており、裁判所はこの評価額に基づいて売却基準価額を決定することになる。

2-185 **(4) 配当手続**

執行裁判所は、納付された売却代金で債権および執行費用の全部を弁済できる場合には、売却代金の交付計算書を作成して、債権者に弁済金を交付し、残りを債務者に交付する（民執84条2項・188条）。売却代金が債権全額に足りない場合には、執行裁判所は配当表を作成し、配当表に基づいて配当を実施しなければならない。債務者または配当表に記載された額に不服がある債権者は、配当期日において、配当異議の申出をすることができる（民執89条1項・188条）。配当異議の申出をした債権者ないし債務者が、配当期日から1週間以内に「配当異議の訴え」を提起しなければ、配当異議の申出は取り下げられたものとみなされる（民執90条・188条）。執行裁判所は、配当異議の申出のない部分に限り、配当を実施しなければならない。

2-186 **◆抵当権実行費用**

売却代金は、抵当権の順位により配当され、残余があれば一般債権者に債権者平等の原則に従い配当される。この際、抵当権実行のための費用（執行費用）も売却代金から配当されるが（民執42条・194条・85条6項・188条）、「共益の費用」であり、最優先で配当がなされることになる。例えば、第2順位の抵当権者が抵当権を実行し、その申立てのための費用を負担した場合に、第1順位の抵当権者への配当がされるよりも最優先で、執行費用が第2順位の抵当権者に配当されることになる。担保不動産の収益執行では、管理人に報酬その他の費用を支払わなければならないが、配当に充てる金額からまずこれを控除し、残額が配当に供さ

れる（民執106条1項）。

2　担保不動産収益執行

2-187　2003年（平成15年）の民事執行法の改正により、担保不動産の**収益執行制度**が創設された。これは、それまですでに一般債権者の債務名義に基づいた強制執行制度として不動産執行制度として認められていたものを、抵当権また先取特権に拡大したものである。執行裁判所が管理人を選任し、抵当不動産である、例えば果樹園を管理させ、その収益（果実の販売代金）を抵当権者に配当するという執行方法である。採石権の抵当権では、管理人に採石をさせることができる。

収益執行は、天然果実だけでなく管理人に賃貸をさせるないし賃貸ビルならば所有者による賃貸を排して管理人に賃貸させる（賃貸借は継続）ことにより、賃料収入を得ることも可能である。不動産収益執行として賃貸がなされた場合、不動産の賃料債権は所有者に帰属し（そうすると賃貸人は所有者）、管理人は「その権利を行使する権限」を取得するにとどまる[52]（最判平21・7・3民集63巻6号1047頁）。天然果実についても所有者に帰属し、管理人はそれを販売する権限を有するだけである。詳しい内容は、民事執行法の講義に譲る。

収益執行制度が導入されても物上代位は排除されず、抵当不動産が賃貸物件である場合には、債務者にそのまま管理させ賃料への物上代位により債権回収をすることも可能である（管理の報酬や費用を差し引かれることはない）。このことを前提として、物上代位手続が先行していても、収益執行手続が開始すると、物上代位の差押えの効力は停止することが規定されている（民執93条の4・188条）。この結果、両者は選択的関係ではあるが、収益執行が優先することになる。

---

[52]　本判決は、相殺についても「担保不動産の賃借人は、抵当権に基づく担保不動産収益執行の開始決定の効力が生じた後においても、抵当権設定登記の前に取得した賃貸人に対する債権を自働債権とし、賃料債権を受働債権とする相殺をもって管理人に対抗することができるというべきである」と注目される判示をしている。

3 抵当権の私的実行

2-188 **(1) 抵当直流**

質権では事前の流質契約は禁止されているが (349条)、民法は、抵当権について、質権総論の351条を準用しつつ349条はあえて準用から除外しており (372条)、また、抵当権については同様の規定を置いていない。そのため、債務の弁済がない場合に抵当不動産を債権者が取得できるないし債権者が任意に処分して債権を回収することを約束することは有効である（これを**抵当直流**という）。そもそも起草者は、流担保を有効とする考えであったが、議会審議において流質特約の禁止が導入されたのであり、抵当権については例外が規定されなかった以上、有効と考えるのが当然といえる[53]。

学説上も、流質禁止についてさえ合理性に乏しいのであり、個々的に暴利行為を無効とすればよいといわれていた (我妻298頁、米倉・担保法206頁以下)。しかし、抵当直流の方法として、代物弁済予約がされ仮登記がされている場合には、仮登記担保法が制定されているため、①抵当権と別の仮登記担保権の合意そしてその実行と考えるべきか、それとも、②抵当権が設定されている場合にはその実行方法についての合意にすぎないと考えるべきか疑問になる。後者と考えてよいが、物件価格が被担保債権額を超える場合には清算義務を認めるべきであり、実行のための手続要件など仮登記担保法の類推適用は認められてよい (中井美雄「抵当権の優先弁済権をめぐる実体法上の問題点」大系(1) 270頁参照)。

2-189 **(2) 任意売却**

抵当権を実行して競売するためには、時間と費用がかかり、また、市場価格よりも安くしか売れないという難点がある。そのため、実際上は、競売手続によらずに、設定者に任意に抵当物件を売却させ、その代金から支払を受けて抵当権を消滅させることがなされる。このような、抵当権の正式な実行

---

[53] 判例も抵当直流を有効としている (大判明41・3・20民録14輯313頁など)。禁止の明文がないことが理由とされているが (抵当直流を禁止する立法として、ドイツ民法1149条、スイス民法816条2項)、その後には契約自由を根拠にする判決も出ている (大判大4・9・15刑録21輯1311頁)。また、動産抵当権についても、判例も農業用動産抵当物件についての任意売却の特約を有効とし、90条に違反するものではないとしている (最判昭37・1・18民集16巻1号36頁)。

によらずに、抵当権者と債務者（所有者）とが合意をして、債務者が任意に抵当不動産を売却しつつ、抵当権を消滅させることを**任意売却**という。抵当権者としては、まず第1には任意売却を考えることになる。任意売却の競売に対する利点・欠点としては以下のような指摘がなされている（上野隆司監修『任意売却の法律と実務』34頁以下参照）。

① 任意売却の利点
　ⓐ 抵当権者からみた利点　㋐売却価格が競売よりも高額になること[54]、および、㋑売却に競売ほど手間と時間がかからないこと
　ⓑ 債務者（所有者）からみた利点　㋐自ら納得して売却できること、および、㋑対外的に内密に行えること
　ⓒ 買受人からみた利点　㋐買受人は確実な明渡しを期待できること、および、㋑迅速な買受けができること
② 任意売却の欠点
　㋐ 所有者、抵当権者等利害関係人の全ての同意が不可欠[55]であること
　㋑ 後順位抵当権者がいる場合には売却代金の配当について、かなり調整努力をしたり、公正、衡平さが保たれないことがあること
　㋒ 不正が行われることがあること
　㋓ 売却までの期間が変遷することがあること

4　倒産手続における抵当権の処遇

2-190　担保は債務者が支払をできなくなった場合のためのものであるから、債務者が倒産しても抵当権の権利は確保されるべきである。①破産手続では、抵

---

54) 住宅を例にとると、競売では不動産業者が再販目的で競売物件を落札するケースが多いのに対して、個人への販売価格よりも中間差益が出るように安く買い取ることになる。これに対して、任意売却は通常の不動産物件として、個人が住宅ローンを組んで購入することが多いため、競売よりも高値で売れる可能性が高いためである。
55) フランスでは2006年（平成18年）の担保法改正と共に不動産執行手続（民法に規定されている）の改正が図られ、任意売却の促進が図られている。日本においても、2006年に、自民党の司法制度調査会が、競売前に民間主導で「任意売却」手続についての特別立法をし、同意がなくても全ての抵当権を消滅させることのできる制度としようとしている。現在でも、不動産の任意売却専門業者が数多く存在している。

当権者には別除権が認められ（破産2条9項）、破産手続によらずに抵当権を実行して債権の回収を行うことができる。②民事再生手続においても同様に、抵当権者には別除権が認められている（民再53条1項）。③会社更生手続においては、抵当権の被担保債権は更生手続開始時の目的物の価額の限度で担保されるにすぎず、管財人は、その価額に相当する金銭を裁判所に納付して抵当権の消滅を請求できる（会更2条10項・104条1項）。

§XV 特別法上の抵当権

1 工場抵当権

2-191 **(1) 工場抵当の効力の及ぶ目的物**

　工場抵当法は、1905年（明治38年）に鉄道抵当法および鉱業抵当法と同時に制定されたものであり、工場財団抵当制度を導入し（☞2-195）、財団を構成しない場合についても「工場抵当」制度を創設し、抵当権の効力が及ぶ目的物について特別規定を置き、また、その公示方法についての特別規定を置いている。まず、次のような規定が置かれている。

　「工場の所有者が工場に属する土地の上に設定したる抵当権は建物を除くの外其の土地に附加して之と一体を成したる物及其の土地に備附けたる機械、器具其の他工場の用に供する物に及ぶ但し設定行為に別段の定あるとき及民法第424条の規定に依り債権者が債務者の行為を取消すことを得る場合は此の限に在らず」（同法2条1項）。「前項の規定は工場の所有者が工場に属する建物の上に設定したる抵当権に之を準用す」（同条2項）。

　工場抵当法が制定された1905年は、大判明36・11・13（☞2-50）により立木が伐採され動産になると抵当権の効力が及ばなくなるとされ、大判明39・5・23（☞2-29）により、抵当権の効力は動産たる従物にその効力は及ばず、民法370条の付加一体物に従物は含まれないと解釈されていた時代である。そのため、付加一体物とは別に、備え付けた機械などについても抵当権の効力が及ぶことを特に明記したのである。

2-192 **(2) 工場抵当の効力の及ぶ目的物についての公示方法**

　また、工場抵当法は、「工場の所有者が工場に属する土地又は建物に付抵当権を設定する場合に於ては不動産登記法……第59条各号、第83条第1項各号並に第88条第1項各号及第2項各号に掲げたる事項の外其の土地又は建物に備付けたる機械、器具其の他工場の用に供する物にして前条の規定に依り抵当権の目的たるものを抵当権の登記の登記事項とす」(同法3条1項)、「登記官は前項に規定する登記事項を明かにする為法務省令の定むるところに依り之を記録したる目録を作成することを得」(同条2項)と規定し、目録を公示方法とし対抗要件としている。しかし、従物については、主物である不動産の抵当権設定登記で抵当権の対抗力が認められるので(最判昭44・3・28民集23巻3号699頁)、3条目録は必ずしも抵当権の従物への対抗力のためには必要ではないのではないかという疑問を生じよう。しかし、目録が登記事項になる前の事例であるが、目録に記載されていない物については、第三者に対して抵当権を対抗することができないというのが判例である(最判平6・7・14☞2-193)。現在では、目録が登記事項になっているが、2-193は依然として先例としての価値が認められる。従物が分離された場合に、元の備付場所である工場への原状回復を求めることができることは、2-57の判例により認められている。

2-193　●**最判平6・7・14民集48巻5号1126頁**　[事案] XはA所有の本件建物(工場)につき第1順位の根抵当権を設定しその旨の登記を経由したところ、本件工場には根抵当権設定登記について法3条に規定する目録(いわゆる3条目録)は提出されていなかった。Yは後順位の抵当権者であるが、その抵当権設定登記については3条目録が提出されていた。その後、本件建物等について、競売手続が開始され、執行裁判所は、売却代金の配当にあたり、Yの抵当権については3条目録が提出されていたことから、Yにはミキサー等の本件物件の売却代金に相当する額をXに優先して配当する配当表を作成した。これに対して、Xが配当異議を申し立て、本件建物について設定したXの根抵当権の効力は本件物件にも及んでいるから、Xは本件物件の売却代金につきYに優先して配当を受けることができると主張して、配当表の変更を求めた。
　[判旨]「工場抵当権者が供用物件につき第三者に対してその抵当権の効力を対抗するには、3条目録に右物件が記載されていることを要するもの、言い換えれば、3条目録の記載は第三者に対する対抗要件であると解するのが相当である」。「もっとも、土地又は建物に対する抵当権設定の登記による対抗力は、

> その設定当時右土地又は建物の従物であった物についても生ずるから（最高裁昭和43年(オ)第1250号同44年3月28日第2小法廷判決・民集23巻3号699頁参照）、工場抵当権についても、供用物件のうち抵当権設定当時工場に属する土地又は建物の従物であったものについては3条目録の記載を要しないとする考え方もあり得ないではない。しかしながら、供用物件のうち右土地又は建物の従物に当たるものについて3条目録の記載を要しないとすれば、<u>抵当権設定の当事者ないし第三者は、特定の供用物件が従物に当たるかどうかという実際上困難な判断を強いられ、また、抵当権の実行手続において、執行裁判所もまた同様の判断を余儀なくされることとなる。したがって、法が供用物件について3条目録を提出すべきものとしている趣旨は、供用物件が従物に当たるかどうかを問わず、一律にこれを3条目録に記載すべきものとし、そのことにより、右のような困難な判断を回避し、工場抵当権の実行手続を簡明なものとすることにもある</u>」。

2-194　**(3) 工場抵当権の追及力**

　工場抵当法は、工場抵当権の効力が及ぶ物件についての追及力に関する規定を設けており、「抵当権は第2条の規定に依りて其の目的たる物が第三取得者に引渡されたる後と雖其の物に付之を行ふことを得」（同法5条1項）、「前項の規定は民法第192条乃至第194条の適用を妨げず」（同条2項）、と規定している。

　登録された物件は、民法上の抵当権とは異なり抵当権設定登記の公示の衣により間接的に対抗力が認められるのではなく、登録を登記することによって抵当権の目的物そのものとしての公示・対抗力が認められ、第三取得者に対しても追及力が認められることになる。そのため、分離して公示の衣が及ばなくなったとしても、その動産自体には打刻などの公示がないにもかかわらず対抗力が存続することになり、対抗力の制限という形での第三者保護を実現できないことになる。そのため即時取得の規定を適用しているのである。

　即時取得とは別に、抵当権者が従物の処分を認めれば抵当権のない従物を第三取得者は取得でき、工場抵当法は、「工場の所有者が抵当権者の同意を得て土地又は建物に附加して之と一体を成したる物を土地又は建物と分離したるときは抵当権は其の物に付消滅す」（同法6条1項）るものと規定している――また、「工場の所有者が抵当権者の同意を得て土地又は建物に備附けた

る機械、器具其の他の物の備附を止めたるときは抵当権は其の物に付消滅す」る（同条2項）――。この同意があるものと信じて目的物を買い取った場合には、占有への信頼ではないので192条は適用されないはずであるが、工場抵当法5条2項による民法192条の適用（正確には類推適用）により、買主の保護を認める下級審判決がある（福岡高判昭28・7・22高民集6巻7号388頁）。民法上の抵当権についても同様の保護が認められてよいが、192条の類推適用ではなく110条の類推適用によるべきである（☞2-56）。

2　財団抵当権

2-195　企業の財産を1つの「財団」と構成してこれに1つの抵当権の設定を可能とする制度が**財団抵当制度**であり、これも、不動産に機械等を一体化して、①「不動産財団」と構成するものと、②企業施設全体を1個の「物」としてこれを財団と構成する「物財団」構成とが考えられている。前者に属するものが、工場抵当法、鉱業抵当法、漁業財団抵当法、観光施設財団抵当法などが採用する方法であり、後者は、鉄道抵当法、「軌道ノ抵当ニ関スル法律」、運河法（運河財団抵当）の採用する方法である。例えば、工場財団は1個の「不動産」とみなされ（工場抵当法14条）、財団を組成する動産は財団と別個に譲渡できないものとされている（同法33条1項[56]）。

工場財団抵当は、その所有権保存登記の件数は昭和40年代半ばをピークとし年間700件を超えていたが、近年は年数十件程度にとどまり、財団抵当の設定件数も、昭和50年代初頭に年間2万件を超えたのをピークとして減少し、近年では毎年1000件余であるといわれる。次の企業担保も昭和33年（1958年）制定以来、昭和40年代半ばに250件を超えたのをピークに、最近10年間ではその設定は0件であるといわれている。そのため、担保法制の見直しの一貫として、2006年（平成18年）2月に法務省に「企業担

---

[56] ＊**工場財団と192条の適用**　もし、この規定に反して設定者が工場財団に属する動産を譲渡してしまったら、譲受人は善意無過失であれば抵当権の追及力を免れるのであろうか。狭義の工場抵当については即時取得を認める規定があるが（工場抵当法5条2項）、工場財団については何も規定が置かれていない。しかし、この点について、最判昭36・9・15民集15巻8号2172頁は、「かかる動産といえども右財団から分離され第三者に譲渡、引渡された場合、たとえその処分が不当であってもその譲渡引渡を受けた第三者に公然、平穏、善意、無過失の要件が具備するときはこれを保護すべきであるから、特に工場抵当法にその旨の明文がなくとも民法第192条の適用があるものと解すべきである」と、肯定説を採用した。

保・財団抵当法制研究会」が設置され、財団抵当および企業担保の活用を図るための検討がされているが、いまだ改正はなされていない。

3　企業担保

2-196　1958年（昭和33年）に、イギリスのフローティングチャージ（floating charge）を模範として企業担保法が制定され、企業の総財産という流動する財産一切に抵当権を設定することが可能とされている（性質としては、一般先取特権に近い）。

「株式会社（以下「会社」という。）の総財産は、その会社の発行する社債を担保するため、一体として、企業担保権の目的とすることができる」（同法1条1項）。企業担保権を設定できるのは株式会社に限られ、また、社債の担保のために限定されている。「企業担保権は、物権とする」とされ（同条2項）、1つの集合物についての物権と構成されている。そして、その効力については、「企業担保権者は、現に会社に属する総財産につき、他の債権者に先だって、債権の弁済を受けることができる」（同法2条1項）、また、「前項の規定は、会社の財産に対する強制執行又は担保権の実行としての競売の場合には、適用しない」（同条2項）とされており、総財産を清算する場合にのみ優先的効力が発揮されることになる。

4　動産抵当

2-197　**(1)　農業動産信用法**

1933年（昭和8年）に、農業動産信用法が制定され、農業用動産についての動産抵当制度が導入された。動産抵当を導入した最初の法律である。「農業用動産とは農業の経営の用に供する動産」とされ（同法2条1項）、その範囲は政令によって定められることになっている（同条2項）。

「農業用動産は農業を為す者又は農業協同組合、其の他勅令を以て定むる法人が其の所属する農業協同組合、信用組合又は勅令を以て定むる法人に対して負担する債務を担保する場合に限り之を目的として抵当権を設定することを得」るものとされている（同法12条1項）。そして、「農業用動産の抵当権の得喪及変更は其の登記を為すに非ざれば之を以て善意の第三者に対抗することを得ず」（同法13条1項）とされ、登記により対抗力を取得するが、「前項

の規定は登記の後と雖も民法第192条乃至第194条の規定の適用を妨げず」(同条2項)とされている。即時取得を問題にするのは、工場抵当法と同じである。

2-198 **(2) 建設機械抵当法**

1954年(昭和29年)に制定された建設機械抵当法は、建設業法にいわゆる建設工事の用に供される機械類である建設機械について、その所有権保存登記をした上で、抵当権の設定登記を可能としている(同法5条)。この登記を申請しうるのは、建設業法による登録を受けた建設業者に限られている(同法3条)。所有権保存登記には、登記される建設機械について、予め国土交通大臣またはその委任により都道府県知事が行う記号の打刻を受けなければならない(同法4条)。「既登記の建設機械の所有権及び抵当権の得喪及び変更は、建設機械登記簿に登記をしなければ、第三者に対抗することができない。」(同法7条1項)。その他、物上代位、付加一体物への効力、不可分性、利息の2年分の制限、根抵当権の設定ができるなど民法と同じ規定が置かれている。また、他の動産抵当権と同様に、「既登記の建設機械は、質権の目的とすることができない」(同法25条)。

2-199 **(3) その他の動産抵当制度**

そのほかに、自動車については自動車抵当法(1951年[昭和26年])により、航空機については航空機抵当法(1953年[昭和28年])により、船舶については商法848条により、それぞれ所有権保存登記をして抵当権を設定することができる(質権設定は禁止される)。以上の動産については、それぞれの特別法の登録がされている場合には、動産であっても、動産債権譲渡特例法の譲渡登記ファイルへの登記による対抗要件具備によることはできない。二重の公示を避ける必要があるからである。

5 立木抵当

2-200 1909年(明治42年)制定の立木(りゅうぼく)法により、土地の上の立木の集団を所有権登記をして、これに抵当権を設定することができる。しかし、実際にはほとんど利用されず、地盤と切り離して立木の譲渡が可能と考えられているため、譲渡担保が使われることになる。しかも、戦後、林業の衰退と共に、全くというほど注目を浴びない分野となっている。

「本法に於て立木と称するは、一筆の土地又は一筆の土地の一部分に生立する樹木の集団にして、其の所有者が本法に依り所有権保存の登記を受けたるものを謂ふ」(同法1条1項)。「立木は之を不動産と看做す」(同法2条1項)、「立木の所有者は、土地と分離して立木を譲渡し又は之を以て抵当権の目的と為すことを得」(同条2項)、「土地所有権又は地上権の処分の効力は、立木に及ばず」(同条3項)。そして、「立木の所有者は立木が抵当権の目的たる場合に於ても、当事者の協定したる施業方法に依り、其の樹木を採取することを妨げず」(同法3条)。また、「立木を目的とする抵当権は、前条の規定に依る採取の場合を除くの外其の樹木が土地より分離したる後と雖其の樹木に付之を行ふことを得」(同法4条1項)るとしながら、ここでも、「第1項の規定は民法第192条乃至第194条の規定の適用を妨げず」(同条5項)と、即時取得により第三者を保護する構成を採用している(1905年〔明治38年〕に先に制定された工場抵当法にならったものか)。また、土地所有者が立木だけに抵当権を設定した場合の法定地上権が認められている(同法5条)。

6　物権とみなされる権利(採石権、鉱業権、漁業権)

2-201　抵当権が不動産だけではなく、永小作権および地上権にも設定できることは民法に規定されているが(369条2項)、物権とみなされる特別法上の権利についても抵当権の設定が可能である。例えば、採石権は、採石法により物権とされ、地上権に関する民法の規定が準用され、これを不動産登記簿に登記し抵当権を設定することができる。また、鉱業権も、鉱業法により物権とされ、不動産に関する規定が準用され、鉱業原簿に登録され、抵当権も登録原簿に登録される(登録は効力発生要件)。漁業権も、漁業法により物権とみなされ、不動産に関する規定が準用される。漁業権の定置漁業権と区画漁業権を目的とする抵当権の設定には、知事の認可が必要であり、これは効力要件とされ、漁業権に関する権利変動は、免許漁業原簿に登録されることになっている(以上につき、詳しくは、山田卓生「抵当権の目的となる物権、立木とその抵当権の内容・効力」大系(3)2頁以下参照)。

第3章
質権──約定担保物権②

§Ⅰ 動産質および不動産質の意義

1 質権の意義——占有担保

3-1 **(1) 質権の意義——庶民金融という制度設計**

「質権者は、①その債権の担保として債務者又は第三者から受け取った物を占有し、かつ、②その物について他の債権者に先立って自己の債権の弁済を受ける権利を有する」(342条〔①②を追加〕)。このように、債権担保のために、債権者が、①物を取り上げ弁済まで留置し、②債務の弁済がされない場合にその物から優先弁済を受けられる権利を**質権**という。

質権は不動産さらには債権などの財産権にも設定可能であるが、理解を容易にするために動産質を例に説明すると、債務者が金を借りる際に担保として動産を債権者に引き渡し、①債務者は目的物(質物という)の返還を受けるためには——第三者所有の場合には第三者に迷惑をかけないためには——借金を支払わないといけないという心理的強制を受け(**留置的効力**という)、他方で、②それでも支払われない場合には、質権者はその目的物(質物)から優先弁済を受けられる(**優先弁済的効力**)。

質権は、沿革的には、庶民が少額の日常生活ないし個人営業のための資金を借りるための庶民金融として発展してきたものであり、日本でも民法制定以前から普及していた担保制度である。しかし、質物の管理は面倒であり、現在では、庶民金融の主役はいわゆるサラ金によってとって代わられ、質屋は買取りが主になり古物商に転換している。また、事業用動産の担保としては譲渡担保にとって代わられ、特に在庫商品は集合動産譲渡担保の方法が用いられており、目的物の占有を取り上げる質権は、現代の取引社会の要請に適合するものではない[57]。

---

[57] 「現代の世界が注目するこれからの『担保付取引』は、不動産を担保とする取引ではなく、動産・債権担保取引なのである」。「債権や動産の流動化取引は、債権や動産を用いた資金調達が、めぼしい不動産がないから債権や動産『まで』担保に取るという、いわゆる最終手段とか添え担保という世界から脱却して、企業の自立した能動的資金調達手法として発達していくことを示唆するものに他ならない」という指摘は示唆的である(池田真朗「動産・債権担保の展開と課題」判タ1202号36頁)。

3-2 (2) 新しい動産担保へ──非占有担保へ

　現代取引社会においては、動産担保としてはむしろ非占有担保が要請されており、そのための方法としては、①譲渡担保のような所有権移転方式と②アメリカUCCの security interest のように担保権の設定による方式とが考えられる。2006年（平成18年）の改正フランス民法は、動産の非占有質制度──これを質権というかはもはや言葉の問題──を導入している。わが国では動産債権譲渡特例法により動産登記制度を導入したものの、民法では動産質については占有を成立要件としているため、質権設定登記は認められていない──債権は質権設定登記も可能──。

　不動産については、抵当権と不動産質とが選択できることになるが、抵当権が選択され不動産質はあまり利用されることはない。不動産を取り上げて設定者から使用を奪うことは、債務者に使用収益をそのまま認めてその収益から債権回収を図るという実際上の要請に合致しないし、また、金融機関が不動産を自ら管理するのは面倒だからである。ただし、質権者が賃貸ビルを自ら賃貸して、物上代位によることなく賃料から債権を回収することができるのは有益である。実行まで使用に関わらない抵当権では、賃料への物上代位は弁済期以降の賃料にのみ認められるのに対して（371条適用説）、不動産質ではその設定の時から賃料による債権回収が可能となり[58]、一種のプロジェクトファイナンスとして需要はあると思われる。

2　動産質

3-3 (1) 動産質の設定

　(a)　**設定当事者**　質権を取得するのは当然のことながら債権者であるが、質権を設定するのは債務者でなくてもよい。第三者（いわゆる物上保証人）が債務者のために、自分の動産に質権を設定することもできる。設定者は目

---

58) 抵当権では弁済期以降でないと収益執行もできず、賃料への物上代位も同様でありかつ差押えが必要になる（371条適用説）。これに対して、不動産質では、356条よりして賃料に質権の効力が及び差押えは不要であり、また、自ら使用しないで第三者に自己の名で賃貸して賃料を収受することも可能であり（使用権限のない留置権と異なり債権に充当する必要はなくその利益を享受できる）、収益執行のように裁判所を介する必要はない。ただし、不動産質では利息がとれず（358条）また管理費を質権者が負担するため（357条）、この点がネックになる。しかし、359条によりこの点について特約で排除が可能である。

§ I 動産質および不動産質の意義

的物について処分権限を有している必要があるが、債務者ないし物上保証人が他人の動産を自分の物と偽って質権を設定して引き渡した場合でも、192条により質権の即時取得が可能である。即時取得が成立する場合、所有者は、物上保証人と同様の立場となる。物上保証人は、「その債務を弁済し、又は質権の実行によって質物の所有権を失ったときは、保証債務に関する規定に従い、債務者に対して求償権を有する」(351条)。この結果、債務者の委託を受けたか否かで求償権の内容に差が生じることになる(459条以下参照)。

3-4　(b)　**要物契約**　「質権の設定は、債権者にその目的物を引き渡すことによって、その効力を生ずる」(344条)。質権設定契約はいわゆる要物契約である。178条については引渡しに占有改定も含まれると考えられているが、「質権者は、質権設定者に、自己に代わって質物の占有をさせることができない」(345条)と規定されており、占有改定では質権を成立させることはできない。このような制限のされていない指図による占有移転による質権の設定は可能である。質権設定契約が要物契約とされている根拠については、2つの理解がある。

①まず、動産については債権者が占有していないと全く公示がないことになるため、質権者に占有を移して質権の存在を外からわかるようにしたものであるという理解が、古くにはあった。しかし、なぜ占有取得を成立要件とし——しかも占有改定では足りない——、また、成立後は占有を対抗要件にすぎないとされるのか説明ができない。②そのため、公示以外に根拠を求めるのが通説であり、動産抵当を否定し、留置的効力を発揮させることを質権の要素とすることを根拠とする。なお、民法は動産質の競合を認めているが(355条)、指図による占有移転の方法の場合に考えられる。

ところで、要物契約とされているのは物権契約としての質権設定契約である。債権契約としては合意だけで有効に成立し、債権者は債務者に対して、目的物を引き渡して質権を成立させるよう請求できる。

3-5　◆**質権設定後に目的物を返還した場合**
　　目的物を債権者に引き渡して質権を有効に成立させた後に、債権者(質権者)が目的物を債務者に返還した場合、質権はどうなるのであろうか。345条に違反することになるが、違反の効果については何も規定されていない。質権者はどの

ような不利益を受けるのであろうか。目的物の返還が質権の放棄と認められれば、質権が消滅するのは当然である。したがって、問題となるのは、質権者が質権を放棄することなく、債務者に質物を返還し債務者に質物の管理をさせる場合である。債務者の求めに応じて一時目的物を返還した場合も問題になる。

①344条の意義を、公示方法を厳格にしたにすぎないと考えれば、目的物を設定者に返還しても、代理占有の効力が認められず質権は対抗力を失うものの依然として存続し、質権者は質権に基づいて不法占有者など352条の「第三者」に該当しない者には返還を求めることができることになる（今泉291頁、川井326頁、高橋69頁、安永365頁）。判例は「其占有が法律上代理占有の効力を生ぜざるに止まり之が為め質権が消滅に帰すべきものにあらず」とする（大判大5・12・25民録22輯2509頁）。事案は不動産質の事例であり、不動産質では、対抗要件は登記であるので、占有を失っても何ら対抗力に影響はないことになる。345条違反の効果として、「代理占有の効力を生ぜざる」という不利益を受けることは判例によっても認められている。そのため、占有を失ったことになるので動産質では対抗力が消滅する。

②これに対して、344条の意義を抵当権と区別するために留置的効力が発揮されることを要求したと考えれば、その趣旨を没却させる行為を認めるわけにはいかず、返還してしまうと質権は消滅すると考えざるをえないことになる（我妻131頁、柚木・高木101頁、高木63頁、近江90頁など通説）。ただし、債権契約としての質権設定契約の効力として（☞3-4）、質物の返還を求めることができ、これにより質権が復活することを認める余地はある。

3-6 **(c) 目的物** 動産であっても、次の2つは動産質の設定ができない。①まず、譲渡性のない動産——例えば、重要文化財に指定され譲渡が禁止されている仏像——は質権の設定ができない（343条）。留置的効力は期待できても、質権実行ができないからである。差押禁止動産（民執131条）への質権設定は禁止されていないが、目的物によっては公序良俗違反となることも考えられる。②自動車、船舶、航空機のように、動産抵当制度が特別法により用意されている動産については、質権の設定がそれぞれの法律で禁止され、必ず動産抵当によるべきものとされている（例えば、自動車抵当法20条）。

複数の動産を同一の債権のために質にとる共同質権の設定も可能である。不動産質では361条により共同抵当の規定（392条）が準用されるが、動産質では後順位質権者が出てくることはないので——ただし、指図による占有移転でよいと考えるとありえないではない——、特に何も規定はない。質権ではあえて301条が準用されていないので（350条）、抵当権や留置権と同様

に一部弁済により担保が過剰になっても不可分性が認められ、相当の代担保による質権の消滅請求はできない。

3-7 **(d) 被担保債権** 質権を設定できる債権は、金銭債権に限定されない。質物から債権を回収することは金銭債権でないと考えられないが、留置的効力が期待できる上、金銭債権以外の債権でもその不履行により損害賠償債権になりうるからである。この趣旨からいえば、債権である必要はなく物権的請求権や人格権に基づく差止請求権についても質権設定は可能と考えられる。抵当権のような明文規定はないが、根質権の設定も可能であり（我妻134頁）——不動産質、債権質も同様であるが、不動産質については根抵当権の規定が準用される——、動産では登記による公示ができないので、極度額を定める必要もないと考えられている（大判大6・10・3民録23輯1639頁）。

3-8 **(2) 動産質の対抗要件**

(a) 占有の継続 「動産質権者は、継続して質物を占有しなければ、その質権をもって第三者に対抗することができない」（352条）。所有権の移転であれば、その「移転」についての対抗だけであり、一度引渡しを受けて対抗要件を満たせば、その後に占有を失っても所有者たることを対抗できなくなることはない。しかし、質権では、①質権の設定のみならず、②所有者に対して質権を有している、換言すれば所有権に対する制約があるという権利状態の対抗が問題となるため、352条のような規定が置かれたのである。

例えば、AがBのためにその所有の掛け軸に質権を設定し引き渡したが、その後Aが勝手にこの掛け軸を取り戻しCに売却した場合、Bは352条の「第三者」たるCに対してCが取得した掛け軸に質権を有していることを対抗できないことになる。抵当権の従物についてと異なり、ここでは即時取得により第三者を保護するのではなく、352条の対抗不能により処理されている。そのため、Cが質権につき悪意で譲渡を受けても、BはCに対して質権を対抗できないことになる。Bが占有しており対抗力を有する段階で、Cが質物を譲り受けた場合、Bは質権をCに対抗できるが、Bがその後に占有を失うとこの場合のCにも質権を対抗できないことになる。

3-9 **(b) 質権者による占有の回復方法** 「動産質権者は、質物の占有を奪われたときは、占有回収の訴えによってのみ、その質物を回復することができる」（353条）。質権者が占有を失うことは対抗力を失うだけで、質物を奪っ

たのが不法占有者であれば第三者には該当しないので、質権者は対抗力を否定されることなく、質権に基づいて返還が請求できそうなものである。ところが、民法は「第三者」に該当しない者に対しても質権に基づく返還請求を否定したのである。しかし、これは動産質の物権としての効力を弱めるものとして批判されている。質権者が占有を奪われたのではない場合には、占有訴権が認められないため返還を受ける手立てがないことになる（詐欺や遺失により占有を失った場合）。353条が合理的な根拠がないものだとすれば、対抗関係に立つ第三者についての規定であると制限解釈をして、352条の「第三者」に該当しない者に対しては、質権に基づく返還請求を認めてよいと思われる。

3-10 **(3) 動産質の効力**

(a) 動産質の効力の及ぶ目的物の範囲 設定契約で質権の目的物とされ引き渡された動産に質権が成立し、従物については、主物と共に引き渡されない限り質権の対象にはならない。注意すべき点を2点説明しておこう。

①物の天然果実については、設定者から使用収益権を奪うため、抵当権（371条）とは異なり、350条による297条の準用により質権の効力が及び、質権者は天然果実を収取して他の債権者に優先して被担保債権の弁済に充てることができる。②質権者は所有者の承諾を得て質物を賃貸でき、その場合には、350条による297条の準用により、その賃料を他の債権者に優先して被担保債権の弁済に充てることができる。

3-11 **(b) 物上代位** 質権についても、350条により304条が準用され、物上代位が認められている。抵当権とは異なり、動産質については、第三者への対抗については登記を対抗要件とはできず、動産先取特権と同様に第三債務者のみならず、第三者に対しても差押えを対抗要件とすることが必要である。したがって、物上代位に基づく差押え前に債権が譲渡されその対抗要件が具備されまたは差押えがなされ送達がなされたならば、もはや質権者は物上代位権を行使することはできない――本書の立場では物上代位自体の主張をすることができない――。

3-12 **(c) 被担保債権の範囲** 「質権は、元本、利息、違約金、質権の実行の費用、質物の保存の費用及び債務の不履行又は質物の隠れた瑕疵によって生じた損害の賠償を担保する。ただし、設定行為に別段の定めがあるときは、こ

の限りでない」(346条)。特約については、公示の方法がないのにこれを認めるというのであるから、第三者に当然に対抗できると考えてよい。抵当権のような利息の2年分といった制限はない。

3-13　(d)　**留置的効力**　質権者は、被担保債権全額の弁済を受けるまで、質物を留置できる (347条本文)。この点が、目的物の使用を設定者にそのまま委ねる抵当権との大きな差異である。ただし、質権に優先する債権者 (334条・330条1項・2項参照) に対しては、質権を対抗できず (347条ただし書)、優先する債権者が質物に強制執行をする場合には、引渡しを拒みえない。なお、留置という点では後述の留置権と共通するので、留置権の規定が質権には多く準用されている (350条)。この結果、質権者は質物を善良な管理者の注意をもって保管し、使用をしてはならず、これに違反すれば設定者は質権消滅請求をすることができる (298条の準用)。質権者が質物について支出した必要費の返還請求ができ (299条1項)、有益費も価格の増加が現存する場合に限り、設定者による選択に従い、その費用かまたは増加額の償還請求ができる (同条2項)。なお、質物の所有者の承諾があれば、質物の使用が可能であるが、この場合には358条を類推適用して利息の請求を否定すべきであろう。

3-14　◆**弁済と質物の返還との同時履行**
　　質権者は質物を「弁済を受けるまで」留置できる (347条)。まず弁済がされ、それにより質権が消滅し、質物の返還が請求できるようになるという論理構造になっている。したがって、債務者は先履行義務として弁済を義務づけられ、質物の返還との同時履行の抗弁権を主張できないというのが判例であり (大判大9・3・29民録26輯411頁)、学説でもある (我妻159頁、道垣内90頁など)。設定者が弁済をせずに、質物の返還を請求しても、引換給付判決ではなく敗訴判決を受けることになる。留置的効力だけを問題にすれば留置権と異なる扱いをする必要はないが、質権には優先弁済権があるので、留置権と異なる扱いが正当化されよう。抵当権や譲渡担保についても同様である。譲渡担保について、被担保債権を弁済せずに、所有権移転登記の抹消登記との同時履行の抗弁権を認めることはできない (☞4-25)。

3-15　(e)　**優先弁済的効力**
　(ｱ)　**裁判所を介した手続**　動産質権者は、質物から他の債権者に優先して弁済を受けることができる (342条)。質権の実行は債務の履行を受けるためのものであるから、債権が行使できる状態にあること——債権および質権が存在し、債権が弁済期にあること——が必要である。優先弁済権の実現の方

法としては、以下のような方法がある。

①質権者は、質物を競売してその代金から債権を回収することができる(民執190条・192条)。設定者が破産した場合には、質権者には別除権が認められ、質権者は質権に基づいて目的物を競売することができる(破産2条9項)。しかし、競売によるのでは、費用や時間がかかり実務の要請に合致しない。②そのため、「動産質権者は、その債権の弁済を受けないときは、正当な理由がある場合に限り、鑑定人の評価に従い質物をもって直ちに弁済に充てることを裁判所に請求することができる。この場合において、動産質権者は、あらかじめ、その請求をする旨を債務者に通知しなければならない」(354条)。差額は所有者に返還することを要する。裁判所に鑑定人の評価をしてもらわなければならないため、やはり時間も費用もかかり債務者にも債権者にも不利益が大きい。

3-16　**(イ) 流質契約の禁止**　実務上要請されているのは、私的実行——質権者の所有とするまたは質権者が処分する——を認めることである。しかし、民法は、「質権設定者は、設定行為又は債務の弁済期前の契約において、質権者に弁済として質物の所有権を取得させ、その他法律に定める方法によらないで質物を処分させることを約することができない」(349条)。このような約束を、**流質契約**といい、これを自由に認めたのでは、債務者の窮迫状態に付け込んで、債権者が貸付額を超える動産を奪い取ることができてしまうので、これを禁止したものである。占有担保ということと流質契約の禁止の2つが、動産質を使い勝手の悪い制度としている原因である。「設定行為又は債務の弁済期前の契約において」の反対解釈として、弁済期後に任意に債務者が質物をもって代物弁済をする契約は有効である。

流質契約の禁止には、2つの例外がある。①1つは商行為によって生じた債権を担保する質権の場合であり(商515条)、②もう1つは、質屋営業法によって規制されている質屋の取得する質権の場合である(質屋19条1項)。質を営業として行う場合に、いちいち正規の質権実行をしていたら費用倒れになり営業が成り立たない。その反面、この適用を受ける質屋については、質物から債権全額の回収ができなくても、債務者の一般財産から回収することはできないと解されている(一種の物的有限責任)。

起草者は、旧民法の流質禁止を改めて、これを容認するつもりであった

が、議会審議において反対にあい流質が禁止されることになったのである。そのため、起草者は、流質禁止となった後も、立法論として流質禁止を有害無益なものとして反対をしている（梅447頁）。立法論としては、日本においても非占有質と共に私的実行を認め、目的物の評価について設定者が害されないような配慮をし、清算義務を明記することが望まれる。

3-17 **(4) 質権者による転質**

(a) **責任転質**

(ア) **責任転質の意義と法的性質**　「質権者は、その権利の存続期間内において、自己の責任で、質物について、転質をすることができる」(348条)。これを**責任転質**といい、質権の内容としてその設定が権利として認められるため、設定者の承諾は不要である。善管注意義務に対して例外を認めることになる。しかし、「転質」の意義は明確ではない[59]。転抵当権とパラレルに考え、質権に質権を設定するのか、それとも質物に質権を設定するのか、不明である。

①まず、Aが質権の目的物を、自分の債権者Cに対し質権を設定して引き渡すと共に、AのBに対する質権の被担保債権についても債権質を同時に設定するのが転質であるという**債権・質権共同質入説**がある（石田・下巻479頁、柚木・高木114頁、古積290頁）。この考えに対しては、質権で担保されている債権について債権質の設定ができ、その場合に質権に債権質の効力が及ぶのは当然であり、348条を置いた意味がなくなると批判される。しかし、質権者の善管注意義務を考えれば設定者の承諾なしに転質はできないので、これを許すという点で意味がある。②現在の多数説は、責任転質は質物だけを質権の被担保債権と切り離して、質権者が自分の債務のために質権を設定するものと考える**質物再度質入説**である（我妻148頁、鈴木208頁など）。②では質権の被担保債権には責任転質の効力が及ばず、債権まで担保にとるか否かという差がある。独自の意義を考えれば、責任転質は債権まで担保にとるものではないと考えるべきであり、②説を支持したい。

---

59)　起草者は（梅444頁、富井476頁）、転質とは質権を譲渡するものであり、ただ転質権者の質権者に対する債権が弁済その他の原因により消滅した場合には、質権は当初の質権者に復帰するという条件付きのものにすぎないという理解をしている。しかし、この理解からは、原質権による拘束がなくなるため支持を受けていない。

3-18　**(イ) 責任転質と原質権による制限**　責任転質は、質権者と転質権者との契約によって設定され、質物の所有者の承諾は不要である。転質も要物契約であることに変わりはない。責任転質が、転質権者の債権の限度でまたその実行のための要件を満たさなければ実行できないことは当然である。責任転質の特殊性は原質権による制限が加わるという点である。

　まず、①質権（原質権）「の存続期間内において」という制限が348条にはあるため、質権の存続期間が定められている場合には、その期間を超えて転質権は認められない。②被担保債権の関係については、例えば、原質権の被担保債権が100万円で、目的物から100万円しか優先弁済を受けられないのに、それを超える金額の債権、例えば200万円のために転質権を設定している場合には、回収できる金額は100万円に限界づけられる。また、原質権の弁済期にならなければ、転質権も実行できない。

3-19　**(ウ) 責任転質の効力**　転質権者は、原質権の被担保債権の範囲内でしか、その物から優先弁済を受けられない。転質とは、原質権の把握している質物についての担保価値を、転質権者が優先的に把握するものといってよい。そのため、例えば、原質権の被担保債権が200万円、転質権の被担保債権が100万円の場合に、質権が実行され目的物が競売され300万円が配当されるとすると、①まず転質権者に100万円が優先的に配当され、②次に、原質権の優先権200万円から①が差し引かれた残りの100万円について、原質権者に100万円が優先的に配当され、③最後の残り100万円の配当について、原質権者の残額債権100万円も含めて債権者に平等に配当されることになる。

　原質権者は、不可抗力により生じた損失であろうと、転質により生じた損害について所有者に対して責任を負う（348条後段）。原質権者は、所有者の承諾なくして転質ができるが、その代わりにこのような重い責任を負わされることになる。

3-20　**◆原質被担保債権に及ぼす効果**
　　転質権は本文に述べたように原質権の把握している担保価値から優先的に弁済を受ける権利であり、原質権の存在を前提としている。そのため、転質権が設定されると、転質権者保護のために、原質権に以下のような制限がされることになる。

①まず、原質権者は、原質権を消滅させてはならない拘束を受ける。質権を放棄することができないのは当然、被担保債権の弁済を受けて質権を消滅させることもできなくなり、受けても転質権者に対抗できない。転質権の被担保債権額を超える部分については、このような拘束はなく原質権者は自由に債権につき弁済を受けられるかのようであるが、転質権の被担保債権が利息などで膨らんでいく可能性がある点、不確定であるのでやはり不可分的に全面的な拘束を受ける。

②また、原質権設定者も、転質権者に対抗できない。そうすると、転質権を知らないで、原質権の債務者が支払ったりすると不測の損失を受けることになるため、原質権の被担保債権に質権が設定された場合に準じて（債権・質権共同質入説では当然）、転質設定者（原質権者）から債務者に転質権設定の通知をするか、または、債務者がこれを承諾して、初めて先のような効果を債務者に対抗できるというべきである（我妻 152 頁）。

3-21　(b)　**承諾転質**　民法が 348 条で規定しているのは、質物の所有者の承諾によらない責任転質であり、質物の所有者の承諾を得て転質を行うこともちろんできる。これを民法の規定する責任転質と区別して**承諾転質**という。この場合には、質物（他人物）に原質権者が自己の債権者のために質権を設定することになる。質物の所有者により原質権者に質権設定授権（処分授権の一種）がされることになり、代理によらず物上保証と同様の効力を生じさせるものであり、原質権による拘束はない。したがって、原質権者の有する質権の被担保債権の弁済期が到来しなくても、授権により設定された質権の実行は可能であり、また、原質権者の有する質権に依存しないのでそれが弁済で消滅しても消滅することはない。

ただし、原質権を前提とした転質が承諾を得てなされた場合も考えられる。この場合には、承諾を得た点以外は基本的には責任転質と変わらないものの承諾があるので、348 条の無過失責任の適用は排除される。

3　不動産質

3-22　(1)　**不動産質の設定**

不動産質は、不動産を目的物とする質権である。動産とは異なり、登記により公示ができるという大きな差がある。そのため、不動産質には、①質権の総則規定（342 条～ 351 条）が適用になるほか、②不動産質に特有の規定（356 条～ 360 条）もあるが、③以上の規定と抵触しない限り、抵当権の規定が一般的に準用される（361 条）。

不動産質の設定も要物契約であることは異ならず、引渡しは占有改定によることはできない。賃貸中の不動産については、指図による占有移転が可能とされている（☞3-24）。しかし、動産と異なり、不動産質については登記によりその法律関係を公示することができ、引渡しが質権の成立要件とされているが、対抗要件は登記である。そのため、占有を失っても対抗力を失なうことはなく、質権に基づいて返還請求できる一方、被担保債権も登記により公示しなければならず、登記した債権しか対抗できないことになる。

不動産質では、賃料を支払うことなく目的不動産を利用できる見返りとして、利息を請求することができないので（358条）——特約による変更が可能である（359条）——、利息の2年分といった制限は問題にならない。また、不動産質については、10年という期間制限があり、10年以上の期間を約束しても10年に短縮される（360条1項）。期間の更新もできるが、更新から10年を超えることはできない（同条2項）。これは、不動産の利用を長期にわたって所有者から奪うことを避けるための規定といわれている。

3-23 **(2) 不動産質の効力**

(a) 不動産質権者の権利　不動産質の効力の及ぶ目的物については、抵当権の規定が準用され、370条が適用される。従物にも不動産質の効力が及ぶことについて、370条により従物に抵当権の効力が及ぶことを根拠づける学説は、370条の準用（361条）によって説明することになる。物上代位も認められるが（350条による304条の準用）、登記により公示されるので、抵当権と同様に考えてよい。したがって、第三債務者以外の第三者に対しては、質権設定登記が物上代位権——本書では物上代位そのもの——の対抗要件になり、差押えなしに対抗することができる。

また、不動産質にも留置的効力が認められ、他の担保権者や一般債権者が目的不動産を競売しても、弁済があるまでは目的不動産を留置できる（347条本文）。さらに、抵当権の規定が不動産質には準用されるので（361条）、民事執行法の規定により競売して目的不動産を換価し、その代金から優先的に配当を受けることになる。動産については、目的物を裁判所の許可を得て質権者に帰属させる方法が認められているが（354条）、不動産についてはそのような方法は認められていない。流質の禁止も適用される（349条）。

「不動産質権者は、質権の目的である不動産の用法に従い、その使用及び

収益をすることができる」(356条)。ただし、設定行為でこれと異なる合意——使用・収益を禁止できる（この場合には358条の適用を否定すべきである）——をすることはできる(359条)。使用・収益には、質権者が自ら使用・収益をするのみならず、他人に賃貸して賃料を取得することもできる。この場合の賃借人の権利は、転貸借が賃借権を基礎とするのと同様に不動産質を基礎とするものなので、質権が消滅するとその基盤を失い終了する。抵当権の収益執行のように実行手続ではなく、被担保債権の弁済期到来前に用益ができるのである。なお、担保不動産収益執行の開始があると、使用・収益権を行使しえなくなる(359条)。

3-24 ◆**賃貸中の不動産への質権設定**
　　賃貸中の不動産への質権設定については、「不動産が質権設定以前既に他人に賃貸し［て］ある場合に於ては、質権設定者たる賃貸人が賃借人に対して爾後質権者の為に該不動産を占有すべき旨を命じ、賃借人之を承諾するに依り並に質権は適法に設定せらるべく且反対の事情なき限り、爾後賃貸借は質権者の間に其の効力を生じ質権者に於て其の賃金を収取する権利を取得する」ことになる(大判昭9・6・2民集13巻931頁)。占有改定が禁止されている趣旨からして、質権設定者が質権設定後も賃貸人としての地位を保有し、賃料を収取するのでは、指図による占有移転も成立しておらず、また、留置的効力作用も発揮させられないので質権は成立しないと考えられている(我妻130頁)。したがって、指図による占有移転をして、賃料も質権者に支払われる場合に初めて質権が成立することになる。
　　抵当権に対して、賃貸不動産の質権は収益からの債権回収を可能とする利点がある。抵当権でも物上代位や収益執行とは異なり、不動産質では設定と同時にその収益を取得できるのである。収益を得られる反面、利息をとれないが(358条)、特約は可能である(359条)。費用も請求できず(☞3-25)、収益と利息との清算をする必要がない反面、利息以上の賃料を取得しても元本に充当されず、債権者に不当な利益を与える可能性がある。そのため、立法論として元本への充当を認めるべきことが主張されている(鈴木禄弥「不動産質権活用のための立法論」『担保法の現代的諸問題』8頁以下、道垣内・諸相29頁以下参照)。

3-25 **(b) 質権者の負担**　質権者は、他人の不動産を賃料も払うことなく使用収益できる反面、債務者に対して利息の支払を請求することができない(358条)。のみならず、不動産の管理費用、その他の負担を不動産質権者が負わなければならない(357条)。担保不動産収益執行の開始があると、使用・収益権を行使しえなくなるので、このような負担も終了する。ただし、いずれ

も当事者の特約でこれと異なる合意ができるが (359条)、第三者に対抗するには登記が必要である。なお、他人の不動産を使用するのであるから、使用収益の際は質権者は善管注意義務を負う (350条・298条1項)。

§Ⅱ 権利質（債権質）

1 はじめに

3-26　民法は、「質権は、財産権をその目的とすることができる」ものとした (362条1項)[60]。質権とはいうが、物が対象ではないので、質権に特有の留置的効力はない。むしろ、債権質は抵当権に近い担保権であり、これを質権というか抵当権というかは表現の問題である。抵当権には登記で公示するという要素があるため、便宜上、質権の一種として規定されているにすぎない。

権利質の対象となるのは、「財産権」であり、債権、株式、知的財産権など種類は問わない——地上権と永小作権は抵当権によるほか、占有を移す不動産質も可能というべきか——。しかし、株式質については会社法に詳細な規定があり (会社146条以下)、また、特許権などの知的財産権については、それぞれの特別法で質権設定についての規定が置かれている[61]。そのため、以下では債権質について説明するにとどめたい。ただし、実務では、債権質という制度があるにもかかわらず、債権については質権ではなく譲渡担保、しかも集合債権譲渡担保が使われている。債権質については、対抗要件具備の

---

[60]　債権は原則として譲渡性が認められるので (466条1項)、質権の設定が可能である。性質上譲渡できない債権、法律により譲渡が禁止されている債権、また、法律により質入れが禁止されている債権 (例えば、恩給法11条1項) は、質権を設定することができない。将来の債権も譲渡担保同様に質権の設定が可能であり、集合債権についても質権の設定が可能である。そして、債権譲渡特例法により、債権譲渡登記ファイルへの登記が可能であり、対抗要件の問題も立法的に解決されている。「電子記録債権」については、管理機関に登録することにより質権設定が可能とされている。

[61]　特許権、実用新案権、意匠権、商標権については、質権の設定登録が質権の成立要件とされている (特許98条1項3号、新案25条3項、意匠35条3項、商標34条3項)。著作権、出版権については、質権設定の登録は質権の対抗要件にすぎない (著作77条2号・88条1項2号)。いずれにしても、これらの権利については、権利者は質権を設定しても権利の使用を継続することができる。そのため、質権とはいうが実質的には抵当権に匹敵する。

§Ⅱ　権利質（債権質）

先後により順位が決められる点は譲渡担保に対する利点であるが、動産のみならず債権の譲渡担保についても重複した場合には順位の定まった複数の債権譲渡担保が成立すると考える余地はある。

2　債権質の設定

3-27　**(1)　設定契約——要物契約性の制限**

　債権質も、債権者と質権設定者との契約により設定される。設定者は質入債権の債権者である必要はなく、債権質についても物上保証が可能である。債権では留置的効力を問題にできないので、要物契約とする必然性はない。当初、民法は債権質についての要物契約性を貫徹していたが、2003年（平成15年）改正により「債権であってこれを譲り渡すにはその証書を交付することを要するものを質権の目的とするときは、質権の設定は、その証書を交付することによって、その効力を生ずる」（363条）と、規定した。手形では質入裏書が可能であるが、証券の交付が成立要件とされるがそれは証券による債権の特質からくるものであり、留置的効力を発揮させるためではない。改正法案は363条を削除し、質権契約だから債権についても要物性を要求するという必要はなく、証券化された債権についての立法また解釈に委ねることにした。また、借用証書のある貸金債権であっても、証券化されていない以上は、債権証書の交付は質権の成立要件にはならない。

3-28　　　**◆普通預金債権への質権設定**

　　定期預金のように特定の債権ではなく、内容の変動する普通預金——預金者たる地位——を担保にとることができるのかは議論がある。いわゆる「キャッシュ・フロー」の担保のため、ある事業からの収入を特定の普通口座に入金されるようにし、また、通常時にはそれを債務者が利用できるようにしつつ担保にとるという、集合物や集合債権の譲渡担保のような担保のとり方ができないか問題になる（森田宏樹「普通預金の担保化・再論」道垣内ほか編『信託取引と民法法理』299頁以下、道垣内・諸相36頁以下・118頁以下参照）。下級審判決として、金沢地判昭32・4・3下民集8巻4号683頁は、「伸縮可能性ある目的物に対する1個の根質権の内包たる分量的範囲の増減につき一体として之を担保する趣旨である」として、普通預金の債権質を有効と認める。

　　普通預金の場合には、入金・払戻しが繰り返され、集合動産のように流動的である。しかし、動産のように一つひとつの物を観念できるのとは異なり、入金ごとに債権が成立するとはいえるが普通預金は債権の束ではなく、内容の変動する

1つの債権である。学説には、入金により更新され新たな債権が発生し、以前の債権は消滅し、常にその時点での預金債権に質権が設定されているという説明がされている（道垣内・諸相37頁）。

3-29 **(2) 債権質の対抗要件**

　(a) 債権質における対抗要件の必要性　債権質が設定されると、債務者（第三債務者）は弁済ができなくなるといった拘束を受け、債務者（自己の債権の債権者）に弁済しても債権質権者には対抗できず二重弁済を強いられるという不利益を受ける。第三債務者の知らない間に債権質が設定されて、そのような不利益を受けるのは適切ではなく、債権質設定を知らしめて債権質の対抗を可能とする対抗要件が必要になる。また、債権質が競合したり債権譲渡と衝突したりする場合には、物権変動におけると同様の対抗関係が生じる。そのため、第三者対抗要件も問題になる。

　この点、対抗要件取得の方法には、民法による方法と、特別法による方法との２つがある。以下に説明しよう。

3-30 　**(b) 民法の規定する対抗要件**　民法は債権質設定につき債権譲渡についての467条を準用した（364条）。①その結果、質権を設定した債権者が債務者（第三債務者）に通知（形式は問わない）するか、債務者が質権設定の事実を認容するかいずれかが、債務者への債権質の対抗には必要とされる。②第三者への対抗には、467条２項の準用により、確定日付ある証書による質権設定についての、設定者（債権者）による債務者への通知かまたは債務者による承諾が必要になる。準用はされていないが、468条１項を類推適用でき、債務者は質権設定通知までに生じた事由を質権者に対抗することができると考えるべきである。

3-31 　**(c) 動産および債権譲渡特例法の規定する対抗要件**　日本における事業者の意識には、担保は第１に不動産、次に動産、それもない場合、最後に債権が担保にとられ、また債権譲渡がされるような企業は危ない状態であるという根強い偏見があった。そのため、債権譲渡などを債権者に知られないで第三者に対する対抗要件の具備が可能な方法（いわゆる**サイレント方式**）が希求されたのである。そこで、2004年（平成16年）に、いわゆる債権譲渡特例法――現在では改正され動産および債権譲渡特例法になる――によって、法人が有する債権に限り、法務局等に、磁気ディスクによって作られた債権

譲渡登記ファイルに質権設定登記——法律の表題は「譲渡」になっているが、債権質にも適用され、質権設定登記も可能——がされたときは、第三者については、民法467条2項の確定日付ある証書による通知があったものとみなされている（同法14条・4条1項）。

　上記特例法の質権設定登記はあくまでも第三者への対抗要件にすぎず、質権者が第三債務者に対して同法11条2項に定める登記事項証明書を交付して通知をするか、または、第三債務者が承諾をすることが、第三債務者に債権質を対抗するためには必要とされる（同法14条・4条2項）。

3　債権質の効力

3-32 (1)　質権の効力の及ぶ債権

　債権質が設定された場合に、その設定された債権——利息債権や遅延損害金債権も含めて——に質権の効力が及ぶのは当然であるが、質権が設定された債権に抵当権などの物的担保、また保証債務などの人的担保といった権利が付いている場合には、従たる権利として、これらにも質権の効力が及ぶ。従物の議論の応用であり、抵当権の370条のような特別規定がないので、87条2項の物以外への類推適用ということができる。また、物上代位の規定も適用されるので（350条・304条）、債権が消滅して代位物が発生するような場合には、その代位物である債権などに質権の効力が及ぶことになる。例えば、質入債権につき第三債務者への対抗要件が満たされていない段階で478条の適用ある弁済がなされ、質入債権の債権者に受領者に対する不当利得返還請求権が成立する場合には、質権者はこれに物上代位できる。478条が、質権者と詐称した者に適用される場合には、債権質権者自身が不法行為または不当利得を理由に固有の損害賠償請求権ないし不当利得返還請求権を取得することになる。

3-33 (2)　優先弁済的効力——直接取立権

　①金銭債権に質権が設定された場合、債権質権者は、民事執行法により質入債権を差し押さえて、他の債権者に優先して弁済を受ける方法も可能であるが、差押えをするまでもなく、債権質には取立権が認められている（366条1項）。当然のことながら、取り立てられるのは被担保債権額に限定される（同条2項）。

質入債権の弁済期が、被担保債権の弁済期よりも先に到来した場合には、質権者はいまだ取立てはできないが、第三債務者に対して、その弁済金額を供託するよう請求することができ、質権は、質入債権の債権者の有する供託金——供託金請求権——の上に存続する（366条3項）。質入債権の債権者が請求しても、第三債務者は支払を拒絶できるが、質入債権の債権者も供託は請求できるというべきである。

　②なお、債権質は金銭債権以外の債権についても設定が可能であり、物の引渡しを目的とする債権に質権が設定された場合、質権者は第三債務者に自己への目的物の引渡しを求めることができ（366条1項）、これは自己の債権額に対応する部分に限られず（同条2項反対解釈）、引渡しを受けた目的物について質権の成立を主張できる（同条4項）。

3-34 **(3) 債権質の質入債権に及ぼす拘束力**

　(a) 質入債権の債権者＝質権設定者に対する効力　民法に特に規定はされていないが、債権に質権が設定されると、質入債権について、質権が設定された債権の債権者およびその債務者は、質権者の同意なしに質権を設定した債権を消滅させたり変更することはできなくなる。差押えの効力を規定した481条を類推適用し、質権が設定された債権の債権者ないし債務者の行う、債権の取立て、弁済、免除、相殺等、その債権を消滅・変更する一切の行為は、質権者に対抗できないと考えられている（我妻191頁など）。このため、質権設定者たる質入債権の債権者は、免除したり、弁済を受けたり、相殺をしたりしてその債権を消滅させてはならない拘束を受ける[62]。質入債権の債権者は債権譲渡できるが、第三者に対する対抗要件を満たしていれば、譲受人は質権の負担の付いた債権を取得するだけである（追及力）。

3-35 **(b) 質入債権の債務者＝第三債務者に対する効力**　第三債務者は質入債権の債務者ではあるが、質権の設定者に支払ってはならない拘束を受け、支払っても質権者に対抗できない（481条類推適用）。ただし、第三債務者は供託を

---

[62] 最判平18・12・21民集60巻10号3964頁は、倒産事件であるが、質権設定者の担保保存義務として説明をしている。すなわち、「債権が質権の目的とされた場合において、質権設定者は、質権者に対し、当該債権の担保価値を維持すべき義務を負い、債権の放棄、免除、相殺、更改等当該債権を消滅、変更させる一切の行為その他当該債権の担保価値を害するような行為を行うことは、同義務に違反するものとして許されない」という。

して債務を免れることはできる（494条）。判例は、預金債権に質権が設定された事例で、銀行からの相殺の効力を否定している（大判大5・9・5民録22輯1670頁、大判大7・12・25民録24輯2433頁）。しかし、第三債務者が、弁済はできなくなるとしても、相殺もできなくなるかは、差押えと相殺および債権譲渡と相殺という問題とパラレルの問題であり、これは債権譲渡と相殺の問題とパラレルに解決されるべきである。現在では、差押えと相殺また債権譲渡と相殺とにつき、判例はいわゆる無制限説を採用しているため、ここでも、債権質設定の対抗要件を具備する前に、第三債務者が反対債権を取得していれば、相殺が優先されることになる。上記大判大5・9・5も、「第三債務者は質権設定の通知を受け又は之を承諾したる時より以後に取得したる質権設定者に対する債権を以て質権者に相殺を対抗することを得ざるものと解する」と、債権質の対抗要件具備後に取得した債権による相殺を否定するだけである。

第4章
譲渡担保・所有権留保
および仮登記担保

§Ⅰ 動産および不動産譲渡担保（譲渡担保①）

1 譲渡担保の意義

4-1　**譲渡担保**とは、財産権を債権担保目的でなす「譲渡」であり、目的物は、動産、不動産、債権等が考えられ、また、動産についてはいわゆる集合動産、債権についても集合債権を対象とするものもある。当初は、物権法定主義もあり、民法の用意した担保物権の規制を回避する不適切な取引として無効とする判決も出されたが、今では実務の合理的な要請に基づくものとして積極的に評価されるようになっている。

　どのような点に実務の需要に応える合理性があるのかというと、①動産の非占有担保、しかも、集合動産を包括的に担保にとれること、②私的実行による債権回収が可能なこと、また、③抵当権では実行の妨害に悩まされるが、不動産譲渡担保では所有権を移転させるため、債権者が所有者として自ら適切な妨害排除を行うことができること、④不動産では後順位抵当権の設定を防止できることなどがある。ただし、②は債務者に不利益を与える危険性があり、④は設定者が残余担保価値を利用できなくなるという不都合にもつながる。

　判例をみると、「担保」のための「譲渡」すなわち「所有権」の移転を認めるが、「担保」を「原因」とした所有権の移転という玉虫色に輝く不可思議な権利関係の解明が必要になる。

　ところで、所有権を移転するためには売買等の原因が必要であり、物権行為の独自性・無因性を認めない日本法ではただ単に所有権を移転するという合意は認められない。では、「担保」ということが所有権「移転」の原因になりうるのであろうか。これを肯定して譲渡担保を所有権移転事由として認めるとしても、「担保」が原因であり、売買等の最終的な所有権移転が目的とはされていないので、完全な所有権の移転ではなく債権者が取得するのは「譲渡担保権」という所有権であり、買主らの取得する所有権とは異なるとしても、何がどう異なるのかが問われるのである。

4-2 ◆**譲渡担保は脱法行為かまた物権法定主義に反しないか**
　譲渡担保については、①動産については占有質しか認められておらず、また、流質が禁止されているのに対して脱法行為ではないか、②所有権という形式はとりつつ「譲渡担保権」という特殊な権利と構成することは、物権法定主義（175条）に反しないか、といったその有効性をめぐって疑問がある。
　民法施行前の判例であるが、当初の判例は、その実質は抵当直流の合意であり、譲渡と表示するのは虚偽表示であり無効であるとした（大判明30・12・8民録3輯11巻36頁☞4-5）。しかし、その後は有効と認め、脱法行為という点については、動産については質権しか認めていないことに対して、譲渡担保は実務の要請から生じてきたものであり、認めて差し支えないものと考えられている（大判大3・11・2民録20輯865頁）。
　次に、物権法定主義との関係については、実務の要請に合致するものであり、さらには、公示不備によって生ずる第三者の被る不利益も、然るべき救済策を伴っているのであるから（192条）、175条の趣旨に反するものではない、と説くのみで十分であり、「『慣習上の物権』か否かを問うことなく、端的に、内容の確定度が高いことを指摘すれば足りる」と説明される（米倉・譲渡担保55頁）。さらには、「事態を率直にとらえる限り、譲渡担保の場合には、取引需要が正面から強行法規（民175条）を破っているのだ、ということもできよう」とし、「取引需要がもたらした新しい利益が現行法秩序と抵触しないことを論定すべきであろう」ともいう（同56頁）。

4-3 ◆**譲渡担保と売渡担保──売渡担保という概念は必要か**
　大判昭9・8・3民集13巻1536頁は、「広く売渡担保と云ふときは、或る財産権を債権の担保とする場合に担保権の設定を為さず該財産権を担保の目的を以て信託的に譲渡することを総称するものなるも、其の法律的形態必ずしも一様ならず。①或は主たる債権は依然之を存続せしめつつ当該財産権を譲渡する場合あり、②或は当該財産権を真実の売買に因り移転し代金は既存債務と相殺し爾後何等の債務関係を残存せしめざる場合あり。後の場合に対して売渡担保なる語を使用し、前の場合は之を譲渡担保と称するを以て用語上精確なりとの論あるも、吾邦に於ては取引上未だ斯る用語上の区別を為すことなく、右両種の場合を総称して売渡担保なる用語を使用するものの如し」と述べている。債権を残す譲渡担保と、債権を残さない売渡担保とが分けられ、両者を総称して売渡担保とされているのである。
　これに対し、金銭債権を担保するために権利移転方式をとるのが譲渡担保であり、目的物について売買契約を締結し、売主が代金を支払って取り戻すことができる特約が付いているにすぎないものを売渡担保として、被担保債権の存在を伴うか否かで区別する提案もされている（高木331頁）。これを突き詰めていけば、

後者の売買契約は真正売買で買戻特約が付いているにすぎず、譲渡担保以外に売渡担保といった概念は不要となる。買戻特約の形式をとる場合でも、目的物の引渡しがされない場合には、それは売買契約ではなく譲渡担保と認められており（最判平18・2・7民集60巻2号480頁）、現在では、判例上も譲渡担保か真正の買戻しかの2分類に整理がされている。

2　譲渡担保の法的構成

4-4 **(1) 問題点**

「譲渡担保」は、「担保」を「原因」として所有権を移転する取引である。「担保」は被担保債権を前提とし付従性また随伴性を本質とし、それを原因とする所有権の移転とはどういう権利関係であろうか。ただ、「担保」という目的の中には「債権回収」を図るということも含まれ、債権回収のために所有者として処分する権限ないし自分に財産権を帰属させる権限が認められる——私的実行による債権回収——。判例・学説は、この難問に立ち向かって揺れ動いており、以下ではまず判例の流れと現状を確認し、その後に学説を一瞥してみたい（歴史的流れについては、田高・展開120頁以下参照）。

4-5 **(2) 判例の状況**

(a) 当初は虚偽表示とした　判例の流れを要約すると、①譲渡は虚偽表示であり抵当直流の合意と認定し無効→②所有権が外部においてのみ移転→③所有権が内外的共に完全に移転→④「債権担保の目的を達するのに必要な範囲内においてのみ」の所有権の移転（現在）、と変遷している。まず、民法施行前の判例であるが、当初の判例は、その実質は抵当直流の合意であり、譲渡と表示するのは虚偽表示であり無効であるとした（大判明30・12・8民録3輯11巻36頁）。その上で、抵当直流を条理上許されないものとして、隠匿されていた行為自体も無効としている。買戻特約付きで土地を債権者に担保目的で売却した事例で、売買契約は虚偽の意思表示として無効であり所有権が移転していないとして、債権者からの悪意の譲受人に無効をもって対抗することができるとした判例もある（大判明39・10・10民録12輯1232頁）。

4-6 **(b) 有効とし所有権の移転を認める**　しかし、判例はその後、譲渡担保を有効と認めまたその効力として所有権が移転することを認める。ところが、ただ所有権を移転する合意はできず、何らかの「原因」がなければならない

ため、そこで学説により考えられたのが「信託」という原因である。「担保」は動機ないし目的にすぎず、担保を所有権移転の原因にはできないが、売買などと同様に「信託」も所有権の移転原因として認められるため、信託を原因として説明しようとしたのである（岡松参太郎「信託行為ノ効力ニ関スル学説ヲ批評ス」内外論叢 1 巻 4 〜 6 号）。そのほかに、「売買」を原因とする売渡担保という概念も認め、売買を原因として担保を動機ないし目的に追いやり、代金を返還することで所有権を取り戻せる担保取引も認めようとした。しかし、4-3 に述べたように、現在では譲渡担保か真正売買（買戻特約付き）かに整理される。判例は当初、この信託といった構成に従っていた。

4-7　㋐　**「信託」を原因とした移転に外部と内部とを区別する**　①判例は所有権移転の原因を「信託」に求め、「担保」を目的・動機の次元に追いやった。しかし、「担保」という目的を所有権の移転の内容に反映させて、「債権担保の目的を達せんとするものなるが故に、所有権の移転は此目的を遂行するに必要なる範囲内に於て其効力を生ずるもの」とし、「所有権は第三者に対する外部関係に於ては債権者に移転するも、当事者間の内部関係に於ては移転することなく、債務者は依然所有権を有するものと為すを至当とす」とした（大判明 45・7・8 民録 18 輯 691 頁［土地の譲渡担保］）。いわゆる「弱い譲渡担保」（外部のみ移転）を認めたのである。

②その後、漁業権の譲渡担保の事例で、外部のみ移転か内外共移転かは、当事者の意思表示解釈によって決せられるとしつつも（大判大 4・12・25 民録 21 輯 2212 頁）、外部のみ移転を原則とした（大判大 5・9・20 民録 22 輯 2212 頁）。しかし、不動産の譲渡担保の事例で、原則が逆転され、いずれか不明な場合には、当事者の意思は内外共に所有権を移転する意思であると推定すべきであると変更される（大連判大 13・12・24 民集 3 巻 555 頁）。本判決は、「凡権利は一定の権利者に属するか又は属せざるか二者其の一を出でざるを原則とし、権利が利害関係人の異なるに従ひ其の所属を異にし、或者に対しては甲が権利者たり他の者に対しては乙が権利者たりと云ふが如きは異例に属す」、内外移転か外部のみ移転か「其の何れなるや当事者の意思明ならざる場合に於ては、其の意思は内外共に財産権を移転するに在りと推定するを相当とす」と判示された。外部のみ移転という合意の可能性を否定するのではなく、いずれと推定するかについての判断にすぎない。

§I　動産および不動産譲渡担保（譲渡担保①）

4-8　(イ)　「担保」を原因とした所有権移転の承認？　ところが、その後、判例は、内外共に移転か外部だけ移転かという議論をしなくなる。特に戦後における担保権的構成の登場・有力化の影響もあってか、所有権移転を認めつつも、次第に担保権的構成に匹敵する結論を認めるようになる。戦後の判例は、所有権移転の「原因」を曖昧にして、「債権担保のために目的物件の所有権を移転する」などと表現するだけになり、所有権移転の「原因」をめぐっては、明言されないままなし崩し的に「担保」を原因として承認することが当然視されるようになる。ついには通達により登記原因として譲渡担保が認められるようになった（☞ 4-19）。

　なし崩し的に認められるに至った「担保」を原因とする所有権移転とは一体何なのか、次第に判例の積み重ねにより解明されていく。被担保債権に対して付従性を必然とする「担保」を原因とする所有権の移転については、「所有権移転の効力は債権担保の目的を達するのに必要な範囲内においてのみ認められる」ということが、今や確立した判例となっている。このように、「担保」を「原因」とした所有権移転の承認、しかし、所有権移転の効力は「担保の目的」を達するのに必要な限度にとどめられる、ということから、判例は、所有権移転といいつつ「譲渡担保権」、「譲渡担保権者」、譲渡担保権の「設定」などという表現を採用し、また、実質的には担保権的構成と変わらない内容を認めている。これは、所有権移転を認めるかどうかという形式をとって「所有権的構成」というならば所有権的構成であるが、「担保」という「目的」の限度に所有権の移転を制限するという、実質的には「担保権的構成」である。純粋な所有権移転を認めるもの以外を「担保的構成」と分類するならば、「担保的構成」ということも許されよう——担保権的構成を包含する上位概念として「担保的構成」を認める形での整理がなされるべきである（☞ 4-14）。

4-9　◆「担保の目的を達するのに必要な範囲内での所有権の移転」

　所有権の移転を認めつつ、これを担保の範囲に限界づけることから、判例は以下のような種々の結論を導いている。

　①まず、債権回収が目的であるから、目的物の価額が被担保債権額を上回っている場合には、債権者に清算義務を認める（最判昭46・3・25民集25巻2号208頁）。代物弁済予約について清算義務を認めた最判昭45・9・24民集24巻10号1450頁が援用されている。②担保のために所有権を譲渡した設定者による、目

的物の不法占有者に対する明渡請求が認められている（最判昭 57・9・28 判時 1062 号 81 頁）。ただし、法的根拠は所有権ではなく、「完全な所有権を回復することができる」法的地位とされている。③他人の物に保険を付することはできないが、譲渡担保権者のみならず担保のために所有権を譲渡した設定者にも、被保険利益が認められている（最判平 5・2・26 民集 47 巻 2 号 1653 頁）。「譲渡担保が設定された場合には」とまで表現している。④「譲渡担保が設定された」、「譲渡担保設定者は、譲渡担保権者が……」といった表現を用いて、滌除権者（現在の抵当権消滅請求権者）と認められる第三取得者には譲渡担保権者は含まれないとする（最判平 7・11・10 民集 49 巻 9 号 2953 頁）。設定者が実行までは「完全な所有権を回復することができる」法的地位を留保しており、譲渡担保権者は「いまだ確定的に目的不動産の所有権を取得した者ではな」いことが理由である。⑤集合動産譲渡担保の事例で、譲渡担保権者による物上代位を認めている（☞ 4-21）。⑥転譲渡担保の場合に原譲渡担保権者に目的物の差押えを排除する権利が認められている（最判昭 56・12・17 民集 35 巻 9 号 1328 頁）。⑦集合動産譲渡担保の事例につき、<u>後順位譲渡担保の成立の可能性が認められている</u>（最判平 18・7・20 ☞ 4-45）。⑧設定者に更生手続が開始したときは、譲渡担保権者は更生担保権者に準じて更生手続によってのみ権利を行使すべきであり、目的物の所有権を主張し<u>取戻権を行使することはできない</u>（最判昭 41・4・28 民集 20 巻 4 号 900 頁）。

　設定者の一般債権者が譲渡担保の目的物（動産）を差し押さえた場合に、譲渡担保権者に第三者異議の訴えが認められているが（最判昭 56・12・17 前掲）、所有権でなければ第三者異議は根拠づけられないものではない。ただ、所有権移転という形式をとるため、不動産譲渡担保で、弁済がされたのに、登記名義を回復しないでいるうちに、登記上所有者のままになっていた元譲渡担保権者が目的不動産を第三者に譲渡した事例で、177 条が適用されている（最判昭 62・11・12 判時 1261 号 71 頁）。また、集合動産譲渡担保の事例で、譲渡担保権者は 333 条の第三取得者と認められているが（最判昭 62・11・10 ☞ 4-66）、その後に出された、譲渡担保権者に滌除権を否定する判決（☞④）と抵触する可能性があり、判例は変更されたと考える余地もある。

4-10　**(3) 学説の状況**

　(a) 所有権的構成──信託的譲渡説から所有権分属的構成へ

　❶ **信託的譲渡説**　戦前の学説は、譲渡担保について所有権移転の「原因」を「信託」と構成し、担保目的を債権的の拘束のレベルに追いやっていた。「所有権は何人に対する関係に於ても、一旦有効に債権者に移転し、唯債権者は、信託約款に違反せざるべき債務を負」うにすぎないと説明がされる（勝本 252 頁）。そして、当時の判例に対し、外部は移転するが内部的には

移転しないことを欲するのは「一種の虚偽表示」を認めることにほかならず、このような説明は「比喩的」なものにすぎないと批判をしていた（勝本255頁、三瀦272頁以下）。この立場では、設定者は何ら物権的権利を有さず、譲渡担保権者が所有者となる。近時でも、所有権の構成を採用し、担保目的による制限を債権的拘束にとどめる考えはある（古積413頁以下）。

4-11　❷　**その他の所有権的構成**　譲渡担保において所有権の移転を認める考えを広く「所有権的構成」ということができるが、所有権移転の「原因」を明確にすることはせず、所有権の移転を肯定しながら設定者にも物権的な権利を認めようとする学説もある。この学説にも種々のバリエーションがある。

①設定者から譲渡担保権者に所有権が移転され、担保目的を超える所有権の部分――これも物権的性質を有する――を設定者に戻し、これを「設定者留保権」という**二段階物権変動説**（鈴木・分化353頁以下・480頁以下）があり、「両者とも質的にいわば部分的な所有者」であり、具体的な問題ごとに、あるいは設定者、あるいは担保権者を所有者と位置づけてそれぞれの問題を処理することが必要であるという（鈴木368頁）。②また、設定者から設定者留保権を差し引いたものが設定者から譲渡担保権者に移転しているという**設定者留保権説**もあり（道垣内298頁、高橋284頁）、譲渡担保権者は「設定者留保権付の所有権を取得しうるに過ぎない」とし、弁済により取り戻されてしまうという「負担付の所有権」であるというのも（内田536頁）同旨といえようか[63]。判例はこの立場に親和的であるが、次の物権的期待権のような説明も採用し玉虫色の説明をしている。本書は所有権の分属を認め、判例また②の立場を支持したい。判例が担保を限度とする所有権のことを「譲渡担保権」と呼んでいることはすでに述べた。③さらには、説明の差にすぎないが、債権者はいまだ完全な所有権を取得しているとはいえず、担保実行により完全

---

63)　債権者は目的物の所有権を取得するが、実質的に把握しているのは被担保債権の額だけであり、それを超える部分は債務者がなお留保している結果、所有権が価値的に分属しているものと考える学説は前からあった（我妻599頁）。本文のように所有権の分属を問題にするのが近時の学説であるが、所有権は譲渡担保権者に帰属することを認めつつ「価値」の分属を問題にする。すなわち、「要するに、目的物の所有権は担保権者に帰属し、設定者の許ではゼロになっているが、損害賠償の目的物の価値は、担保権者と設定者とに分属しているといわなければならない。いわば、所有権の価値的分属である」と述べる（我妻599頁～600頁）。そして、近時の学者の関心は、「譲渡担保における目的物の価値的分属を物権的に（第三者に対する関係でも）認めようとすることである」と評している（我妻605頁）。

な所有権を取得しうる地位を有するにとどまり、設定者にも弁済により所有権を留保または復帰させうる物権的性質を有する法的地位（期待権）が認められるという**物権的期待権説**もある（川井 461 頁、星野 319 頁・324 頁、竹内俊雄『譲渡担保』等）。

4-12　**(b)　担保権的構成**　戦後、契約は当事者の用いた譲渡という表示ではなく、当事者が追及した経済的な実態を法的に構成すべきであり、先の虚偽表示という疑問を意思表示「解釈」により解決し、所有権の「移転」ではなく直截に「担保権」設定と理解する学説が登場する——所有権の移転を虚偽表示として無効とし、隠匿行為である担保権の設定を有効とする説明もある（加賀山・講義 532 頁以下）——。譲渡担保を直截に「担保権」の「設定」と構成する考えを広く「担保権的構成」といえるが、担保権をどう理解するかで以下のように分かれる。

　①まず、目的物の占有を移さず、その担保価値だけを把握させるのは民法では抵当権と構成されており、譲渡担保も直截に抵当権（いわば非典型抵当権）を設定する合意として解釈すべきだという**抵当権説**もある（米倉・研究 44 頁以下）。しかし、担保価値だけを把握する担保権を抵当権と構成しなければならない必然性はなく（先取特権は法定抵当権になる）、担保価値だけを把握する担保物権にも色々な種類のものがあって然るべきであり、また、譲渡担保は抵当権と色々な点で異なっていると批判がされる。②そこで、表現の問題にすぎないが、抵当権ではないが、担保価値だけを支配するという抵当権類似の担保物権として構成する**担保権説**もある（高木 333 頁、近江 320 頁、槻 318 頁、加賀山・担保法 642 頁以下、同・講義 531 頁以下）。譲渡担保と仮登記担保法との関連を意識し、「仮登記担保権に類似の担保物権に準じる権利」と構成する学説もある（石田穣 678 頁）[64]。

---

64)　田高教授は、動産・不動産で譲渡担保の効用に差があり、両者を区別する必要性を認め、動産については担保権説を適切なものとし（田高・展開 152 頁以下）、他方、不動産については、譲渡担保とは切り離し、流抵当特約を所有権移転登記で公示することにより、担保権の私的実行を可能にすること、そして担保物権に新たに関与してくる第三者の出現を排除することを効用とするものであり、「第三者の出現を排除することで私的実行を確保する抵当権である」と構成する（田高・展開 227 頁以下・312 頁）。そして、担保権の実行を私的自治に委ね任意処分を許容するとしても、適正な手続がとられるよう一定の制約が必要であるとして、これにつき有効な解決手段を用意している仮登記担保法の類推適用がされるべきであるという（田高・展開 228 頁）。

§Ⅰ 動産および不動産譲渡担保（譲渡担保①）

担保権の設定と解することにより、所有権移転の「原因」問題を回避できるが、担保権的構成に共通する批判として、担保権の設定と解するのは私的自治の封殺であり、過剰な介入であるなどと批判されている（船越380頁）。

4-13　◆後順位譲渡担保権
　最判平18・7・20（☞4-45）は、傍論としてではあるが、所有権的構成に依拠するこれまでの構成について変更することなく、後順位譲渡担保の可能性を認めつつ、後順位譲渡担保権者による実行を否定した。学説では、担保権的構成の公示不要説では、設定順に後順位譲渡担保の成立が認められ（米倉・研究101頁、高木355頁、近江318頁）、所有権的構成でも、信託的譲渡説以外では、設定者に残された設定者留保権についての譲渡担保を認めるという説明により、同一物について複数の譲渡担保の成立を認めている（鈴木・分化386頁以下、508頁、内田531頁以下、道垣内310頁）。所有権的構成では後順位譲渡担保権を認めるのは無理であると批判されるが、「担保」を原因とする特殊な制限された所有権の「移転」では、設定者に利用権が設定者留保権として保持されているだけでなく、依然として「担保」を原因とする所有権の「移転」をする権限も残されており、「原因」とされた「担保」の優劣を考えることができる。

4-14　◆「担保権的」構成と「担保的」構成
　「担保権的構成」に「所有権的構成」を対置すれば、所有権的構成は所有権の移転という形式を認める学説全てが含まれ、設定者留保権説も所有権的構成に分類できる。これに対して、「担保的構成」に「所有権的構成」を対置すれば、「担保」を所有権移転の原因と認めず「信託」を原因として認める完全な所有権の移転を認める信託的構成のみに所有権的構成は限定される。「担保」を原因とする所有権移転を認めつつ、完全な所有権の移転を認めず担保に必要な限度での移転に限定する判例は、担保的構成であり所有権的構成ではないことになる。言葉の問題にすぎず、判例は、担保権の設定ではなく形式的なタイトルとしての所有権の移転を認めるので、「担保権的構成」ではないが「担保的構成」とはいうことができる。本書も担保権の設定と構成する「担保権的構成」ではないが、「担保」を「原因」とするまたその限度での所有権移転を認めるので「担保的構成」になる。所有権移転「形式」しかし「実質」担保権たる譲渡担保の設定という説明は、確かに煮え切らないもどかしい説明であるが、そもそも譲渡担保は偏光的な「ぬえ」的取引であり、「ぬえ」の正体は猿か狸かには決められず猿でも狸でもあることを前提として議論する必要がある。

4-15　◆譲渡担保の付従性・随伴性
　上記の意味では担保的構成では所有権の移転を認めつつ「担保」としての制限

が認められるため、担保制度としての扱いが可能になる。被担保債権がなければ契約は無効であり、被担保債権が弁済により消滅すれば、移転という形式をとるため「消滅」ではなく「復帰」となり、債権が譲渡されれば随伴することになる。随伴性の帰結として、被担保債権について別個に保証人がおり保証人が保証債務を履行した場合、債務者が設定した譲渡担保権に弁済者代位することが可能となる。担保権的構成であれば当然であるが、所有権の構成でも「担保」を「原因」としまた担保目的を限度とする所有権の移転であり（担保的構成）、被担保債権に付従性を有し、その消滅により所有権の形式をとる譲渡担保権が消滅する（ただし、登記をしないと第三者には対抗できない）のと同様に債権の譲渡に随伴し、また、弁済者代位により代位取得される。譲渡担保権が物上保証人によって設定された場合には、501条後段5号により保証人は譲渡担保権を頭割りで50％の割合で代位取得できるにすぎない。

3 譲渡担保権の設定

4-16 **(1) 設定契約——当事者・目的物・被担保債権**

譲渡担保契約は、目的物の所有者と債権者とによる、目的物の譲渡の形式をとった諾成不要式の契約である。担保提供者は債務者である必要はなく、第三者（物上保証人）による譲渡担保も可能である。また、債権者以外の第三者に譲渡する形をとることもできる（大判大7・11・5民録24輯2122頁）。目的物は、物である必要はなく、譲渡できる財産であれば一切可能である。債権の譲渡担保も可能である（債権の譲渡担保については☞4-68以下）。

譲渡担保の被担保債権は将来の債権でもよく、また、不特定多数の債権を担保する根譲渡担保も有効である（道垣内302頁）。被担保債権の範囲については、不動産譲渡担保であっても利息や遅延損害金についても2年の制限を受けない（道垣内307頁）。被担保債権の登記による公示を要求できず、また、抵当権とは異なり、不動産では後順位譲渡担保の設定はできず、後順位担保権者の計算可能性を保障する必要もないからである。

4-17 **(2) 対抗要件（譲渡担保権の公示）——第三者の取引安全保護**

(a) 動産譲渡担保の対抗要件

(ア) 民法上の対抗要件 所有権的構成であれば、所有権の移転という形式をとるため、所有権移転の対抗を問題にすることができ、動産では178条により目的物の引渡しが譲渡担保による所有権移転の対抗要件となる。譲渡担保においても占有改定が対抗要件として認められている。判例は、集合動

産譲渡担保について契約当初の占有改定により集合物全体につき包括的な対抗力の取得を認めることは後述する（☞4-65）。

他方、担保権的構成では、公示されるべき物権変動は「担保権の設定」ということになる。このことを貫徹して、動産についてはネームプレートによるべきであるという提案もある（吉田眞澄「判批」判例Ⅱ14頁）。しかし、担保権的構成では、動産では対抗要件を不要として、第三者の保護は即時取得（192条）によって図ればよいという公示不要説が有力である（米倉・研究50頁）。対抗要件制度による制限がない限りは、物権変動は本来全ての者との関係でその効力が生じるのであり（対抗可能性の原則☞物権法3-6）、譲渡担保権の設定には178条が「譲渡」に限定していることから適用にならないことになる。

4-18　(イ)　**動産譲渡登記**　2004年（平成16年）に債権譲渡特例法が動産・債権譲渡特例法に改正され、動産譲渡登記ファイルによって動産の譲渡の対抗要件を満たすことが可能とされた。その3条1項は「法人が動産（当該動産につき貨物引換証、預証券及び質入証券、倉荷証券又は船荷証券が作成されているものを除く。以下同じ。）を譲渡した場合において、当該動産の譲渡につき動産譲渡登記ファイルに譲渡の登記がされたときは、当該動産について、<u>民法第178条の引渡しがあったものとみなす</u>」と規定する。集合動産の譲渡登記も可能である。

この登記の効力は、「民法第178条の引渡しがあったものとみなす」（法3条）というものである。したがって、動産についての、現実の引渡し、簡易の引渡し、占有改定、指図による占有移転に続く第5番目の対抗要件が認められたにすぎず、いずれかを先にすればよいことになる。動産譲渡登記を備えた場合に、その後の即時取得を否定すべきかは立法に際して議論されたが、結局は断念され、その後の即時取得の可能性は容認されている[65]。

4-19　(b)　**不動産譲渡担保の対抗要件**　①まず、所有権的構成では、所有権の移

---

[65]　立案担当者の解説では、高額動産など一定の動産について譲渡されたら登記がされるのが通常であるという取引慣行が形成されたならば、即時取得を防止する効果があると説明するだけである（植垣勝裕・小川秀樹編著『一問一答 動産・債権譲渡特例法［3訂版］』15頁）。慣行が確立された場合に、その業界の関係者が取引した場合には、登記を確認しないのは過失があると認められ、即時取得は否定されることになる。

転についての対抗要件が問題になり、所有権の移転登記によることができる。現在では、所有権移転登記の登記原因として「譲渡担保」ということを記載することが、**昭和 54 年民三 2112 号民事局長通達**により認められている。しかし、債権額も利率も弁済期も何も記載されず、また、実行されて確定的に現在の名義人の所有者になっているのかも登記簿からは不明である。むしろ設定者留保権の公示が問題になり、債務弁済を停止条件とする所有権の復帰を保全するための仮登記によることを認める提案がされている（道垣内 299 頁）。原因を譲渡担保として登記することにより、設定者の設定者留保権（受戻権、清算請求権、使用収益権など）に対抗力を認める提案もされているが（鳥谷部・法理 13 頁・369 頁）、設定者留保権の消滅を登記で公示できない難点が残される。

②他方で、担保権的構成では、譲渡担保という担保物権の登記はできないため、所有権の移転登記をもって対抗要件として認めている（米倉・譲渡担保 71 頁〜2 頁）。所有権移転請求権保全の仮登記によるべきであり、売買を原因とする所有権移転登記は、実体を欠き無効であるという主張もある（吉田真澄『譲渡担保』72 頁以下）。

4　譲渡担保権の効力の及ぶ範囲

4-20　**(1)　効力の及ぶ目的物の範囲**

　従物に抵当権の効力が及ぶことを、① 370 条の解釈から導く学説は、同条の類推適用により、② 87 条 2 項の適用による学説では、同項の適用そのものにより、譲渡担保権が従物にも効力が及ぶことを説明できる。370 条を類推適用して、譲渡担保契約後の従物も、設置と共に譲渡担保権の対象となると考えてよい（古積 415 頁など）。実質的には担保権の設定であり、抵当権とパラレルに考え、主物についての 1 つの譲渡担保権（実質担保権たる所有権）の効力が従物に及ぶと考えるべきである。従たる権利についても同様であり、借地上の建物の譲渡担保で、借地権に譲渡担保の効力が及ぶことが認められている（最判昭 51・9・21 判時 833 号 69 頁）。

　学説には、不動産譲渡担保の場合に、370 条の類推適用を否定し、譲渡担保の効力の及ぶ範囲は、所有権的構成を貫徹して譲渡担保権者が設定者から目的物の所有権を取得した場合と同様に考え、87 条 2 項・243 条以下の適

用により、譲渡担保権設定時の従物、および、設定の前後を問わず目的物に付合した物に及び、譲渡担保権設定後の従物には及ばないという考えもある (道垣内305頁)。

4-21 **(2) 物上代位**

担保権的構成では、抵当権と同様に譲渡担保権に物上代位が認められるのは当然である。304条を類推適用することに支障はない。問題は所有権的構成であるが、担保目的に必要な限度での所有権の移転にすぎず実質的に担保権と同様であると考えるならば、物上代位を認めることは可能である。実質は抵当権にも等しい担保目的の所有権については、304条の類推適用が認められて然るべきである。ただ所有権的構成では、第三者の不法行為により目的物が滅失した場合に、所有者自身が被担保債権の限度で固有の損害賠償請求権の取得を認めることが可能であり、残額のみが設定者に帰属するので、物上代位による必要はない。物についての譲渡担保が物の滅失により債権についての譲渡担保に変わるようなものであり、被担保債権の弁済により、損害賠償請求権は債務者に移転する。これに対し、目的物が売却された場合には設定者に代金債権が帰属するので——保険金請求権も同様——、物上代位を問題にするしかない。

判例は集合動産の譲渡担保の事例で、売却代金への物上代位を認めている(最決平11・5・17民集53巻5号863頁)。しかし、何ら理由を説明しておらず理論的な解明はされていない。その後、同様に集合動産譲渡担保の事例で、損害保険金請求権への物上代位を認め、その理由づけについても「譲渡担保権者において譲渡担保の目的である集合動産を構成するに至った動産(以下「目的動産」という。)の価値を担保として把握するものであるから、その効力は、目的動産が滅失した場合にその損害をてん補するために譲渡担保権設定者に対して支払われる損害保険金に係る請求権に及ぶ」と、所有権移転といいつつも「価値」を把握する権利であることを認め、これを物上代位を認める根拠としている(最決平22・12・2民集64巻8号1990頁)。

4-22 **◆所有権的構成における物上代位の法的構成**

抵当権であれば、抵当権が代位物である債権に存続することになるのが物上代位であるが、所有権的構成では、担保的構成においても、債権者が有するのは担保という制限はあれども所有権であり、所有権が債権に存続するというのであろ

うか。
　物上代位を抵当権が消滅し法定担保物権として法定債権質が成立するという構成をとる立法であれば、所有権が消滅し法定債権質が「成立」するという説明は可能である。しかし、上記のように抵当権が存続するというのであると、担保を内容とする所有権が債権に存続するのであろうか。判例は物上代位を認めるというだけであり、譲渡担保の物上代位の法的構成について明確にしていない。①債権に譲渡担保の効力が当然に及び——または物上代位権の行使により及び——、債権について担保目的での移転という効力が発生するとするか、または、②物上代位になると、担保という実態が実現され、債権については無名の担保権が物上代位により成立するのであろうか。判例は「価値」というので、後者の立場と考えられる。

4-23　◆**譲渡担保に基づく物上代位の第三者への対抗**
　まず、動産譲渡担保権の物上代位については、抵当権のように登記がないので、抵当権設定登記で第三者に物上代位権を対抗できるということにはならない。したがって、むしろ参考にされるべきは動産先取特権についての判例（☞6-22）であり、第三者に対しても、差押えをもって対抗要件とすべきである。ただ問題は、動産についても譲渡登記がされている場合である。動産譲渡登記が普及すればこれをもって第三者に対する物上代位権の対抗力を認める余地があるが、現在のところでは、無理というほかない（学説も分かれる）。
　次に不動産譲渡担保権であるが、不動産については所有権移転登記がされている。不法行為による損害賠償については、既述のように譲渡担保権者自身に損害賠償請求権は帰属させてよいが、問題は保険金請求権である。差押債権者らに抵当権設定登記を確認することを求めるのであれば、登記を確認すれば担保を原因として所有権移転登記がされていることがすぐにわかる。そのため、抵当権設定登記に準じて、譲渡担保を原因とした所有権移転登記により物上代位権の第三者への対抗を認めてもよいであろう。

4-24　◆**集合動産譲渡担保における物上代位の時期的制限**
　集合動産譲渡担保については、①設定者は個別動産を通常の営業の範囲内で処分する権限を有するため、個別動産の代金債権に対する譲渡担保権者の物上代位を否定する見解があり（我妻665頁）、②他方で、営業の非継続を物上代位権行使の要件としなければならない必然性はないとして、このような要件を否定する学説もある（古積健三郎「判批」リマークス44号25頁）。
　近時、保険金請求権について、最決平22・12・2民集64巻8号1990頁は、「構成部分の変動する集合動産を目的とする集合物譲渡担保契約は、譲渡担保権設定者が目的動産を販売して営業を継続することを前提とするものであるから、

譲渡担保権設定者が通常の営業を継続している場合には、目的動産の滅失により上記請求権が発生したとしても、これに対して直ちに物上代位権を行使することができる旨が合意されているなどの特段の事情がない限り、譲渡担保権者が当該請求権に対して物上代位権を行使することは許されない」とした（差押時には営業廃止となっており、物上代位肯定）。保険金請求権についての判決であるが、代金債権についてもその趣旨は当てはまる。集合動産が販売されても、商品が補充され全体として価値が保たれていれば、代金債権への権利を認める必要はない（池田雅則「集合動産譲渡担保に基づく物上代位の効力に関する覚書」『財産法の新動向』188頁）。

　上記判例は、特約による例外的な物上代位の可能性を傍論的に認めるが、特約の効力を否定する提案がある（小山泰史「判批」判評632号［判時2120号］165頁）。上記の観点からは過重なる干渉を認めることになるので、特約の効力を否定する考えに賛成したい。通常の営業が継続している以上は——半額で売却しようと在庫が補充されるので、販売態様については詐害行為取消し以上の保護は不要——、商品の処分授権が有効であるだけでなく物上代位も認められるべきではない。ただし、譲渡担保権を実行できる状態になれば、目的物について譲渡を禁止して実行できるだけでなく、通常の営業中に生じた代金債権であっても物上代位ができるようになると考えるべきである。営業を継続していても、譲渡担保権を実行できるようになれば差押えが可能になる。

5　譲渡担保権の実行（私的実行）

4-25 **(1)　譲渡担保権の私的実行の許容**

　譲渡担保権の実行については、裁判所を介さずに私的実行ができる点が、譲渡担保の大きな実益の１つである。設定者の債権者が目的物（動産が問題になる）を差し押さえてきても、譲渡担保権者は第三者異議の訴えが可能であり、私的実行をする権利を奪われることはない。設定者による目的物の引渡請求に対して清算金支払との同時履行の抗弁権が認められるが、目的不動産の抹消登記ないし移転登記との同時履行の抗弁権は認められない。抵当権の抹消登記と同様に、弁済が先履行の関係になるからである。

　ところで、集合動産譲渡担保の事例において、傍論的に後順位譲渡担保権の設定を有効と認めつつも、後順位譲渡担保権者による実行が否定されている（最判平18・7・20民集60巻6号2499頁）。その理由は、「劣後する譲渡担保に独自の私的実行の権限を認めた場合、配当の手続が整備されている民事執行法上の執行手続が行われる場合と異なり、先行する譲渡担保権者には優先権

を行使する機会が与えられず、その譲渡担保は有名無実のものとなりかねない」ことである。

4-26 **(2) 譲渡担保権の実行方法**

譲渡担保権の実行方法としては、①目的物の所有権を債権者に確定的に帰属させ、目的物の評価額が債権額を超える場合には、その超過額を清算金として返還する**帰属清算**と、②その目的物を債権者が第三者に処分してその代金により債権を回収し、残余額を清算金として設定者に返還する**処分清算**とがあり、いずれの方法をとるかは当事者の合意による。清算金債権は、①では実行通知と同時に成立するのに対して、②では処分時となる。帰属清算では価格の評価の合理性を確保することが課題となるが、他方で、設定者は清算金の支払まで目的物の引渡しを拒絶できる。これに対して、処分清算では、処分の前提として目的物の引渡しを求めることができ、清算金支払に対して引渡しが先履行となってしまう点で、帰属清算の方が設定者の利益保護に厚い。処分清算では、「処分のためには、担保権者において担保権設定者に対し担保物の引渡を求め得る」とされ、建物の譲渡担保で、「右処分の権限あることを理由として上告人に対する本件担保物件からの退去及び引渡請求を認容したのは、正当であ」ると判示されている（最判昭36・8・8民集15巻7号1993頁）。全体的に評価すると、帰属清算の方が合理的な方法であり、いずれか不明な場合には帰属清算と認定すべきである。

4-27 **(a) 清算期間の必要性** 帰属清算においても、債権者による所有権取得の効果は、債務不履行により当然に生じるのではなく、抵当権の実行同様に実行するか否かは任意であり、債権者の実行＝自分に所有権を帰属させる意思表示によって初めて生じるものである。

①動産譲渡担保では、とりわけ集合動産譲渡担保では簡易迅速な実行が必要でありまたいずれにより処分が予定されているため、清算期間の設定は必要ではなく（近江315頁）、譲渡担保権者による実行通知がなされれば、譲渡担保権者は目的物の所有権を取得し、引渡請求は清算金があればその支払との引換えとなる。ただ、清算金の支払があるまでは、不動産と同様に受戻権を認めるべきである。

②他方で、不動産譲渡担保については、「仮登記担保法は私的実行の準則と考えるべき」であり、仮登記担保法2条の類推適用により、実行通知が

到達した日から2カ月を「清算期間」とし、その期間の経過によって初めて、譲渡担保権者は所有権（完全な所有権）を取得するという提案がされている（近江299頁、新注民(9)861頁［福地俊雄］、椿寿夫「判批」リマークス1号52頁）。この期間の経過により、譲渡担保権者は初めて目的不動産の完全な所有権を取得し、目的物の引渡しを請求できるようになる。所有権的構成においても、担保のための所有権から完全な所有権へと変わり設定者の設定者留保権が消滅するという効果が生じるので、仮登記担保法の類推適用を認めてよい。なお、清算金支払義務が成立する場合には、債務者は清算金の支払と引換えでの引渡しを主張でき、清算金の提供まで引渡しを拒絶することができる（☞4-30）。

たとえ清算期間が過ぎて実行の効果が生じても、設定者にはいわゆる受戻権が認められることは後述する（☞4-31以下）。

4-28 ◆**譲渡担保の自力執行権**

「私的実行を可能とする」点に大きな意義が認められる譲渡担保や所有権留保といった非典型担保権は、裁判手続を経ないで簡易迅速に担保権の実行＝債権回収ができることに実益がある。そして、立法例によっては自力執行まで容認されている（UCC第9編503条「……担保権者は、平穏を害さない限り司法手続によらないで、その占有を取得することができる……」。佐伯仁志＝道垣内弘人『刑法と民法の対談』224頁［道垣内］による）。この場合には、アプローチの仕方が、他人に損害を与えた場合でも自力救済ならば免責されるという違法性阻却事由的な規定の仕方——自力救済について一般規定を持つドイツ民法229条——ではなく、積極的な権利の形で規定がされていることが指摘されている（佐伯＝道垣内・前掲書225頁［道垣内］）。そして、わが国でも、非典型担保の私的実行については、債務者の承諾を得ないで持ち去ることをもう少し広い範囲で認めるべきことが主張されており（佐伯＝道垣内・前掲書246頁以下）、妥当であろう。

判例としても、工場の機械の譲渡担保の事例で、抵当権者が代わりに債務を支払うから持っていかないでくれと懇願したのに譲渡担保権者が持ち出した事例で、処分清算という権利を実行するための必須の行為であり不法行為ではないとされ（最判昭43・3・8判時516号41頁）、また、債務者が行方不明になった事例で、機械を譲渡担保権者が弁済期前に他の債権者から守るために搬出・管理し、その後弁済期になって売却した事例で、他の債権者が債務者の承諾を得ていないとして損害賠償を請求したのに対して、やはり不法行為が否定されている（最判昭53・6・23判時897号59頁）。

4-29 **(b) 超過価額の清算**

(ア) 清算義務（清算金支払義務） 譲渡担保の目的は債権回収であり、目的物の取得ではない。そのため、譲渡担保権者の清算金の支払は本質的な義務である。この点、目的物の値段の評価が容易ではない場合も考え、評価の手間と費用を省くために、清算を不要とする特約を認める実務上の要請がある。本来は超過・不足の両方の可能性があるのであるから、公平な条項としてその効力を認めてよいかのようである。しかし、実際には多めに担保をとるのが通常であり、また、契約の際の力関係からいうと債務者の方が弱い立場にあるため、債務者を政策的に保護する必要がある。そのため、仮登記担保法3条3項を類推適用して、清算金を支払わない特約は無効と考えるべきである。

なお、実行するかどうかは譲渡担保権者の選択に委ねられ、譲渡担保権者が実行をしようとしていないのに、設定者から目的物を提供して清算金の支払を求めることはできない（米倉・研究323頁）。判例も、「譲渡担保権設定者は、譲渡担保権者が清算金の支払又は提供をせず、清算金がない旨の通知もしない間に譲渡担保の目的物の受戻権を放棄しても、譲渡担保権者に対して清算金の支払を請求することはできない」と認める（最判平8・11・22民集50巻10号2702頁）。「譲渡担保権設定者が、受戻権を放棄することにより、本来譲渡担保権者が有している譲渡担保権の実行の時期を自ら決定する自由を制約し得ることとなり、相当でない」ことが理由とされている。

4-30 **(イ) 清算方法** ①処分清算の場合には、第三者に譲渡担保の目的財産を処分してその代金から被担保債権額を超える部分を、清算金として設定者に返還することになる。②帰属清算の場合には、目的物を適正に評価し――評価方法について合意があればそれによる――、その評価額が被担保債権額を超える部分が、清算金として設定者に返還されることになる。帰属清算の場合には、譲渡担保権者による目的物引渡請求に対して、「債務者が右清算金の支払と引換えにその履行をなすべき旨を主張したときは、特段の事情のある場合を除き、債権者の右請求は、債務者への清算金の支払と引換えにのみ認容されるべき」と、同時履行の抗弁権が認められている（最判昭46・3・25民集25巻2号208頁）。また、留置権も主張できる（最判平11・2・26判時1671号67頁参照）。

(3) 譲渡担保権設定者の受戻権

(a) 受戻権の意義

(ア) 帰属清算の場合——仮登記担保同様の受戻権あり

❶ **担保権的構成** 担保権的構成では、実行の効果が生じ被担保債権が消滅するまでは、抵当権設定者が弁済をして抵当権を消滅させることができるのと同様に、弁済をして譲渡担保権を消滅させることができる（実行前ケース）。この段階では、受戻権といった特別の権利を想定する必要はない。これに対し、実行の効果が生じた後は、債務は消滅し債権者は所有権を取得するので、もはや弁済をして譲渡担保権を消滅させる余地はなくなる。しかし、設定者の保護の必要性から、政策的に実行後も一定の要件の下に目的物を取り戻す権利を認めるべきである。これは**受戻権**と呼ばれ、仮登記担保法11条に仮登記担保権が実行され設定者が所有権を失った後でも、清算金が生じる場合には設定者に受戻権を認め、①5年の期間経過、②清算金の提供、または、③目的不動産の第三者への譲渡のいずれかまで受戻権の行使が認められている。帰属清算型の譲渡担保は仮登記担保に類似するので、仮登記担保法を類推適用する余地がある。

❷ **所有権的構成** 所有権的構成でも同様の権利を設定者に認めるべきであるが、判例では、受戻権の用語法については混乱がみられる。①まず、譲渡担保権の実行前でも、所有権が譲渡担保権者に移転しているので、設定者は債務を弁済して所有権を取り戻すことができる。しかし、それは、弁済して抵当権を消滅させたり質物を取り戻すのと変わりがなく、付従性による当然の効果である。それなのに、所有権の構成では「所有権を取り戻す」ことになるので、これも受戻権と称されている。②次に、譲渡担保権が実行され債権者（譲渡担保権者）が完全な所有権を取得し、設定者留保権が消滅し被担保債権が消滅した後も——所有権の構成でも、不動産ではこの効果が生じるには清算期間の経過が必要——、清算金の提供までは、設定者が債務相当額を支払って所有権を取り戻すことができるとすれば、この権利を受戻権と呼び、特別の要件を設定して認めるのは適切である。仮登記担保法を類推適用してこの意味での受戻権を認めるべきであり、また、清算期間や受戻権についての規定（仮担2条・3条・6条・7条・11条）の類推適用を認めるべきである。以下では、特に断らない限り②の意味で受戻権という用語を用いる。

第 4 章　譲渡担保・所有権留保および仮登記担保

4-33
◆**判例における受戻権**
(1)　実行前の事例
　受戻権への 167 条 2 項の適用が問題とされた最判昭 57・1・22 民集 36 巻 1 号 92 頁は、実行の意思表示がされていない実行前ケースにつき、受戻しは「債務の弁済により債務者の回復した所有権に基づく物権的返還請求権ないし契約に基づく債権的返還請求権、又はこれに由来する抹消ないし移転登記請求権の行使として行われるものというべきであ」り、「1 個の形成権たる受戻権であるとの法律構成をする余地はな」いとして、167 条 2 項の適用を否定した。実行前であり、質権の設定者が、被担保債権を弁済して質物の返還を求めることができることを権利として構成しようとするのを消滅時効に服せしめる必要がないとすることと同様である。4-32 ①の受戻権が問題になっているのであり、その独自の消滅時効を議論する必要はない。

4-34
(2)　実行後の事例
　最判昭 62・2・12 民集 41 巻 1 号 67 頁は、①実行の意思表示をしかつ清算金がない旨を通知するか（清算金がない場合）、②清算金の支払またはその提供をするか（清算金がある場合）、または、③第三者へ処分するか、いずれかの時点までは、設定者は依然として債権額全額を弁済することにより目的物の所有権を取り戻すことができるという。そして、上記最判昭 62・2・12 は、①②までは「債務者は、債務の全額を弁済して譲渡担保権を消滅させ、目的不動産の所有権を回復すること（以下、この権能を「受戻権」という。）ができる」と説明しており、実行の意思表示だけでは債務は消滅しておらずまた確定的な所有権も取得していないという理解が前提となっている。清算金が生じる場合にはその支払まで実行の効力が生じないという理解のようであり、実行前同様に依然として被担保債権を弁済し付従性により譲渡担保権を消滅させることができることになる。この理解ならば、実行前後で質的転換はなく本来的受戻権が登場する余地はない。しかし、実行通知により所有権は確定的に債権者に帰属すると考えるべきであり、前提に疑問が残される。

4-35
　(イ)　処分清算の場合　判例によれば、第三者に売却して清算する処分清算の場合には、第三者に売却されてしまえば第三者の所有になるので、清算金が生じる場合でも、受戻権を認める余地はない。そして、第三者が背信的悪意者であっても、受戻権が消滅することに変わりはない（最判平 6・2・22 民集 48 巻 2 号 414 頁）[66]。対抗関係ではないし、また、「そのように解さないと、権利関係の確定しない状態が続くばかりでなく、譲受人が背信的悪意者に当たるかどうかを確知し得る立場にあるとは限らない債権者に、不測の損害を被らせるおそれを生ずるからである」というのが理由である。そうすると、処

197

分清算型では譲渡担保権の実行が第三者への処分であり、実行後にも受戻権を認めるという議論の余地がないことになる。第三者への処分まで 4-32 ①の受戻権が存続しているだけである。

4-36　**(b) 受戻権の行使期間**　すでに述べたところからわかるように、受戻権の理解が混乱しているため、期間制限の理解も混乱を避けられない。①実行前は、抵当権や質権などと同様、弁済して担保を消滅させることについて消滅時効を問題にする必要はない（最判昭 57・1・22 ☞ 4-33）。②問題は、帰属清算型——処分清算型でも第三者に対する受戻権を認める異説でのみ同様——において、実行がされ本来ならば清算金の問題が残るだけで、債務も消滅しているため弁済して譲渡担保権を消滅させることが考えられないのに、清算金の提供があるまで消滅した債務と同額を支払うことにより一度失った権利の取戻しを認める 4-32 ②の受戻権である。本書としては、仮登記担保法 11 条を類推適用して、実行後にも設定者に 4-32 ②の受戻権を認め、同法 2 条 1 項の類推適用により実行通知から 2 カ月経過後に完全な所有権の取得を認め、その時から 5 年が経過するか、または、第三者に処分されたならば、受戻権は消滅するものと考える。

　担保権的構成を採用する学説からは仮登記担保法 11 条が類推適用されるべきことが有力に主張されているが、所有権的構成でも、①担保目的による所有権の取得、②実行による完全な所有権の取得、③受戻権消滅による完全な所有権取得の確定という 3 段階を分けることは不可能ではない。

6　設定当事者間の法律関係

4-37 **(1) 目的物の利用関係**

　担保権的構成では、設定者は所有者のままであり目的物の使用収益ができ

66）「不動産を目的とする譲渡担保契約において、債務者が弁済期に債務の弁済をしない場合には、債権者は、右譲渡担保契約がいわゆる帰属清算型であると処分清算型であるとを問わず、目的物を処分する権能を取得するから、債権者がこの権能に基づいて目的物を第三者に譲渡したときは、原則として、譲受人は目的物の所有権を確定的に取得し、債務者は、清算金がある場合に債権者に対してその支払を求めることができるにとどまり、残債務を弁済して目的物を受け戻すことはできなくなる」という。学説には、第三者に処分されても、悪意の第三者に対して受戻権の承継を認める提案もされている。担保という目的が最大限尊重できればよいからであり、また、第三者が譲渡担保権者と通謀して、受戻権を消滅させるために目的物を取得した場合には、受戻権の消滅を否定してよいという（古積 367 頁以下）。

るのは当然である。これに対して、所有権的構成では、設定者は所有者ではなくなってしまうため、その使用収益権の根拠の説明が必要になる。実際には譲渡という形式にあわせて、設定者は譲渡担保権者から賃借ないし使用貸借しているといった形がとられることになる。

　所有権の移転を認める学説においては、設定者に利用権が当然に認められ（鳥谷部・法理361頁以下参照）、設定者留保権という形で所有権が分属し、利用権限が設定者に残されることになる。譲渡担保契約における設定者に使用を認める条項は、譲渡担保であることの確認のための規定にすぎず、その合意の債権的効力により設定者が使用収益できると考える必要はない。設定者には譲渡担保の効力として担保物維持保存義務を認めれば足りる。なお、設定者の占有は自主占有であり取得時効が可能なのか問題になるが、たとえ取得時効を認めるとしても、譲渡担保権を容認しているので譲渡担保権の消滅を主張することはできないと考えられる。

　特約により譲渡担保権者が目的物の引渡しを受けて使用をすることも可能である。担保権的構成では、不動産質型の担保権になる。動産を目的とする場合には動産質の規定、不動産を目的とする場合には不動産質の規定を類推適用すべきであると主張されている（高木351頁）。

4-38　◆**賃貸中の不動産について**

　　担保権的構成では、所有権が移転しないので、所有権も賃貸人たる地位も設定者に留まることになる。他方、所有権的構成では、所有権が移転すると、所有権と不可分の関係にある賃貸人たる地位も移転するのであろうか。それとも、帰属清算により実行がされ譲渡担保権者が確定的な所有権を取得して初めて賃貸人たる地位が移転するのであろうか。

　　吉田教授は、担保権説からの立場であるが、最判昭62・2・12（☞4-34）の基準により、譲渡担保権者が清算金の支払または提供をするか清算金がない旨を通知した時点を基準にすべきであると主張している（吉田眞澄「判批」リマークス4号27頁）。本書は所有権の分属を認め利用権限は設定者が保持するため、賃貸人たる地位も含めて譲渡担保の対象としない限り、賃貸人たる地位は設定者に留保されると考える。実行通知から2カ月の清算期間の経過により完全な所有権の取得と共に、賃貸人たる地位も移転すると考える。設定者に受戻権が認められる場合には、受戻しにより賃貸人たる地位も復帰することになる（遡及はしない）。

　　したがって、特約によるまでもなく、賃貸人たる地位は設定者が保持する。判例は、信託的譲渡の事例につき、特約により賃貸人たる地位だけを留保すること

はできないとしている（最判平 11・3・25 判時 1674 号 61 頁）。しかし、譲渡担保の場合は異なる解決が認められて然るべきである。

4-39 ◆**借地上の建物の譲渡担保は借地権の譲渡または転貸になるか**
　上記の問題に関連する問題として、借地人が地上建物を譲渡担保に供した場合に、借地権は建物が売却された場合と同様に従たる権利として移転するのかという問題がある。担保権的構成では、設定者に所有権が残り、借地権も設定者が保持していることになる。したがって、借地権の無断譲渡は問題にならない。
　所有権的構成では、建物所有権は譲渡担保権者に移転し、借地権も従たる権利として移転すると形式的に考えることもできる。そうだとしても、譲渡担保権者に実際に使用させなければ 612 条の解除権は成立しないことになる。しかし、「担保」を「原因」とした所有権の「移転」の限度にその効力を限界づけると、建物の利用権限は設定者に残されており、土地利用権限についても設定者に残されるというべきである。そして、譲渡担保権の実行により完全な——使用収益権を伴った——所有権が移転して初めて借地権が従たる権利として移転するというべきである。
　判例は、①譲渡担保により建物の所有権移転登記をした後に、土地が第三者に譲渡された事例で、借地権の対抗力が問題とされ、設定者（借地人）がその名義の登記を有していないとして、最判平元・2・7 判時 1319 号 102 頁は、設定者につき借地権の対抗を否定した。借地権は移転せず、設定者に残されていることを前提とした議論である。②他方、賃貸人たる土地所有者との関係では、借地権の無断譲渡になるかが問題とされ、最判平 9・7・17 民集 51 巻 6 号 2882 頁は、「譲渡担保権設定者が引き続き建物を使用している限り、右建物の敷地について民法 612 条にいう賃借権の譲渡又は転貸がされたと解することはできない」が、「地上建物につき譲渡担保権が設定された場合であっても、譲渡担保権者が建物の引渡しを受けて使用又は収益をするときは、いまだ譲渡担保権が実行されておらず、譲渡担保権設定者による受戻権の行使が可能であるとしても、建物の敷地について民法 612 条にいう賃借権の譲渡又は転貸がされたものと解するのが相当であ」るとされた。

4-40 **(2) 目的物の侵害**

　(a) 譲渡担保権者による侵害　譲渡担保権者が目的物を履行期前に処分したり、滅失または損傷させた場合、①まず、担保権的構成によれば、設定者は目的物の所有者のままであり、したがって、譲渡担保権者は設定者の所有権を侵害したことになり、債務者である所有者に対して損害賠償義務を負う。②これに対して、所有権的構成では、譲渡担保権者は自分の所有物を処分したにすぎないようであるが、担保目的を超えて権利行使はしない債権的

拘束を受けるので債務不履行となるとされている（最判昭35・12・15民集14巻14号3060頁）。近時の判例は、設定者には「完全な所有権を回復することができる」法的利益ないし法的地位を認めるので、その侵害という構成も可能になっている。学説には、所有権的構成でも、設定者に物権を取り戻す物権的期待権ないし設定者留保権を認めるため、設定者はこの侵害による不法行為を理由として、譲渡担保権者に対して損害賠償を請求できるという主張がある（道垣内309頁）。本書もこの説に賛成する。

また、妨害排除請求についても、①担保権的構成では、設定者は所有権を保持しているため、所有権に基づいて、譲渡担保権者に対して所有権侵害に対して妨害排除請求ができる。②所有権的構成でも、設定者留保権を認めれば（道垣内309頁）、譲渡担保権者に対してその侵害の妨害排除請求ができる（本書もこの立場）。

4-41　**(b)　設定者による侵害**　①設定者が債務者である場合、債務者は担保目的物の保存義務を怠れば期限の利益を失うだけであるが、②設定者が物上保証人の場合、物上保証人が目的物を滅失または損傷すれば、譲渡担保権の侵害になり損害賠償義務を負う。抵当権の侵害の法理を応用して考えれば足りる。ただし、所有権的構成では、物上保証人については、所有権侵害を理由とした不法行為または債務不履行を問題にできるが、実質的には担保目的の所有権であり、被担保債権額を超えて損害賠償を請求できない（第三者による不法行為と同じ）。債務者に対しては、不可抗力による場合も含めて、譲渡担保権者は代わりの譲渡担保の提供、損傷の修補を求めることができ、これに応じない場合には債務者は期限の利益を失うことになる（137条2号）。

7　設定当事者と第三者との法律関係

4-42　**(1)　設定者による目的物の処分など──譲渡担保権の対抗**

　　(a)　**設定者による処分（譲渡担保権の設定を除く）**

　❶　**所有権的構成**　所有権的構成では、設定者は目的物の所有者ではないので、第三者に所有権を移転することはできないが、理念的には、設定者留保権を譲渡することは可能である。設定者留保権には債務が消滅すれば所有権を復帰的に取得するという物権的期待権が含まれ、譲受人は、被担保債権が消滅した場合に、譲渡担保権者から所有権を復帰的に取得することにな

り、また、実行まで目的物の利用権限を有する。

問題は、設定者が第三者に所有権ないし目的物自体を譲渡した場合である。不動産では名義が譲渡担保権者になっているので、譲渡されることは考えられないし、されたとしても94条2項の類推適用の余地はない。問題は動産であり、占有改定により所有権移転について第三者に対する対抗要件も満たされているが、設定者が占有を保持しているため、設定者からの譲受人は即時取得により保護されることになる。

4-43　❷　**担保権的構成**　不動産では、登記が譲渡担保権者に移転しているために、実際上、設定者により譲渡がされることはないので、動産のみを検討すれば足りることは、担保権的構成でも同様である。担保権的構成の一般的理解である公示不要説(対抗要件不要説)では、動産について、設定者が目的物を占有しており、第三者の保護は譲渡担保権の負担のない所有権の即時取得により図られることになる。対抗力の制限による第三者の保護ではないため、第三者には善意無過失が必要になる。そのため、譲渡担保権者は、目的物にネームプレートを設置し連絡先の表示をすることで即時取得を防止できそうであるが、目的物を処分してしまうような設定者は、ネームプレートは除去してしまうであろうから、防止効果は期待薄である。

4-44　**(b)　後順位譲渡担保権設定の可能性**　不動産譲渡担保では移転登記がされているので、さらに第三者に譲渡担保権が設定されることは考えられないが、動産、特に集合動産では、一旦譲渡担保権を設定し占有改定をした後に、さらに第三者に譲渡担保権を設定し占有改定をすることが考えられる。この場合にも、①先に譲渡担保権が設定されていることを秘して設定する場合(①ケースと呼ぶ)と、②すでに譲渡担保権が設定されていることを前提として、後順位譲渡担保権として設定する場合(②ケースと呼ぶ)とが考えられる。

4-45　❶　**所有権的構成**　所有権ということを絶対視し一物一権主義を貫くとすると、所有権は1つしかありえないので、譲渡担保権も担保目的のものとはいえ所有権なので有効に成立しうるのは1つだけとなる。①ケースは即時取得が成立するかどうかを考えるだけであり、②ケースは無効となる。後順位譲渡担保権を認めると法律関係が複雑になるという理由で、後順位譲渡担保権を否定する学説もある(川井95頁)。また、後順位譲渡担保権を否定し

つつも、設定者留保権を担保目的として取得する可能性を認める学説もある（道垣内310頁）。

しかし、担保を原因とする担保に必要な限度での所有権移転は、担保権の設定に準じて担保のための所有権をいくつも移転することができると考えるべきである。最判平18・7・20（☞4-25）は、集合動産譲渡担保の事例につき——特定動産譲渡担保にまで射程が及ぶかは不明——、後順位譲渡担保権の成立の可能性を認めている。その結果、所有権的構成でも、担保のための所有権は抵当権同様にいくつも移転でき、対抗要件——占有改定や譲渡登記——の先後により優劣が決められることになる。しかし、後順位譲渡担保権者は独自に実行ができず（☞4-25）、順位上昇を期待するしかない。①ケースでは、少なくとも特定動産譲渡担保の場合には、即時取得も可能なため、実行により現実の引渡しを先に受ければ完全な所有権を取得できる。この場合には、現実の引渡しの時に善意無過失が必要となる。

4-46 ❷ **担保権的構成** これに対して、担保権的構成では、設定者は所有者であり譲渡担保権をさらに設定することができる。対抗要件不要説では、設定の順によることになるが（米倉・研究77頁、近江318頁）——高木354頁は、占有改定または動産譲渡登記の先後による——、①ケースでは即時取得が問題となる。抵当権説では、第2の譲渡担保権について、譲渡担保権者が善意無過失である限り319条を類推適用して、引渡しを要件としないで即時取得を認める。この場合、第2の譲渡担保権者が第1順位の譲渡担保権になり、第1順位の譲渡担保権は消滅することなく、第2順位の譲渡担保権として存続することを認める（米倉・譲渡担保36頁以下）。

4-47 **(c) 設定者の一般債権者との関係** 動産の譲渡担保の場合には、設定者が目的物を占有しているため、設定者の一般債権者が目的物を差し押えてくることが考えられる。例えば、AがBにその所有の機械を譲渡担保に供したが、Aの債権者Cがこの機械を差し押えてきたとしよう。

①まず、所有権的構成では、占有改定により178条の対抗要件を満たしているため、譲渡担保権者Bは自分の所有物ということを主張して、第三者異議の訴え（民執38条1項）を提起して、Cの執行を排除できる。権利分属を認める所有権的構成については（担保的構成）、次の担保権の構成と同様に考えてよい。②他方、担保権的構成では、債務者Aの所有物ということ

になるため、Bは自分がその物について譲渡担保という優先権を有していることを主張できるだけである。そこで、Bは譲渡担保権に基づいて第三者異議の訴えを提起できるかは、民事執行法38条1項の「所有権その他目的物の譲渡又は引渡しを妨げる権利を有する第三者」の解釈にかかる。譲渡担保権者は単に優先弁済権を有するのみならず、私的実行によりその物の引渡しを受けて処分したり自己の所有とすることができる権利であることを重視して、第三者異議の訴えが認められる。

4-48　◆**設定者の会社更生など**
　譲渡担保権設定者に会社更生手続が開始した場合に、まず、担保権的構成では、目的物は会社財産に属し、譲渡担保権者は更生担保権者として、更生手続によってのみ権利行使ができるにすぎず、取戻権は認められないことになる。所有権的構成でも、担保の限度での所有権であるため、判例は取戻権を認めない（最判昭41・4・28民集20巻4号900頁）。その趣旨は、設定者に破産手続が開始した場合にも当てはまり、譲渡担保権者には、所有権者としての取戻権が認められないことになる。
　しかし、これは所有権として取戻権が認められないだけであり、担保権として扱われることを否定するものではない。譲渡担保権が第三者に対抗できる限り、譲渡担保権の私的実行は可能であり、処分清算の場合には処分のための引渡し、帰属清算の場合には実行により確定的な所有権を取得したものとして、所有権に基づく引渡しを請求できる。

4-49　**(2)　譲渡担保権者による処分など**
　(a)　動産の処分の場合　譲渡担保権の私的実行の要件が満たされ、帰属清算型において債権者が所有権を完全に取得した場合、ないしは処分清算型において処分権を取得した場合に、債権者が目的物を譲渡することができるのは当然である。問題は、弁済期前に譲渡担保権者が目的物を譲渡した場合である。所有権的構成による限り譲渡担保権者は所有者であるので、買主が譲渡担保にすぎないことを知っていても即時取得を問題にすることなく所有権を取得できるのであろうか——設定者が目的物を占有しているため現実の引渡しを受けられず、即時取得は問題とならない——。集合動産譲渡担保については、設定者に処分授権がされていることは4-60に述べる。
　設定者にも物権的権利を認め、所有権の分属を認める以上は、タイトルとしての形式的な所有権は譲渡担保権者が有するとしても、いまだ完全な所有権ではなく、担保目的の限度での所有権であり被担保債権に対して付従性が

認められるのである。債権と切り離して担保のための所有権を移転させることはできない。そのため、債権と共に譲渡したり、または、将来実行により所有権を取得したら移転をすることを予め合意できるだけである。後者の場合には、譲渡担保権が実行され譲渡担保権者が完全な所有権を取得したならば、当然に所有権が移転することになる。

4-50 **(b) 不動産の処分の場合** 例えば、Aがその所有の土地をBに対する債務の担保のために譲渡し所有権移転登記をし、Bが実行前にこの土地をCに売却してしまったとしよう。担保権的構成は当然、所有権的構成でも、譲渡担保権者は実行前は完全な所有権を有しておらず、Cが完全な所有権を取得できるためには、権利外観法理の助けを借りる必要がある。

所有権の移転原因として譲渡担保ということを表示しないで、売買などを原因として登記をした場合には、94条2項の類推適用を問題にできる（米倉・譲渡担保68頁以下）。所有権的構成でも、譲渡担保を原因とする登記ができるのにこれをせず売買等を原因として所有権移転登記をした場合には、94条2項の類推適用を肯定してよい。問題は、譲渡担保を原因として所有権移転登記がされた場合であり、実行前であるにもかかわらず、実行後であると偽って完全な所有権を有していると説明されて買い取った場合が問題になる。しかし、実行の有無は登記では確認できず、登記だけで実行済みという信頼を保護することはできず、買主は設定者に実行の有無の確認をすべきであり（確認しないと過失あり）、実行後と信じるべき特段の事情がない限りは、94条2項の類推適用は認められない。

4-51 **(c) 譲渡担保権者の債権者による差押え** 動産の譲渡担保の場合には、設定者Aが目的物の占有を有しているので、譲渡担保権者Bの債権者Cが差し押えてくるということは実際には考えられないが、不動産の場合には債務者Aが占有を有していたとしても、目的不動産を登記名義に基づき譲渡担保権者Bの債権者Cが差し押えてくることが考えられる。差押債権者を94条2項の「第三者」と認めれば、4-50と同様の処理がなされるはずである。しかし、判例は、以下のように、差押えが弁済期前か後かで分けて考えている（最判平18・10・20民集60巻8号3098頁）。

4-52 **(ｱ) 弁済期前の差押え** 判例は傍論ではあるが、「少なくとも、設定者が弁済期までに債務の全額を弁済して目的不動産を受け戻したときは、設定者

は、第三者異議の訴えにより強制執行の不許を求めることができる」という。その理由としては、「弁済期前においては、譲渡担保権者は、債権担保の目的を達するのに必要な範囲内で目的不動産の所有権を有するにすぎず、目的不動産を処分する権能を有しないから、このような差押えによって設定者による受戻権の行使が制限されると解すべき理由はない」と説明する。判例は上記の結論を「少なくとも……」と断っており、期限前で弁済をしていない場合に、第三者異議の訴えの可能性を否定する趣旨ではない。実行前は、譲渡担保権者はいまだ完全な所有者ではなく、また、債務者（設定者）に期限前弁済を強いる必要はないので、設定者は設定者留保権に基づいて第三者異議の訴えが認められると考えるべきである。

4-53　**(イ)　弁済期後の差押え**　判例は、弁済期後については、「不動産を目的とする譲渡担保において、被担保債権の弁済期後に譲渡担保権者の債権者が目的不動産を差し押さえ、その旨の登記がされたときは、設定者は、差押登記後に債務の全額を弁済しても、第三者異議の訴えにより強制執行の不許を求めることはできない」とする。その理由としては、「設定者が債務の履行を遅滞したときは、譲渡担保権者は目的不動産を処分する権能を取得するから……、被担保債権の弁済期後は、設定者としては、目的不動産が換価処分されることを受忍すべき立場にあるというべきところ、譲渡担保権者の債権者による目的不動産の強制競売による換価も、譲渡担保権者による換価処分と同様に受忍すべきものということができるのであって、目的不動産を差し押さえた譲渡担保権者の債権者との関係では、差押え後の受戻権行使による目的不動産の所有権の回復を主張することができなくてもやむを得ない」という。譲渡担保権者の債権者による差押えがされても、設定者の受戻権は消滅することになる。

　弁済期以降については、実行の意思表示がいまだされていなくても、譲渡担保権者の債権者による差押えも譲渡担保権者による実行と同視して、もはや設定者は受戻しできず、第三者異議の訴えを認めないのである。形式的にいえば、債権者は代位行使により譲渡担保権の実行の意思表示をした上で、差押えをなすべきであり、債権者による差押えがされるともはや受戻権も失われ、第三者異議の可能性が一切閉ざされることになる。

4-54 **◆譲渡担保権者の更生手続および破産**
　設定者の会社更生などについて 4-48 に述べたが、譲渡担保権者について破産手続が開始した場合にはどう考えるべきであろうか。実行前でも目的物は破産財団に属することになるのであろうか。改正前の破産法では、担保目的であることを理由に、譲渡人（設定者）は取戻しができないものと規定がされていたが（旧 88 条）、改正によりこの規定は削除された。したがって、この問題は解釈に委ねられることになり、担保権的構成では、被担保債権と譲渡担保権が破産財団に属するだけであり、目的物自体は破産財団には属さないことになる。その結果、譲渡担保権者について破産手続が開始されても、設定者には何ら影響はなく、設定者は弁済により譲渡担保権を消滅させることができる。所有権的構成でも、破産管財人は譲渡担保権の実行としてでなければ、設定者に目的物の引渡しを請求することはできず、また、4-32 ①②の両方の受戻権を破産管財人に対抗できると考えるべきである──受戻し後は破産法 62 条の取戻権が認められる──。

4-55 **(3) 第三者による権利侵害**
　(a) 第三者による不法占有　第三者が目的物を不法に占有している場合、①所有権的構成では、譲渡担保権者が所有者として、また、設定者も設定者留保権という物権を有しているため、いずれも妨害排除請求ができる。ただし、抵当権同様に、利用権限のない譲渡担保権者は自分への返還を請求できず、ただ設定者が受取りを拒絶した場合にだけ、例外的に自分への返還を請求できるだけと考えるべきである（道垣内 314 頁、鈴木・分化 402 頁以下）。②他方で、担保権的構成では、設定者が所有権に基づいて妨害排除を請求できるだけかのようであるが、抵当権について換価権の行使の妨害、ここでは私的実行の妨害として、不法占有者がいることにより担保権の実現に支障を来たす可能性がある場合に、担保権であるとしても妨害排除請求を認める余地はある。

　なお、譲渡担保の目的不動産について妨害目的で有効な賃貸借がされた場合、抵当権における換価権の侵害とパラレルに私的実行権の侵害を問題にする必要はない。譲渡担保の場合には、実行通知により確定的な所有権を取得でき、その後はこの確定的な所有権に基づいて妨害排除を請求すればよいのであり、売却の支障であり私的実行権の侵害という必要はない。

4-56 　**(b) 第三者による滅失または損傷**　譲渡担保の目的物が第三者により滅失または損傷せられた場合には、所有権的構成では、被担保債権額の範囲で、譲渡担保権者が所有権侵害を理由として損害賠償請求ができる。判例もこの

立場であり（大判大 12・7・11 新聞 2171 号 17 頁）、100 円の債権の担保のための売渡担保で、目的物の価格全額（300 円）の賠償を認めた原審判決を破棄し、100 円の損害賠償しかなしえないものとした。設定者には、①残額の 200 円の損害賠償請求権が帰属するという構成と（道垣内 307 頁）、② 300 円の賠償請求権を認めて物上代位との選択を認める構成とが考えられる。担保権の設定事例とのバランス、また、賠償義務者が譲渡担保を知らず設定者に 300 円を支払った場合の処理を考えれば、②が適切なようにみえる。しかし、①でも、いずれかに全額支払った場合には 478 条が適用され、侵害者の保護に欠けるところはない（鈴木・分化 405 頁）。

担保権的構成では、抵当権とパラレルに考えられ、抵当権と同様に、設定者に所有権侵害による損害賠償請求権が成立し、譲渡担保権者に物上代位のみを認め、別個に損害賠償請求権を認めないか、それとも、抵当権者にも損害賠償請求権を認めて、不真正連帯債権とするか 2 つの構成が可能となる。しかし、担保権的構成でも、上の①と同様に、所有者（設定者）の損害額は、目的物価額から被担保債権額を差し引いた価額を支配しているものとして算定されるとの主張がされている（高木 363 頁）。

8　集合動産譲渡担保（流動動産譲渡担保）

4-57　**(1)　集合動産譲渡担保の意義**[67]

例えば、家電製品の量販店 A 会社が、その店舗の家電製品しか担保に供しうる財産がないとする。民法に用意された動産の担保方法は、動産質であるが、債権者に引き渡さねばならず、それでは営業ができなくなってしまう。営業を続けて、すなわちその内容が販売・仕入れによりどんどん変わっていく在庫商品を、その販売を許容してその代金から任意の弁済を期待しつ

---

[67]　不動産中心の金融から、在庫または売掛金を担保とした金融、すなわち集合動産譲渡担保と集合債権譲渡担保をベースにして、企業のキャッシュ・フローを把握し、財務内容・経営内容をチェックする ABL（Asset Based Lending）が、2000 年（平成 12 年）に入ってから注目され行われるようになっており（経済産業省、金融庁の推進による）、2007 年（平成 19 年）には ABL 協会が設立されている。流動動産を譲渡担保にとり、その代金を集合債権譲渡担保にとり、またその代金の入金について預金を担保にとるといった一連のプロセスに着目して担保をとり、その在庫の大きさに応じて柔軟に融資額を変動させることが行われる。通常の営業を続けている限り代金債権への物上代位を否定するため（☞ 4-24）、売掛代金についても集合債権譲渡担保を組み合わせておくことが必要になるのである。

つ、倒産した場合には残されている店舗の商品を私的実行により引き上げてこれを他の業者に販売し、その代金から債権の回収を図ることができる担保制度が望まれるところである。

　この要請に応えるために実務が生み出したのが、いわゆる**集合動産譲渡担保**である。目的物を**集合物**（ないし**集合動産**または**流動動産**）という形で、「範囲の特定」をした上で担保のために包括的に譲渡し、その内容を特定物とはせず売却を認めその収益から——したがって処分が認められる——返済を受けるが、信用不安が生じ倒産になった場合には、処分を禁止し残された財産に対して私的実行をして債権を回収するものである。譲渡担保の目的物かどうかを分ける基準だけが合意されているだけであるが、牛や豚など個々の動産が高価なものについては、ICチップの低価格化のお陰で債権者による集合動産の目的物の管理が可能になっている。ICチップが付された目的物については、集合物から場所的に分離されても、そのことから当然に譲渡担保の効力を否定する必要はない。

4-58 **(2)　「集合動産」譲渡担保の可能性**
　　　　──分析的構成（分析論）と集合物構成（集合物論）

　(a)　2つの基本的構成　①判例は、1つの「集合物」という概念を認め、必ずしも明確には述べてはいないが、集合物に抽象的な1つの担保のための所有権を成立させこれを譲渡──立木の所有権を独立させ譲渡するように──することを認め、かつ、その譲渡について包括的な占有改定による対抗要件具備を認めている（**集合物論**ないし**集合物構成**）。初めて集合物論を認めた最判昭54・2・15民集33巻1号51頁（乾燥ネギフレーク事件）は、「構成部分の変動する集合動産についても、その種類、所在場所及び量的範囲を指定するなどなんらかの方法で目的物の範囲が特定される場合には、<u>1個の集合物として譲渡担保の目的となりうる</u>」と宣言する。ⓐ集合物論では、集合物の所有権を移転すると共に、集合物を構成する個々の動産についても集合物を構成する限りで譲渡担保の効力が生じるという二重構造になる（我妻663頁、柚木・高木555頁以下など通説）。ⓑただし、集合物論を採用しつつ、所有権移転の効果を集合物の上の所有権に限定し、個々の動産には確定までは所有権移転の効力は生じないという少数説も主張されている[68]（以下「制限説」といっておく。本書はこの立場を支持する）。判例は「集合物」とい

う概念を認めるものの、「集合物」の上に1つの所有権が成立することを明言しておらず、対抗力も当初の占有改定時に生じることまでは明言しておらず、依然として不明瞭な点が残されている。担保権的構成ならば集合物に「1つの」担保権の成立を認めることは可能であるが、所有権的構成で集合物論をどう説明するのかは難問である。

②これに対して、集合物といった概念を認めず、個々の動産が譲渡担保の対象であり、それを包括的に予め合意をしているにすぎないと考える**分析論**ないし**分析的構成**も主張されている（古積・理論）。将来新たに在庫商品になる動産に譲渡担保の効力が及ぶのは、その動産につき予めの所有権譲渡の合意・占有改定がされているからと説明される。しかし、分析的構成は技巧的であると批判され、我妻栄「集合動産の譲渡担保に関するエルトマンの提案」（『民法研究Ⅳ』所収）により集合物論が日本に導入され、判例の採用するところとなっている。

4-59　**(b)　成立時期について――倒産時の処遇**　両説の差は、個々の動産についての譲渡担保の成立時期にある。①集合物論では当初の契約で1つの集合物を対象とする1つの譲渡担保権が成立し、その時点で包括的な占有改定により対抗要件も具備することになる。②他方で、分析論では、個々の動産が集合物に加入する時点で停止条件が満たされて順次譲渡担保権が成立し、対抗要件もその時点で満たされることになる。

そのため、集合物論では危機時期以降の商品の組入れであっても、集合物論では個々の動産の組入れは新たな「担保の供与」ではなく、否認また詐害行為取消しの対象にならない――分析論では対象となる――という利点がある（米倉・研究159頁）。分析論に対しては、債務者が無資力になったときに債権担保として機能してもらいたくて集合動産譲渡担保を選択しているのに、まさにその時点では担保として機能しなくなってしまう不都合が批判される

---

68)　「個々の動産は譲渡担保の対象ではないのであり、集合物の構成要素としての地位しか与えられない」と主張される（道垣内328頁）。いわゆる価値枠論では個々の構成物には譲渡の効力は実行段階に入るまでは及んでいない（伊藤進「集合動産譲渡担保理論の再検討」ジュリ699号92頁以下）。目的動産確定前には個々の動産が確定時に存在すればそれから優先弁済を受けられるという期待権として存在し、確定後は確定時に存在する個々の確定目的動産から優先弁済を受けることができるという通常の譲渡担保権＝確定譲渡担保権として存在するという学説もある（石田穣728頁）。

(安永406頁)。これに対して分析論からは、結果の妥当性についてもそれが本当に妥当なのかは疑問であると反論されるが (古積・後掲論文「(2)完」57頁)、設定者は担保維持保存義務を負っており、危機以前に成立した集合物について危機時期以降でも在庫を補充しなければならないのであり、その補充を否認の対象とするのは適切ではない。ただ、集合物論からも、財産状態悪化後に組み入れられた物に債権者の優先弁済権を一切否定するのも適切ではなく、「集合物の価値を増加させる行為」のみを否認の対象とするという提案がされている (道垣内327頁)。

　この点、二重の所有関係を認める集合物論でも、個々の動産についての譲渡担保の成立はその動産の組入れ時と考えざるをえず、仮登記のように対抗力取得が前倒しで認められる便宜的処理がされるだけである[69]。本書は制限説に依拠し、1つの担保目的の所有権を集合物に成立させ担保目的で譲渡すること——実質的には譲渡担保権の設定——を認めるが、個々の構成物に譲渡担保の効力が及ぶためには「確定」が必要であり、その後に「実行」があって債権者は確定的な所有権を取得すると考える。そして、商品の補充は担保維持保存義務の履行であり、契約時に定められた担保価値を維持するための行為である。構成部分たる商品を販売できる代わりにその価値減少分の補充をしているだけであり、元の価値そのままで新たな価値を追加するものではない。したがって、担保維持保存義務の履行として新たな商品を仕入れて搬入することは、危機否認の対象とすべきではない。

4-60　◆**設定者の処分は許される——ただし「通常の営業の範囲内」において**
　　　例えば店舗の在庫商品が譲渡担保の対象とされた場合、債務者である設定者は

---

[69] 内田541頁は、「集合物といえども、全体が1つの所有権の対象となっているわけではない」と述べる。本来、所有権は1つの物ごとに1つ成立し、担保権について財団抵当などはまとめて1つの権利を認める必要があり、本来は集合物という概念は担保権的構成でのみ認められるにすぎない概念である。集合物の上に1つの所有権を認めるのは不可能である。ただ、実質担保権の設定であるから「集合物」に1つの「担保のための所有権」としてまとめることは認めてよい。そして、従物について新たに1つの抵当権が成立するのではなく既存の1つの抵当権の「効力が及ぶ」にすぎないのと同様に、新たに集合物に組み込まれた個々の動産に1つの既存の譲渡担保権（担保のための所有権）の効力が及ぶにすぎない。対抗力についても、抵当権で新たに従物になった動産に抵当権の効力が拡大されても、すでに対抗力を備えた抵当権の効力が及ぶに至るのと同様に、1つのすでに対抗力を備えた譲渡担保権の効力が新たに集合物を構成するに至った個々の動産に及ぶだけである。個々の物については譲渡の効力は生ぜず、確定事由が生じても目的物が特定されると同時に譲渡の効力が生じ、その実行により確定的な所有権を取得すると考えるべきである。

在庫商品を売却して営業を行いその収益から債務の弁済をしていくことが予定されている。①制限説のように個々の動産への譲渡担保の効力を否定すれば、設定者が処分できるのは当然であり（道垣内337頁）――確定時に集合物を構成する動産に初めて譲渡担保の効力が及び、担保のための所有権移転の効力が及び、これを実行して所有権を確定的に取得することが可能になる――担保維持保存義務が問題となるだけである。②個々の動産に譲渡の効力を認める判例でも、「譲渡担保設定者には、その通常の営業の範囲内で、譲渡担保の目的を構成する動産を処分する権限が付与されて」いると、処分授権が根拠とされている（最判平18・7・20民集60巻6号2499頁）[70]。

両説の差は、同じ所有権的構成でも、「その通常の営業の範囲内」を超えた処分につき、②では処分の効力が否定されることになるが、①では処分は有効であるが、担保維持保存義務違反になるので、設定者は在庫を補充して担保価値を維持する義務を負う――これを怠ると期限の利益を失う――という点にある。「通常の営業の範囲」ということが明確ではなく、量的な問題だけか、質的な問題、例えば時価よりあまりにも安く販売したような場合も含むかは、明確ではない。集合動産譲渡担保の場合には、比喩的にいうとその全体の価値を把握することになり、安く販売しようと在庫が補充されて全体として価値が維持されていれば、譲渡担保権者に設定者の営業に干渉を認める必要はない[71]。

4-61 **◆集合動産全体の処分**

問題は、通常の営業の範囲を超えた処分である。例えば、閉店を意図して同業者ないし買取業者に在庫商品一切を売却し、商品を補充しない場合である。この場合でも、譲渡担保契約上の債務不履行になるだけで、第三者に対する処分は有効であり、譲渡担保権者が流出した物を取り返すことはできないという主張もある（深山卓也「集合動産に対する譲渡担保」『裁判実務大系14』245頁）。本書の制限説では、担保維持保存義務違反および詐害行為取消しが問題になるにすぎないことは、4-59 に述べた。

---

[70] ＊第三者による差押え　設定者に処分権があるとしても、それは営業活動としての処分をして収益を上げることを念頭に置いた議論であり、設定者の債権者が個々の動産を差し押さえることが自由にできることを意味するものではない。したがって、譲渡担保権者は差押えに対して第三者異議の訴えを提起することができると考えられている（我妻667頁、船越403頁、古積423頁）。期待権説では、設定者の債権者による自由な差押えが認められ（石田穣734頁）、本書の立場でも、個々の動産には譲渡担保の効力を及ぼすまでは同様である。

[71] 譲渡担保権者としては、在庫が正常に管理されているのかを確かめる利益関係がある。設定者は、担保に供している在庫商品の状態およびそれに関する取引の会計を、債権者が調べられるよう協力すべき義務を負う。逆にいえば、譲渡担保権者には調査権があると考えるべきである。これは担保維持保存義務から導かれるものといってよい。在庫が減り、相当程度担保価値が減少している場合には、増担保請求権を認め、これが行使されたのに補充がされない場合には、債務者は期限の利益を失うというべきであろう。

養豚場の豚全部が譲渡担保に供されたが、設定者から養豚場を継続する約定で豚全部を含めて養豚場を買い取ったYが、自ら養豚業は行わず豚につき占有改定がなされ、設定者に養豚業を任せた事例につき、Yへの売却は全部処分なので設定者の権限外であり、また、占有改定なので即時取得も認められないとし、Yがこの買い取った豚を処分したのは、譲渡担保権者に対する不法行為と認められている（東京地判平6・3・28判時1503号95頁）。新しい種豚を補充して出荷をしていくのであれば何も問題のない通常の処分のはずであるが、本件では、第三取得者により「新しく搬入補充された種豚は本件保管場所に搬入された後も依然としてYの所有に属し、Xの本件集合物譲渡担保権の対象とはならない」ため、Yが設定者から買い取った豚を処分した行為を不法行為としたのである。

これに対し、第三取得者に即時取得が認められず、依然として「集合物」として譲渡担保に服しているので、新たにYが補充した種豚も集合動産譲渡担保に服するのではないかという疑問が出されている（角紀代恵「判批」リマークス11号59頁）。

4-62　◆集合物からの分離物

抵当権の付加一体物では、分離され従物でなくなり付加一体物でなくなると、抵当権の効力が及ばなくなるかというと、一度生じた効力は消滅しないと考えられている（本書は反対☞2-53）。では、集合物についてはどう考えるべきであろうか。制限説以外で問題になる議論であるが、分離して場所的に集合物を構成しなくなっても、一度生じた譲渡担保の効力は消滅せず、対抗不能または即時取得により第三者の取引安全が保護されるだけであろうか。

判例の立場では、個々の動産にも譲渡担保の効力が認められ、通常の営業の範囲内でない限り設定者は目的物を処分することができない。第三者に売却されまたは売却することなく目的物が分離された場合に、買受人が即時取得しない限り、譲渡担保の効力が及んだままであろうか。①分離物に譲渡担保の効力が及ばなくなると考えるか（我妻665頁、高木372頁）、それとも、②分離物にも譲渡担保権の効力は及び、ただ対抗力が失われるだけなのであろうか。例えば、窃盗者に対して譲渡担保権者が返還請求できるのであろうか。

最判平18・7・20民集60巻6号2499頁は、「対抗要件を備えた集合動産譲渡担保の設定者がその目的物である動産につき通常の営業の範囲を超える売却処分をした場合、当該処分は上記権限に基づかないものである以上、<u>譲渡担保契約に定められた保管場所から搬出されるなどして当該譲渡担保の目的である集合物から離脱したと認められる場合でない限り</u>、当該処分の相手方は目的物の所有権を承継取得することはできない」という。下線部を反対解釈すると、集合物から離脱すると、もはや譲渡担保の効力が及ばないことになりそうである。担保権的構成ならば、担保が消滅するということになろうが、田高303頁は、分離物に

対しても担保権の追及力を認めて、集合物内への当該動産を戻すよう請求する余地を認める。

本書の制限説でも、設定者は担保維持保存義務を負うので、譲渡担保権者は設定者に補充を求めることができ、窃盗者など不法占有者に対しては設定者の返還請求権を代位行使することが認められる。他方、第三取得者に対しては善意・悪意を問わず返還を請求することはできない。

4-63 **◆集合動産譲渡担保の確定——集合動産譲渡担保から特定物譲渡担保になる時期**

設定者は集合物を構成する個々の商品を販売できるが、危機的状況に陥った場合には、処分されると在庫が補充されず担保目的物がなくなってしまうおそれがあるため、処分をできなくする必要がある。流動性が許容された状態から特定物の譲渡担保と同じ状態へと、性質が変更される契機がありこれを**集合動産譲渡担保の確定**という（以下、単に「確定」という）。根抵当権で被担保債権を打止めして確定させるのと同様に、目的物の流動を打止めして確定させるのである。

①個々の動産に譲渡担保の効力を認める判例や分析論では、「確定」により処分授権が消滅することになる。したがって、確定の意義は処分授権の消滅に求められる。②本書の制限説では、確定により初めて個々の一つひとつの動産に譲渡担保の効力が及び、その関係は通常の譲渡担保権と同様であり、設定者は目的物の処分をすることができなくなる。また、確定以後の代金などの債権だけでなくそれ以前の債権でも残っているものについては物上代位が可能になる。

確定が生じてもいまだ実行するかどうかは自由なので、確定→実行という2段階に分けられる。小山・前掲書281頁注50が、固定化（＝確定）を「設定者の営業活動の終了に伴う財産処分権の消滅」と定義し、「設定者の処分権限の消滅時期を明確にする意味で、なお固定化の概念は有用である」というように、この基準時を明らかにする概念は有益であり必要である。なお、固定により個々の動産の譲渡担保の成立を認める学説（制限説）は、固定化後に新たに集合物に組み入れられた動産については、譲渡担保の対象にはならないと主張している（道垣内340頁）。

4-64 **(3) 集合物の特定**

「集合物」として1つの包括的な担保のための所有権（譲渡担保権）が成立するためには、目的とされた財産が「集合物」としての要件を満たす必要がある。そのためには、目的物の範囲内か否かを特定できる基準が合意されていなければならない。判例によれば「その種類、所在場所及び量的範囲を指定するなど何らかの方法で目的物の範囲が特定される」ことが必要とされている[72]。

最判昭54・2・15民集33巻1号51頁は、特定の倉庫内の乾燥ネギと場所も種類も特定されているが、その中の28トンという限定を付したために、「寄託中の乾燥ネギのうち28トンを特定して譲渡担保に供したものとは認められない」として、特定を否定し集合動産譲渡担保の成立を認めなかった[73]。最判昭57・10・14判時1060号78頁は、Xは酒類・食料品類の販売業者であるAと、Aの居宅および店舗兼住宅の各建物内に納置する商品（酒類・食料品等）、運搬具、什器、備品、家財一切を目的とする譲渡担保契約を締結し、占有改定の方法によりその引渡しを受けた事例で、「家財一切」については、「家族の共同生活に使用される物件は多種多様であって、右のような指定だけでは個々の物件が具体的にこれに該当するかどうかを識別することが困難な場合が当然予想される」ため、また、「本件建物内に存すべき運搬具、什器、備品、家財一切」は、「訴外人所有の物という限定が付されているところ、右にいう訴外人所有の物とそれ以外の物とを明確に識別する指標が示されるとか、また、現実に右の区別ができるような適宜な措置が講じられた形跡は全くない」ため、「目的物の外部的、客観的な特定を欠く」として、これを差し押さえたAの債権者に対するXの第三者異議を退けた。

いずれも一般論として集合動産譲渡担保を認めつつ当てはめでは否定した判決が続いた後、最判昭62・11・10民集41巻8号1559頁が、「目的動産の種類及び量的範囲を普通棒鋼、異形棒鋼等一切の在庫商品と、また、その所在場所を原判示の訴外会社の第1ないし第4倉庫内及び同敷地・ヤード内と明確に特定しているのであるから、このように特定された1個の集合物を目的とする譲渡担保権設定契約として効力を有する」と、初めて事例

---

72) 動産・債権譲渡登記規則8条では、特例法による「譲渡に係る動産を特定するために必要な事項」を、①「動産の特質によって特定する方法」の場合には、ⓐ「動産の種類」およびⓑ「動産の記号、番号その他の同種類の他の物と識別するために必要な特質」、そして、②「動産の所在によって特定する方法」の場合には、ⓐ「動産の種類」およびⓑ「動産の保管場所の所在地」と規定している。集合物の譲渡担保を想定した規定である。

73) 28トン分に限定したので、どの28トン分が譲渡担保の対象となるのか特定されていないという理由である。しかし、その倉庫の乾燥ネギ全部が対象であり、量的責任範囲を28トンに限定したという解釈も可能であった。目的物を場所と種類で特定しつつその「3分の1」という指定について、特定性を満たしその特定した集合物の「3分の1の持分が譲渡担保の目的となる」という提案もある（道垣内333頁）。

についての結論として集合動産譲渡担保を有効と認めている。

(4) 第三者との関係──対抗要件および動産売買先取特権との関係

(a) 所有権的構成

㋐ 対抗力の対象および発生時期 所有権的構成では、動産の譲渡担保の対抗要件は引渡しであり占有改定でよく、また動産譲渡登記も可能であるが、①集合物論では、「集合物」という概念を認める意義がここに発揮され、「債権者と債務者との間に、右のような集合物を目的とする譲渡担保権設定契約が締結され、債務者がその構成部分である動産の占有を取得したときは債権者が占有改定の方法によってその占有権を取得する旨の合意に基づき、債務者が右集合物の構成部分として現に存在する動産の占有を取得した場合には、債権者は、当該集合物を目的とする譲渡担保権につき対抗要件を具備するに至り、この対抗要件具備の効力は、その後構成部分が変動したとしても、集合物としての同一性が損なわれない限り、新たにその構成部分となった動産を包含する集合物について及ぶ」という（最判昭62・11・10☞4-64）。ⓐ個々の動産に譲渡担保の効力を認める考えでは、集合物に包括的な対抗要件が備えられた時を基準として個々の動産の譲渡担保の対抗力が認められる──効力が及ぶのは搬入時ではあるが──ことになる。ⓑ個々の動産には譲渡担保の効力が及ばないという制限説では、対抗要件が認められるのは集合物であり、「個々の動産についての対抗要件は語りえない」ことになる（道垣内334頁）。あくまでも集合物の譲渡担保間での優劣が決められるだけである。②他方、分析論では、個々の動産が集合物を構成した時点で、個々の動産の譲渡の効力が生じて対抗力が生じることになる。

本書は①ⓑの立場であり、その結果、集合動産譲渡担保の対抗力具備は、競合する集合動産譲渡担保の優劣決定と、確定後の特定動産化した譲渡担保の対抗力を保全する意味が認められることになる。

㋑ 動産先取特権との関係 債務者に在庫商品を販売した売主の動産売買先取特権との関係については、所有権的構成により占有改定を認めるならば、譲渡担保権者が333条の第三取得者として保護されるのかが問題になる。判例は、「動産売買の先取特権の存在する動産が右譲渡担保権の目的である集合物の構成部分となった場合においては、債権者は、右動産についても引渡しを受けたものとして譲渡担保権を主張することができ、当該先取特権

者が右先取特権に基づいて動産競売の申立をしたときは、特段の事情のない限り、民法333条所定の第三取得者に該当するものとして、訴えをもって、右動産競売の不許を求めることができる」という（最判昭62・11・10前掲）。しかし、その後、最判平7・11・10（☞4-9④）が譲渡担保権者に第三取得者を滌除権者とする旧378条の適用を否定しており、これにより実質的に判例は変更されたと考える余地はある。

　学説には333条の適用を認める判例を容認する学説もあるが（河野玄逸「動産売買先取特権の射程距離(上)」NBL294号13頁以下）、判例に反対する学説が多い。反対説には種々の学説があるが、例えば、譲渡担保に最も近い民法上の約定担保である質権に準じて、譲渡担保と先取特権の関係につき334条を類推適用して規律し、譲渡担保は330条の第1順位の先取特権と同一順位の効力を有するものとする考え（田原睦夫「動産の先取特権の効力に関する一試論」林良平先生還暦『現代私法学の課題と展望(上)』69頁以下）、占有を伴う質権の規定を譲渡担保に類推適用すべきではなく、333条を類推適用しつつ、先取特権は消滅せず譲渡担保に劣後するという提案（古積374頁）などがある。

　他方、個々の構成物である動産には譲渡担保の効力を認めない制限説では、先取特権の実行に対して譲渡担保権者は何ら異議を述べえないことになる（道垣内326頁［ただし、固定後は334条・330条を類推適用する］）。「集合物の内容が流動性を保っている間は、個々の動産に対する譲渡担保権の拘束力は現実化しておらず、譲渡担保権者は先取特権者に対して異議を述べる立場にない」ともいわれている（高橋337頁）。

4-67　**(b) 担保権的構成**　担保権的構成からは、先取特権が成立している動産につき質権が設定された場合を規定する334条を類推適用して、譲渡担保権者を330条1項1号の第1順位の先取特権と同じ優先的効力を認め、譲渡担保権者が、当該動産が集合物の内容をなすことを知った時点で、それが動産売買先取特権の拘束を受けていることを現実に知っている場合には、330条2項の適用があるという主張がされている（近江54頁、石田穣726頁など）。譲渡担保権者は、設定者が商品を将来他から仕入れることを認識しているのであり、悪意とされるであろう。

§Ⅱ 債権譲渡担保（譲渡担保権②）

1 債権の譲渡担保

4-68　債権を担保にとる方法としては、民法は債権質を用意しており、動産の場合と異なり民法の用意した制度により十分実務の要請に対応できるし、解釈により集合債権質を認めることもできる。にもかかわらず、わが国では、債権を担保にとる場合には譲渡担保が用いられており——債権者自身として権利行使ができる点が大きい——、譲渡債権の債務者（第三債務者）に譲渡通知をしなければ第三者対抗要件を取得できず、この通知により取引先に譲渡人（債務者）への信用不安の懸念を惹起しかねないという問題点があった——通知が必要な点では、債権質も同様——。そのため、1998年（平成10年）に債権譲渡特例法（現在は動産債権譲渡特例法）を制定して、債務者への通知を必要としないサイレント方式として譲渡登記に「第三者」に対する対抗力取得を認めたのである。譲渡登記は1つしかできないのに対して、債権質では複数の質権設定そして登記が可能であるという利点があるが、民法上の債権譲渡の対抗要件については複数の通知が可能であるため、動産についての判例から推論すれば、債権についても後順位の譲渡担保権が認められるであろう。

　実際上、債権譲渡担保で問題となるのは、いわゆる集合債権譲渡担保であり、以下にも集合債権譲渡担保に限定して説明をしていこう。

4-69　**◆債権譲渡担保の法的構成**
　　債権の譲渡担保についても、物の譲渡担保同様に担保権の設定なのか債権の譲渡（移転）なのか、問題となる。ただし、4-71に述べる通り、物では設定者に利用をとどめたままで所有権を移転できるが、債権では帰属と利用とを分離することは考えられない。物のように所有権的構成・担保権的構成という区別はできず、権利移転構成・担保権的構成という区別がされるべきであるが、債権の譲渡担保ではこの点の議論の掘り下げは手薄である。
　　①通説・判例は、譲渡担保権者に債権が移転することを認める。物について設定者留保権を認め、所有権の分属を認める本書の立場では、債権については、実行があるまでは、取立権・受領権は設定者に残されると考えるべきである——た

だし、債権質同様、その行使は譲渡担保権者には対抗できず、無意味な議論である――。実行により初めて取立権・受領権が消滅することになる。ただ譲渡の対抗のほかに、実行についての第三債務者への対抗が問題になるが、譲渡担保を対抗できる以上、譲渡担保権者による第三債務者への通知で足りると考えるべきである。

②担保権的構成に対応する学説もあり、債権譲渡ではなく担保権の設定と考える学説がある。これによると、「債権は設定者に帰属したままであるが、担保権者は、これらの債権に、担保権の私的実行手段として直接の取立権があり、かつ、この直接の取立権の行使が担保権の実行時まで制限される点を内容とする担保権を物権として取得している」と構成される（千葉恵美子「集合債権譲渡担保再考」『現代民事法の理論（下）』103頁）。

4-70 **◆債権譲渡担保と清算義務**
債権者は担保のために譲渡を受けた債権の債権者となるが、実行までは譲渡人（債務者）との関係で取立権が制限される。また、譲渡人である債務者（設定者）は、債務者（第三債務者）との関係では債権を失っているが、集合債権譲渡担保の場合には実行がされるまでは受領権限が留保されていると考える余地がある――本書は制限説をここにも適用する（☞4-71）――。そして、債務者（設定者）への実行通知後は、譲渡担保権者は債権全額についての確定的な債権者になり、全額の取立権・受領権が認められ、債務者（第三債務者）は譲渡担保の事実また債権額超過を知っていようと譲渡担保権者への支払は有効である（債権質との大きな差）。これは物の譲渡担保の場合に、譲渡担保権者は被担保債権額を超えていようと目的物を所有者として売却し代金全額を受領できるのと同様である。しかし、受領した金額のうち被担保債権額を超える額については、これを債務者に清算金として返還することを要する。

2 集合債権譲渡担保

4-71 **(1) 集合債権譲渡担保**
(a) 集合債権譲渡担保の意義 将来の不特定多数の債権を、①発生原因と②当事者とにより特定して――特定の債務者である必要はない[74]――、担保のために譲渡する場合に、その対象とされた債権を**集合債権**といい、その譲渡担保を**集合債権譲渡担保**という。これが有効とされるためには、集合動産の場合と同様に、債権の範囲を特定する基準が満たされていなければならない（☞4-72）。そして、集合物のように1つの譲渡行為により包括的な譲渡をし、かつ、包括的な対抗要件を具備することができる。

動産については、1つの集合物という概念を認めるが、債権についても1つの集合債権という概念を認めるのかは、判例は明確ではない。学説には、①債権についても個々の具体的債権を離れて、「集合債権」という概念を認め、債権についても集合債権論を認める提案もある（堀龍兒「集合債権論」伊藤進先生古稀記念『担保制度の現代的展開』269頁以下）。②しかし、債権については集合物とパラレルに考えることを疑問視する学説も有力である（安永413頁）。

債権には所有権を観念できないため、物とはパラレルな構成ができない。担保権的構成であれば、複数の物に「1つの担保権」の「設定」を認めるのとパラレルに複数の債権にも「1つの担保権」の「設定」を認めることは可能であり、またその対抗要件具備を問題にすることができる。

複数の財産に1つの担保を認める意義は、その1つの包括的な財産についての担保の対抗要件具備を認める点にある。集合債権譲渡担保は——集合動産譲渡担保も——この点が実現できればよいのである。債権について所有権を問題にしなくても、債権の「帰属」を問題にする余地がある[75]。本書としては、集合動産譲渡担保における制限説をここにも応用し、抽象的・包括的な「集合債権」の担保目的での帰属先を創造しその移転を認めたい。個々の債権には譲渡担保の効力が及ばず、設定者が依然として取立て・受領が可能である。譲渡担保権者による債務者への実行通知後、第三債務者に通知をすることにより「確定」の効力が認められ、個々の債権に譲渡の効力が及ぶようになると、同時に譲渡担保権の実行もされているので設定者の取立権また受領権は消滅する。

4-72　**(b)　集合債権譲渡担保の成立要件**

(ア)　最判昭53・12・15による3つの要件設定　「集合債権」の譲渡担

---

74)　＊**債務者を特定しない債権**　債務者を特定せずある賃貸ビルの将来の賃料債権全てと特定して、これを譲渡担保に供する実務上の要請がある。この場合、特定は完全であるが、民法の対抗要件は債務者への譲渡通知または債務者による承認なので、債務者が特定していない債権については具備できない。特例法の改正により、債務者を特定しない債権譲渡登記も可能とされることになった。この場合には、登記の存続期間は5年を超ええないという原則を緩和して、10年を超ええないものとされている（動産債権譲渡特8条3項2号）。

75)　財産権についての処分権は「帰属」から導かれ、将来の債権も帰属を観念できればその処分による帰属の変更は、具体的な債権発生前でも可能であると、発生前に「帰属」の移転を認める提案がある（森田宏樹「財の無体化と財の法」NBL1030号44頁）。

保が有効とされるためには、集合物の譲渡担保と同様に、目的である債権を特定する基準が定められていることが必要である。集合債権譲渡担保を扱った最初の最高裁判決である最判昭 53・12・15 判時 916 号 25 頁は、保険医の国民健康保険団体連合会および社会保険診療報酬支払基金等に対する診療報酬債権を、債権者が 2 年分につき包括的に譲渡を受けた事例で、「右債権は、将来生じるものであっても、それほど遠い将来のものでなければ、特段の事情のない限り、現在すでに債権発生の原因が確定し、その発生を確実に予測しうるものであるから、始期と終期を特定してその権利の範囲を確定することによって、これを有効に譲渡することができる」と判示した。この判決は、集合債権（将来債権）の有効要件として、①特定性[76)]、②それほど遠い将来のものではないこと、および、③発生の確実性を問題にしている。

4-73　**(イ)　最判平 11・1・29 による変更——特定性のみへの要件の制限**　しかし、③はそれを覚悟で債権者が譲渡担保にとるのは勝手であり、また、②は公序良俗の問題に還元されれば足り、その後、最判平 11・1・29 民集 53 巻 1 号 151 頁により変更される。同判決は、「債権譲渡契約にあっては、譲渡の目的とされる債権がその発生原因や譲渡に係る額等をもって特定される必要があることはいうまでもなく、将来の一定期間内に発生し、又は弁済期が到来すべき幾つかの債権を譲渡の目的とする場合には、適宜の方法により右期間の始期と終期を明確にするなどして譲渡の目的とされる債権が特定されるべきである」が、「契約の締結時において右債権発生の可能性が低かったことは、右契約の効力を当然に左右するものではない」とし、さらに、「将来の一定期間内に発生すべき債権を目的とする債権譲渡契約について、右期間の長さ等の契約内容が①譲渡人の営業活動等に対して社会通念に照らし相当とされる範囲を著しく逸脱する制限を加え、又は②他の債権者に不当な不利益を与えるものであると見られるなどの特段の事情の認められる場合

---

76)　特定性は当然の前提とされ、4-73 判決でも明言されていないが、将来債権の譲渡予約事例についての最判平 12・4・21 民集 54 巻 4 号 1562 頁で、「債権譲渡の予約にあっては、予約完結時において譲渡の目的となるべき債権を譲渡人が有する他の債権から識別することができる程度に特定されていれば足りる。そして、この理は、将来発生すべき債権が譲渡予約の目的とされている場合でも変わるものではない。本件予約において譲渡の目的となるべき債権は、<u>債権者及び債務者が特定され、発生原因が特定の商品についての売買取引とされていることによって、他の債権から識別ができる程度に特定されている</u>ということができる」と述べられている。

§Ⅱ 債権譲渡担保（譲渡担保権②）

には、右契約は公序良俗に反するなどとして、その効力の全部又は一部が否定されることがある」というだけで、それほど遠くない将来の債権という要件を放棄した。結局は、要件は①の特定性だけになる[77]。

4-74　**(c) 集合債権譲渡担保の第三者対抗要件**　債権の譲渡担保も債権譲渡の方式によるため、その対抗要件は、譲渡特例法による債権譲渡登記ファイルへの登記によるサイレント方式の対抗要件によるか、または、民法の指名債権譲渡の対抗要件（467条2項）によることになる。最判平13・11・22民集55巻6号1056頁は、「甲が乙に対する金銭債務の担保として、発生原因となる取引の種類、発生期間等で特定される甲の丙に対する既に生じ、又は将来生ずべき債権を一括して乙に譲渡する……上記債権譲渡について第三者対抗要件を具備するためには、指名債権譲渡の対抗要件（民法467条2項）の方法によることができる」という。その対抗力の内容については明言していないが、個々の債権譲渡について、その譲渡通知の到達時を基準として包括的に対抗力が認められることになる。本書の制限説では、集合債権の担保目的での移転（譲渡担保権の設定）の対抗力として認められ、これがその後の実行により個々の債権について譲渡の効力が発生するが、その対抗要件を保全する効力が認められることになる。

また、現在有する商品売掛代金債権および商品販売受託手数料債権、また、同日から1年の間に取得する商品売掛代金債権および商品販売受託手数料債権を担保のために譲渡したが、「甲に取立権限を付与し、取り立てた金銭の乙への引渡しを要しないとの合意が付加されている」ため、467条2項の譲渡通知に「丙に対し、甲に付与された取立権限の行使への協力を依頼したとしても、第三者対抗要件の効果を妨げるものではない」とされている（最判平13・11・22前掲）。集合債権概念を認める本書の制限説からは当然の結論である。

債権譲渡の対抗要件を備えた後に、被担保債権が弁済により消滅すれば、債権は設定者に復帰するが、この復帰について対抗要件を備えなければ、債

77）　最判平19・2・15民集61巻1号243頁が、「将来発生すべき債権を目的とする債権譲渡契約は、譲渡の目的とされる債権が特定されている限り、原則として有効なものである」と、特定性だけを要件とすることを確認する。

務者および第三者に対抗することはできない（鳥谷部・法理112頁・145頁以下参照）。

4-75 **◆将来の賃料債権譲渡担保と賃貸不動産の譲渡**
　例えば、Aがその所有する賃貸ビルの将来の賃料債権（5年間分）をBに譲渡担保に供しこれを特例法により登記したが、その期間内に賃貸ビルをCに売却し移転登記を経たとする。この場合に、すでに債権譲渡がなされ包括的な対抗要件具備が認められるので、その後に賃貸不動産を取得しその登記を経たCに対抗できるのであろうか。それとも対抗できず、将来の賃料債権の譲渡は、賃貸不動産の譲渡により覆滅せられてしまうのであろうか。
　この点、不動産の賃料は法定果実として発生時の不動産の所有者に帰属することから（89条2項・206条）、「将来債権の譲渡であっても、現在債権の譲渡と同様に、譲渡人は譲渡の対象となった債権について処分権を有していなければならない。すると、譲渡の対象となった将来の賃料債権は不動産の取得者が原始的に取得するものである以上、旧賃貸人による譲渡は無効であるといわざるをえない」（占部洋之「賃料債権の理論的意義」松尾弘＝山野目章夫編『不動産賃貸借の課題と展望』401頁）。将来の債権を集合債権として譲渡できるとしても、実行により譲渡担保の効力を及ぼすことができるのは、設定者の下で成立した賃料債権に限られるのである。

4-76 　**(d) 集合債権譲渡担保の効力**　集合債権譲渡担保の効力としては分析論的に構成する限り、その特定の基準を満たした債権が成立すると同時に債権移転の効力が発生し、その債権について直ちに対抗要件を満たすことになる。本書の採用する1つの集合債権の譲渡という構成では（☞4-71）、集合債権への担保権設定に代替する擬制にすぎず、これに該当する個々の債権については、譲渡の効力は及ばず、集合動産譲渡担保の場合に、設定者が実行まで個々の動産を売却しうるのと同様に、設定者は実行まで個々の債権について取立て・受領さらには処分（譲渡・免除等）ができることになる。集合債権譲渡担保が競合した場合には、対抗要件具備の先後により優劣が決められる。「確定」により、特定債権譲渡担保と同様の効力が生じるだけでなく、実行としての効力が同時に発生し——設定者の取立権・受領権また処分権は消滅——、債権質とは異なり債権の確定的帰属だけで被担保債権は消滅し——転付命令のように——、第三債務者から弁済を受けた分だけ消滅するものではない。

§Ⅱ 債権譲渡担保（譲渡担保権②）

4-77 **(2) 集合債権の譲渡予約**

(a) 集合債権譲渡予約の有効性 債務者の将来の債権を担保のために譲渡してしまうと、①債務者は将来発生するはずの財産を担保にして他から融資を受ける可能性が排除されてしまい、他方で、②債務者の他の債権者も将来の財産である債権からの債権回収を独占されてしまい、これを無限定に認めることはできない。そのため、債権の範囲や期間によっては債権譲渡担保の効力が公序良俗違反として否定されるリスクをはらんでいる（90条）。これを避けるため、集合債権の譲渡予約、すなわち債権を広くカバーしつつ譲渡「予約」にとどめておくことで——予約完結時の債権だけが対象になる——90条により無効とされるリスクを回避できる。

最判平12・4・21民集54巻4号1562頁は、将来の集合債権の包括的な譲渡予約について、「完結の意思表示がされるまでは、Aは、本件予約の目的となる債権を自ら取立てたり、これを処分したりすることができ、Aの債権者もこれを差し押さえることができるのであるから、本件予約が、①Aの経営を過度に拘束し、あるいは②他の債権者を不当に害するなどとはいえず、本件予約は、公序良俗に反するものではない」と、これを有効と認める。

4-78 **(b) 集合債権譲渡予約の対抗要件** 上記最判平12・4・21でも、傍論的に予約完結まで他の債権者が差し押さえたりすることが認められていたが、その後、予約と同時にされた通知の効力が問題とされた最判平13・11・27民集55巻6号1090頁は、「指名債権譲渡の予約につき確定日付のある証書により債務者に対する通知又はその承諾がされても、債務者は、これによって予約完結権の行使により当該債権の帰属が将来変更される可能性を了知するに止まり、当該債権の帰属に変更が生じた事実を認識するものではないから、上記予約の完結による債権譲渡の効力は、<u>当該予約についてされた上記の通知又は承諾をもって、第三者に対抗することはできない</u>」とした。集合債権譲渡担保の最大の利点は、当初に包括的な対抗力を取得できる点にあるが、これが否定され、予約完結により債権譲渡がなされた後に改めて債権譲渡——という過去の事実を伝える——通知がなされなければならないのである。予約の時点で、対抗要件を具備することはできないことになる。実務上それでは不都合であり、利用に耐えるものではない。なお、担保権的構成

によれば、譲渡予約の通知を担保権設定の通知として認める余地がある。

4-79 **(3) 集合債権の停止条件付き譲渡**
　(a) 停止条件付き譲渡で狙われた利点　将来の集合債権を担保のために譲渡する場合には、①無条件の譲渡の形式では、長期にわたる場合には公序良俗違反によりその効力が否定されるおそれがあるが、②他方で、予約では公序良俗の点はクリアーできるものの、上記の通り、対抗力取得につき十分ではない。③そこで、考えられたのが、将来の集合債権の停止条件付き譲渡という方式である。この方式では、予約と同様に公序良俗の点をクリアーするが、停止条件成就後になされる譲渡通知によって初めて対抗要件が満たされることになる。そのようなデメリットはあるものの、停止条件付き譲渡には、予約にはない次のような利点があると考えられたため、予約に代わる方法として使われたのである。

　それは、債務者が無資力状態になっている場合に、予約完結では譲渡自体は予約完結の時点で認められるのに対し——信用不安時になされる予約完結は詐害行為取消しや破産法の否認権の対象になる——、停止条件にしておくと、譲渡自体は無資力になる前の時点で認められており、債務者の信用不安といった停止条件が成就した後は、対抗要件具備行為である譲渡の通知がされるだけである。そうすると、あくまでも取消しや否認の対象は譲渡行為であり対抗要件具備行為ではないので（最判平10・6・12民集52巻4号1121頁）、信用不安後に停止条件が成就しても取消しや否認ができないかのように解釈されたのである。まさにこのような効果を狙って、信用不安を停止条件とする譲渡が利用されたのである。

4-80 **(b) 否認権が認められ狙われた利点は失われた**　しかし、最高裁は、旧破産法72条2号（改正法では160条1項2号）の、危機時期後に行われた債務者による担保供与等の行為を全て否認の対象とすることで、債権者間の平等および破産財団の充実を図ろうとした趣旨に鑑み、将来の集合債権の停止条件付き譲渡は、同規定の趣旨に反し、その実効性を失わせるものであって、「その契約内容を実質的にみれば、上記契約に係る債権譲渡は、債務者に支払停止等の危機時期が到来した後に行われた債権譲渡と同視すべきもの」であるとして、否認権の対象となることを肯定した（最判平16・7・16民集58巻5号1744頁）。基本的には妥当な解釈として賛成できよう。したがって、停止条

件付きと構成しても、上記のような期待された利点も認められないことになり、試行錯誤であみ出された譲渡予約方式も停止条件方式もいずれとも適切ではなく、公序良俗による効力否定がされない内容で、通常の集合債権譲渡を行うしかない。

§Ⅲ 代理受領および振込指定

4-81　譲渡ができる債権を担保にとるには、譲渡担保または債権質の設定が考えられるが、地方公共団体に対する工事請負代金債権など、譲渡・質入が禁止されている債権は、譲渡担保や債権質により担保の目的物とすることはできない。そうすると、公共工事を請け負った事業者は、国や地方公共団体に対する工事請負代金債権を担保にして融資を受けることができなくなる。そこで、この債権を実質的に担保にとったにも等しい状況を実現するために、代理受領や振込指定といった取引が考え出されたのである。ただし、これらの場合、第三債務者（地方公共団体）による債務者への弁済を債権者に対する不法行為として、債権者の第三債務者に対する損害賠償請求を認めることが保護の限界であり、債権譲渡や債権質の設定とは異なり、担保そのものを第三者に対抗することはできないので、差押債権者には対抗できず、非常に脆弱な担保取引にとどまる。以下、それぞれについて説明をしていこう。

1　代理受領

4-82　**(1)　代理受領の意義**

　代理受領とは実務慣行から発生した担保取引であり、例えばＡがＢに融資をするに際して、ＢのＣ（地方公共団体）に対する公共工事の請負代金債権を担保にするために、①ＢがＡに、ＢのＣに対する債権についての受領権を与え——取立権まで与える**取立委任型**、受領権を与えるだけの**受領委任型**とがある——、かつ、②ＣにＢではなくＡに支払うことを承認してもらうという——その法的評価が１つの問題となる——、２つの要素からなる担保目的の取引である。

代理受領により債権者が狙っているのは、受領権限の認められた債権を担保にとることであるが、担保権の設定とは異なり、AにBの代理人としての受領権を認めるだけなので、B自身の受領権は制限されず、CがBに支払っても有効である。また、第三者には何ら効力はないので、その債権がBの債権者によって差し押さえられた場合に、Aが担保権を主張して第三者異議の訴えができるわけではない。

4-83 **(2) 代理受領の効果**

(a) **債務者（第三債務者）への効力** 代理受領の合意がなされこれに対して先の例の第三債務者Cが承認をしたにもかかわらず、CがBに支払ってしまった場合の法的効力が問題になる。

①まず、差押えがされたり債権質が設定された場合とは異なり、Cが代理受領を承認していても、Bへの支払は有効である。②しかし、判例は、CのBへの弁済をAに対する「債権の満足が得られるという利益」（担保利益）を侵害する不法行為と評価して、A→CにA→Bと同じ金額の債権を損害賠償請求権として成立させるのである。Aは取立授権によりB→Cの自分への履行請求ができるが、Cが承諾をしてもCのBに対する債務の給付をAにすべき義務をAに対して負担するということを認めるのは——Bへの支払がAへの債務不履行になる——、譲渡が禁止されている債権なので難しい。そのため、Cの承諾を要件として「債権の満足が得られるという利益」が成立することを認め、CのBへの弁済をこの利益を侵害する不法行為と構成したものと推察される。

すなわち、判例は、「本件請負代金債権は、AのBに対する本件手形金債権の担保となっており、Cは、本件代理受領の委任状が提出された当時右担保の事実を知って右代理受領を承認した」のであり、「Aは……右請負代金を受領すれば、右手形金債権の満足が得られるという利益を有する……、また、右承認は、単に代理受領を承認するというにとどまらず、代理受領によって得られるAの右利益を承認し、正当な理由がなく右利益を侵害しない[義務を負担する]という趣旨をも当然包含する」ため、Cは、「Aの右利益を害することのないようにすべき義務がある」として、Cの不法行為責任を認めた（最判昭44・3・4民集23巻3号561頁）[78]。

第三債務者Cが弁済ではなく、Cに対して相殺をした場合もAに対して

不法行為になるのであろうか。仙台高判平21・10・28判時2077号58頁は、相殺については不法行為にはならないという。第三債務者が承諾以前から有していた債権による相殺は承認により遮断されないが、承諾後に取得した債権による相殺はどうであろうか。代理受領は債権質ほど強力な担保とは認められず、また相殺は任意の弁済――履行強制も債務不履行にもならない――とは異なり、債権回収であって、Bの他の債権者に対抗できないのと同様に、代理受領の効力を主張できないというべきであろう。

4-84　**(b) 第三者への効力**　第三債務者は承認により不法行為上の義務――とはいえ相対的なAC間だけの義務――を負うのとは異なり、第三者に対抗できる対世効のある担保権を設定するものではなく、第三者はこの「債権の満足が得られるという利益」（担保利益）を侵害しない義務を負わず、Bの債権者によりB→C債権が差し押さえられてもAは妨害排除を求めることはできない。Bが倒産し破産手続が開始した場合も同様である。Cが破産管財人や差押債権者に支払うのは、Aとの関係でも違法性が阻却される。代理受領の効果を他の債権者――譲渡ができないので、譲受人を考える必要はない――には対抗できない（鳥谷部・法理200頁以下参照）。したがって、Bの債権者DがBのCに対する債権を差し押さえても、Dの代理受領についての善意・悪意を問うことなく、Bには第三者異議の訴えは認められないだけでなく、不法行為として損害賠償請求することはDに対してだけでなくCに対してもできず、債権者の1人として差押えに参加するしかない[79]。

78) **＊損害賠償できる金額**　この場合、支払われた債権額全額が損害と認められている。また、ほかに担保がありそれから回収が可能であっても損害は否定されない。「担保権の目的物が債務者又は第三者の行為により全部滅失し又はその効用を失うに至った場合には、他に保証人等の人的担保があって、これを実行することにより債権の満足を得ることが可能であるとしても、かかる場合、債権者としては、特段の事情のない限り、どの担保権から債権の満足を得ることも自由であるから、そのうちの1個の担保が失われたことによりその担保権から債権の満足を受けられなくなったこと自体を損害として把握することができ」るといわれる（最判昭61・11・20判時1219号63頁）。
79) **＊二重の代理受領であったら**　もしA_1とA_2とに二重に代理受領が合意されたらどうなるであろうか。債権は1つなのに2人にその金額について賠償をさせるのは過ぎた救済である。やはり実質担保ということから、A_1とA_2の優劣を決めるべきである。例えば、A_1：500万円、A_2：500万円の債権で、Cからの承認を受けたのはA_1が先であるとして、B→C債権が700万円でこれがBに支払われた場合、A_1：500万円、A_2：200万円の賠償請求が認められる。代理受領は第三者に対する対抗力は認められないが、代理受領間の優劣を判断することは許されると思われる。

◆**第三債務者Cにより損害賠償がされた後の法律関係**
(1) CからBへの求償の可否
　第三債務者CがAに損害賠償をした場合に、A→B債権はどうなるか、もし消滅するとすれば、Cは債務者Bに求償できるのではないか、という疑問がある。CのBに対する弁済は有効なので、CのBに対する不当利得返還請求権は認められない。また、CはBのAに対する債務を保証人のように代わりに弁済したわけではない。この点につき判断した判例はない。
　AはBに対する債権に加えてCに対する損害賠償請求権を取得するが、Aが二重に債権額を超える支払を受けるのは認めることはできない。A→B債権とA→C債権（損害賠償請求権）は不真正連帯債務の関係となり、BCのいずれかが支払えば他の債務も消滅する。Bの支払によりAの損害が消滅するのでCの損害賠償義務が消滅するのは説明が容易であるが、Cの支払によりBの債務が消滅することは実質担保ということで説明するしかない。第三者が担保権侵害により損害賠償義務を負う場合に、賠償により被担保債権も消滅すると考えざるをえないのと同様である。実質担保であることを考えれば──不当利得と構成してもよい──、Aに損害賠償をしたCからBへの求償が認められるべきである。

(2) AのBに対する債権およびその担保
　では、AのBに対する債権に担保、例えばDが保証人になっている場合、第三者弁済に準じて、保証債権に代位することを認めるべきであろうか。これを肯定すると、同じ担保を負担している者であるのに、代位について頭割りではなく、保証人に100％負担させられることになり、公平の観点から疑問は残る。
　①CがAに任意に支払った場合には、A→BそしてB→Cの2つの債権が消滅し──B→C債権につきAに受領権がある──、CのBに対する求償権は発生しない。担保とはいえ保証債務とは大きな違いである。したがって、問題になるのは、CがBに支払ったために、CがAに対して損害賠償義務を負い、Cがこの賠償をして二重の出捐を強いられた場合である。実質的に担保負担者であり501条前段の全面的な代位ではなく、同条後段5号の類推適用により、負担部分頭割でA→Dの保証債権に代位できると考えるべきである。
　②逆に保証人Dが支払った場合はどう考えるべきであろうか。A→Cの損害賠償請求権が実質的に担保であり保証債務に準ずるものと考えれば、保証債務に準じてA→Cの損害賠償請求権の代位取得を考えることができる。この結果、Dも頭割りによる弁済者代位が可能である。

2　振込指定

代理受領の受領委任型と類似するが、CがAに支払うことを承認するのではなく、Bに支払うがBに対して債権を有するA（銀行）のBの預金口

座に振り込むことを約束するのが、**振込指定**といわれる担保取引である。CはBに支払うが、A銀行のBの口座に振り込むことになり、これによりB→Aの預金債権が成立し、Aは相殺によりA→B債権を回収できることになる。相殺ということを介在させて債権回収を図る点に、代理受領とは異なる特殊性がある。譲渡・質入れが禁止されている債権について、実質的に担保にとる取引であることに変わりはない。

① AB間において、Cの支払を指定されたA銀行のBの口座に振り込ませることを合意し、②CからA銀行のBの口座に振り込むことの約束をとりつけるのである。したがって、代理受領とは異なり、CからAが受領するのではなく、法的にはCはBに弁済した形になり、Bに対するCの債務は弁済により消滅する。そのため、ここで問題になるのは、CがA銀行のBの口座に振り込まずにBに支払ってしまったり、Bの別の銀行の口座に振り込んだ場合である。代理受領と同じ問題が生じる。

明確な最高裁判決はないが、代理受領と同様に考えてよいであろう。福岡高判昭57・5・31判時1059号76頁は、①「銀行・預金取引先間には債権関係が存在し、その債権を担保しあるいはその弁済に充当するために振込指定の方法が採られること」、②「振込人(第三債務者)としては、指定された振込の方法によらないで直接取引先に支払ってはならないこと」、③「振込指定の方法の変更は取引先単独ではなし得ず、銀行の承諾を要すること」、「少なくとも以上の3要件が振込人(第三債務者)に対してそれぞれ明示され、合意の内容とされなければなら」ないとし、「振込人は第三債務者として銀行に対し右合意の内容に従った振込をなすべき契約上の債務を負担」するとし、違反に対して債務不履行の成立を認める。

上記判決は事案では要件を満たしていないとして債務不履行を否定し、その上告審判決である最判昭58・4・14判時1131号81頁は、「本件振込指定の合意によりCがA銀行に対し、所論の振込をすべき債務を負ったとはいえない旨の原審の判断は、正当として是認することができる」としつつ、不法行為について判断しなかったことを違法として差戻しを命じている。その差戻審判決である福岡高判昭59・6・11判時1137号80頁は、「A銀行添田支店の承諾なしに、指定された振込みの方法によらず直接取引先に支払うなど他の方法による支払をすれば、右担保の侵害とな」るとして、不法行

為の成立を認める。

> # §Ⅳ
> # 所有権留保

1 所有権留保の意義

4-88　例えば、AがBに自動車1台を代金割賦払いの約束で販売し、自動車を引き渡したとする。この場合、売主Aは買主Bが代金を支払わない場合に、①先取特権（321条）を行使するか、または、②売買契約を解除して自動車を取り戻すことができる（545条1項）。

　しかし、先取特権の行使は競売によらなければならず、また、解除の場合には、原状回復が必要になり、受け取った既払分の代金を返還するなどの清算をしなければならない。そこで、解除による清算の煩わしさを回避し、先取特権によらずに代金の回収を私的実行により可能とする方法として考え出されたのが、**所有権留保**である。先の例でいうと、AがBの代金完済まで、その自動車の所有権を留保するという、所有権移転時期についての特約をすることである。なお、信販会社が買主の代金を立替払いする第三者が与信するケースでは、目的物の留保された所有権は買主に対して債権を取得する信販会社に認められることになる（☞4-90）。不動産についても所有権留保は可能であるが、宅地建物取引業者が行う不動産の売買契約では所有権留保は禁じられており（宅建業43条）、違反して所有権留保特約がされても無効である。割賦販売法の適用のある売買契約については、法律上所有権留保の特約が推定されている（同法7条）。

　所有権留保では、売主は、解除せず代金債権をそのまま維持することになり――実際には解除通知をする（☞4-96）――、目的物を引き揚げてこれを売却し、その代金から、未払代金とそれまでの利息ないし遅延損害金債権を回収することになる。そのため、中古市場のない商品や使用により価値が激減する商品については、買主に対する心理的効果しか期待できない。担保が目的であるから、残代金よりも目的物の価格が上回る場合には売主に清算義務が負わされる。

§Ⅳ　所有権留保

4-89
◆拡大された所有権留保
　事業者間で大量の継続的売買契約が行われている場合には、ドイツでは所有権留保に特殊な内容が盛り込まれる。
　①ＡがＢに売却し、Ｂがそのまま使用する場合には、債権と目的物との牽連性を不要とし、代金債権が残っている限り目的物全部に所有権留保の効力が認められる――甲機械の代金も、その後の乙機械の所有権留保で担保する――という水平的拡大型所有権留保が行われる。牽連関係のない目的物については譲渡担保がされているに等しい80)。
　②Ａが目的物の転売を予定しているＢに売却する場合には、所有権留保につき物上代位が認められるとしても「差押え」という手続を省略するため、目的物の第三者への売却代金債権について債権譲渡担保をあわせて合意しておく。所有権留保の物上代位の行使を容易にするための特約である。
　③ＡがＢに売却し、Ｂがこれを加工した上で売却する場合には、加工された物にも所有権留保の効力が及ぶという特約を追加することになる（延長型所有権留保）。また、②と同様に加工された商品の代金について債権譲渡担保を特約として付けられる。例えば、石材を所有権留保付きで販売し、買主がこれを彫刻に加工した場合、加工の規定により買主の所有になるはずであり、売主の所有権を存続させることは、加工についての特約という形になる。
　わが国では、このような慣行はなく、動産売買先取特権制度という法定担保の果たす役割は大きいものと期待されている（林田学「動産売主の先取特権による優先的回収の実現(1)～(3)完」NBL361号・380号・383号）。いずれの合意も日本でも有効と認めてよいであろう。

4-90
◆３者間の所有権留保
　例えば、売主ＡからＢが自動車を購入するに際して、Ｘが信販会社として立替払いをした場合に、ＡＢ間の売買契約に所有権留保特約があれば、Ｘによる代位弁済により代金債権と共にＡの留保所有権がＸに移転する。しかし、それでは被担保債権は代金債権でありＸのＢに対する信販契約上の債権（立替金等債権）ではないことになる。最判平22・6・4民集64巻4号1107頁は、「本件３

---

80)　東京地判平16・4・13金法1727号108頁は、ＡがＢに家電製品を継続的に供給しその代金の完済まで全ての商品の所有権を留保する特約を締結した事例で、「所有権留保の機能は、売買契約において、目的物の所有権移転とその代金支払が対価性、牽連性を有することに着目して、当該売買契約から発生した当該目的物についての代金債権を担保することにあり、同売買契約上、代金債権に関連、付随する債権の約定が存するような場合に同債権を被担保債権に含めることは格別、これを超えて、被担保債権の範囲を別個の契約から発生した債権にまで拡大することは、その本来的機能を逸脱したものといわざるを得ない」と断言する。「限定を付さず被告の破産会社に対する一切の債権を当該商品の所有権留保の被担保債権に包含させる点において、民法90条の趣旨に照らし、その効力を認め難い」として、別除権を否定した。

者契約は、販売会社において留保していた所有権が代位によりXに移転することを確認したものではなく、Xが、本件立替金等債権を担保するために、販売会社から本件自動車の所有権の移転を受け、これを留保することを合意したものと解するのが相当であり、Xが別除権として行使し得るのは、本件立替金等債権を担保するために留保された上記所有権である」とした。これを契約解釈により導くのであるが、種々の事情を挙げて「Xが販売会社から移転を受けて留保する所有権が、本件立替金等債権を担保するためのものであることは明らかである。立替払の結果、販売会社が留保していた所有権が代位によりXに移転するというのみでは、本件残代金相当額の限度で債権が担保されるにすぎないことになり、本件3者契約における当事者の合理的意思に反する」という。所有権留保とはいっているが、契約解釈としては、留保特約がなく売買契約当事者間では所有権が移転し、買主が取得した所有権を信販会社の立替払金の分割払義務のために譲渡担保に供しているものと考えるべきである。したがって、信販会社は買主からの所有権取得について対抗要件の具備が必要になる（☞4-95）。

2　所有権留保の法的構成

4-91　所有権留保の法的構成をめぐっては、譲渡担保と同様の議論がある。所有権留保は、形式的には、代金の完済時を所有権移転時とする、所有権移転時期についての特約にすぎない。売主が有するのは所有権ということになる。しかし、その目的は代金債権担保であり、代金が支払われない場合、目的物を引き揚げ、これを売却してその代金から代金債権を回収しようというものである。先取特権とは異なり、所有者として返還を受けまた売却するという私的実行が可能な点に利点がある。目的物を引き渡して買主に使用収益を認めるのであり、売主が有するのは担保権であり所有権は買主に移転しているのではないかという疑問があり、少数説として担保権的構成も主張されている。以下、判例・学説を説明しよう。

4-92　**(1) 所有権的構成**

売買契約における所有権の移転時期についての合意は有効であり、目的物の引渡しをしつつ所有権を代金完済まで留保することを無効とすべき理由はない。しかし、買主は所有者ではないものの、その引渡しを受ける権利は持っており不法占有ではない。所有権移転時期についての特約という形式に従い、買主は所有権をいまだ取得しておらず、売主が目的物引渡し後も所有者と考える所有権的構成が、判例でありまた多数説である（古積431頁、道垣内

357〜8頁)。ただし、買主の目的物に対して有する権利をめぐっては、譲渡担保におけると同様に以下のように議論がある。

①古い学説は、所有権留保売主は目的物の完全な所有者であり、停止条件付き法律行為として買主に期待権が成立し、売主は担保の目的に反しない限度で所有権を行使すべき債務を負担するだけと考えていた（勝本299頁）。②これに対して、ほぼ譲渡担保とパラレルに、買主には、譲渡担保における設定者と同じ物権的な権利を認めようとする学説が近時では有力である（鈴木265頁、高橋348頁[81]）。ただ、ここでは設定者留保権ではなく停止条件付き売買という形式にあわせて物権的期待権と呼ばれている（道垣内358頁）。

本書も所有権的構成を支持するが、買主による使用収益を可能とする物権的な権利の取得を認め、また、売主は所有権という形式タイトルを保持し、代金の支払がされないと自己の名で目的物を処分する権限を有し、売却のために目的物の引渡しを求めることができると考える。所有権とはいっても実質担保なので付従性があり、代金債権が譲渡されたり、または、代位弁済があると、代金債権と共に担保のための所有権も移転することになる。なお、売主に担保のみの内容の所有権が残っていても、売主の所有権移転義務は履行済みというべきであり、所有権移転義務を消滅させるために契約を解除する必要はない。

4-93 **(2) 担保権的構成**

前述の通り、所有権的構成では、売主には依然として所有権移転義務が残るため、この義務を消すために、売主は契約解除が必要と考えられ、実際にも所有権留保の実行のために契約が解除される——本書の立場では不要（☞4-92）——。しかし、解除をすると代金債権は消滅してしまい、また、原状回復の清算をしなければならなくなってしまう。そこで、所有権の移転時期の合意という形式を無視し、担保という実態に着目して、所有権は買主に

---

81)「譲渡担保が設定された場合には、債権担保の目的を達するのに必要な範囲内においてのみ目的不動産の所有権移転の効力が生じるにすぎ」ないとパラレルに、所有権留保では、「債権担保の目的を達するのに必要な範囲内においてのみ」目的物の「所有権留保の効力が生じるにすぎ」ないということになりそうであるが（それ以外は移転）、これを明言する判例はない。4-104の最判平21・3・10は、「留保所有権者が有する留保所有権は、原則として、残債務弁済期が到来するまでは、当該動産の交換価値を把握するにとどまるが、残債務弁済期の経過後は、当該動産を占有し、処分することができる権能を有する」と述べている。

移転し売主は目的物につき担保権の設定（ないし留保）を受けるものと理解する**担保権的構成**も主張されている（高木379頁、近江324頁、大島和夫『期待権と条件理論』147頁・215頁）。そのプロセスについては、①担保権部分を「留保」して所有権を移転するのか、②一旦所有権を移転して買主から再度担保権の設定を受けるのか、構成は必ずしも明確には述べられていないが、譲渡担保権の設定と明言する学説がある（加賀山・講義555頁）。

　米倉教授は、譲渡担保同様に、所有権留保についても「動産抵当権説」を主張している。売買契約によって買主に目的物の所有権が移転し、買主から売主が抵当権の設定を受けるのであり（上記②の構成）、売主は公示なくして抵当権取得を第三者に対抗することができる（米倉・担保法378頁）。これを慣習法上の物権とし、私的実行がされる非占有担保であって、いわゆる帰属清算方式を採用するものともいう。そして、私的実行は、担保権の実行であるから、契約を解除する必要はなく[82]、残代金の回収のために担保権が実行できることになる。

3　所有権留保の合意──留保所有権の設定

4-94 **(1)　所有権留保条項──売買契約の特約条項**

　売買契約中の所有権留保特約は、譲渡担保のように「担保」が公示されておらず、所有権の移転時期を代金の完済時にするという、所有権の移転時期についての特約にすぎない。譲渡担保では譲渡の「原因」をどう考えるか問題があったが（☞4-4以下）、所有権を移転させないという合意なので、そのような疑問はない。しかし、所有権移転義務の問題が残される。売主が所有権を保持しているため、所有権移転義務が存続しそれをそのままにして留保所有権を実行するということの違和感は拭えない。

　この点、所有権移転義務は履行済みであり、契約解除を不要とできる点が担保権的構成の大きな利点であるが、所有権的構成でも、所有権移転義務は履行済みと考えられないものではないことは先に述べた（☞4-92）。所有権

---

82)　解除を認めないことにより、買主の受戻権が保護されるともいわれる。すなわち、契約解除がされてしまうと、買主の受戻権は消滅してしまうが、担保権的構成では、解除とは担保権実行着手を意味するのであり、適正額の清算金の提供があるまでは受戻権が存続すると主張する（米倉・実証的研究153頁）。

的構成では、代金完済まで「所有権を移転させない」というので、所有権移転義務は残るかのようであるが、担保に必要な部分を除いて実質的に所有権の中身は買主に移転しており、買主は代金を支払って実質担保を消滅させる——タイトルとしての形式ではその時に所有権が移転——だけである。その実質は、一旦買主に所有権が移転し、譲渡担保がなされたのに等しい。

4-95 **(2) 所有権留保の対抗要件**

①所有権的構成では、所有権が移転しないというだけであるから、所有権が移転しないことについての対抗は考えられない。立木の地盤だけを売却する場合に、立木の所有権を地盤から分離しこれを保持するのは、一旦「立木の所有権を分離独立させる」という物権変動があり、単なる留保ではないので、その対抗を問題にできるが、ここでは単に所有権を移転させないということだけでしかない。所有権がないのに買主が物を占有していることに対する信頼は、即時取得で保護すれば十分であることになる。なお、自動車について信販会社の留保所有権について（☞4-90）、買主の再生手続開始の時点で信販会社の登録がされていなかったため、留保所有権を別除権として行使することは許されないとされている（最判平22・6・4前掲）。

ところで、買主に物権的期待権といった物権的権利を認める立場ではその対抗要件が問題になるが、目的物の引渡しにより具備されると考えられている（道垣内358頁）。本書の立場では、買主の権利は譲渡担保権設定者の権利と同じに考えればよいことになる（所有権の分属）。

②担保権的構成では、引渡しまたは売買契約により買主に所有権が移転した目的物について、売主のために留保所有権という一種の担保権（米倉説では抵当権）が設定されることになる。そこで、その設定についての対抗要件が必要になる。これについては、ⓐ占有改定によると考える学説（高木381頁）、ⓑ譲渡担保と同様に公示なしに対抗力を認める公示不要説（近江324頁）、ⓒネームプレート（明認方法）を公示方法とする考えなどが提案されている。

4　所有権留保の効力

4-96 **(1) 所有権留保の実行**

　(a) **所有権留保の実行としての「解除」**　実務では、所有権留保の実行と

して売主から売買契約の解除がされるが、解除は所有権を留保していなくてもできる。また、解除をしたら代金債権が消滅してしまうし原状回復義務が発生し清算しなければならなくなるので所有権留保をした意味がなくなる。やはり所有権留保を担保として認めるのであれば、契約を解除しないで担保権の実行として残代金債権の回収だけを問題にすべきである（道垣内 361 頁、新注民(9) 919 頁［安永］など）。本書の立場では、売主は引渡しによって売買契約上の債務は履行済みといえ、売主は契約を解除する必要はない。

したがって、売主からは、解除ではなく担保権実行の意思表示がされるべきである。所有権留保条項における「解除」とは、留保所有権の実行の意思表示と解釈すべきである（高木 382 頁）。ただし、このことは、民法の法定解除権の行使を妨げるものではなく、売主は民法上の法定解除を行うことを選択することもできる。

4-97 **(b) 所有権留保の実行方法**　留保所有権が実行されると、解除による原状回復請求権としてではなく、担保権の実行として、売主は買主に目的物の引渡しを請求できることになる。その実行方法としては、帰属清算型と処分清算型とが考えられるが、いずれにせよ売主は清算義務を免れず、清算を不要とする特約は公序良俗に反し無効というべきである。また、譲渡担保同様に、買主は、処分清算の場合は処分まで代金を支払って留保所有権を消滅させることができ、帰属清算の場合には、清算期間経過までは同様に代金を支払って留保所有権を消滅させることができ——不動産とは異なり清算期間は不要とも考えられる——、経過後の代金債権が消滅した後でも清算金の提供があるまでは真正の受戻権が認められるべきである。

4-98 **(2) 所有権留保の対内的効力**

①所有権的構成では、所有権の移転が留保されていようと、買主が自分の買った目的物を使用しうるのは当然である。売主が所有権留保の実行によらずに、ただ所有権に基づいて買主に返還を請求することはできない。②担保権的構成では、買主は引渡しの時から——特定物につき判例では契約時から——目的物の所有者になるので、所有者として利用できるのは当然である。

買主が、目的物を他に処分してしまったり、滅失させてしまった場合には、担保を滅失させたことになり、期限の利益を失うことになる。所有権的構成でも、被担保債権を問題にできるので、買主による滅失について所有権

侵害による損害賠償を問題にする必要はない。抵当権につき設定者たる債務者が目的物を滅失させた場合と同じである。

　特定物売買では危険負担が問題となる。現行法（534条1項）では当然に買主が負担するが、これは所有権の移転と結びついたものであり、所有権留保がされても適用されるのか問題となる。改正法案では所有権の移転ではなく、引渡しにより危険が移転することになっているため（同567条1項）、所有権留保特約があろうと、引渡しにより危険が買主に移転する。担保目的で所有権留保がされていることは、所有者危険の移転の支障にはならないと考えるべきである。

4-99　**(3)　所有権留保の対外的効力**

　(a)　買主による売却[83]　①買主が所有権留保付きで購入した目的物を第三者に売却した場合、所有権的構成では、買主は無権利者であり、買主から目的物を譲り受けた第三者は192条の即時取得の要件を満たさなければ、所有権を取得しえないことになる。ただし、譲渡担保についてと同じように、買主は担保目的の所有権の内容部分を売主が留保しているだけで、それ以外の所有権の内容は取得しているので、これを処分することはできる（田村・前掲書331頁）。当初の買主が代金を完済すれば、第三者たる取得者が完全な所有権を取得することになる。②担保権的構成では、買主は所有者であるので、あとは売主の担保権の第三者への対抗の問題が残されるだけである。譲渡担保におけると同様に、公示なしに対抗を認め、第三者の保護は即時取得で行う公示不要説では、善意無過失の第三者のみが所有権留保（担保権）の負担のない所有権を取得できることになる（高木383頁〜4頁）。

4-100　**(b)　買主の債権者による差押え**　買主が目的物を占有しているため、買主の債権者が目的物を差し押さえてくる可能性があるが、この点、譲渡担保におけると同様に考えればよい。①所有権的構成では、売主は所有者として第

83）　*所有権留保と集合動産譲渡担保　買主が、在庫商品を集合動産譲渡担保に供しており、買主が商品を所有権留保付きで仕入れて在庫として占有している場合に、所有権留保と譲渡担保との関係が問題になる。しかし、所有権的構成を前提とする限り、譲渡担保については即時取得による保護しかありえず、192条では占有改定による即時取得は認められないので、所有権留保が優先することになる（古積健三郎「『流動産譲渡担保』と他の担保権の関係(2)完」彦根論叢289号120頁以下参照）。売主は先取特権については333条により譲渡担保権者に劣後するが、所有権留保をしておけば譲渡担保を排除できることになる。

三者異議の訴えができ、執行を排除できる（最判昭49・7・18民集28巻5号743頁）。②担保権的構成で、単なる優先弁済権とは異なり引渡しを受け私的実行をすることができるため、売主は第三者異議の訴えができると考えることが可能である。この立場からは、留保売主には、物権取得権を認め、この物権取得権に基づき目的物を引き揚げることを認め、適切な補修を加えた上、商品市場へ有利に転売することができると考えられるので、留保売主の物権取得権の貫徹のためには、留保売主に第三者異議の訴えを認めるべきであるといわれる（米倉・実証的研究242頁以下）。

4-101　**(c)　買主の倒産**　売主の債務の履行が未了だと考えれば、破産法53条、民事再生法49条が適用されるが、売主の債務は履行済みと考えてその適用を否定するのが学説である。そして、この場合の売主の権利について、①所有権的構成であれば、譲渡担保と同様に所有者として取戻権（破62条、民再52条、会更64条）を認めることになり（道垣内363頁）、②担保権的構成では、別除権（破2条9項、民再53条）または再生担保権（会更2条10項）を認めることになるが、所有権的構成でも、その実質にあわせて、②のような処理をすることも考えられる。

判例は別除権を認めるが、その要件が問題とされている。第三者たる信販会社が合意により取得する所有権留保については、民事再生手続における別除権行使には、再生手続開始の時点で登記・登録が必要とされた（最判平22・6・4☞4-90）。これに対し、法定代位では、留保所有権が法律上当然に移転し対抗要件が不要なため（500条）、買主に倒産手続が開始した事例では、開始決定までに目的物たる車両につき登録所有名義を得ていなくても、留保所有権者の別除権行使が認められる（最判平28・5・30裁判所ウェブサイト）。

4-102　**(d)　売主による処分等**　売主は占有を有していないので、売主が目的物を処分することは通常は考えられない。もし売主が目的物を処分した場合、担保権的構成では、即時取得を問題にせざるをえないが、現実の引渡しが必要なので即時取得が認められることはない。これに対して、所有権的構成では、売主は所有者であるので178条の対抗不能によるまでもなく、第2譲受人は所有権を取得できるかのようである。しかし、本書の立場では、買主には設定者留保権があり、売主は担保に必要な限度でしか所有権を有していない。したがって、この問題は、譲渡担保権者が実行前に目的物を売却した

事例と同じと考えてよい（☞4-40）。担保のための所有権を代金債権と切り離して譲渡することはできず、かといって第2譲受人の即時取得は上記のように認められない。

また、買主が目的物を占有しているので、売主の債権者が目的物を差し押さえることも普通は考えられない。売主の私的実行権を代位行使して引渡しを求めることはできるが、そうでない限り、留保所有権を代位行使して引渡しを求めることはできない。

4-103　◆**自動車のディーラーによる所有権留保の問題（流通過程における所有権留保）**
例えば、自動車のディーラーXがサブディーラーAに所有権を留保して自動車を売却し、Aがさらにエンドユーザー Yに所有権留保付きでこれを販売したとする。YはAに代金を完済したが、AがXに代金を支払わなかったため、Xが留保した所有権に基づいてYに対して自動車の引渡しを求めたとする。

所有権的構成では、自動車はXの所有物であるので、AからYが所有権を取得できない。そして、X名義で登録されていれば、Yの即時取得は認められない——登録動産には192条は適用されない——。そこで、判例の採用した解決が、XからYへの返還請求は権利濫用であるとして退ける処理である（最判昭50・2・28民集29巻2号193頁。最判昭52・3・31金法835号33頁も同様）。①「Xは、ディーラーとして、サブディーラーであるA自動車が本件自動車をユーザーであるYに販売するについては、前述のとおりその売買契約の履行に協力し」ており、②「すでに代金を完済して自動車の引渡しを受けたYに対し」、留保された所有権に基づいてその引渡しを求めることは、③「本来XにおいてサブディーラーであるA自動車に対してみずから負担すべき代金回収不能の危険をユーザーであるYに転嫁しようとするものであり、自己の利益のために代金を完済したYに不測の損害を蒙らせるものであ」るとして、これを「権利の濫用として許されない」とした。

しかし、Xに所有権そして引渡請求権がありその行使を権利濫用とするだけでは、Yは善意占有者として悪意になるまでの使用利益の返還は義務づけられないとしても（189条1項）、返還請求を受け悪意になった後の使用利益の返還さらには損害賠償を義務づけられることになる。この点、不法原因給付におけるようにYに所有権の反射的な帰属を認める提案がある（鈴木・分化877頁以下）。この考えでは、引渡当初から反射的に所有権がYに帰属しており、不当利得を初めから問題にする必要はなく、また、Yは所有権に基づいてXに対して名義書替えを請求できることになる。むしろ反射的な担保たる所有権の消滅、買主の完全な所有権の取得という説明が正確であろう。

4-104　(e)　**第三者の物権的請求権**　Aが所有権留保特約付きでBに販売し引き

渡した自動車が、BによりCの月極駐車場に駐車料を支払わずに放置されていたため、自動車の所有者として妨害排除義務を負うのは誰かが問題とされた事例がある。①担保権的構成では、Bが所有者でありAは担保権を有するだけなので、実行によりAが所有権を取得しない限り、CはBに対して妨害排除請求ができるだけである。②これに対して、所有権的構成では、Aが所有者であるが、Bが使用権限を有しており、Aは担保に必要な限度での所有権しか有しないため、妨害排除を義務づけられるのは誰なのかが問題になる。

東京高判平19・12・6判タ1293号150頁は、留保所有権は「実質的には本件車両の担保価値を把握する機能を有する担保権の性質をもつにすぎず」「本件車両の占有使用を権能として包含する法的に通常の所有権」とは言い難いとし、留保所有者たる売主の撤去義務を否定した。その上告審判決である最判平21・3・10民集63巻3号385頁は、留保所有権者は、①「残債務弁済期が到来するまでは、……特段の事情がない限り、当該動産の撤去義務や不法行為責任を負うことはない」、②しかし、「残債務弁済期が経過した後は、留保所有権が担保権の性質を有するからといって上記撤去義務や不法行為責任を免れることはない」とした。②の理由としては、「留保所有権者が有する留保所有権は、原則として、残債務弁済期が到来するまでは、当該動産の交換価値を把握するにとどまるが、残債務弁済期の経過後は、当該動産を占有し、処分することができる権能を有するものと解されるからである」と説明する[84]。

しかし、弁済期が到来しても、売主が留保所有権を実行して確定的な所有者になるかどうかは自由であり、実行までは売主はいまだ完全な所有者ではなく、弁済期後であろうと実行までは買主にしか妨害排除請求はできないと考えるべきである。このことは譲渡担保も同様である。

4-105　**(f) 第三者による目的物の侵害**　所有権留保がされた目的物を第三者が不法占有している場合に、所有権的構成では売主が所有者として返還請求でき

---

84) そうすると、Yは不法行為者になるが、「残債務弁済期の経過後であっても、留保所有権者は、原則として、当該動産が第三者の土地所有権の行使を妨害している事実を知らなければ不法行為責任を問われることはなく、上記妨害の事実を告げられるなどしてこれを知ったときに不法行為責任を負う」と、過失がないので、悪意になるまでは損害賠償義務を負うことはないことを認める。

そうであるが、買主が占有にかかる権利部分は取得しているため、原則として買主に物権的返還請求権が認められるにすぎない。しかし、買主が返還請求をしない場合には、担保維持保存義務を怠っているものとして、売主が買主の返還請求権を代位行使して自己への引渡しを請求できると考えるべきである。

所有権留保の目的物が第三者により滅失させられた場合に、誰が損害賠償を請求できるかも、譲渡担保におけると同様に、留保所有権を持つ売主が残代金額の限度で損害賠償請求権を取得し、残額の損害賠償請求権を買主が取得することになる。損傷の事例について、所有権留保で購入した自動車が交通事故により損傷した場合に、修理費用や代車費用の損害は買主が不法行為者に対して賠償請求できるが、修理しても価格が減少する評価損については、「評価損は、車両の交換価値の低下であり、車両の所有者に生じるものであるところ、……Xは、本件事故当時、被害車両の所有者ではないし、その後代金が完済されたと認めるに足りる証拠もないから、被害車両に評価損が生じているか否かを検討するまでもなく、Xが評価損を請求することはできない」として、その賠償請求を退ける下級審判決がある（東京地判平15・3・12交民集36巻2号313頁）。買主は代金を完済して初めて評価損については賠償請求できることになり、留保所有権者たる売主がこれを請求できることになるが、自動車の価値が残代金を超えていれば買主が評価損の賠償請求をできると考えるべきである。

§V 仮登記担保

1　仮登記担保法の制定

4-106　融資に際して、もし期日に弁済されない場合には、債務者または第三者から債権者がある不動産を代物弁済として取得することを予め約束させ、仮登記をしておくことが貸金業者により行われていた。債権回収を超えて不動産を奪い取ることが目的とされていたのである。貸金よりはるかに高額の不動産を取得し、これを売却して暴利を貪ろうとする行為である。債権との均衡

をあまりにも失するならば公序良俗違反として無効とできるが、そこまでいかなかったとしても有効な代物弁済として認めるのは適切ではない。

　本来であれば、例えば100万円の債務のために1000万円の財産で代物弁済しようと、公序良俗（暴利行為）に反しない限り有効な取引である。しかし、事前に代物弁済の予約をして貸付をする場合、無効にならない限度で、借主の弱い立場に付け込んで貸主（債権者）が貸金債権とは不均衡な価格の目的不動産の代物弁済を迫り、これを飲ませるということがままみられた。これを公序良俗に反しない限り規制できないというのでは正義に反する。そのため、判例は「担保」という観点から規制をしようとしたのである。すなわち、債権「担保」制度にその効力を抑え込もうとして、債権を目的物の価格が超える場合には、超過額につき清算金として債務者ないし物上保証人に返還するよう命じた（☞ 4-107）。

　その後、判例の成果を踏まえつつ、判例では手続的な細かい規制はできないので、1978年（昭和53年）には、**仮登記担保契約に関する法律**（仮登記担保法）が制定されている。

4-107
●最大判昭49・10・23民集28巻7号1473頁　「債権者が、金銭債権の満足を確保するために、債務者との間にその所有の不動産につき、代物弁済の予約、停止条件付代物弁済契約又は売買予約により、債務の不履行があったときは債権者において右不動産の所有権を取得して自己の債権の満足をはかることができる旨を約し、かつ、停止条件付所有権移転又は所有権移転請求権保全の仮登記をするという法手段がとられる場合においては、かかる契約（以下**仮登記担保契約**という。）を締結する趣旨は、債権者が目的不動産の所有権を取得すること自体にあるのではなく、当該不動産の有する金銭的価値に着目し、その価値の実現によって自己の債権の排他的満足を得ることにあり、目的不動産の所有権の取得は、かかる金銭的価値の実現の手段にすぎないと考えられる」。「この見地に立って考えると、仮登記担保関係における権利（以下**仮登記担保権**という。）の内容は、……仮登記担保契約のとる形式のいかんを問わず、債務者に履行遅滞があった場合に権利者が予約完結の意思を表示し、又は停止条件が成就したときは、権利者において目的不動産を処分する権能を取得し、これに基づいて、<u>当該不動産を適正に評価された価額で確定的に自己の所有に帰せしめること</u>（特段の事情のないかぎり、この方法が原則的な形態であると解される。）又は相当の価格で第三者に売却等をすることによって、これを換価処分し、<u>その評価額又は売却代金等（以下換価金という。）</u>から自己の

債権の弁済を得ることにあると解するのが、相当である」。「右不動産の換価額が債権者の債権額（換価に要した相当費用額を含む。）を超えるときは、仮登記担保権者は、右超過額を保有すべきいわれはないから、これを清算金として債務者に交付すべきであ」る。

2 仮登記担保法の内容

4-108　代物弁済予約によって貸主が狙っていたのは、①不動産の丸取りといった暴利的目的、②私的実行の可能性、また、③抵当権についての短期賃貸借や滌除といった制度を排除することなどである。

①は論外であり、仮登記担保法は仮登記担保権者に清算義務を負わせることで、①のような目的の下で仮登記担保を選択する主要な旨みをなくしている。仮登記担保法は②③については、譲渡担保同様に実務の合理的要請と考えて、取引を禁止はしないものの、清算金の支払を義務づけるだけでなく、実行の手続を法律により明確に規制し、設定者の受戻権を認める等、設定者の保護に配慮しようとしたのである。所有権移転登記をする譲渡担保とは異なり、他の債権者による競売申立てを阻止しえない。根仮登記担保を認めているが、競売手続・民事再生手続・倒産手続内では効力を有しないことになっている（仮登記担保［以下、§Ⅴにおいては「法」とする］14条）。

仮登記担保法は、判例を明文化しつつさらに規制を加え、いわば無毒化したのであり、実際には何の旨みもなくなったために仮登記担保はほとんど利用されなくなっている。しかし、その規定は私的実行型の担保の1つのモデルを示すものとして大いに参考にされるべきである。

4-109 **(1) 仮登記担保の意義と公示**

　(a) 仮登記担保契約の意義　「仮登記担保契約」は、「金銭債務を担保するため、その不履行があるときは債権者に債務者又は第三者に属する所有権その他の権利の移転等をすることを目的としてされた代物弁済の予約、停止条件付代物弁済契約その他の契約で、その契約による権利について仮登記又は仮登録のできるもの」と定義されている（法1条）。代物弁済の予約ないし停止条件付き代物弁済に限らず、債務不履行があるときに所有権その他の権利の移転等──移転に限られず、地上権や賃借権を取得するのでもよい──が

内容となっている契約であれば、代物弁済と称している必要はない。目的物は、不動産に限らず仮登録できる動産であってもよい。しかし、2条以下は「土地等」(「土地又は建物」[法2条1項参照])のみを対象としているので、結局は不動産にしか適用にならない。

　仮登記担保権の定義はなく、仮登記担保契約により債権者が取得する権利が仮登記担保権であり、仮登記担保法はこれを担保物権と認めるのではなく、他の債権者による競売手続では抵当権とみなすだけである（法13条）。条文でも、仮登記担保権者という表現にはなっていない。しかし、解釈として担保目的の物権取得権として仮登記担保権を認めることは可能である。

4-110　**(b)　仮登記担保権の公示、目的物および被担保債権**　物権変動では仮登記自体は保全的効力しか認められず、対抗力までは認められないが、仮登記ないし仮登録を公示方法とする担保であり、仮登記ないし仮登録により、仮登記担保権自体の対抗力は発生すると考えられる。仮登記が競合した場合に、競売手続がとられるならば、その順位に従って配当されることになる。また、将来所有権を取得したときのための、本来の仮登記としての保全的効力も当然認められる。

　仮登記担保権の目的物については特に規定がないので、抵当権についての議論を転用できる。370条適用説はその類推適用、87条2項適用説はその適用により解決されることになる。ただし、担保物権ではなく、単に担保として機能するだけで契約上の物権取得権にすぎないという理解では、抵当権とパラレルに考えるべきではなく、代物弁済予約の効力の及ぶ範囲の問題として87条2項により処理されると考えられている（佐藤修市「仮登記担保権と抵当権規定の準用」『裁判実務大系14』289頁）。

　被担保債権については、債権者が目的物の所有権を取得する方法で仮登記担保権を実現する場合には、①清算期間経過時に存する債権、②債務者、物上保証人が負担すべき費用で債権者が代わって負担した費用の償還請求権である。他の債権者により強制競売ないし担保権実行がされ競売手続がとられる場合には、利息・損害金については最後の2年分についてのみ優先弁済を受けられるという制限がある（法13条2項・3項）。

4-111　**(2)　仮登記担保権の実行**

　(a)　所有権移転の時期——実行通知・清算期間　仮登記担保権が土地また

は建物の所有権の移転を目的とするものである場合には、「予約を完結する意思を表示した日、停止条件が成就した日その他のその契約において所有権を移転するものとされている日以後に、債権者が次条に規定する清算金の見積額（清算金がないと認めるときは、その旨）をその契約の相手方である債務者又は第三者……に通知し、かつ、その通知が債務者等に到達した日から2月を経過しなければ、その所有権の移転の効力は、生じない」(法2条1項)。

仮登記担保法では帰属清算の方法によらねばならず、単なる実行通知では実行通知の効力を認めず、「清算期間」が経過する時の土地等の見積価額、および、その時の債権および債務者等が負担すべき費用で債権者が代わって負担したものの額を明らかにしてなす必要がある(同条2項)。その上で、実行通知により直ちに仮登記担保権者が目的不動産の所有権を取得できるのではなく、実行通知の到達から2カ月を経過して初めて、実行の効果、すなわち所有権の取得、それによる被担保債権の消滅という効力を生じることにしたのである。この猶予期間を設定することにより、設定者の受戻権を保障しようとしたのである。

4-112　**(b)　清算金支払義務**　清算期間を経過して、債権者が目的不動産の所有権を取得した場合には、「債権者は、清算期間が経過した時の土地等の価額がその時の債権等の額を超えるときは、その超える額に相当する金銭……を債務者等に支払わなければならない」(法3条1項)。この金銭を**清算金**という。清算金の支払と土地等の所有権移転の登記および引渡しとは同時履行の関係に立ち、債務者は清算金の支払と引換えでないと移転登記また引渡しをしないことを主張できる[85](同条2項)。清算金の支払義務および同時履行の抗弁権についての規定に反する特約で、債務者等に不利なものは無効であるが、清算期間経過後になされた合意は有効である(同条3項)。債権者は、清算金の額が法2条1項の規定により通知した清算金の見積額に満たないことを主

---

85)　設定者には留置権も認められる。最判昭58・3・31民集37巻2号152頁は、債務者は清算金支払請求権を理由として目的不動産について留置権を行使できるとし、また、清算金の支払を受けるまで目的不動産の占有を継続できるので、その占有が違法であることを理由として賃料相当額の損害賠償請求はできないとする。不当利得については、575条を準用して、引渡しまでの果実は売主に帰属するという解決が考えられる。

張することができない (法8条1項)。また、法4条1項の先取特権、質権もしくは抵当権を有する者または後順位の担保仮登記の権利者は、清算金の額が前項の見積額を超えることを主張することができない (法8条2項)。

4-113　**(3) 後順位抵当権者の清算金への物上代位**

　　(a) 物上代位の可能性　債権者のために土地等の所有権の移転に関する仮登記がされているときは、「仮登記……後に登記（仮登記を含む。）がされた先取特権、質権又は抵当権を有する者は、その順位により、債務者等が支払を受けるべき清算金……に対しても、その権利を行うことができる」(法4条1項前段)。債務者などの設定者の目的不動産に残担保価値がある場合に、その不動産を担保に新たな融資が受けられるように保障した規定である。また、仮登記後の抵当権などは、仮登記の順位保全的効力により消滅することになるので、物上代位を認めた規定である。そのため、民法の物上代位同様に、清算金の払渡し前に差押えをしなければならない (同条同項後段)。仮登記担保後にされた劣後する仮登記担保権者についても、この規定は準用され物上代位が認められている (同条2項)。

　　清算金についての規定は特別規定であり、仮登記の対象である建物の火災保険金債権や賃料債権などについて、仮登記担保権者は物上代位をすることができないのであろうか。先に述べたように、仮登記担保法は仮登記担保権を担保物権として規定するものではない。この点については、「仮登記担保は機能的に債権担保としての効果を持つというだけであり、決して物権として扱われるわけではなく、あくまで契約上の物権取得権にすぎない」ことから、物上代位を否定する考えがある (佐藤・前掲論文288頁)。民法304条を類推適用する考えが多いが (高木310頁など)、賃料については利用には干渉しない権利であり物上代位を認めるべきではない。

4-114　　**(b) 物上代位権者等に対する通知**　①債権者による仮登記担保実行の通知 (法2条1項☞4-111) が債務者等に到達した時において、仮登記後に登記 (仮登記を含む) がされている先取特権、質権、抵当権、後順位仮登記担保権があるときは、債権者は、遅滞なくこれらの権利者に対し、法2条1項の通知をした旨、その通知が債務者等に到達した日および同条の規定により債務者等に通知した事項を通知しなければならない (法5条1項)。②また、仮登記担保権者による仮登記担保権実行の通知が債務者等に到達した時にお

いて、①以外に「担保仮登記に基づく本登記につき登記上利害関係を有する第三者」があるときは、債権者は、遅滞なく、その第三者に対し、法2条1項の規定による通知をした旨および同条の規定により債務者等に通知した債権等の額を通知しなければならない(法5条2項)。第三取得者や賃借人らは、仮登記に基づく本登記によりその所有権取得等の効力を奪われるため、第三者弁済をして所有権を保持する機会を与えようという趣旨である。

4-115　**(c)　清算金の支払に関する処分の禁止**　「清算金の支払を目的とする債権については、清算期間が経過するまでは、譲渡その他の処分をすることができない」(法6条1項)。もし、清算期間が経過する前に清算金の支払の債務が弁済された場合には、その弁済をもって4-114①の抵当権者らに対抗することができない(同条2項前段)。法5条1項の規定による通知がされないまま清算金が弁済された場合も、同様とされている(法6条2項後段)。

「債権者は、清算金の支払を目的とする債権につき差押え又は仮差押えの執行があつたときは、清算期間が経過した後、清算金を債務履行地の供託所に供託して、その限度において債務を免れることができる」(法7条1項)。「前項の規定により供託がされたときは、債務者等の供託金の還付請求権につき、同項の差押え又は仮差押えの執行がされたものとみな」される(同条2項)。債権者は、債務者等のほか、差押債権者または仮差押債権者に対しても、遅滞なく、供託の通知をしなければならない(同条4項)。

清算期間が経過した時の土地等の価額がその時の債権等の額に満たないときは、債権は、反対の特約がない限り、その価額の限度において消滅する(法9条)。

4-116　**(4)　その他**

(a)　受戻権　「債務者等は、清算金の支払の債務の弁済を受けるまでは、債権等の額……に相当する金銭を債権者に提供して、土地等の所有権の受戻しを請求することができる」(法11条本文)。すなわち、清算期間の2カ月が経過し仮登記担保権の実行の効力が生じて債権者が目的不動産の所有権を取得、したがって債権回収により被担保債権が消滅した後でも、設定者らは被担保債権に匹敵する金額を提供して、所有権を取り戻すことができるのである。①このような特例が認められるのは、清算金の支払義務が生じる場合でかつその支払がされるまでに限られる。②また、これがいつまでも認められ

るのでは法律関係が不安定になるので、ⓐ清算期間の経過から5年が経過したとき——中断が考えらず除斥期間——、または、ⓑ第三者が目的不動産の所有権を取得したときは、受戻権は消滅する（同条ただし書）。

4-117 **(b) 他の債権者による競売請求の許容**　法4条1項に規定された抵当権者らは、清算期間内は、これらの権利によって担保される債権の弁済期の到来前であっても、土地等の競売を請求することができる（法12条）。この場合、仮登記担保権者は、他の債権者に先立って、その債権の弁済を受けることができる。仮登記担保の権利取得という目的は無視し、それはあくまでも債権回収の手段にすぎず債権回収ができればよいというスタンスで、劣後する抵当権者らによる競売手続を容認したのである。

この場合における順位に関しては、「その担保仮登記に係る権利を抵当権とみなし、その担保仮登記のされた時にその抵当権の設定の登記がされたものとみなす」（法13条1項）。この場合において、担保仮登記の権利者が利息その他の定期金を請求する権利を有するときは、その満期となった最後の2年分についてのみ、同項の規定による権利を行うことができるにすぎない（同条2項）。また、仮登記担保の権利者が債務の不履行によって生じた損害の賠償を請求する権利を有する場合において、その最後の2年分についても、これを適用し、ただし、利息その他の定期金と通算して2年分を超えることができない（同条3項）。

4-118 **(c) 法定借地権**　「土地及びその上にある建物が同一の所有者に属する場合において、その土地につき担保仮登記がされたときは、その仮登記に基づく本登記がされる場合につき、その建物の所有を目的として土地の賃貸借がされたものとみなす。この場合において、その存続期間及び借賃は、当事者の請求により、裁判所が定める」（法10条）。抵当権における法定地上権制度に匹敵する制度であるが、なぜか地上権ではなく賃貸借契約が法律上当然に成立するという構成になっている。賃貸借契約の内容は、存続期間と借賃は裁判所に決めてもらうことができるが、それ以外の内容は当事者の合意がない限りは民法の規定また慣習によらざるをえない。

4-119 **(d) 破産手続等における仮登記担保権**　設定者について破産手続が開始した場合には、仮登記担保権者については、破産法中破産財団に属する財産につき抵当権を有する者に関する規定が適用される（法19条1項）。また、設定

者に再生手続が開始した場合には、民事再生法中抵当権を有する者に関する規定が適用され（同条3項）、仮登記担保権は、会社更生法または金融機関等の更生手続の特例等に関する法律の適用に関しては、抵当権とみなされる（同条4項）。

第5章
留置権——法定担保物権①

§I 留置権の意義

1 留置権の意義——同時履行の抗弁権と留置権

5-1 「他人の物の占有者は、その物に関して生じた債権を有するときは、その債権の弁済を受けるまで、その物を留置することができる。ただし、その債権が弁済期にないときは、この限りでない」（295条1項本文）。この規定による債権者の権利を**留置権**という。

例えば、自動車の修理を依頼された修理業者は、修理後の依頼者による自動車の返還請求に対して、留置権を主張し修理代金の支払があるまでその返還を拒絶することができる[86]。この場合には、修理業者には請負契約上の同時履行の抗弁権も認められている（633条本文）。日本民法では、債権者保護につき、留置権と同時履行の抗弁権の二本立てになっているが、同時履行の抗弁権とは異なり留置権は物権なので第三者にも対抗でき、また、双務契約以外の同時履行の抗弁権が認められない事例、例えば他人物により損害を受けた事例等に留置権が認められるなどの利点がある（両者の差につき☞ 5-2）。

沿革的にはローマ法の悪意の抗弁に由来する種々の履行拒絶権が、同時履行の抗弁権と留置権へと分化して発展をしていったのであり、同時履行の抗弁権は特定の請求権に対する相対的な権利とされ、他方で、留置権は物の占有を根拠づける物権として絶対的な権利と構成されていった。そのため、同時履行の抗弁権同様に、事実上履行を促す効果を持つが、留置権は担保そのものというよりも、「公平」ということを根拠に置く制度である（梅 301 頁）。国によってどのように発展していったかは様々であり、わが国は、留置権を物権と構成するフランスの学説に従って留置権の一般規定を設けた旧民法に

---

86) ＊**合意による留置権の事前排除** 留置権は同時履行の抗弁権とは異なり物権であり、予め合意により排除できないかのようであるが、留置権は公益に関わる権利ではなくもっぱら債権者の利益のための権利であり、また、一旦成立した後は自由に放棄することもできるので、留置権を事前に排斥する合意も有効であると考えられている（中島 612 頁、我妻 27 頁等、通説）。否定説も主張されているが（高島 125 頁）、そこで懸念されている賃借人の保護の点については、現在では消費者契約法 10 条により、留置権を否定する条項を無効にできるので、通説に従ってよいであろう。

ならい、物権法に留置権の一般規定を設けたのである。旧民法は、留置権の一般規定を置きながら〔旧民法債権担保編92条〕、同時履行の抗弁権は個別規定を置くのみで一般規定を置いていなかったが、現行民法ではドイツ民法にならって同時履行の抗弁権の一般規定も導入している〔533条〕。その結果、フランス法に由来する留置権とドイツ法に由来する同時履行の抗弁権とが併存的に規定され、それぞれ解釈によりその適用範囲が便宜的に拡大され重畳的に適用される〔両者の関係については、関・研究587頁以下参照〕。

5-2 ◆**同時履行の抗弁権と留置権の差異**
①債務者に破産手続が開始した場合に、民事留置権は別除権にはならないが〔破66条3項〕——商事留置権は別除権となる〔☞5-4〕——、同時履行の抗弁権はその効力を維持する〔破53条1項〕。②留置権については代担保の供与による消滅請求が可能とされているが〔301条〕、同時履行の抗弁権にはそのような規定はない。③留置権には形式的競売が認められているが、同時履行の抗弁権にはそのような権利付与は認められていない。④留置権では果実収取権が認められているが〔297条1項〕、同時履行の抗弁権には同様の規定はない〔しかし、575条1項により売主に果実が帰属する〕。⑤商事留置権について牽連性が不要とされているが〔商521条〕、同時履行の抗弁権については同様の規定はない。⑥同時履行の抗弁権が認められるのは「提供」までであるが、留置権は担保物権であり弁済によって初めて付従性により消滅する。しかし、留置権についても、「債権者が適法な弁済の提供をうけながらその受領を拒絶して留置権を行使することは、留置権制度の目的を逸脱し、公平の原則に反するものとして、許されない」とされている〔最判昭49・9・20金法734号27頁〕。⑦規定はないが、物権である留置権は転売されても第三者である転得者に対抗できるが、同時履行の抗弁権はあくまでも同一双務契約上の反対債権に対して認められるにすぎない。

5-3 ◆**留置権と同時履行の抗弁権の競合**
同時履行の抗弁権と留置権の両者の要件が満たされる場合に、債権者はいずれも自由に選択できるのであろうか。
①まず、競合を肯定しいずれの権利を主張してもよいという考えが通説である〔高木22頁、道垣内14頁〕。一方が他方の存在を意識した上で特則を置いたという関係ではなく、選択を認めても不合理ではない。通説以外の考えとして、②売買契約を例にすると、売主には、契約に基づく債的引渡請求権に対しては同時履行の抗弁権、所有権に基づく物権的請求権に対しては留置権のそれぞれの主張を認める考えもある〔古積255頁〕。契約関係では、契約に基づく請求権の行使のみを認め、物権的請求権の行使を認めない考えもある〔鈴木420頁・432頁以下〕。③

また、契約関係の規律を受ける契約当事者間では同時履行の抗弁権が適用されるという学説（近江19頁）、留置権は同時履行の抗弁権が成立しない場合にのみ認められるという学説（清水・再構成155頁以下、関・研究665頁以下）がある[87]。

5-4 ◆**商事留置権**
　民法上の留置権とは別に、商法にも留置権が規定されており（商521条）、これは**商事留置権**といわれ、要件・効果において民法上の留置権（**民事留置権**）とは異なっている——個別的にも商31条・557条・562条・589条・753条2項、会社20条の規定で留置権が規定されている——。ここで商事留置権の要件・効果における差をまとめておこう。
　①まず、要件については、商事留置権が認められるためには、商人間において双方とも商行為である取引によって債権が発生したということが必要である。そして、留置できる物は、その取引による債権と牽連性のある物である必要はない（牽連性は不要）。商取引は継続して繰り返されるのが常態であるため、取引全体を考慮して公平か否かが考えられるべきだからである。他方で、このような強力な権利であるため、債務者所有の物でなければならないことが明記されている。土地や建物については、その重大性からして、牽連性のない商事留置権を認めるのは適切ではなく、商事留置権は動産のみに制限解釈をすべきであろう。
　②効果の点でも、債務者について破産手続が開始した場合には民法上の留置権は効力を失うのに対して（破66条3項）、商事留置権は、特別の先取特権とみなされている（同条1項。会社更生手続では、会社更生法2条10項により更生担保権とされる）。しかし、民法その他の法律による特別の先取特権には劣後する（破66条2項）。

2　留置権の性質

5-5 **(1)　物権としての構成**

　留置権は、単なる物の引渡しを拒絶する抗弁権ではなく、他人の物の占有を正当化する本権として物権編に規定されている。他人の物を占有するため、単に履行を拒絶するというだけでは足りず、その物の占有を正当化する根拠づけが必要になるためである。しかし、抗弁権と構成したとしても、占

---

87) ＊**所有権の移転時期との関係**　留置権は他人の物についての権利であるから、特定物の売買契約において、①176条の意思主義を貫徹すれば、売主は他人すなわち買主の物を占有していることになり、同時履行の抗弁権のほかに留置権も成立することになるが、②所有権の移転時期を代金支払または引渡しの時にずらす考えでは、同時履行の抗弁権が認められる限り買主の物にはなっておらず、売主の物のままであり、「他人の物」の占有という留置権の成立要件を満たさず、同時履行の抗弁権のみが成立することになる。

有が正当化される結果違法性が阻却され、不法占有にはならないから不法行為の成立を否定することはでき、物権と構成することは必須ではない。

ただし、留置権が物権と構成されることは、第三者にも対抗できる点に大きな意義を有している。留置権は物権であるから、一旦成立が認められれば、目的物が第三者に譲渡されても第三者に対抗することができる（最判昭47・11・16民集26巻9号1619頁等）。また、物権と構成されているため、留置権者が目的物の使用を認められている場合、これを留置権の内容についての特約と構成することが可能になる（☞ 5-33）。

5-6 **(2) 担保物権性**

留置権は担保物権として、以下のような法的性質を有する。留置権は目的物に対して優先弁済権を有しないため、物上代位性は認められない。

留置権の成立・存続には、被担保債権が存在していることが必要であり、債権が消滅すれば留置権は消滅する（付従性）。また、被担保債権が譲渡された場合にも、目的物を共に引き渡すならば、留置権も共に随伴して移転する（随伴性）。また、債権がある限り、目的物全部を留置でき、債権の一部が支払われても留置権がそれに対応する部分消滅することはない。これを**不可分性**といい、民法は留置権について、「留置権者は、債権の全部の弁済を受けるまでは、留置物の全部についてその権利を行使することができる」と規定をし（296条）、これを他の担保物権に準用している。この点については、5-34以下に詳しく述べる。

$$\S Ⅱ \\ 留置権の成立要件$$

① 「他人の物の占有者」が、
② 「その物に関して生じた債権を有する」こと（以上につき、295条1項本文）、
③ その債権が弁済期にあること（同条同項ただし書）、
④ 「占有が不法行為によって始まった場合」ではないこと（同条2項）。
①については返還を請求する者が自己の物であることを証明しなければ

そもそも返還請求が認められないので、留置権者は②③だけを証明すればよい。④は留置権の成立を争う返還請求者側が証明すべきである。

1 「他人の物」を「占有」していること

5-7 (1) **債務者の所有であることが必要か**

❶ **留置権成立否定説** 「他人の物」というのは債務者の物に限定されるのか、それとも第三者の物であってもよいのであろうか。例えば、BがAから借りている自動車をCに修理に出した場合に、CはAの所有権に基づく返還請求に対して留置権を主張することができるのであろうか。商事留置権は明文で債務者所有の物であることを要件としているが（商521条）、民法は「他人の物」とのみ規定し、解釈に委ねられている。旧民法は、「債務者の動産又は不動産」と規定し（債権担保編92条1項）、債務者所有の物に明文で限定していたのを変更したのである。

まず、起草者の中でも梅は、「他人」とは債務者のことであり、債務者以外の物の場合は含まれないと考えていた（梅304頁）。戦前には、少数説ながら否定説も有力に主張されていた（薬師寺・留置権論60頁以下、石田文656頁）。債権のために無関係な第三者の所有物を抑留するのは債権者保護の過剰であることを理由とする（薬師寺・留置権論57頁以下）。ただし、善意無過失であれば留置権の即時取得を認めるので（薬師寺・留置権論131頁以下。石田文656頁は319条の類推適用による）、第三者所有物につき留置権が否定されるのは、債権者が他人物であることにつき悪意または有過失の事例に限られることになる。

否定説では、所有者Aからの返還請求に対して留置権が認められないのみならず、債務者Bが返還請求をしても、Cは留置権を理由としては返還を拒めないことになる。ただし、Bに対しては同時履行の抗弁権（633条）を主張できるので不都合はなく、問題になるのは、同時履行の抗弁権が成立しない異例な事例に限られることになる。

5-8 ❷ **留置権成立肯定説（通説）** 同じ起草者でも富井は不要説に立っている（富井314頁）。「他人」は債務者である必要はなく、第三者の所有物であっても留置権の成立を認めるのが、古くからの通説であり（中島603頁、川名185頁、三潴37頁、田島29頁など）、現在でも通説である（我妻35頁など）。肯定説を明

言する判例はないが、他人物について留置権を否定する判決は、債務者の所有物でないことを理由にするものではなく牽連性を否定するものである。即時取得を問題とする否定説とは異なり、債権者が他人物について悪意でも構わないことになる。

　肯定説では、AはCに所有権に基づいて返還を請求しても、留置権の対抗を受け、Bの債務を代わりに支払わなければ自分の物を取り戻せないことになる。これにより、Cは保護されるが、AはBの代わりにCに支払ってBに求償することになるが、それはBからの債権回収の危険を、Cが何の関係もないAに転嫁できることを意味する。CはBと契約したのに、事実上債権回収のリスクを第三者Aに転嫁できるというのは、これもまた疑問が残されよう。

5-9　❸　**折衷説（相対的留置権肯定説）**　そこで、折衷的な解決をして、①Cは債務者Bに対しては留置権の成立を主張できるが、②Cは所有者Aに対して留置権を主張することはできないとして──即時取得の適用については不明──、相対的な留置権にとどめる考えがある（勝本117頁以下、高木27頁、道垣内18頁[88]）。留置権の成立を対人的に分けて相対的な成立を認める考えである。これに対しては、留置権の物権性ということと適合するかは疑問があるという批判がされている。先の例では、Bに対して同時履行の抗弁権が成立するが、他人物賃貸借で賃借人Cが費用をかけた場合、賃貸人Bに対して費用償還請求権を取得するがこれには同時履行の抗弁権は認められず、留置権を問題にするしかない。否定説では賃貸人の返還請求に対しても留置権の主張ができないが、折衷説ではこれができることになる。

　ただ、この問題が生じるのは転用物訴権が問題となる事例であり、転用物訴権をめぐる議論との整合性も考えて検討しなければならない。そうすると、所有者Aに対してCが転用物訴権により直接の債権を取得する場合には、Bからの債権回収のリスクをAに不当に転嫁するということにはならず、また、Aも債務者になるのでそもそも債務者所有ということになる──

---

[88]　薬師寺・留置権論63頁も債務者に対する「相対的留置権」を認めるようである。関・研究696頁以下は、物的牽連と法的牽連とに分け、物的牽連については留置権が認められるのは債務者所有の場合に限られ、他方で、法的牽連の場合には、債務者所有である必要はないという修正相対説を主張する。

AとBに対する別々の留置権が成立することになる——。

だとすれば、CがAに対して転用物訴権を取得する場合には、Bからの債権回収のリスクを不当にAに転嫁することにはならず、かつ、Cに対しても債務者所有の物という要件を満たすことになるので、結論の妥当性も図られることになる（☞5-12）。Bが有資力で転用物訴権が否定される事例では、Aの返還請求に対して留置権を認めなくても、Cは有資力のBから債権回収ができ結論として不都合はなく、本書は折衷説を支持したい。

5-10 ◆**債務者以外の物の留置が問題になる場合**
　　——**牽連性の否定により解決するのが判例**
(1) **二重譲渡の場合の損害賠償請求権**

他人物の留置権が問題となる事例は、債権と物との牽連関係が問題となる事例が多く、判例は後者の点を理由に留置権を否定するものがみられる。主要な事例をみておきたいが、まず、不動産の二重譲渡がされた事例を考えてみたい。例えば、Aが土地をBとCに二重に譲渡し、Bが引渡しを受けたがCが先に移転登記を受けたとしよう。BはAに対して履行不能による損害賠償を請求できるが、CがBに対して所有権に基づいて土地の明渡しを請求してきた場合には、BはAに対する損害賠償請求権を理由にCに対して留置権を主張して明渡しを拒むことができるであろうか。

詳しくは後述するが、留置権の債務者と引渡しを求める所有者とが初めから異なる場合にまで留置権の成立を認めると、第三者の犠牲の下に債権者を保護することになり妥当ではない。判例・通説は、牽連性を欠くことを理由として、留置権を否定する（最判昭43・11・21 ☞5-19）。この事例では、Aからの明渡請求は考えられず、相対的留置権の成立も考える必要はない。

5-11 (2) **その他牽連性が否定された事例**

上記のような、他人物につき、牽連性を否定して留置権の成立を絶対的に否定すべき事例は少なくない。①例えば、土地賃借人が対抗要件を具備する前に、土地が賃貸人により第三者に譲渡された場合、賃貸人の債務が履行不能となり賃借人は賃貸人に対して損害賠償を請求できるが、これを理由に土地譲受人に対する留置権を認めるべきではない（我妻33頁、船越26頁）。②また、譲渡担保の目的物を、譲渡担保権が実行の要件をいまだ満たしていないにもかかわらず譲渡してしまった場合に、債務者は債権者に対して損害賠償請求権を取得するが、牽連性を否定して留置権の成立が否定されている（最判昭34・9・3 ☞5-19）。これら3者間事例については、牽連性ではなく、他人物の留置権を問題にすれば足り、本書は他人物留置権を否定するので、牽連性ではなくこの理由で留置権を否定する。

5-12 (3) **転用物訴権が問題となる事例**

例えば、A所有の自動車の修理をAがBに依頼したが、BがこれをCに下請

けに出したり、A所有の自動車の賃借人Bがその修理をCに依頼し、Cが修理を終えBに対する請負代金債権を取得したがその支払がないまま、修理した自動車を占有しているとする。この事例では、Bに対して同時履行の抗弁権を主張できる。所有者Aに対して留置権の成立を認めるべきであろうか。

　肯定説では認められ、否定説および折衷説では認められないことになる。この問題は 5-9 に述べたように、転用物訴権との関係も考慮しなければならない。①CからAに対して転用物訴権が認められるならば、そもそも債務者所有の物になり、CはAに対して留置権を主張できる。②他方、CからAに対して転用物訴権が認められない事例は、Aに二重の負担を回避させるべき事例またはBが有資力の事例であり、前者の事例ではもし肯定説により留置権を認めると、Aは事実上、Bの債務を代位弁済することを強いられ、転用物訴権においてAを保護したことと抵触してしまう。そのため、転用物訴権が問題になる事例は、他人物について留置権を認めるべきかを議論すべきであり、牽連性は議論をするまでもなく肯定される。

5-13 **(2) 目的物の占有──存続要件でもある**

　留置権が成立するためには、債権者が目的物を占有していることが必要である。占有は直接占有のみならず、間接占有でもよいが、留置的効力が必要なので、質権同様、債務者を通じて間接占有する場合には認められないというべきである。この占有の取得は、留置権の成立要件であるのみならず、後述するように、存続のための要件でもある（☞ 5-40 ①）。ただし、一旦債務者に返還しても、それが留置権を放棄する趣旨ではない限り、その後に再度占有を取得すれば、それが不法行為によるものでない限り、再度留置権の成立要件を満たすことになり、再度留置権が成立することになる。要するに、占有がそのまま継続している必要はなく、現在において、その物に関する債権を有する者が「占有」しているという要件さえ満たしていれば留置権が認められるのである[89]（☞ 5-14）。

5-14 **◆目的物の引渡し後に再び占有を取得した場合**

　例えば、建物の建築請負人が注文者に完成した建物を引き渡した後に、代金が支払われないので再び返還を受け占有をしている場合に、一度占有を失うことに

---

[89] 富井 318 頁は、占有中に債権を取得したことは要件ではなく、他人の占有中の物を修繕し、その後にその物の占有を取得した場合にも留置権の成立を認めるが、「留置権者が留置物を引渡したる後、再び其占有を取得したる如き一旦留置権の消滅を来したる場合は、此限に在らざる」と、留置権の復活を否定するようである。

より留置権は消滅しているが、再度占有を取得することにより留置権が復活するのであろうか。機械を修理して引き渡したがその代金の支払がされない間に、再度その機械について別の修理を依頼された場合、請負人は前回の修理代分についての留置権も主張できるのであろうか。

①一方で、債権と占有との牽連性、占有は債権が成立した時点の占有が継続していることが必要なのか（清水・再構成146頁以下参照）、②他方で、引渡しにより留置権を放棄したのではないか、ということが問題になる。この点、①については、民法は、債権には牽連性を要求するが、占有について特別の要件を設定していないので、当初の占有である必要はなく、一旦引渡しによって留置権が消滅しても、留置権を終局的に放棄したとみられる場合でない限り、再び引渡しを受ければ留置権が再度成立するものと考えられている（薬師寺・留置権論204頁以下など通説)[90]。最高裁判決はないが、東京地判昭49・5・16判時757号88頁は、引渡しにより留置権は消滅するが、占有を再び取得したときは、占有喪失の際に留置権を放棄したと認められない限り、新たに留置権を取得することを認める。②について、仙台高判平6・2・28判時1552号62頁は、引渡しに際して債権者に「本件一の建物について留置権の存在を知りながら、これを放棄する意図があったとまで認めることはでき」ないとして、その後、引渡しを受けて占有をしているのであるから、本件の建物につき請負代金を被担保債権とする留置権を有するに至ったとしている。妥当な解決である。

2 債権と物との牽連性――「その物に関して生じた債権」

5-15 　留置権が認められるためには、「その物に関して生じた債権」を占有者が有することが必要である。この要件は、物と債権との「牽連性」といわれる。この要件をめぐっては、次に述べる2分説が通説になる前は、種々の学説があった。

　例えば、①契約より生じる債権、物に費やした費用など不当利得より生じる債権、および、物により受けた損害についての不法行為より生じる債権という3分類（横田368頁）、②債権と目的物の占有とが同一の取引関係または目的によって生じたとき、および、物それ自身が債権発生の直接原因をなしているときという2分類（三潴51頁）、③また、一元的な説明もあり、目的物

---

[90] 再び引渡しを受けるのは、留置のために債務者が任意に返還した場合に限らず、例えば、修理費用について、引渡し後に、賃貸、寄託その他の原因でその物の占有を再び取得した場合でも、留置権の成立が認められるといわれている。修理後、再度同じ物を別の修理のために引渡しを受けた場合も同様である。

が債権の直接の原因をなしていることを要求するもの(中島610頁)、債権が目的物の存在と相当なる因果関係において成立することを問題とするもの(勝本121頁)など、実に多様な説明がされていた(関・研究22頁以下参照)。しかし、その結論として留置権が認められる事例にはとりたてて差があったわけではない。

現在では、①債権が物自体から生じた場合、および、②債権が物の返還義務と同一の事実関係または法律関係から発生した場合の2つに整理する**2分説**が有力説といってよいが(我妻28頁以下、注民(8)23頁〔田中〕)、依然として諸説が主張され混迷を極めている。

債権者・債務者の2者間事例では、契約の個数論などを考慮しつつ[91]、公平の観点から判断されればよく、判例の蓄積に期待すべきである。他人所有の物に関わる3者間事例については、他人に初めから代位弁済を強い、他人に債務者からの債権回収のリスクを転嫁することを認めるのは適切ではなく、牽連性・他人物という両方の観点から留置権が否定されてよいが、転用物訴権が問題になる事例は、牽連性は認めた上で、第三者所有物についての留置権の成否を問題とし、折衷説に依拠しつつただ転用物訴権が認められる場合には債務者所有物になるという解決をすべきである[92]。何らかの整理はあった方がよいので、2分説に当てはめて以下説明をしてみたい。

5-16 **(1) 債権が物自体から生じた場合**

これは比喩的な表現でありいかようにもこじつけることは可能であるが、①物の売買の代金、物の製作請負代金、物の修補や改良の請負代金などの債権、②賃借人らの占有物の必要費、有益費の費用償還請求権、③占有物によって生じた損害賠償請求権(寄託物による損害についての661条)などが

---

91) ＊**契約の個数との関係** 例えば、Aがその所有の隣接する甲土地と乙土地の造成工事をBに依頼した場合、1つの契約の形にしたかそれぞれにつき契約を交わしたかという形式により、留置権が異なってくるべきであろうか。2つの土地を1つの契約の対象とすることはでき(2台の自動車の修理も同様)、その場合には不可分性は甲乙両地について認められる。2つの契約の形をとっている場合にも(不動産は商事留置権の対象にならないとする)、甲乙両地について1つの留置権を認める余地がある。

92) 道垣内20頁も、留置権を認めるのが公平に適うか否かという実質判断がされ、それが肯定された場合に「牽連関係あり」とされているにすぎず、一般的基準は基準として機能していないと批判し、また、第三者に留置権の負担をさせる場合にそれを認めるか否かも牽連性の問題で議論されてきたため、これを除外し、債権者・債務者間の公平のみに着目し、「被担保債権が留置目的物の価値(または反価値)の一部または全部の変容物である場合」と考えるべきであるという。

考えられている。先取特権が認められる場合に、先取特権の対象物を占有していればこれにつき留置権を認めるのは公平の観点から適切である。①②がその事例であり、債務者の財産を増加させた対価としての債権であり、優先権（先取特権）まで認められてよい事例である。③の事例では先取特権が認められないが、賠償しないで自分だけ返してもらうというのは、どう考えても公平・正義に合致するものではない。したがって、公平の観点から拒絶権——同時履行の抗弁権のような相互的ではなく、不法行為者側は返還しなければ賠償しないとはいえない——を認めるのは適切である。

2分説は以上のほかに次の基準により留置権を別個に認めるが、これを批判し、(2)(b)は同時履行の抗弁権ないし同時履行の抗弁権類似の権利を認めれば足り、また、(2)(a)は留置権を認めるのは適切ではないとして、(1)の基準のみに一元化する主張もなされている（鈴木・分化776頁以下、鈴木420頁）。

5-17 **(2) 債権が物の返還義務と同一の事実関係または法律関係から生じた場合**

(a) 同一の事実関係から発生した場合　まず、同一の事実関係から債権と返還義務とが発生した事例として、傘やコートなどを間違えた者同士の返還請求権——実をいうと債権ではなく、物権的返還請求権——が挙げられている。しかし、この場合に留置権の成立を認めることに反対する学説も有力であり（鈴木・分化777頁、高島116頁、船越25頁、古積219頁）、このような類型を認めるのはドイツ民法273条の影響を受けたものであって、同一の生活関係（事実関係）ということをわが国に持ち込むのは徒に複雑さと紛争を生じさせるだけであり、結論としても妥当ではないと主張されている。すなわち、傘やコートを間違って持ち帰った場合に、目的物の価値に差があることもあり、また一方が返還不能になっていることも考えられ、価額賠償がされるまで留置を認めるのは適切・公平とは思われないという。

5-18 **(b) 同一の法律関係から発生した場合**　次に、同一の法律関係から債権と返還義務が発生した場合として、特定物の売買契約における買主の代金債権、修理代金債権などが考えられている。しかし、(1)でもカバーされ重複している。したがって、契約関係以外の法律関係から債権が発生した場合に(1)以外の基準で留置権を認める点に意義がある。判例をみると、仮登記担保の実行によって生じる清算金請求権のために目的物に留置権が認められ（最判昭58・3・31民集37巻2号152頁）、また、譲渡担保の実行による清算金の支払

請求権についても、目的物につき留置権が認められている（最判平9・4・11集民183号241頁）。物の清算金であり、(1)の物から生じた債権と説明できなくはなく、(1)の基準の曖昧性が改めて浮き彫りになる。

5-19 **◆債権と物との牽連性が否定された事例（3者間事例）**
　債権と物との牽連性が否定された事例は、以下のようにいずれも3者間事例であり、その特殊性によるものである。この事例は牽連性を離れて別の観点から考察すべきであり、他人物については留置権を否定し、その場合、債務者については債務者からの返還請求が問題になる場合には相対的留置権を認め、そうでない限り絶対的に留置権の成立を否定してよい。他人物留置権を認める判例・通説の立場では、この問題を牽連性レベルで解決しなければならないが、本書の折衷説の立場では、他人物ということを理由に留置権を否定すべきである。
　不動産が譲渡担保に供され移転登記がされた後に、弁済があったのに担保権者Aが目的不動産を第三者に譲渡しこの不動産を取得したXから、債務者（占有者）Yへの明渡請求に対して、債務者Yが債権者Aに対する損害賠償請求権を被担保債権として留置権の主張をしたという事例で、最判昭34・9・3民集13巻11号1357頁は、留置権の成立を否定する。牽連性を否定した第1審判決を支持する。不動産の二重譲渡の事例で、占有している第1譲受人に対する登記を取得した第2譲受人による明渡請求に対して、売主に対する損害賠償請求権を根拠に留置権が主張されたが、最判昭43・11・21民集22巻12号2765頁は、牽連性を否定する。
　借地において、賃貸人である土地所有者が、土地を第三者に売却し、賃借人が対抗力を認められない場合に、譲受人の明渡請求に対して借地人は譲渡人（賃貸人）に対する損害賠償請求権につき留置権を行使できるかについても、賃貸人に対し有する債権にすぎず、譲受人に対抗できないことを理由に牽連性を否定している（大判大9・10・16民録26輯1530頁）。また、他人物売買における買主の、売主に対する損害賠償請求権に基づく留置権の主張につき、他人物留置権を肯定するため牽連性を問題にして、「<u>他人の物の売主は、その所有権移転債務が履行不能となっても、目的物の返還を買主に請求しうる関係になく、したがって、買主が目的物の返還を拒絶することによって損害賠償債務の履行を間接に強制するという関係は生じないため、右損害賠償債権について目的物の留置権を成立させるために必要な物と債権との牽連関係が当事者間に存在するとはいえない</u>」という理由で、留置権を否定している（最判昭51・6・17民集30巻6号616頁［所有者の返還請求に対して］）。土地の売買契約が買主の代金不払を理由に売主により解除された後に、買主がこの土地を第三者に転売した事例において、第三者たる買受人（545条1項ただし書）からなされた土地を占有している売主への明渡請求については、売主が留置権の被担保債権として土地の返還を不能としたことによる価格返還請求権を主張するが、それは土地について生じた債権ではないとして、留置権

が否定されている（最判昭 62・7・10 金法 1180 号 36 頁）。

学説には、判例に反対して留置権の成立を肯定する有力説もあるが、一旦成立した留置権を譲受人に対抗するのとは異なり、初めから留置権を取得する者と相手方との間は間接的に弁済を促す関係にない類型であり、判例に賛成する否定説が通説である（我妻 33 頁、安永 542 頁）。

3　債権の弁済期到来

5-20　留置権は被担保債権が弁済期に到来していなければ認められない（295 条 1 項ただし書）。例えば、A が B に対して、機械の修理を依頼したが、その代金の支払については 1 カ月後と約束した場合、A は留置権を主張できない。留置権は、被担保債権の履行を促す担保権であり、履行を請求できることが当然の前提であり、また、もし弁済期前に留置権の成立を認めたのでは、期限の利益を与えたことと矛盾するからである。債務者が目的物の引取りに来ないまま弁済期が到来したならば、その時点から留置権が成立する。

4　占有が不法行為によって開始したのではないこと

5-21　**(1)　295 条 2 項の趣旨**

295 条 1 項の留置権の成立要件が満たされていても、「前項の規定は、占有が不法行為によって始まった場合には、適用しない」ことになっている（同条 2 項）。例えば、他人の自動車を盗み出した者は、その自動車に必要費を支出しても、所有者からの返還請求に対して費用償還請求権をもって留置権を主張することはできない。費用償還請求権は認められるが、留置権は認められず無条件に自動車を返還しなければならないのである。

このような制限をしたのは、留置権が結局は同時履行の抗弁権と同様に、公平の観点に基づく制度であり（☞ 5-1）、また事実上他の債権者に優先して債権回収を認めることになるものであるため、不法行為[93]によって占有を開始してその物に費用を費やしたような者については、留置権を認めるべきではないからである。ところが、注意しなければならないのは、295 条 2 項で否定されているのは、その占有が不法行為によって「始まった」場合だけであり、不法占有者が全て留置権を否定されるのではないということである。契約に基づいて始まった適法な占有が、契約の終了により不法占有とな

る場合——その後に費用を費やした場合——については、同項の直接適用はないということになる。

　295条2項の趣旨をどう理解すべきであろうか。①不法占有者には留置権を広く否定する趣旨であり、不法占有の通常の場合を例示したにすぎないのか、それとも、②あえて不法占有一般を規定しなかったのは、何らかの合理的理由に基づくものであるのか、いずれと理解するかにより、どこまで同項の適用を拡大できるのかについての結論が変わってくる。

5-22　**(2)　295条2項の適用の拡大の可否**

　(a)　295条2項反対解釈説（196条2項ただし書適用説）　①295条2項はあえて不法行為によって占有が始まった場合に限定しており、また、②196条2項は不法占有でも留置権が成立することを前提として、悪意の場合には有益費については裁判所による期限の付与により留置権の成立が否定されるだけである。必要費については、196条1項の反対解釈により悪意占有者であっても295条2項に該当しない限り、留置権の成立が認められることになる。当初はこの通りに考えられていた（富井315頁、三潴43頁、中島605頁、田島31頁）。現在でも、悪意の場合には196条2項ただし書により処理すればよく、過失者についてまで295条2項を拡大する必要はないとして、この考えを支持する学説がある（柚木・高木28頁）。

　しかし、必要費と有益費の区別は容易ではなく、また、必要費であろうと不法占有者に対して留置権を認めるのは適切ではない。さらには、起草過程からいっても、196条2項と295条2項とは独立の制度として理解すべきであるといった批判がされている（道垣内27頁）。

5-23　**(b)　295条2項類推適用説**

　(ア)　悪意を理由とする判例　大判大10・12・23民録27輯2175頁は、

---

93)　＊295条2項の「**不法行為**」　同条2項の「不法行為」とは、①不法な行為、要するに違法性がある行為であればよく、過失がなく損害賠償責任を負わない場合でもよいのか、それとも、②不法行為「責任」を問われるような場合、すなわち過失まで必要なのであろうか。同項は、責任を追及する場面ではないので、①の意味で理解する学説もあるが（高木28頁）、709条の「不法行為」と異なるものと考える必要はないという学説もある（道垣内25頁）。例えば、親から相続したと思って、親が盗んで占有していた時計を相続人である子が占有を取得し、その修理をした場合、不法占有ではあるが過失がないので、②説では留置権が認められる。公平が留置権の根拠であり、709条の不法行為責任が認められることを295条2項の要件と考えるべきである。

§Ⅱ 留置権の成立要件

「法が不法行為に因りて始まりたる占有の場合に占有者に留置権を与へざる所以のものは、如此占有者は其占有の不法なるが為め之を保護するに値せずと為すに外ならずして、占有が不法行為に因りて始まりたるに非ざる場合と雖も、占有すべき権利なきことを知りながら他人の物を占有する者に在ては其占有は、同じく不法なるを以て類推解釈上斯る占有者も民法第295条に依り留置権を有せざるものと為さざる可らず」と判示する。同判決は、これに続けて、賃借人は「賃貸借の解除せられたる後に賃借物の為め費したる金額の償還請求権を担保するが為めに賃借物を留置することを得ず。何となれば賃借人は賃貸借の解除せられたる以上は、賃借物を占有すべき権利なく又其権利なきことを知りたるものと推定すべきは当然なればなり」と判示する。悪意の事後的不法占有者につき、有益費の事例に限らず、留置権の成立を否定するのである。悪意に限定する理由は述べられていない。その後も、悪意の事後的不法占有者に留置権の成立を否定する判例は多い[94]。

5-24　**(イ)　悪意を要件としない判例**　大判昭13・4・16民集17巻714頁は、「占有が不法行為を構成する場合を除き他人の物の占有者が、其物に附して生じたる債権を有するときは其弁済を受くる迄其物を留置する権利を有する」が、「上告人は本件占有が正当の権限なきものなることを了知したるや又は之れを了知せざるに付き過失ありたるや否やに付ては」原審は判断していないとして、破棄・差し戻している。過失があって不法行為が成立しさえすれば留置権が否定される可能性を傍論的に認めている。295条2項において、客観的に違法な占有であればよいのではなく、過失があり不法行為責

---

94) 例えば、売買契約が合意解除された後に、買主が建物を占有中に費用を支出した事例で、「それが本件建物について生じた必要費または有益費にあたるとしても、前記事実関係のもとで他に特段の事情の主張立証のない本件においては、上告人が被上告人所有の本件建物を占有すべき権原のないことを知りながら不法にこれを占有中に支出したものとして、民法295条2項の類推適用により、上告人は本件建物につき留置権を主張することができない」とされている（最判昭41・3・3民集20巻3号386頁）。また、賃貸借契約が解除された後に費用を支出した場合にも、「本件建物の賃貸借契約が解除された後は右建物を占有すべき権原のないことを知りながら不法にこれを占有していた」場合につき、「右のような状況のもとに本件建物につき支出した有益費の償還請求権については、民法295条2項の類推適用により」留置権を主張することができないとされる（最判昭46・7・16民集25巻5号749頁）。「抵当権の設定されている建物を買い受け引渡を受けた買主が、その後抵当権の実行により右建物を競落した競落人にその所有権を対抗できないことを知りながら不法に占有中、右建物につき費用を支出したとしても、買主は、民法295条2項の類推適用により、右費用償還請求権に基づき建物の留置権を主張することはできない」とされている（最判昭48・10・5判時735号60頁）。

任が成立することが前提とされているといえる。

その後、最判昭51・6・17民集30巻6号616頁は、「国が自作農創設特別措置法に基づき、農地として買収したうえ売り渡した土地を、被売渡人から買受けその引渡を受けた者が、土地の被買収者から右買収・売渡処分の無効を主張され所有権に基づく土地返還訴訟を提起されたのち、右土地につき有益費を支出したとしても、その後右買収・売渡処分が買収計画取消判決の確定により当初に遡って無効とされ、かつ、買主が有益費を支出した当時右買収・売渡処分の無効に帰するかもしれないことを疑わなかったことに過失がある場合には、買主は、民法295条2項の類推適用により、右有益費償還請求権に基づき土地の留置権を主張することはできない」と判示している。(ア)の判例は決して悪意の場合に295条2項の類推適用を限定するものではないことになる。

5-25 (ウ) **学説の状況** 賃借人が契約終了後も占有を継続する場合も、契約の終了について争いがある場合があり——例えば、正当事由をめぐって争われる——、その場合に賃借人が契約の終了を争うのが当然ということも考えられ、その場合に契約の解除等が有効であったとしても、留置権が認められてもよいのではないかといった疑問がある。学説は分かれる。

①ドイツ民法が故意による不動産の不法占有の場合にのみ留置権の成立を否定していることを参照する考えがある（勝本113頁以下）。②他方で、学説にも、判例を支持し過失の場合にも留置権の成立を否定する立場がある（船越28頁）。③継続的な契約関係に基づく占有がいつから不法占有になるかは、各場合の事情に即して慎重に決すべきものであるのみならず、これを広く解することは196条が悪意の占有者についても留置権が認められることを前提としていることと矛盾をするため、295条2項の類推適用を特に賃借人に不信行為がある場合に限定して認める学説もある（我妻36頁、柚木・高木28頁）。また、占有を継続することの違法性が高い場合にのみ類推適用する学説もある（高橋23頁）。

295条2項を途中から占有が不法になった場合に類推適用するとしても、同項の適用自体を709条の不法行為が成立する場合に限るので（☞注93）、契約の終了を争うことがやむをえない事情があり無過失と評価できれば留置権の成立を認めることができる。柔軟な制限を加えるのは反面として

基準を曖昧にすることになり、295条2項の直接適用の事例とパラレルに、形式的に過失があり不法行為責任が成立するのであれば295条2項を類推適用してよいと考える。

§Ⅲ 留置権の効力

1 留置的効力

5-26 **(1) 「留置」とは**

(a) 留置物の使用はできない 留置権の成立要件を満たすと、占有者たる債権者は、「その債権の弁済を受けるまで、その物を留置することができる」(295条1項)。「留置」とは要するに返還しないでそのまま占有を続けることである。留置権に基づく占有は当然のことながら他主占有であり、いくら占有を続けても取得時効はありえない。

他人の物を占有するのであるから、①留置権者は留置物を善管注意をもって保管しなければならず (298条1項)、②債務者——債務者以外の所有の場合には所有者——の承諾がなければ、留置物を使用・賃貸または担保に供することができず (同条2項本文)、保存に必要な使用が許されるだけである (同項ただし書)。これに違反すれば、債務者——債務者以外の所有の場合には所有者——は留置権の消滅を主張できる (同条3項)。違反により当然に留置権が消滅するのではなく、債務者の留置権者に対する消滅請求の意思表示が必要であり、同条3項は留置権消滅請求権という形成権を認める規定である。

5-27 **(b) 賃借物の使用の継続** 留置物の使用禁止ということとの関係で問題が生じるのは、不動産の賃貸借が終了したが、賃借人が費用償還請求権を根拠に目的不動産を留置できる場合の、許される「留置」の内容である。賃借人は、費用の償還がされるまでそのまま居住して「使用を続ける」ことができるのか、それとも、それはできず荷物などを搬出した上で明渡しを拒絶できるだけなのであろうか。現在の判例・学説は使用を継続できるという結論には変わりないが、①理由づけの点、また、②許される使用の内容をめぐって議論がある[95]。

判例は、当初は、賃借人が従来通り居住を続けることを298条2項違反として、家主による留置権消滅請求を認めた（大判昭5・9・30新聞3195号14頁）。しかし、その後、判例は、「家屋の賃借人が其の賃借中支出したる必要費若は有益費の為め留置権を行使し其の償還を受くる迄従前の如く当該家屋に居住するは、他に特殊の事情なき限り民法第298条第2項但書の所謂留置物の保存に必要なるもの」と認める（大判昭10・5・13民集14巻876頁）。その理由は、①「家屋の留置権者は其の家屋を空屋とし或は番人を附し保管せしめざるべからざるものとせんが之が為め更に保管費等を要し、所有者の負担を加増するの不利益あるのみならず」、②「家屋の保存上よりするも、特別の事情なき限り留置権者が従前の如く居住使用するの適切なる」ことである。

借地の事例で、借地上の建物を第三者に賃貸し使用させることは、借地の保存に必要な使用ではないとされ（大判昭10・12・24新聞3939号17頁）[96]、また、賃借していた船舶を従来通り航行させる行為につき、「かかる遠距離にわたる船舶の使用は、よしや契約解除前と同一の使用形態を継続していたものであったとしても、その航行の危険性等からみて、留置権者に許された留置物の保存に必要な限度を逸脱した不法のもの」として、留置権消滅請求が認められている（最判昭30・3・4民集9巻3号229頁）。

保存行為を理由とする判例に反対して、学説には、建物などをそのまま使用することは、留置権において容認された「留置」の内容であるとして、295条1項本文の「留置」それ自体の内容として認めることが提案されている。ただし、留置権が消滅したら遅滞なく引き渡すことができる態勢を作りながら、従来の使用状態を継続することができるという制約をしており

---

95) 留置権者は使用継続による利益を不当利得として返還すべきであるが、留置権者は自分の債権と相殺することができ、優先的に債権回収に使用利益を充てることができることになる。学説には、果実の扱いとの権衡から、ここでの収益は優先的に弁済に充当することができるという主張もされている（中島627頁、石田・下巻601頁、勝本125頁、古積263頁）。また、肯定するとしても、「使用を続ける」ことを認めるだけであり、第三者に保管させ費用がかかるまた建物は使用が保存行為だという理屈では、居住用の建物を建築して建築代金が支払われるまで留置権の行使ができる場合には、当初からの使用が認められてしまうが、そこまで認めるべきではない。

96) 借地上の建物の賃貸は土地の転貸ではないが、建物占有者は土地も占有することになり、同判決は、「債務者より弁済あるも賃借人に於て立退を肯せざる場合の如き容易に土地の返還を為し得ざるに至る虞あり、而も土地の保管を為すに地上家屋を特に賃貸せざるべからざることなきは論を俟たず」というのが理由である。

（我妻39頁、松坂237頁、道垣内34頁）、賃借権に基づく完全な使用と同様の占有まで認めるものではない。しかし、使用を認めるのは例外であることを考えれば、原則たる「使用」に含めるのではなく、いわば法の欠缺領域であり、298条2項ただし書の類推適用により、上記学説のいう状態での使用を容認すべきである。

5-28 **(2) 留置権の効力の及ぶ目的物の拡大**

(a) 建物の留置権と敷地の留置

(ア) 土地と建物が同一所有者の場合 例えば、AがBから土地を賃借していて、賃貸借契約の終了の際に、地上の建物の買取りをBに対して請求したとする。この場合、AはBに対して、建物の代金債権を取得するまで、建物を留置できるが賃借権は消滅しているので土地の留置はできないのであろうか。5-27のように使用を継続できるとすると、その使用は土地の占有なくして考えることはできない。

判例は敷地の留置を認める。「上告人ノ右敷地ノ占有ハ右同時履行ノ抗弁又ハ留置権ノ反射的効果ニ過ギズシテ、本来敷地ニ付之ガ占有ヲ適法ナラシムル基本権ヲ有スルモノニ非ザルニ拘ラズ、上告人ハ建物ノ引渡ヲ為スニ至ルマデ之ヲ自己ノ為ニ利用シ其ノ敷地ヲ占有使用スルモノナレバ、其ノ間敷地ノ賃料ニ相当スル利益ヲ得ル」と、留置権を認めつつ敷地占有使用につき不当利得返還義務を免れないという（大判昭18・2・18民集22巻91頁）。留置権の目的物ではないが、反射として留置──土地の保存ではないが、土地についても反射として使用継続ができる──できるというのである。学説も、建物の留置権が敷地に拡張することを認めている（高木26頁）。

5-29 **(イ) 土地と建物が別の所有者の場合**

(ⅰ) 建物所有者が土地利用権を有する場合 まず、建物所有者が土地利用権を有する場合、例えば、AがBから土地を建物所有目的で賃借して、Cに建物の建築を依頼し、Cが建物を完成したとする。判例によれば引渡しをしていない以上は請負人C所有であるが、担保のための所有にすぎず、他人物に準じて留置権の成立を認めてよいであろう。この場合、土地の留置についてはどう考えるべきであろうか。考え方としては、(ア)と同様に反射的に土地も留置できるということも考えられるが、土地と建物の所有者が別なのでBとの関係での法的正当化が必要になり、AのBに対する借地権に留置

権の効力が及ぶ——建物の従たる権利——と説明すべきである。Bは、Aの借地権がある以上、Cに対して土地の占有を禁止することはできない。基礎工事が土地に施されているため、土地についても建物建築請負代金債権と牽連性を認めることが可能であるという評価さえある（道垣内・諸相70頁）。

5-30　**(ii) 建物所有者が土地利用権を有しない場合**　問題は、建物所有者が土地利用権を有しない場合である。①初めから借地権がない場合、例えばAがBの土地に無断でCに依頼をして建物を建築してもらった場合、Cが建物を留置権に基づいて占有できるとしても、何ら拘束を受けるいわれのない土地所有者Bが反射的に留置権の負担を受けるのは不合理である。②では、①で一旦建物についてのCの留置権が成立した後に、Aの借地権が消滅した場合はどう考えるべきであろうか。この場合も、債務不履行解除の場合と合意解除の場合とが考えられる。

　この点、建物の賃借人Cが建物について保存費を支出したが、建物所有者＝建物賃貸人Aが借地人であり、地主Bとの借地契約を解約した場合、CはAに対する費用償還請求権による留置権に基づいて、土地所有者Bによる土地の明渡請求を拒むことはできないとされた（大判昭9・6・30民集13巻1247頁）。Bは「本件地上の建物に関して生じたる債権を有する事実を主張するのみに止まり、該土地に関して生じたる債権を有する事実を主張するものに非ず」という（最判昭44・11・6判時579号52頁も同様）。

　反射としての土地の留置を建物所有者が土地利用権を有する場合に限定し、(i)の場合には留置権の効力を利用権に及ぼすことを土地留置の根拠とすれば、(ii)では利用権が消滅してしまうと留置権者は土地を留置しえなくなるというのは論理一貫している。上記判例はその意味で正当であるが、借地上の建物賃借人については、借地契約を合意解除しても土地所有者はそれを建物賃借人に対抗できないというのが判例なので、同様に借地契約の合意解除を建物留置権者に対抗できるのかという問題は残される。対抗をできないとすると、留置権者は建物の留置のために借地権を援用できる。建物の適法賃借人と同様の保護を建物留置権者に認めるべきかは難問であるが、肯定すべきであろうか。

5-31　**(b) 造作代金債権による建物の留置**　賃借人が賃貸人に対して、賃貸借契約の終了に際して造作（畳・建具・エアコンなど）の買取りを求め造作の代

金債権を取得したが、賃貸人が代金を支払わない場合に、造作を留置できるのは当然である。では、建物自体は明け渡して、造作を持って出て行って、造作についてのみの留置権を行使すべきであろうか。それでは、造作代金債権の確保として実効性は全く考えられないだろう。他方で、わずかな造作の代金のせいで、建物の明渡しを受けられなくなる賃貸人の立場も考慮しなければならない。判例は、造作の代金債権は造作に関して生じた債権であり、建物との牽連性を否定して、建物についての留置権は認めていない（大判昭6・1・17民集10巻6頁、最判昭29・1・14民集8巻1号16頁など）。同時履行の抗弁権についても同様である。判例を支持する学説もある（古積221頁）。

しかし、学説には、造作と建物との間に経済的一体性があり、造作の上に成立した留置権が建物に「延長する」という主張や（高木25頁）、経済的一体性から建物に関して生じた債権といってよいと建物の留置権を肯定する主張がある。また、有益費や必要費の償還請求権は、建物についての債権として、建物を留置できることとの均衡論も挙げられる。賃貸人の保護としては代担保の提供による留置権消滅請求権が、賃貸人には認められるので、肯定説を支持しておこう。

5-32 (3) 第三者への留置権の対抗力

留置権は物権であるので、目的物が第三者に譲渡されても対抗できる。したがって、留置物の譲受人は留置権の負担の付いた所有権を取得することになる。留置権は占有を伴うので、不動産であっても対抗要件として登記は必要ではないが、占有は留置権の存続要件であり、占有を失ってしまえば留置権は消滅する（302条本文）。

また、留置物の所有者の債権者による民事執行手続に対しても、留置権者は厚い保護を受けられる。①まず、動産については、所有者の債権者が目的物の差押手続をとり、執行官が留置物の引渡しを求めても、留置権者は引渡しを拒絶できる（民執124条・190条）。この結果、債権者は、被担保債権を代位弁済しなければ、留置物の差押えはできないことになる。②次に、不動産の場合には、留置権者が不動産を占有していても、差押えは可能であり、また競売手続も進められるが、留置権は不動産についても登記なくして占有だけで第三者に対抗でき、また、優先弁済権のない留置権には消除主義は適用にならず留置権は存続する。このため、留置権者は、競落人に留置権を対抗

できその明渡請求を拒むことができるので、買受人は留置権の被担保債権を代位弁済しなければ明渡しを求めることはできない（民執59条4項・188条）。

以上の結果、留置権には優先弁済権はないものの、他の債権者との関係では相当有利な保護を受けられることになる。抵当権設定後の留置権も抵当権に対抗でき、その実行による買受人にも留置権を対抗できるのである。

5-33 **◆目的物の使用許諾の第三者への対抗**

298条2項本文は「債務者の承諾を得なければ……」と規定し、反対解釈として、留置権者が債務者から承諾を得ていた場合には、留置物を使用できることになる。この場合の、使用関係については、2つの理解が考えられる。

①まず、留置権とは別に使用貸借や賃貸借の締結がされていると考えることができる。この考えでは留置物が譲渡された場合、留置権は物権なので譲受人に対抗できるが、使用貸借や使用貸借は承継されず、改めて譲受人と使用貸借または賃貸借を締結するか承継の同意を得ない限り、使用を継続できないことになる。

②次に、上記規定は留置権についての特約を認めたものであると考えることもできる。確かに留置権は法定担保物権であるが、使用が認められた留置権か否かは当事者の合意により決められることになる。不動産質において使用まで認めるか否か、使用を認める場合に利息を認めないか等合意できるが、それと同じように留置権も内容については合意の自由を認めることになる。このように考えれば、利用は留置権の内容を構成するので——債権契約ではなく使用を妨げても債務不履行ではなく物権的利用権の妨害になる——譲受人にも対抗できるが、特約の対抗について特別の要件を設定すべきかは問題として残される。

判例は、「留置物の所有権が譲渡等により第三者に移転した場合において、右につき対抗要件を具備するよりも前に留置権者が民法298条2項所定の留置物の使用又は賃貸についての承諾を受けていたときには、留置権者は右承諾の効果を新所有者に対し対抗することができ、新所有者は右使用等を理由に同条3項による留置権の消滅請求をすることができない」という（最判平9・7・3民集51巻6号2500頁）。②の立場を採用するものといえようか。特約の対抗のための特別要件については言及がない。学説には、使用等の開始を対抗要件とする提案がある（清水元「判批」リマークス14号31頁）。しかし、留置権者が使用許諾を得ている可能性のあることを譲受人は覚悟すべきである。したがって、あえて留置中の物を買い取ろうとする者は自ら占有者に使用承諾の点について確認すべきであり、特別の要件は不要とすべきであろう。なお、買主は使用できない損害を売主に対して賠償請求することができる。

5-34 **(4) 留置権の不可分性**

(a) 被担保債権の減少　「留置権者は、債権の全部の弁済を受けるまで

は、留置物の全部についてその権利を行使することができる」(296条)。これを**留置権の不可分性**という。例えば、土地の造成を依頼されて山林を開発・造成しこれを占有している業者は、造成代金の支払のためにこの土地を留置できるが、造成代金が半分支払われたとしても、全部の土地につき留置権を行使することができる。その結果、債務が1円でも残っている限り、債務者は目的物が可分であっても全部について留置権の対抗を受けることになる。これによって生じる目的物の価値と被担保債権額とのアンバランスの調整のために、債務者には301条の代担保の提供による留置権の消滅請求権が認められている（☞5-40③）。

　契約の個数の問題に関係してくるが、例えば機械3台の修理を依頼した場合、3つの機械を目的とする1つの契約だとすると、代金の一部が支払われても不可分性により全部につき留置権が成立しそれが存続したままである。もし1台ごとの契約であるとすれば──牽連性不要な商事留置権は措く──、例えば、2台分相当の金額が支払われれば、2つの機械の引渡しを請求できることになる。ケースバイケースで考えるしかなく、家の畳6枚の畳替えを依頼した場合は1つの契約、ポルシェとフェラーリ1台ずつ一度に修理に出した場合には2つの契約と考えてよい。

5-35　**(b)　留置の範囲の減少**　被担保債権と目的物の全てが不可分的に担保の関係が成立しているということは、被担保債権の減少だけでなく、目的物の留置している範囲の減少についても当てはまる。民法が296条で規定しているのは被担保債権が減少しても、それに対応する部分につき留置権が消滅することがないことを規定しているにすぎないが、留置権の対象が順次引渡しにより減少していっても、それに対応する金額分被担保債権となる債権が減少することはない。一部でも留置物が残っている限り、留置権者は債権全額につき留置物の行使が認められるべきである（梅310頁）。

　判例も、土地の造成工事の請負契約において、請負人が造成が終了する度に、その終了した部分を依頼者に引き渡したが、その引き渡した土地について留置権が消滅するとしても、留置している部分に匹敵する金額しか留置できないものではないことを認めている。すなわち、最判平3・7・16民集45巻6号1101頁は、296条は「留置権者が留置物の一部の占有を喪失した場合にも」適用があり、「留置権者は、占有喪失部分につき留置権を失う

のは格別として、その債権の全部の弁済を受けるまで留置物の残部につき留置権を行使し得る」といい、「債権者が右引渡しに伴い宅地造成工事代金の一部につき留置権による担保を失うことを承認した等の特段の事情がない限り、債権者は、宅地造成工事代金の全額の支払を受けるに至るまで、残余の土地につきその留置権を行使することができる」と結論を述べる。

2　果実収受権および競売権

5-36　留置権者は、留置物の果実を収受して、これから他の債権者に優先して債権の回収に充てることができる（297条1項）。債務者の承諾がなければ賃貸できないので、ここでの「果実」は天然果実が基本的には念頭に置かれている。果実は、まず利息に充当し、余剰があるときは元本に充当する（同条2項）。この結果、果実に限定されるが留置権にも優先弁済権が認められることになる。留置権者が債務者の承諾を得て留置物を第三者に賃貸した場合、法定果実にも上記規定が適用されると考えてよく、留置権者は賃料から優先的に回収ができることになる。なお、留置権者が債務者の承諾を得て自己使用する場合には、使用利益も法定果実に準じて扱うべきであり、その使用による賃料相当額の使用利益は利息に充当されるべきである。

　留置権は、優先弁済権を有しないので、留置物を競売しても優先弁済は受けられない。しかし、弁済がされない限りいつまでも他人の物を保管しなければならないのは、留置権者にとって酷であるから、民事執行法195条は留置権に基づく競売権を認めた（**形式的競売権**）。これは、債権者としての競売申立てではなく、担保権である留置権に基づいて競売の申立てをする権利である[97]。したがって、債務名義は不要であり、留置権の成立を証明できれば認められる。また、債権回収のための競売ではなく、留置物を金銭に変えるためのものであるから、他の債権者は配当加入できない。換価金は留置権者に交付され、留置権者はこれに留置権を行使することになるが、債務者は留置権者に対してその金銭の引渡しを求めることができ、一種の金銭債権

---

[97]　不動産また不動産の規定が準用される登録動産については民事執行法181条1項1号所定の「担保権の存在を証する確定判決」が必要になるが、債権者による目的物の占有の事実が所有事実として確定判決の中で認定されることを要求するものではない（最決平18・10・27民集60巻8号3234頁）。

3 留置権行使の効果

5-37 **(1) 留置権が主張された場合の判決**
　所有者の返還請求に対して留置権が主張され、これが認められる場合、いかなる判決が出されるべきであろうか。質物の返還に対して被担保債務の履行は先履行とされており、留置権も担保物権であることを考えれば、同様の解決がされるかのようである。しかし、判例・通説は、留置権は実質的に同時履行の抗弁権同様の抗弁——物権的効力のある抗弁権——としての効果しか認めず、引換給付の判決（原告の一部勝訴判決）がなされるべきであると考えている。すなわち、「裁判所は、物の引渡請求に対する留置権の抗弁を理由ありと認めるときは、その引渡請求を棄却することなく、その物に関して生じた債権の弁済と引換に物の引渡を命ずべき」であるとされている（最判昭33・3・13民集12巻3号524頁）。

5-38 **(2) 被担保債権の消滅時効の中断（完成猶予）**
　留置権を行使して、目的物を占有しているだけでは、債権の行使にはならないので、被担保債権についての消滅時効は中断されない（300条）。ただし、判例は、債務者による返還請求訴訟において、留置権を抗弁として主張して返還を拒む場合には、訴訟物にはなっていないので確定的な中断事由としては認められないが、訴訟係属中催告としての効果が認められ、訴訟終了後、訴訟提起などの手続をとれば時効中断の効力を維持することができるものとされている（最大判昭38・10・30民集17巻9号1252頁）。学説には裁判上の請求に準じて時効中断を認める考えもあり、また、判例としてもその後の判例により実質的に変更されたと評価する可能性もある（☞総則9-79）。

4 留置物の管理

5-39 　①留置権者は、他人の物を占有するのであるから、善管注意義務をもってその物を保管しなければならない（298条1項）。②したがって、留置権者は、目的物を所有者の承諾なしに使用することはできない。ただし、保存のために使用することが必要な場合には、その保存に必要な範囲内では使用——例えば、競走馬を走らせる——が許される（同条2項）。保存のために必

要ならば、義務でもある。いずれの義務に違反した場合にも、所有者は留置権の消滅を請求することができる（同条3項）。

留置権者が、留置物について必要費を費やしたとき——例えば、犬を留置した場合にそのえさ代——を所有者に対して償還請求することができる（299条1項）。また、有益費については、その価格の増加が残っている場合にその残っている限りにおいて、所有者に費用償還請求ができる（同条2項本文）。ただし、有益費については裁判所が期限を与えて、留置権の成立を否定することができる（同項ただし書）。果実を収受しても、その分利息がとれなくなるだけで、費用償還請求権には影響はない。

§Ⅳ 留置権の消滅原因

5-40　留置権も物権一般の消滅原因により消滅するのは当然である。例えば、留置権の放棄や目的物の滅失による消滅などである。そのほかに、民法は以下のような留置権に特別の消滅原因を規定した。

①留置権は占有を失うと消滅する（302条本文）。ただし、留置権者が、所有者の承諾を得て第三者に賃貸したり、質入れした場合は消滅しない（同条ただし書）。また、留置権者が占有回収の訴えを提起した場合には、占有の消滅がないものと扱われるのは、203条ただし書の一般原則による。なお、債権者が、目的物を一度債務者に引き渡したが、債務者が代金などを支払わないので、目的物を取り戻した場合には、295条2項の適用がない限り再び留置権が成立することは先に述べた（☞5-14）。

②留置権者が善管注意義務に違反した場合には、298条3項により、「債務者」は留置権の消滅を請求できる（**留置権消滅請求権**）。「債務者」というのは通常の場合を考えたものであり、物上保証人や第三取得者に留置権消滅請求権が認められるべきであり、「所有者」に拡大解釈がされるべきである（最判昭40・7・15民集19巻5号1275頁〔第三取得者〕）。「消滅を請求」と規定されているが、形成権であり、所有者から留置権者への一方的な意思表示により留置権は消滅することになる。

③例えば、AがBに時価5000万円の機械の修理を依頼し、その修理代が50万円だとする。この場合に、50万円の支払ができないばかりに、Aが高価な機械を留置され使えないのは問題である。そのため、「債務者は、相当の担保を供して、留置権の消滅を請求することができる」と規定した（301条）[98]。**代担保（代わり担保）**の提供による留置権消滅請求権である。この権利の位置づけについては議論がある。ⓐ一方で、298条3項と同様に、形成権であり債務者の一方的意思表示により消滅させることができるという理解がある（我妻46頁以下）。②とは異なり適切な代担保の提供を要件とする留置権消滅請求権ということになる。ⓑ他方で、争いになった場合には代担保が適切であるかどうかについて、裁判所による判断が必要になるため、留置権者が同意しない場合には、代担保の了承の意思表示に代わる判決を受ける必要があると考える学説が多い（松坂240頁、柚木・高木38頁、高木36頁、近江38頁）。しかし、そのように限定すべきではなく、条文通り消滅請求権と考えるべきである。

④留置権の目的物の所有者について破産手続が開始した場合には、破産者の財産が総清算されることになり、優先弁済権のない留置権は消滅する（破66条3項）。これに対し、会社更生手続や民事再生手続では、総清算が行われるわけではないので、留置権はそのまま存続が認められる。他方、商事留置権（商521条）については、特別の先取特権とみなして別除権が与えられ（破66条1項・65条）、また、更生担保権とされており（会更2条10項）、さらには解釈により、留置的効力も失われないものと考えられている（最判平10・7・14民集52巻5号1261頁）。

---

[98] 同時に、契約上の返還請求権ないし引渡請求権に対して同時履行の抗弁権が認められる場合に、留置権は代担保によって消滅させることができるのに、同時履行の抗弁権はそのままというのでは、代担保を認めた意味がなくなる。したがって、留置権だけでなく、併存する同時履行の抗弁権も代担保により消滅すると考えるべきである。

第6章
先取特権──法定担保物権②

§I 先取特権の意義

6-1 **債権者平等の原則**が民法上の書かれざる原則である（☞ 1-1）。債権によって保護の必要性は異なりうるが、いちいち債権者の属性、債権の発生原因などを考慮してその優劣を決定していたのでは、法律関係が徒に複雑になる。しかし、全ての債権に序列を付けるのは無理だとしても、やはり一定の債権について例外を認めることまで否定してしまうのは行き過ぎである。

例えば、賃金債権であればその支払に労働者そしてその家族の生活がかかっており、政策的に他の債権より厚く保護する必要性がある。また、例えば、建物の建築請負代金についていえば、注文者が代金を支払わない場合、請負人の労力・材料により注文者の責任財産が増えたのであり、これがない状態での責任財産を覚悟していた他の債権者が、債権者平等により請負人の犠牲の下に棚ぼた的利益を受けるのは適切ではない。その自己の労力・材料で増えた責任財産部分については、その出捐をした請負人に優先権を与えることは不合理ではない。

そのため、民法は**先取特権**という制度を認め（303条）、①債務者の総財産について優先権を認める**一般先取特権**（306条以下）、および、②債権と関わりのある一定の財産について優先権を認める**特別先取特権**——これも、ⓐ動産を目的とする**動産先取特権**（311条以下）とⓑ不動産を目的とする**不動産先取特権**（325条以下）とに分かれる——を規定している。占有を伴わない優先弁済権型の担保物権であるが、①法律により当然に成立する点、②債務者の財産一般についての先取特権もある点、③動産さらには債権についても先取特権が認められる点などで、抵当権とは異なる。

先取特権については、「近代法における物的担保制度進展の過程からみてやや遅れた態度であることは否定しえない」と、批判的な評価もされたが（我妻50頁以下）、特別法に先取特権制度が次から次へと導入されており[99]、このことは先取特権制度が不合理な制度ではなく、社会の需要に応える合理的な制度であることを物語るものである[100]。先取特権の根拠は多様であり、それぞれの箇所で説明したい。

第 6 章　先取特権——法定担保物権②

§Ⅱ
一般先取特権

6-2 「債務者の総財産について」成立する先取特権が、「一般の先取特権」(一般先取特権)である(306 条)。この一般先取特権の対象となる債権は、後述の特定の財産との結び付きが認められず特別先取特権を認めるのが困難な債権であるが、債権者全体のための利益になった債権であったり、労働者の給与債権など社会政策的な観点から特に優先的に保護する必要性のある債権である。民法が一般先取特権を認めた債権は、以下の 4 つの原因により発生した債権である (306 条)。

① 共益の費用 (1 号)
② 雇用関係 (2 号)
③ 葬式の費用 (3 号)
④ 日用品の供給 (4 号)

99) 一般先取特権としては、石綿による健康被害の救済に関する法律 27 条、日本アルコール産業株式会社法 3 条、日本郵政株式会社法 7 条、高速道路株式会社法 8 条、独立行政法人日本学生支援機構法 19 条 3 項、国立大学法人法 33 条、資産の流動化に関する法律 128 条など無数の法律があり、動産先取特権として、建物の区分所有等に関する法律 7 条、農業動産信用法 4 条以下、不動産先取特権について、借地借家法 12 条、立木について、立木の先取特権に関する法律、債権については、保険業法 117 条の 2 などがある。

100) ＊租税債権優先の原則　先取特権とは異なるが、租税債権を私人の債権に優先させることが法律上規定されている。「国税は、納税者の総財産について、この章に別段の定がある場合を除き、すべての公課その他の債権に先だって徴収する」(国税徴収法 8 条。ただし、19 条・20 条は一定の特別の先取特権の優先を認め、20 条 1 項 1 号は法定納期限前に登記した一般先取特権も優先することを認めるなど、例外がある)、「地方団体の徴収金は、納税者又は特別徴収義務者の総財産について、本節に別段の定がある場合を除き、すべての公課……その他の債権に先だって徴収する」(地方税法 14 条) という規定を置いている。公的財源確保のため一般先取特権を認めるのに等しいが、他の債権者保護との関係で問題となり、慎重な考慮を要する立法問題でもある (租税債権は滞納処分手続によって実現される)。国税債権は、1959 年 (昭和 34 年) 改正前は、質権または抵当権の目的となっている財産についてさえ、その設定が国税の納期限より 1 年前でなければ、国税に優先しないものとされていた。逆にいうと 1 年以内に設定された抵当権は国税債権に優先されたのである。さすがに取引の予測可能性を害するため、1959 年改正によって、法定納期限以前に設定されれば質権、抵当権が国税債権に優先することが認められている (国税徴収法 15 条・16 条)。

1 4つの一般先取特権

6-3 (1) 共益費用の債権

「各債権者の共同の利益のためにされた債務者の財産の保存、清算又は配当に関する費用」についての債権に一般先取特権が認められる(307条)。例えば、債権者代位権で総債権者のために債務者の財産の保全を行った債権者の、そのためにかかった費用の償還請求権である。総債権者が利益を受ける行為の費用償還請求権であり、裏を返せば、このような厚い保護をしておけば債権者が総債権者のために債務者の財産保全を積極的に行うようになり、政策的にも好ましいため最優先に保護することにしたのである。債務者が不動産競売の申立てをすることが307条の「債務者の財産の保存」に当たるとしても、これをしたのは債務者であって、その代理人として弁護士が依頼を受けて競売申立てをしたのは、債務者の「財産の保存」に関し何らかの費用を支出したわけではなく、依頼を受けた弁護士は債務者との委託契約に基づき報酬請求権を有するにすぎず、307条の先取特権を有するものではない(東京高決平11・2・9判時1668号71頁)。

6-4 (2) 給料債権

「雇用関係の先取特権は、給料その他債務者と使用人との間の雇用関係に基づいて生じた債権について存在する」(308条)。

当初の民法では、労働者の、①給料債権について、②最後の6カ月分についてのみ、また、③50円を最高限度として一般先取特権が認められていたにすぎなかった。まず、③の限度額については、1949年(昭和24年)の改正により削除された。そして、2003年(平成15年)の改正により、商法等における会社の使用人の先取特権とのアンバランスを是正するために、①につき給料債権に限定せず、「給料その他債務者と使用人との間の雇用関係に基いて生じた債権」に拡大し——安全配慮義務違反による損害賠償請求権も含まれる——、かつ、②につき6カ月という期間制限も撤廃した(同条)[101]。

---

[101] 先取特権以外による給料債権等の保護として、手続開始前の6カ月分について会社更生手続で共益債権とされ(会更130条)、民事再生手続においては一般優先債権とされ、共益債権と同様の扱いを受け(民再122条)、破産手続では、手続開始前の3カ月間の給料債権等は財団債権として保護されている(破149条)。

解雇が争われている労働者については、いつまでの間の給与債権につき先取特権が認められるのかを確定するために、解雇の効力を判断する必要がある（最判平 11・6・11 金法 1592 号 40 頁）。

6-5 **(3) 葬式費用の債権**

「葬式の費用の先取特権は、債務者のためにされた葬式の費用のうち相当な額について存在する」（309 条 1 項）。「前項の先取特権は、債務者がその扶養すべき親族のためにした葬式の費用のうち相当な額についても存在する」（同条 2 項）。

葬式費用の先取特権は、資産のない者が葬式を行うことができないと困るので、葬式費用について先取特権を認めて、葬式を引き受けてもらえるようにするという政策的配慮に基づいている。309 条 1 項の「債務者」とは死者のことであり、死亡前に自分の葬式について契約をしておいた場合が考えられ、通常は、2 項の規定により親族が債務者となる。本条 1 項の「債務者」とは死者自身を指すため、葬儀社に費用を立替払いした者は、債権者（葬儀社）に代位し先取特権を取得するが、「喪主として葬儀社と葬儀に関する契約をした者が葬儀社に支払った費用については、その喪主自身のために、死者の総財産に先取特権が成立するとは解し得ない」ものとされる（東京高決平 21・10・20 金法 1896 号 88 頁）。

6-6 **(4) 日用品供給の代金債権**

「日用品の供給の先取特権は、債務者又はその扶養すべき同居の親族及びその家事使用人の生活に必要な最後の 6 箇月間の飲食料品、燃料及び電気の供給について存在する」（310 条）。

債務者は「生活に必要」といった表現また本制度の趣旨からして、自然人に限られると考えられている（最判昭 46・10・21 民集 25 巻 7 号 969 頁[102]）。本条の法意は、「同条の飲食品および薪炭油の供給者に対し一般先取特権を与えることによって、多くの債務を負っている者あるいは資力の乏しい者に日常生活上必要不可欠な飲食品および薪炭油の入手を可能ならしめ、もってその

---

[102] 大阪市が、破産宣告を受けた有限会社に対し、破産宣告を受ける前に供給した水道水の料金について、水道水は 306 条 4 号・310 条の日用品（飲食料品）に当たり、水道水の料金債権につき一般先取特権を有するから、優先権ある破産債権に該当すると主張した事例である。

生活を保護しようとすることにあ」り、「かかる法意ならびに同法310条の文言に照らせば、同条の債務者は、自然人に限られ、法人は右債務者に含まれないと解するのが相当である。もし法人が右債務者に含まれると解するならば、法人に対する日用品供給の先取特権の範囲の限定が著しく困難になり、一般債権者を不当に害するに至る」とされている。

2 一般先取特権の効力

6-7 **(1) 優先弁済的効力など**

 (a) 債務者の財産全体への優先弁済的効力 一般先取特権者には、債務者の財産全体に対して優先弁済権が認められ（306条）、公示として何も要求されず、不動産についても登記は必要とはされていない。これは、いちいち登記を要求するのは実際的ではなく——給与債権者になると多数の債権者が考えられる——、また、普通は少額の債権であり他の債権者が害される程度も不相当な範囲になることはないからである。

 一般先取特権にも付従性があることは当然であり、また、随伴性も認められる[103]。譲受人に対する対抗（追及力）については次に述べ、また、先取特権間の順位また特別先取特権との関係については後述するが、競合する債権者や担保権者との関係について説明しておく。まず、「一般の先取特権は、不動産について登記をしなくても、特別担保を有しない債権者に対抗することができる」と、一般債権者に対しては優先する（336条本文）。ところが、登記をした抵当権者らとの関係については、「ただし、登記をした第三者に対しては、この限りでない」とされている（同条ただし書）。したがって、登記をしない限り、抵当権者には優先権を対抗できないことになる。逆にいうと、一般先取特権も登記ができ、登記をすると抵当権にも対抗ができることになるが、抵当権よりも先に登記をすることが必要である。

6-8 **(b) 個々の財産についての追及力** 特別先取特権とは異なり特定の財産が先取特権の対象ではないので、債務者の財産限りの効力であり、一般先取特

---

[103] 雇用関係の先取特権は、使用人の保護という一身専属的な目的によるものであり、随伴性がないというべきではないかという疑問が提起されている（道垣内77頁）。しかし、労働者が労働債権を譲渡して債権回収を図ったり、第三者の弁済により満足受ける場合に保証人等の代位弁済を促進するためにも、その厚い保護のままの移転を認める必要がある。

権成立後に新たに債務者の財産に入ってきた財産にも効力が及ぶ反面、債務者の財産から出て行った財産は、一般先取特権の対象にならない（登記した場合は例外☞下記②）。それゆえ、物上代位を問題にする必要もなく、代金等も一般先取特権の対象になる。

　①動産では、第三者に譲渡されかつ引き渡されてしまった場合には、先取特権の対象から除外されることは一般先取特権も同様である（333条）。ただし、この規定によるまでもなく債務者の財産でなくなったことにより——占有改定も含め引渡しにより対抗力を生じる——一般先取特権の効力が及ばなくなる。譲渡担保の場合には、設定者に設定者留保権が残っているので、それにつき一般先取特権の効力が及ぶことになる。②不動産については、一般の原則通り、登記をしておけば、第三者に一般先取特権を対抗することを認めるべきである。③債権については規定がなく、債務者の財産でなくなったことになり、一般先取特権の効力が及ばなくなる。④著作権などその他の財産も、第三者に譲渡され債務者の財産でなくなれば、一般先取特権の効力が及ばなくなる。

6-9 **(2)　一般先取特権の実行**

　一般先取特権は、「債務者の総財産について先取特権を有する」（306条）。「先取特権」の内容は、「この法律その他の法律の規定に従い……他の債権者に先立って自己の債権の弁済を受ける権利」であり（303条）、それぞれの先取特権の優先権の内容は各先取特権ごとに規定される。一般先取特権は最優先の特権が与えられているのであるが、他の債権者との調整を考えなければならないので、一般先取特権については次のような制限をした。

　①「一般の先取特権者は、まず不動産以外の財産から弁済を受け、なお不足があるのでなければ、不動産から弁済を受けることができない」（335条1項）。

　②不動産から弁済を受ける場合にも、「不動産については、まず特別担保の目的とされていないものから弁済を受けなければならない」（同条2項）。

　③さらに特別の制限として、「一般の先取特権者は、前二項の規定に従って配当に加入することを怠ったときは、その配当加入をしたならば弁済を受けることができた額については、登記をした第三者に対してその先取特権を行使することができない」（同条3項）。「登記をした第三者」とは、登記をし

た抵当権などの特別の担保権を持つ者であり、336条があるので、そもそも一般先取特権自体が対抗できないので、一般先取特権が登記されている場合の規定となる。

「前三項の規定は、不動産以外の財産の代価に先立って不動産の代価を配当し、又は他の不動産の代価に先立って特別担保の目的である不動産の代価を配当する場合には、適用しない」（同条4項）。

(3) 先取特権間の優劣

(a) 一般先取特権間の優先順位 同一の債務者につき、複数の一般先取特権が競合した場合、債権の要保護性により優先順位が決められている。すなわち、一般先取特権には序列があって、その優先順位は、306条の規定の順序によるものとされている（329条1項）。その結果、①共益の費用、②雇用関係、③葬式の費用、④日用品の供給という順になる。同一順位の一般先取特権は、平等に扱われ債権額に応じて配当を受けられる。

(b) 特別の先取特権との競合 動産または不動産についての特別先取特権と競合した場合には、一般先取特権は包括的な先取特権であり他に回収の可能性があるし、また、特別先取特権はその財産について特に優先させるべき関係がみられるため、特別先取特権を一般先取特権に優先させた（329条2項本文）。ただし、共益費用の一般先取特権については、その利益を受けた債権者である限り、特別先取権者であっても、共益費用の先取特権が優先する（同項ただし書）。

§Ⅲ 動産先取特権

1 8つの動産先取特権[104]

311条は、以下の8つの「原因によって生じた債権」、につき「債務者の特定の動産について先取特権」の成立を認めている。これを**動産先取特権**という。「債務者の」という限定が付けられており、312条から318条の先取特権についてのみ即時取得の規定が準用されている（319条）。

次に掲げる原因によって生じた債権を有する者は、債務者の特定の動産に

ついて先取特権を有する (311条)。

> ① 「不動産の賃貸借」(1号)
> ② 「旅館の宿泊」(2号)
> ③ 「旅客又は荷物の運輸」(3号)
> ④ 「動産の保存」(4号)
> ⑤ 「動産の売買」(5号)
> ⑥ 「種苗又は肥料（蚕種又は蚕の飼養に供した桑葉を含む……）の供給」(6号)
> ⑦ 「農業の労務」(7号)
> ⑧ 「工業の労務」(8号)

6-13　**(1)　不動産賃貸借の賃料債権（不動産賃貸の先取特権）**

　「不動産の賃貸の先取特権は、その不動産の賃料その他の賃貸借関係から生じた賃借人の債務に関し、賃借人の動産について存在する」(312条)。

　不動産賃貸の先取特権が認められる債権には原則として制限はないが、賃借人が破産をして総清算をする場合には、先取特権により担保される債権の制限がある (315条)。また、敷金を担保としてとっている場合には、その敷金で得られない残額についてのみ先取特権が認められる (316条)。先取特権が認められる「賃借人の動産」については、土地の賃貸借か建物の賃貸借かにより分けて、以下のように規定されている。

6-14　　(a)　**目的物**　「土地の賃貸人の先取特権」は、①「その土地……に備え付けられた動産」、②「その利用のための建物に備え付けられた動産」、③「その土地の利用に供された動産」および④「賃借人が占有するその土地の果実」について存在する (313条1項)。また、「建物の賃貸人の先取特権」は、「賃借人がその建物に備え付けた動産」について存在する (同条2項)。

---

104)　特別法には数多くの動産先取特権が規定されている（今中利昭「動産の先取特権の種類とその内容、効力」大系(2) 487頁以下に詳しい）。貸金債権に対して動産先取特権を認めるものとして、農業動産信用法4条があり、「農業協同組合、信用組合其の他勅令を以て定むる法人」が「農業を為す者に対し」、「農業用動産又は農業生産物の保存」（同条1項1号）、「農業用動産の購入」（同項2号）、「種苗又は肥料の購入」（同項3号）、「蚕種又は桑葉の購入」（同項4号）、「薪炭原木の購入」（同項5号）、「命令を以て定むる水産養殖用の種苗又は餌料の購入」（同項6号）のために「必要なる資金の貸付を為したるときは其の債権の元本及利息に付債務者の特定動産の上に先取特権を有す」と規定している。

§Ⅲ 動産先取特権

　土地の賃貸借では、農地の賃貸借が念頭に置かれており、その土地または建物に備え付けられた動産としては、温室のボイラー設備などが考えられ、土地の利用に供した動産としては、トラクターなどの農具や農耕機械が考えられる。その土地から収穫した果実は、貯蔵されている麦や米などが考えられ、ブドウを加工してワインにした場合には別の動産になるので、動産先取特権の効力は及ばない。建物の賃貸借の場合には、賃借人が「建物に備え付けた動産」が目的物になるが、その意義については議論がある（☞ 6-15）。

　以上は、いずれについても 192 条の適用があり、その動産が賃借人の所有物でなくてもよい（319条）。この場合の 192 条の適用については、先取特権者が善意無過失で目的物を差し押さえることが必要であり（☞ 6-16）、占有取得は差押えで足り、競売がされ競落人に目的物が引き渡されることは必要ではない。その結果、善意無過失で差押えがされると、所有者は第三者異議を申し立てることができなくなる。

6-15　◆備え付けた動産
　①建物賃貸借における先取特権の対象である「備え付けた動産」の意義について、通説は、本条の先取特権は当事者の意思推定に基づくものであるから、建物の利用に関係する動産に限定する（制限説）。そのため、畳など建物の常用に供している物であることは必要ではないが、家具・調度品など建物の使用に関連して常置されているものに限られ、賃借人の個人的所持品や金銭・有価証券などは含まれない（我妻 80 頁・柚木・高木 61 頁、道垣内 53 頁、川井 305 頁、近江 39 頁、高橋 41 頁）。建物を賃借して宝石店を営業している場合には、陳列されている商品である宝石には賃貸人の先取特権が認められるので、次の拡大説との差は個人が自宅に持ち込んだ宝石には、先取特権が認められない点にある（拡大説では認められる）。
　②これに対し、判例は有価証券（大判大 3・7・4 民録 20 輯 587 頁[105]）や商品（大判昭 8・4・8 新聞 3553 号 7 頁）、賃借した建物でインキ製造販売業を営んでいる場合

[105]　大判大 3・7・4 民録 20 輯 587 頁は、313 条 2 項は、「建物の賃借人が賃借人として其建物内に或時間継続して存置する為め持込みたる動産は、賃貸借の結果其建物内に存在するに至りたるものにして、賃借人は之が存置の為め建物を利用するものなるが故に、之に付き賃貸人に先取特権を付与するを適当なりとするに依る。是故に建物賃貸人の先取特権の目的たる動産は賃借人が賃貸借の結果或時間継続して存置する為め其建物内に持込みたる動産たるを以て足り、其建物の常用に供する為め之に存置せらるる動産たるを要することなし。従て建物賃貸人の先取特権は金銭、有価証券、賃借人其家族の一身の使用に供する懐中時計、賓石類其他全く建物の利用に供する目的なく又は常置せられざる物の上にも存在することを得る」と述べる。

のインキ練機1台についても先取特権を認めており（大判昭18・3・6民集22巻147頁）、賃借人が建物にある時間継続して存置するために持ち込んだ金銭・有価証券も「建物に備付けたる動産」として本条の先取特権の対象と認めている（拡大説）。判例を支持する学説も有力である（船越48頁、星野201頁、内田461頁）。「備え付けた」という語感からは無理があるが、賃貸人保護の趣旨から政策的に拡大することを支持したい[106]。

6-16 ◆ **192条（即時取得）の準用──善意無過失の判定時期**
　319条により192条から195条が不動産賃貸借の先取特権には準用されているので、債務者以外の者の所有する動産──家族だけでなく第三者の所有物でもよい──についても先取特権が成立することになる。この点につき、善意無過失の判定時期については議論がある。
　①通説は、当事者の意思推定を根拠に、備付けの時とする（我妻82頁、道垣内45頁）。その上で、他人物に対する先取特権については、備え付け以後に生じた債権についてだけ担保されるものと制限をする提案がある（我妻82頁）。しかし、318条の物品運送の先取特権とは異なり、債権者が目的物の「占有」を取得しないのであり、いつ備え付けられたか賃貸人は知らないので、善意無過失をこの時点で判断するのは困難である。
　②そのため、現実の引渡しを要件とする192条を準用するものであるために、善意無過失の判定時期は、先取特権の効力として一定の支配を目的物に及ぼした時と解すべきであるという提案もある（船越50頁）。賃貸人が賃借人から競売のために目的物の引渡しを受けた時、または、引渡しに代わるものとして「占有者の差押を承諾する文書」の交付を受けた時とする。このように解すると善意無過失の判定時以後の債権だけが担保されるといった問題が生じない。本書はこの学説に賛成し、本文に述べたように差押えでもって足りるとさらに緩和したい。

6-17 **(b) 譲渡または転貸があった場合**　「賃借権の譲渡又は転貸の場合には、賃貸人の先取特権は、譲受人又は転借人の動産にも及ぶ。譲渡人又は転貸人が受けるべき金銭についても、同様とする」（314条）。
　賃借権が譲渡され備え付けられた造作などもあわせて譲渡されると、債務者の所有物ではなくなり譲受人の財産になる。また、転貸がされると、転借

---

[106] この結果、賃貸人は、債務名義なしに、夜逃げした賃借人の動産を先取特権に基づいて競売でき、賃貸人は自分でただ同然で競落した上で廃棄処分をすることができる。そうでなければ、自力救済が禁止されるので、債務名義を得て差し押さえて競売しなければならない。

人が備え付けた物は、債務者である賃借人（転貸人）の財産ではない。そのため、譲受人——譲渡人たる旧賃借人に対する債権が問題になる——または転借人の財産も当然に先取特権の対象としたのである。ただ転借人については、613条の直接訴権が認められるので、これを直接の賃料債権の成立を認める通説・判例では、直接の先取特権が転借人との関係でも成立することになる。

また、賃借権の譲渡により取得する代金債権——借地権の譲渡で建物の代金は含まれない——や、賃借人が転借人に対して取得する賃料債権に対しても、賃貸人の先取特権が成立する。この場合は動産ではなく債権の上の先取特権になる。そのため、第三債務者である転借人や譲受人の保護を考える必要があり、物上代位同様に304条1項ただし書の意味における「差押え」が対抗のために必要と考えるべきであろう。この規定により、賃貸人の譲渡・転貸への承諾が促進される可能性があり、賃借人の保護もその趣旨に含まれていると考えられる（道垣内55頁）。

6-18 **(2) 動産売買の代金債権（動産売買の先取特権）**

「動産の売買の先取特権は、動産の代価及びその利息に関し、その動産について存在する」（321条）。売主は、解除をして目的物を取り戻すことができ、また、特約で所有権留保ができるので、普通はそれで十分である。したがって、先取特権が問題になるのは、所有権留保をしていない場合である。解除をする場合には原状回復による清算が必要になるが、解除せず目的物から代金債権の回収——しかも債務名義不要——ができるという点に意義がある。さらに、すでに目的物が転売されている場合には、解除しても545条1項ただし書が適用されるが、先取特権では代金債権が支払われていない限り物上代位が可能になるという利点がある。動産売買先取特権は、集合動産譲渡担保との関係が問題になることは4-66以下に説明した。

6-19 **(3) その他の債権（その他の先取特権）および即時取得規定の準用の有無**

動産先取特権としては、その他に以下のような債権がそれぞれにつき規定される動産の上に認められる。個別に説明することは控える。

> ① **旅館宿泊の先取特権（317条）** 被担保債権は「宿泊客が負担すべき宿泊料及び飲食料」債権、目的物は「その旅館に在るその宿泊客の手荷物」

(即時取得準用あり)
② **運輸の先取特権**（318条）　被担保債権は「旅客又は荷物の運送賃及び付随の費用」についての債権、目的物は「運送人の占有する荷物」（即時取得準用あり）
③ **動産保存の先取特権**（320条）　被担保債権は、「動産の保存のために要した費用又は動産に関する権利の保存、承認若しくは実行のために要した費用」についての債権、目的物はその対象となった「その動産」（即時取得準用なし）
④ **種苗または肥料の供給の先取特権**（322条）　被担保債権は「種苗又は肥料の代価及びその利息」、目的物は「その種苗又は肥料を用いた後1年以内にこれを用いた土地から生じた果実（蚕種又は蚕の飼養に供した桑葉の使用によって生じた物を含む。）」（即時取得準用なし）
⑤ **農業労務の先取特権**（323条）　被担保債権は「その労務に従事する者の最後の1年間の賃金」債権、目的物は「その労務によって生じた果実」（即時取得準用なし）
⑥ **工業労務の先取特権**（324条）　被担保債権は「その労務に従事する者の最後の3箇月間の賃金」債権、目的物は「その労務によって生じた製作物」（即時取得準用なし）

　先取特権の目的物が、留置権とは異なり債務者の動産に限定されているので——所有者本人の同意なしに、物上保証人と同様の関係なってしまう——、第三者の所有物には先取特権は成立しない。この点の例外として、即時取得の規定が312条から318条までの動産先取特権に準用されている。すでに説明した不動産賃貸借の先取特権および動産売買の先取特権のほか、上記①②には即時取得の規定が準用されるが、③～⑥には準用されず、したがって、他人の物を修理した場合には、他人の物について債務者の所有物に限定しなければ留置権が成立するが、引渡しをしてしまうと、先取特権は認められないことになる。そのため、債務者以外の所有物の修理代金債権には先取特権が成立しないので、その保護を他の法理で図らなければならず、転用物訴権として不当利得法において議論がされている。

2 動産先取特権の効力

6-20 (1) 優先弁済権と追及力の制限

　動産先取特権は、その目的とされた動産について、優先弁済権を有するが（303条）、留置権のように債権者による占有は不要である。そのため、差押えがあっても先取特権を対抗できる公示を伴わない担保物権である。

　①このように対抗要件不要で差押債権者には対抗でき優先できるとしても、新たに目的物につき取引をした動産の譲受人の保護は別に考える必要がある。この点、抵当権の従物における議論を応用して、即時取得により抵当権を消滅させることも考えられるが、民法はそのような解決方法によらずに、「先取特権は、債務者がその目的である動産をその第三取得者に引き渡した後は、その動産について行使することができない」と規定した（333条。商法813条も同様）。公示のない動産先取特権について、追及力を否定したである（道垣内67頁参照）。333条の引渡しには、現実の引渡しに限らず、占有改定でもよいと考えられ（大判大6・7・26民録23輯1203頁）、集合動産譲渡担保についてもこれが適用されている（最判昭62・11・10☞4-66）。古くは反対もあったが（田島75頁など）、現在では異論はない（我妻93頁など）。確かに333条が即時取得代用であれば即時取得とのバランスを考える必要があるが、333条の適用には第三取得者が悪意でもよいというのが通説であり（田島75頁は善意を要求）、即時取得とは異なる制度として第三取得者が対抗要件を満たしさえすればよいと考えざるをえない。なお、引渡しが必要なので、動産譲渡登記がされただけでは足りない。

　②動産先取特権の目的物に動産質権が設定され引渡しがなされた場合、第三取得者とは異なり先取特権は消滅することはなく、「先取特権と動産質権とが競合する場合には、動産質権者は、第330条の規定による第1順位の先取特権者と同一の権利を有する」ものとされる（334条）。したがって、第1順位の先取特権とは債権額に応じて平等な権利行使が認められるが、第2順位以下の先取特権に対しては優先することになる。この場合にも、質権者の善意は要求されていない。

6-21 ◆動産先取特権の実行

　①動産先取特権の実行については、2003年（平成15年）の民事執行法の改正前

は、執行官に目的物を提出するか、または、動産の占有者が差押えを承諾することを証する文書の提出が必要であった。しかし、2003年改正により、執行裁判所の許可を得て、占有者の承諾なく動産への差押えが可能になっている。一般債権者が動産につき競売手続を開始した場合には、動産先取特権者（一般先取特権者も同様）は、その権利を証する文書を提出して配当要求をすることができる(民執133条)。

②動産先取特権が、転貸料債権のように債権について成立する場合がある。債権についての先取特権の実行は、一般先取特権でも考えられ、その実行は、担保権の存在を証する文書を執行裁判所に提出することにより、債権執行の手続として行うことができる(民執193条)。一般債権者が、債権に対して強制執行をした場合には、権利の存在を証明することにより配当要求をすることができる(民執154条1項)。なお、物上代位により債権に先取特権の効力が及ぶ場合には、304条の「差押え」が必要である（被担保債権の期限が到来しておらず、実行ができなくても、この保全的な差押えは可能）。

6-22 (2) 物上代位

「先取特権は、その目的物の売却、賃貸、滅失又は損傷によって債務者が受けるべき金銭その他の物に対しても、行使することができる。ただし、先取特権者は、その払渡し又は引渡しの前に差押えをしなければならない[107]」(304条1項)。「債務者が先取特権の目的物につき設定した物権の対価についても、前項と同様とする」(同条2項)。

先取特権の目的物である動産が第三者に売却された場合に、先取特権は第三取得者に主張しえなくなるため(333条)、「代金」――正確には代金債権――に対して物上代位が認められる。受け取った代金については、その現金がそのまま特定されて保管されているなど特定性が例外的に認められれば、これへの先取特権を認める可能性がある。しかし、これを預金したりその金銭で他の物を購入したなど、特定性は認められるが他の権利になった場合にまで先取特権を認めるべきではない。

物上代位権の行使のための要件としての「差押え」の意義については、動産先取特権では登記による公示がないため、第三債務者に対する対抗要件で

---

[107] 物上代位による債権執行も「担保権の存在を証する文書」が提出されて初めて可能になるが、この点、登記によって公示されている不動産先取特権は、抵当権同様に登記事項証明書を提出すればよいが、それ以外の先取特権では何が「担保権の存在を証する文書」なのかは明確ではない（生熊長幸『物上代位と収益管理』207頁以下参照）。

あるだけでなく、ここでは第三者に対しても対抗要件（公示）として要求されるのか、議論がある。

①第三債務者保護説が採用される前の判例であるが、まず、動産先取特権は差押債権者に対抗できることを認めて、「先取特権者は、債務者が破産宣告決定を受けた後においても、物上代位権を行使することができる」ものとされた（最判昭59・2・2民集38巻3号431頁）。その後、「目的債権について一般債権者が差押又は仮差押の執行をしたにすぎないときは、その後に先取特権者が目的債権に対し物上代位権を行使することを妨げられるものではない」とされている（最判昭60・7・19民集39巻5号1326頁）。

②第三債務者保護説が採用された後の最判平17・2・22民集59巻2号314頁は、304条1項ただし書の趣旨は、「抵当権とは異なり公示方法が存在しない動産売買の先取特権については、物上代位の目的債権の譲受人等の第三者の利益を保護する趣旨を含むもの」であり、「動産売買の先取特権者は、物上代位の目的債権が譲渡され、第三者に対する対抗要件が備えられた後においては、目的債権を差し押さえて物上代位権を行使することはできない」とした[108]。「譲受人等の第三者」に差押債権者も含め、①の判例を変更する趣旨なのかは明確ではない。この点、②の射程は債権の譲受人に限られるべきであり、333条また334条の趣旨から、差押債権者は保護されず——①判決は維持されるべき——、他方、債権質権者は第1順位の先取特権者と同一順位の保護を認めるべきである。

6-23 ◆**加工して販売した代金債権、また、請負代金債権ではどうなるか**
　AがBに商品を売却し、BがこれをCに転売した場合には、BのCに対する転売代金債権についてAに物上代位によって先取特権が認められるが、Bがそれに加工を加えてCに販売したり、BがCに商品を販売＋設置を請け負い請負代金が問題となる場合はどうであろうか。
　①まず、加工の事例は、材料の同一性が損なわれていなければ、加工された物について先取特権が存続することになる。同一性が維持されているか否かについ

---

[108] 公示のない動産先取特権については第三者保護が優先されるべきであるため、差押えの趣旨ないし払渡しまたは引渡しの意義が、抵当権の場合とは異なるとして、異なった扱いを正当視する考えが有力である（内田517頁、道垣内64頁・153頁など）。しかし、第三債務者保護説の論者によって、動産先取特権について公示なくして第三者に物上代位の対抗を認め、弁済があるまで追及しうるという主張もされている（清原泰司「判批」金商1212号63頁）。

ては、「動産と加工物との外観上の相異、加工に要する労力の程度、加工物の代金債権額に占める加工代金額の割合等を総合的に観察して、動産が加工の結果社会通念上価値の異る他の物に転化したことにより当初の売買契約の目的物とみなし得なくなったか否か」を決すべきであるとした判決がある (東京高決昭 59・10・3 判時 1134 号 85 頁)。他方、加工により同一性が損なわれると、別の物となり先取特権は消滅する。小麦粉でパンなどを作る、石材を彫刻して作品を作るなどの場合には、別の物になり材料の先取特権は消滅する。

②同一性が失われる場合でも、その完成物の代金について物上代位ができないかが問題とされている。動産売買先取特権の対象となっている材木を用いて火薬庫を建設した場合に、建築請負代金に木材の売主が物上代位できるかが問題となった事例で、「其請負代金は建築工事の完成に要する一切の労務材料等に対する報酬を包含するものにして単純に A［売主］の供給に係る材木のみを直接代表するものと謂ふことを得ず」と、物上代位が否定されている (大判大 2・7・5 民録 19 輯 609 頁)。しかし、学説は「請負代金には実質的に材料代金が含まれているのだから、肯定することが公平を旨とする」物上代位制度の趣旨に適合すると、材料の一部であっても物上代位を認めている (我妻 61 頁。柚木・高木 46 頁も肯定)。

③その後、判例も材料の一部ではなく、設置作業を委託され請負代金という形をとるため、物の供給＋仕事の請負代金が問題となっただけの事例で、最決平 10・12・18 民集 52 巻 9 号 2024 頁——ターボコンプレッサーの設置工事の事例——は、「右機械の転売による代金債権と同視するに足りる特段の事情があるということができ」るとして、上記判決を変更することなく物上代位を認めている。

6-24 (3) 動産先取特権間の優劣

同一の動産について、複数の債権者に動産先取特権が成立することが考えられる。例えば、動産売買の先取特権の対象となっている動産に、さらに第三者が修理をして動産保存の先取特権を取得したり、運送をして運輸の先取特権を取得するなどである。民法は、動産の先取特権を 3 つのグループに分類して順位を付け、この問題を解決している (330 条)。これは当事者の意思推測に基づくものを第 1 順位、特に高度の公平の理念に基づくものを第 2 順位、そして、その他を第 3 順位としたものである。なお、商法の船舶先取特権は、他の先取特権に優先し最優先順位とされている (商 845 条)。同一順位の先取特権同士では、平等に扱われ債権額に応じて配当を受ける (332 条)。

> ① 第1順位　不動産賃貸、旅館宿泊および運輸の3つの先取特権
> ② 第2順位　動産保存の先取特権。数人の保存者がいる場合には、後の保存者が優先する（330条1項柱書後段）
> ③ 第3順位　動産売買、種苗肥料供給および農工業労務の3つの先取特権

　ところが、この原則は複雑な修正が施されている。まず、第1順位の先取特権者が、その債権取得の当時その目的動産に第2または第3順位の動産先取特権が存在することを知っていた場合には、これに対して優先権を対抗できない（330条2項前段）。

　また、第1順位の先取特権を持つ債権者のために保存をした動産保存の先取特権にも、第1順位の先取特権は優先できない（同条同項後段）。

　土地の農作物などの果実については、全く別の順位が設定され、「果実に関しては」、農業の労務に従事する者が第1順位、種苗または肥料の供給者が第2順位、土地の賃貸人が第3順位とされる（同条3項）。

6-25 **(4) 動産質および動産抵当権との競合**

　動産先取特権と動産質が同一の動産について成立する場合、例えば動産先取特権の対象になっている動産を債務者が質に入れた場合、6-20に述べたように質権は第1順位の動産先取特権と同じ扱いを受ける（334条）。動産抵当権との関係については、それぞれ動産抵当権を認める法律により規定が設けられており、船舶先取特権は船舶抵当権に優先し、また、自動車抵当権（自動車抵当法11条）、農業動産抵当権（農業動産信用法16条）は、330条1項の第1順位の先取特権と同順位とされている。動産先取特権の対象となる動産が不動産の従物である場合、例えば、庭石の買主が自己の抵当権の設定されている庭園にそれを設置した場合や抵当権の従物を修理した場合などで、抵当権と先取特権との競合が起きる。この場合についての規定はないが、売却物に抵当権が設定されたり、抵当不動産が修理された事例同様に、先取特権を優先させて然るべきである。

§Ⅳ
不動産先取特権

1　3つの不動産先取特権

6-26　①「不動産の保存」、②「不動産の工事」、および、③「不動産の売買」を「原因によって生じた債権」について、「債務者の特定の不動産について先取特権」が認められる（325条）。これを**不動産先取特権**という。不動産先取特権は不動産を対象とするがゆえに、抵当権と衝突することが考えられる。現行民法では、不動産先取特権について、いずれも厳しい効力保存のための登記という要件が設定されているので、立法論、さらには解釈論として問題とされている[109]。

次に掲げる原因によって生じた債権を有する者は、債務者の特定の不動産について先取特権を有する（325条）。

---

① 不動産の保存（1号）
② 不動産の工事（2号）
③ 不動産の売買（3号）

6-27　**(1)　不動産保存に関する債権**

(a)　登記が効力保存の要件となっている　「不動産の保存の先取特権」は、「不動産の保存のために要した費用又は不動産に関する権利の保存、承認若しくは実行のために要した費用」の債権につき、「その不動産について存在する」（326条）。不動産物権であるため、不動産先取特権も登記を対抗要件とするかと思われるが、民法は、「不動産の保存の先取特権の効力を保存するためには、保存行為が完了した後直ちに登記をしなければならない」と規定した（337条）。フランス民法にならったものであり、登記は対抗要件

109）特別法でも、例えば、借地借家法12条は、「借地権設定者は、弁済期の到来した最後の2年分の地代等について、借地権者がその土地において所有する建物の上に先取特権を有する」（同条1項）と規定し、「前項の先取特権は、地上権又は土地の賃貸借の登記をすることによって、その効力を保存する」（同条2項）ために登記を要求している。

ではなく権利保存要件であり、直ちに登記しなければならず、後れて登記をしても効力は認められないかのようである。なお、不動産工事の先取特権とは異なり保存による価値増加分が残っている必要はない。

①既存の抵当権との関係については、例えば1000万円の価値の不動産に抵当権を設定した後に、その耐震補強や汚染物質除去のために200万円が費やされたならば、その不動産の価値が1200万円相当に引き上げられることになる。他の債権者はもともと1000万円しか期待できなかったものであり、増加分200万円の価値部分について工事業者を優先して然るべきである。民法も「前二条の規定に従って登記をした先取特権は、抵当権に先立って行使することができる」と規定する(339条)。ところが、この規定からもわかるように、不動産先取特権は登記が必須である。

②他方、動産保存の先取特権が成立した後に抵当権が設定された場合には、上記の例でいうと1200万円の価格の不動産に抵当権を設定しようとするのであるから、200万円を先取特権者によって優先されるのは好ましくない。そのためこのような第三者が出てくる前に登記を要求したものといえる。逆に、この段階の抵当権者には、登記しなければ先取特権を対抗できないとすれば足りるのではという疑問を生じる。ところがそうすると、保存時の第1順位の抵当権には対抗できるが、保存後の第2順位の抵当権には対抗できないとなり、抵当権者間では順位通りなので、配当に悩むことになる。以下に不動産先取特権の保存登記の位置づけについて検討してみたい。

6-28　**(b)　登記の位置づけをめぐる理解**　①337条により、直ちに——遅滞なくという意味——登記をしなかったならば、先取特権は成立が認められず、後れて登記をしても無効と考える**効力保存要件説**がかつては多数説であり(中島750頁等)、現在でも支持者がある(道垣内59頁、船越55頁)。

②しかし、337条は339条の前提としての規定にすぎず、先取特権成立後の第三者との関係についてまで登記を効力保存要件とする必要はなく、対抗関係として処理されればよい。そのため、不動産先取特権成立後の第三者との関係については、民法の177条の原則を適用すればよく、337条を適用せず177条による登記が要求されているにすぎないとする**対抗要件説**もあり(勝本212頁以下、石田・下巻683頁)、これが戦後の多数説ないし通説といえる(我妻98頁、柚木・高木79頁、高木57頁、鈴木267頁など)。本書もこれに賛成

し、先取特権成立前の抵当権者に対しては、337条の保存登記をしなければ先取特権の効力を主張できないが、その後の第三者との関係は177条の対抗関係として、登記の先後により優劣を決めれば足りると考える。

6-29 **(2) 不動産工事の報酬債権**

「不動産の工事の先取特権」は、「工事の設計、施工又は監理をする者が債務者の不動産に関してした工事の費用」の債権について、「その不動産について存在する」(327条1項)。建物を建築した場合、請負人はその建物について先取特権を取得する。不動産の工事であるので、建物の建築に限らず、土地の造成工事でもよい。

ただし、「前項の先取特権は、工事によって生じた不動産の価格の増加が現存する場合に限り、その増価額についてのみ存在する」という制限がある(同条2項)。例えば、5億円相当の建物につき、増築工事をして1億円相当分の価値の増加がある6億円相当の価値の建物になった場合、請負人に1億円の工事代金債権につき先取特権を認め抵当権に優先させても、抵当権は害されていない。ところが、その増築部分が何らかの原因で滅失した場合にまで、請負人が残された建物の部分につき優先弁済権を有するというのは妥当ではないので、「増加が現存する場合に限り、その増価額についてのみ」といった制限をしたのである。「工事によって生じた不動産の増価額は、配当加入の時に、裁判所が選任した鑑定人に評価させなければならない」(338条2項)。

不動産保存の先取特権同様に、「不動産の工事の先取特権の効力を保存するためには、工事を始める前にその費用の予算額を登記しなければならない。この場合において、工事の費用が予算額を超えるときは、先取特権は、その超過額については存在しない」とされ(338条1項)、この登記がされると既存の抵当権にも優先する(339条)。この登記についても、不動産保存の先取特権におけると全く同じ議論がある。判例[110]そしてかつての多数説は、ここでも登記を先取特権成立後の第三者との関係を含めて、効力保存の要件としていた(現在では、道垣内59頁、船越56頁など)。ここでも、現在では対抗要件説も有力であり(我妻98頁、高島214頁、高木57頁)、本書は337条についてと同様に考える(☞6-28)。

§Ⅳ 不動産先取特権

6-30 **(3) 不動産売買の代金債権**

「不動産の売買の先取特権」は、「不動産の代価及びその利息」の債権について、「その不動産について存在する」(328条)。不動産売買の先取特権は、前2つの不動産先取特権とはいささか異なる点がある。目的不動産の価値を増加させるわけではなく、抵当権には追及力が認められるべきであるから、339条が適用されず、抵当権付きの不動産を売却した場合に、既存の抵当権に対する優先的効力は認められていない。

ところが、その結果、成立後の第三者との優劣しか問題にならないのに、ここでも「不動産の売買の先取特権の効力を保存するためには、売買契約と同時に、不動産の代価又はその利息の弁済がされていない旨を登記しなければならない」と規定されている (340条)。ここでも、効力保存要件説もあるが (道垣内60頁、船越57頁など)、成立後の第三者との関係を対抗要件と考える対抗要件説では (我妻98頁)、立法の過誤として340条を無視することになる (本書もこの立場)。

2 不動産先取特権の効力

6-31 **(1) 抵当権の規定の準用など**

不動産先取特権には抵当権の規定が準用されており (341条)、目的物の範囲 (370条)、果実についての効力 (371条)、被担保債権の範囲 (375条)、代価弁済 (378条)、抵当権消滅請求権 (379条以下) などの規定が適用され、抵当権についての説明がそのまま当てはまる。また、規定のない事項についても、例えば先取特権の侵害などについても、抵当権についての理論をそのまま流用することが許される。

不可分性については留置権の規定が準用されている (305条・296条)。先取特権には物上代位の規定があり (304条)、これが留置権以外の担保物権に準

---

110) 工事を始めてから登記がされた場合、その後の工事部分についても先取特権は有効に成立しないとされている。すなわち、「本件先取特権の登記前に為したる工事と其登記後に為したる工事とは別個独立の工事に非ずして単一なる本件工事の部分に属するものに外ならざれば、本件工事の先取特権は其工事を始むる前に之を登記するに非ざれば全然其効力を保存することを得ざるは、民法第338条第1項の規定上明白にして、其登記後の工事を分割して之に対し先取特権の効力を認むることを得ざるや毫も疑を容れず」とされている (大判大6・2・9民録23輯244頁)。

用されているが、不動産先取特権についての物上代位は、登記があるので基本的には抵当権について述べたところが当てはまる。抵当権とは異なり371条のような制限規定のない不動産先取特権では、弁済期前の賃料債権にも物上代位の効力が及ぶことになる――ただし、371条を準用する余地はある――。

　不動産先取特権の実行は、法定の証明文書を執行裁判所に提出することにより、先取特権者は目的不動産の競売または収益執行のいずれかまたは双方を選択することができる（民執181条・180条）。一般債権者が、不動産について強制競売の手続をとった場合には、登記をした不動産先取特権は当然に売却代金から優先弁済を受ける（民執87条1項4号）。他の担保権者が担保の実行として、目的不動産を競売等する場合にも、同様である（民執188条による51条1項・87条1項4号の準用）。

6-32 **(2)　不動産先取特権と抵当権との競合**
　①不動産の保存と不動産工事の先取特権については、保存または工事により目的物の担保価値が増加し、その増加した費用について先取特権が認められるにすぎず、先取特権を優先させても、抵当権は実質的に不利益を被るものではないことは先に述べた通りである。そのため、民法は、保存と工事の2つの先取特権については、先取特権が抵当権――先取特権成立の前後のいずれについても――に優先して配当を受けるものと規定した（339条）。
　②これに対して、不動産売買の先取特権については、抵当権の設定された不動産が売却された場合に、抵当権は追及力を有し、設定者たる売主の先取特権が抵当権に優先することも、同順位の効力を認めるのも適切ではない。そのため、339条は抵当権に優先する不動産の先取特権を保存と工事の先取特権に限定し、不動産売買先取特権には適用されない。登記の先後によって抵当権との優劣が決められ、先に成立している抵当権が優先し、不動産売買の先取特権者はそれ以後に登記された抵当権にのみ優先するにすぎない。

6-33 **(3)　不動産先取特権間の優劣**
　同一の不動産につき、複数の先取特権が成立することも考えられる。不動産売買先取特権や不動産工事先取特権が成立している不動産に保存のための工事がされたり、不動産保存の先取特権の成立している不動産が売却される場合である。

§Ⅳ 不動産先取特権

　民法は、325条の規定の順、すなわち①不動産保存、②不動産工事、③不動産売買の順位で優先するものとした（331条1項）。したがって、不動産売買先取特権が成立している不動産につき、不動産工事または保存の先取特権が成立すれば後者が成立し、また、不動産工事または保存の先取特権が成立している不動産が売却された場合には、不動産工事または保存の先取特権が追及力を有し、不動産売買の先取特権はこれに劣後する。

　では、複数の同種の不動産先取特権が成立する場合には、その優劣はどう考えるべきであろうか。民法は、不動産売買先取特権につき数回にわたる売買がなされた場合には、より先に成立している不動産売買先取特権が優先するものと規定した（331条2項）。規定はないが、同一不動産について、不動産保存または不動産工事の先取特権が複数成立する場合には、後の先取特権を優先してよいであろう。その場合には、効力保存要件としての登記が必要である。

事項索引

＊頁数ではなく、通し番号または注による。

[あ]

明渡猶予制度	2-90～
——の期間中の法律関係	2-91

[い]

異主共同抵当	2-133～, 2-139
異時配当（共同抵当）	2-125
一部代位と――	2-126
一部抵当	2-24
一括競売権	2-110
一般債権者	1-7
一般先取特権	6-2
――（共益費用の先取特権）	6-3
――（給料債権）	6-4
――（葬式費用）	6-5
――（日用品供給の代金債権）	6-6
――の効力	6-7
――の実行	6-9

[う]

受戻権	
――（仮登記担保）	4-116
――（譲渡担保）	4-31
――の行使期間	4-36
帰属清算と――	4-31～
処分清算と――	4-35
売渡担保	4-3

[か]

開始文書	2-180
買戻しによる代金返還請求権と物上代位	2-69

確定期日（根抵当権）	2-149
――の変更	2-152
果実	2-37
果実収受権	2-37
抵当権に対抗できない者の――	2-38
価値権論（価値権説）	2-3, 2-6～
仮登記担保	4-106
――の意義	4-109
――の公示	4-110
――の実行	4-111
換価権	1-7
換価権説	2-7
賃料債権と――	2-74

[き]

企業担保	2-196
帰属清算	4-26
共同抵当権	2-123～
――と抵当権の放棄	2-127～
――と弁済者代位	2-133～
――における後順位抵当権者	2-134
共有と法定地上権	2-108
共有持分の抵当権	
単独所有になった場合と――	注15
共用根抵当権	2-144
極度額	2-142, 2-148
――の変更	2-151
近代的抵当権論	2-3
勤勉な債権者	1-1

[け]

競売開始決定	2-181
建設機械抵当法	2-198
権利質	3-26
権利取得的効力	1-10

[こ]

高価な従物	2-35
航空機抵当法	2-199
公示の原則	2-8
工場抵当権	2-191
——の追及力	2-194
個別価値考慮説	2-99

[さ]

債権極度額	2-148
債権質	3-26
——と直接取立権	3-33
——の質入債権への効力	3-34〜
——の設定	3-27
——の対抗要件	3-29
普通預金の——	3-28
債権者平等の原則	1-1
債権譲渡担保	4-68
——と清算義務	4-70
——の法的構成	4-69
財団抵当権	2-195
差押え（物上代位）	2-78〜
差押公示説（物上代位）	2-80
更地と法定地上権	2-100

[し]

事前通知義務の合意	注13
質権	3-1〜
質流れ	3-16
執行裁判所	2-180
私的実行	
——（譲渡担保）	4-25
——（所有権留保）	4-96〜
自動車抵当法	2-199
収益的効力	1-9
集合債権	4-71
——の停止条件付き譲渡	4-79
集合債権譲渡担保	4-71〜
——の効力	4-76
——の対抗要件	4-74
——の要件	4-72
集合債権譲渡予約	4-77

——の対抗要件	4-78
集合動産譲渡担保	4-57
——と先取特権	4-66
——の意義	4-57
——の確定	4-63
——の対抗力	4-65
——の物上代位	4-24
集合物	4-57
——からの分離物	4-62
——の処分	4-60
——の特定	4-64
従たる権利	2-36
抵当権設定後の——	注11
従物	2-27
——についての対抗要件	注8
——の侵害	2-52〜
——の搬出後と抵当権	2-53, 2-57
——への抵当権の効力	2-28〜
高価な——	2-35
順位昇進の原則	2-9
商事留置権	5-4
承諾転質	3-21
譲渡担保	4-1〜
——受戻権	4-31〜
——と売渡担保	4-3
——と後順位担保	4-13, 4-44
——と物権法定主義	4-2
——と物上代位	4-21
——と目的物	
——の差押え	4-51
——の処分（設定者）	4-42
——の処分（譲渡担保権者）	4-49
——の侵害	4-40, 4-55
——の利用	4-37
——の実行方法	4-26
——の私的実行	4-25
——の自力執行権	4-28
——の設定	4-16
——の対抗要件	4-17
——の付従性・随伴性	4-15
——の法的構成	4-4〜
譲渡担保権者の更生手続開始	4-54

事項索引

消滅主義（消除主義）	2-10
処分清算	4-26
所有権の構成	
ーー（譲渡担保）	4-10
ーー（所有権留保）	4-92
所有権留保	4-88〜
ーーの合意	4-94
ーーの効力	4-96
ーーの実行	4-96
ーーの対抗要件	4-95
ーーの対外的効力	4-99
ーーの対内的効力	4-98
ーーの法的構成	4-91〜
拡大されたーー	4-89
3者間のーー	4-90
第三者の物権的請求権とーー	4-104
流通過程におけるーー	4-103
自力執行権（譲渡担保）	4-28
信託的譲渡説（譲渡担保）	4-10
人的担保	1-5

[す]

随伴性	1-14

[せ]

清算期間（譲渡担保）	4-27
清算義務	
ーー（仮登記担保）	4-112
ーー（譲渡担保）	4-29
責任転質	3-17
設定者留保権説（譲渡担保）	4-11
全体価値考慮説	2-99
占有の適法性（留置権）	5-21〜

[そ]

即時取得説（従物）	2-55
底地	注36
備え付けた動産	6-15
損害賠償請求権	
抵当権侵害とーー	2-59

[た]

代価弁済	2-114
代金債権への物上代位	2-65〜
追及力とーー	2-67
対抗力否定説（従物）	2-54
第三債務者保護説（物上代位）	2-81
ーーの当然代位説	2-81
ーーの物上代位権説	2-82
第三取得者	2-112
ーーと利息の制限	2-25
ーーに対する売主の責任	2-113
代担保による留置権消滅	
代物弁済予約	4-106
代理受領	4-81〜
ーーの意義	4-82
ーーの効力	4-83
ーーの第三者への効力	4-84
立木抵当	2-200
立木の侵害と抵当権	2-50
建物の合体	2-39
短期賃貸借	2-89
担保	
ーーの意義	1-2
ーーの必要性	1-3
担保（価値）維持保存請求権（義務）	1-19
担保権的構成	
ーー（譲渡担保）	4-12
ーー（所有権留保）	4-93
担保的機能を持つ制度	1-6
担保物権	1-4
ーーの効力	1-7
典型ーー	1-13
非典型ーー	1-13
法定ーー	1-12
約定ーー	1-12
担保不動産収益執行	2-187

[ち]

賃借権	
ーー（抵当権設定後に土地建物が同一所有になった場合）	2-107
賃料債権の譲渡担保と賃貸不動産の譲渡	4-75

305

[つ]

追及力	2-112

[て]

抵当権	2-1～
──と一般財産の競売	2-179
──と倒産手続	2-190
──の設定できる財産	2-18
──の客体	2-5
──の性質	2-4
──の被担保債権	2-19
──の物権性	2-4
特別法上の──	2-191～
複数の債権者と──	注3
物権とみなされる権利の──	2-201
抵当権消滅請求権	2-115
抵当権説（譲渡担保）	4-12
抵当権設定契約	2-11
──と被担保債権	2-19
──の当事者	2-12
抵当権に基づく妨害排除請求権	2-40～
実行段階に入る前の──	2-48
賃借人に対する──	2-45
不法占有者に対する──	2-41～
抵当権の順位の変更・譲渡・放棄	2-122
抵当権の譲渡	2-121
抵当権の消滅時効	2-162～
抵当権の処分	2-117～
抵当権の侵害	2-40～
──と使用収益できない損害	2-45～
──と損害賠償請求権	2-59～
従物と──	2-52～
立木と──	2-50
抵当権の放棄	2-121
抵当直流	2-188
抵当不動産維持保存請求権	2-43
抵当不動産の競売	2-180
抵当不動産の取得時効	2-163～
──（単純不法占有者）	2-172, 2-175
──（無効な取引による第三取得者）	2-171
──（有効な第三取得者）	2-168, 2-173
滌除	2-115
典型担保物権	1-13
転質	3-17
責任──	3-17
承諾──	3-21
転抵当権	2-117
──の効力	2-120
──の対抗要件	2-119
──の法的性質	2-118
──の有効要件	2-119
天然果実	2-37
転付命令と物上代位	2-84

[と]

倒産手続と抵当権	2-190
動産先取特権	6-12～
──と目的物の加工	6-23
──の優劣	6-24
不動産賃貸借の──	6-13
動産質	3-3
──と物上代位	3-11
──における弁済と質物返還	3-14
──の設定	3-3
──の被担保債権の範囲	3-12
動産抵当	2-197～
同時配当（共同抵当）	2-124
同主共同抵当	2-124～, 2-132
特定性維持説（物上代位）	2-79
特定の原則	2-8
特別法上の抵当権	2-191～

[に]

二段階物権変動説	4-11
任意売却	2-189

[ね]

根抵当権	2-141～
──消滅請求権	2-160
──の確定	2-158
──事由	2-159
──の譲渡	2-155
──の転抵当権	2-154
──の当事者の変更	2-153

事項索引

——の被担保債権の範囲	2-143
——の変更	2-150
共用——	2-144
特定債権のための——	2-145

[の]

農作物	2-27

[は]

配当手続	2-185

[ひ]

被担保債権	1-14
抵当権の——	2-19
非典型担保物権	1-13
非累積式共同根抵当権	2-156

[ふ]

付加一体物	2-27
付加物→付加一体物	
不可分性	1-16, 5-34
付合物	2-27
付従性	1-14
物と債権の牽連性（留置権）	5-15
物権とみなされる権利の抵当権	2-201
物権的期待権説（譲渡担保）	4-11
物上債務	2-13
物上代位	1-17, 2-62〜
——と債権譲渡	2-76
——と差押え	2-78〜
——と第三者	2-83〜
——による相殺	2-86
——への支払	2-85
——と転付命令	2-84
——の権利行使方法	2-88
——の目的物	2-64〜
——の法的構成	2-63
——の理論的根拠づけ	1-18
買戻しによる代金返還請求権と——	2-69
敷金充当と——	注32
譲渡担保と——	4-21
損害賠償請求権と——	2-59〜
損害保険金債権と——	2-77
代金債権と——	2-65
賃料債権と——	2-71
転貸料債権と——	2-75
保険金請求権と——	2-87
目的物の滅失・損傷と——	2-70
物上代位権	2-63, 2-82
物上代位権説	2-82
物上保証	2-13
物上保証人	2-12
——の事前求償権	2-14
物的担保	1-4
不動産先取特権	6-26〜
——間の優劣	6-33
——と抵当権	6-32
——の効力	6-31〜
不動産工事の——	6-29
不動産売買の——	6-30
不動産保存の——	6-27
不動産質	3-22〜
賃貸中の不動産の——	3-24
不動産譲渡担保	
——の効力の及ぶ範囲	4-20
——の対抗要件	4-19
借地上の建物の——	4-39
賃貸中の不動産の——	4-38
振込指定	4-87〜
分析的構成（集合動産譲渡担保）	4-58
分離物	2-49〜
——への抵当権の効力	2-49〜

[へ]

弁済の先履行	1-15

[ほ]

法定担保物権	1-12
法定地上権	2-92〜
——の根拠	2-93
——の成立要件	2-95
——の特約による排除	2-94
——の内容	2-109
共有と——	2-108

後順位抵当権者と――	2-104	流質契約	3-16
更地と――	2-100	留置	5-26〜
所有権移転登記がされていない		――と目的物の使用	5-27
場合と――	2-102	留置権	5-1〜
建物が再築されていない場合と――	2-98	――行使の効果	5-37〜
建物の再築と――	2-96	――消滅請求権	5-40
建物の保存登記がされて		――の果実収受権	5-36
いなかった場合と――	2-101	――の合意による排除	注86
		――の成立要件	5-7
[や]		――としての占有	5-14
約定担保物権	1-12	――としての他人の物	5-7
		――の第三者の対抗	5-32
[ゆ]		――の不可分性	5-34
優先権保全説（物上代位）	2-80	造作代金の――と建物の留置	5-31
優先弁済権	1-7	建物の――と敷地の留置	5-28〜
優先弁済的効力	1-7	同時履行の抗弁権と――	5-2〜
		留置的効力	1-8
[よ]		留置物の管理	5-39
要物契約（質権）	3-4		
目的物の返還と――	3-5	[る]	
		累積式共同根抵当権	2-157
[り]			
利息	2-21	[わ]	
――と被担保債権	2-21	割付主義	2-124

判例索引

＊頁数ではなく、通し番号または注による。●が付いているものは、アミカケ枠で詳しく説明している箇所である。

［明治時代］
——明治 30 年代——
大判明 30・12・8 民録 3 輯 11 巻 36 頁 ‥‥ 4-2
大判明 30・12・8 民録 3 輯 11 巻 36 頁 ‥‥ 4-5
大判明 36・11・13 民録 9 輯 1221 頁
　　‥‥‥‥‥‥‥‥‥‥‥‥‥‥ 2-50, 2-191
大判明 39・10・10 民録 12 輯 1232 頁 ‥‥ 4-5
大判明 39・5・23 民録 12 輯 880 頁
　　‥‥‥‥‥‥‥‥‥‥‥‥ 2-29, 2-30, 2-191
——明治 40 年代——
大判明 41・3・20 民録 14 輯 313 頁 ‥‥‥ 注 53
大判明 41・5・11 民録 14 輯 677 頁 ‥‥‥ 2-94
大判明 45・7・8 民録 18 輯 691 頁 ‥‥‥‥ 4-7

［大正時代］
大判大 2・7・5 民録 19 輯 609 頁 ‥ 2-77, 6-23
大判大 3・7・4 民録 20 輯 587 頁
　　‥‥‥‥‥‥‥‥‥‥‥‥‥‥‥‥ 6-15, 注 105
大判大 3・11・2 民録 20 輯 865 頁 ‥‥‥‥ 4-2
大判大 4・3・3 民録 21 輯 224 頁 ‥‥‥‥ 2-38
大判大 4・3・6 民録 21 輯 363 頁 ‥‥‥‥ 2-79
大判大 4・7・1 民録 21 輯 1313 頁 ‥‥‥ 2-100
大判大 4・9・15 刑録 21 輯 1311 頁
　　‥‥‥‥‥‥‥‥‥‥‥‥‥‥‥‥ 2-25, 注 53
大判大 4・12・25 民録 21 輯 2212 頁 ‥‥‥ 4-7
大判大 5・5・31 民録 22 輯 1083 頁 ‥‥‥ 2-51
大判大 5・9・5 民録 22 輯 1670 頁 ‥‥‥ 3-35
大判大 5・9・20 民録 22 輯 2212 頁 ‥‥‥ 4-7
大判大 5・12・25 民録 22 輯 2509 頁 ‥‥‥ 3-5
大判大 6・2・9 民録 23 輯 244 頁 ‥‥‥ 注 110
大判大 6・7・26 民録 23 輯 1203 頁 ‥‥‥ 6-20
大判大 6・10・3 民録 23 輯 1639 頁 ‥‥‥ 3-7

大決大 6・10・22 民録 23 輯 1410 頁 ‥ 2-128
大判大 7・11・5 民録 24 輯 2122 頁 ‥‥‥ 4-16
大判大 7・12・6 民録 24 輯 2302 頁 ‥‥ 2-100
大判大 7・12・25 民録 24 輯 2433 頁 ‥‥ 3-35
大連判大 8・3・15 民録 25 輯 473 頁
　　‥‥‥‥‥‥‥‥‥‥‥‥‥‥‥‥ 2-30, 注 10
大判大 8・10・8 民録 25 輯 1859 頁 ‥‥‥ 注 17
大判大 9・3・29 民録 26 輯 411 頁 ‥‥‥ 3-14
大判大 9・6・29 民録 26 輯 949 頁 ‥‥‥‥ 注 5
大判大 9・7・16 民録 26 輯 1108 頁 ‥‥ 2-175
大判大 9・10・16 民録 26 輯 1530 頁 ‥‥ 5-19
——大正 10 年代——
大判大 10・12・23 民録 27 輯 2175 頁 ‥ 5-23
大判大 11・11・24 民集 1 巻 738 頁 ‥‥ 2-176
大連判大 12・4・7 民集 2 巻 209 頁
　　‥‥‥‥‥‥‥‥‥‥‥‥‥‥‥‥ 2-77, 2-80
大判大 12・7・11 新聞 2171 号 17 頁 ‥‥ 4-56
大連判大 13・12・24 民集 3 巻 555 頁 ‥‥ 4-7
大判大 14・10・26 民集 4 巻 517 頁 ‥‥‥ 2-27
大連判大 15・4・8 民集 5 巻 575 頁 ‥‥ 2-126
大判大 15・10・26 民集 5 巻 741 頁 ‥‥ 2-179

［昭和時代］
大判昭 2・4・25 民集 6 巻 182 頁 ‥‥‥‥ 注 12
大判昭 3・8・25 新聞 2906 号 12 頁 ‥‥‥ 2-21
大判昭 4・1・30 新聞 2945 号 12 頁 ‥‥ 2-134
大決昭 5・9・23 民集 9 巻 918 頁 ‥‥‥‥ 2-80
大判昭 5・9・30 新聞 3195 号 14 頁 ‥‥‥ 5-27
大判昭 5・12・18 民集 9 巻 1147 頁 ‥‥‥ 2-31
大判昭 6・1・17 民集 10 巻 6 頁 ‥‥‥‥‥ 5-31
大判昭 6・10・21 民集 10 巻 913 頁 ‥‥‥ 2-51
大判昭 7・4・20 新聞 3407 号 15 頁 ‥‥‥ 2-51

大判昭7・5・27民集11巻1289頁……2-60
大決昭7・8・29民集11巻1729頁……2-120
大判昭7・10・21民集11巻2177頁…2-101
大判昭7・11・29民集11巻2297頁…2-128
大判昭8・4・8新聞3553号7頁………6-15
大判昭9・6・2民集13巻931頁………3-24
大判昭9・6・30民集13巻1247頁……5-30
大判昭9・8・3民集13巻1536頁………4-3
　　　――昭和10年代――
大判昭10・5・13民集14巻876頁……5-27
大判昭10・8・10民集14巻1549頁……2-96
大判昭10・12・24新聞3939号17頁…5-27
大判昭11・7・14民集15巻1409頁…2-129
大判昭11・12・9民集15巻2172頁…2-139
大判昭12・3・17裁判例11民71頁…2-26
大判昭13・2・12判決全集5輯6号8頁
　…………………………………………2-171
大判昭13・4・16民集17巻714頁……5-24
大判昭13・5・25民集17巻1100頁
　……………………………………2-96, 2-103
大判昭14・7・26民集18巻772頁……2-106
大判昭14・12・19民集18巻1583頁
　……………………………………2-101, 2-102
大判昭15・8・12民集19巻1338頁…2-168
大判昭15・11・26民集19巻2100頁
　……………………………………2-165, 2-168
大判昭18・2・18民集22巻91頁………5-28
大判昭18・3・6民集22巻147頁………6-15
　　　――昭和20年代――
福岡高判昭28・7・22高民集6巻7号388頁
　……………………………………2-56, 2-194
最判昭29・1・14民集8巻1号16頁……5-31
最判昭29・12・23民集8巻12号2235頁
　…………………………………………2-108
　　　――昭和30年代――
最判昭30・3・4民集9巻3号229頁……5-27
東京高決昭31・7・13下民集7巻7号1837
　頁………………………………………2-103
金沢地判昭32・4・3下民集8巻4号683頁
　…………………………………………3-28
最判昭33・3・13民集12巻3号524頁
　…………………………………………5-37

最判昭33・5・9民集12巻7号989頁…注4
最判昭34・9・3民集13巻11号1357頁
　…………………………………………5-19, 5-11
最判昭35・12・15民集14巻14号3060頁
　…………………………………………4-40
最判昭36・2・10民集15巻2号219頁
　…………………………………………2-100
最判昭36・8・8民集15巻7号1993頁
　…………………………………………4-26
最判昭36・9・15民集15巻8号2172頁
　…………………………………………注56
最判昭37・1・18民集16巻1号36頁
　…………………………………………注53
最判昭37・8・10民集16巻8号1700頁
　…………………………………………2-11
最大判昭38・10・30民集17巻9号1252頁
　…………………………………………5-38
　　　――昭和40年代――
最判昭40・5・4民集19巻4号811頁
　…………………………………………2-36
最判昭40・7・15民集19巻5号1275頁
　…………………………………………5-40
最判昭41・3・3民集20巻3号386頁
　…………………………………………注94
最判昭41・4・26民集20巻4号849頁
　…………………………………………2-20
最判昭41・4・28民集20巻4号900頁
　…………………………………………4-9, 4-48
最判昭42・2・23金法472号35頁…2-11
最判昭43・3・8判時516号41頁………4-28
最判昭43・11・21民集22巻12号2765頁
　…………………………………………5-10, 5-19
最判昭43・12・24民集22巻13号3366頁
　…………………………………………2-171
最判昭44・2・14民集23巻2号357頁
　…………………………………………2-106
最判昭44・3・4民集23巻3号561頁
　…………………………………………4-83
最判昭44・3・28民集23巻3号699頁
　………………2-28, 2-32, 2-52, 2-192, -193
最判昭44・7・3民集23巻8号1297頁
　………………………………2-129, 2-134, 2-138

最判昭 44・7・4 民集 23 巻 8 号 1347 頁
………………………………………………………… 2-20
最判昭 44・11・6 判時 579 号 52 頁 …… 5-30
最判昭 45・9・24 民集 24 巻 10 号 1450 頁
…………………………………………………………… 4-9
最判昭 46・3・25 民集 25 巻 2 号 208 頁
………………………………………………… 4-9, 4-30
最判昭 46・7・16 民集 25 巻 5 号 749 頁
……………………………………………………… 注 94
最判昭 46・10・14 民集 25 巻 7 号 933 頁
……………………………………………………… 注 38
最判昭 46・10・21 民集 25 巻 7 号 969 頁
…………………………………………………………… 6-6
最判昭 46・12・21 民集 25 巻 9 号 1610 頁
………………………………………………………… 2-108
東京高判昭 47・5・24 下民集 23 巻 5〜8 号
268 頁 ………………………………………… 注 37
最判昭 47・11・16 民集 26 巻 9 号 1619 頁
…………………………………………………………… 5-5
最判昭 48・7・12 民集 27 巻 7 号 763 頁
……………………………………………………… 注 40
最判昭 48・9・18 民集 27 巻 8 号 1066 頁
………………………………………………………… 2-102
最判昭 48・10・4 判時 723 号 42 頁 … 2-148
最判昭 48・10・5 判時 735 号 60 頁 …… 注 94
東京地判昭 49・5・16 判時 757 号 88 頁
………………………………………………………… 5-14
最判昭 49・7・18 民集 28 巻 5 号 743 頁
………………………………………………………… 4-100
最判昭 49・9・20 金法 734 号 27 頁 …… 5-2
最大判昭 49・10・23 民集 28 巻 7 号 1473 頁
………………………………………………………… ●4-107

——昭和 50 年代——

最判昭 50・2・28 民集 29 巻 2 号 193 頁
………………………………………………………… 4-103
最判昭 51・6・17 民集 30 巻 6 号 616 頁
………………………………………………… 5-19, 5-24
最判昭 51・9・21 判時 833 号 69 頁 …… 4-20
最判昭 51・10・8 民集 834 号 57 頁 … 2-103
最判昭 52・3・31 金法 835 号 33 頁 … 4-103
最判昭 52・10・11 民集 31 巻 6 号 785 頁
………………………………………………………… 2-96

最判昭 53・6・23 判時 897 号 59 頁 …… 4-28
最判昭 53・7・4 民集 32 巻 5 号 785 頁
………………………………………………………… 2-136
最判昭 53・9・29 民集 32 巻 6 号 1210 頁
………………………………………………………… 2-102
最判昭 53・12・15 判時 916 号 25 頁 …… 4-72
東京高判昭 53・12・26 判タ 383 号 109 頁
………………………………………………………… 2-35
最判昭 54・2・15 民集 33 巻 1 号 51 頁
………………………………………………… 4-58, 4-64
東京高判昭 54・8・8 判時 943 号 61 頁 … 2-69
大阪高判昭 56・6・23 判時 1023 号 65 頁
………………………………………………………… 2-17
最判昭 56・12・17 民集 35 巻 9 号 1328 頁
…………………………………………………………… 4-9
最判昭 57・1・19 判時 1032 号 55 頁 …… 1-15
最判昭 57・1・22 民集 36 巻 1 号 92 頁
………………………………………………… 4-33, 4-36
最判昭 57・3・12 民集 36 巻 3 号 349 頁
………………………………………………………… 2-57
東京地判昭 57・5・10 金判 667 号 45 頁
………………………………………………………… 2-103
福岡高判昭 57・5・31 判時 1059 号 76 頁
………………………………………………………… 4-87
最判昭 57・9・28 判時 1062 号 81 頁 …… 4-9
最判昭 57・10・14 判時 1060 号 78 頁 … 4-64
最判昭 58・3・31 民集 37 巻 2 号 152 頁
………………………………………………… 5-18, 注 85
最判昭 58・4・14 判時 1131 号 81 頁 … 4-87
最判昭 59・2・2 民集 38 巻 3 号 431 頁
………………………………………………… 2-80, 6-22
最判昭 59・5・29 民集 38 巻 7 号 885 頁
………………………………………………………… 2-140
福岡高判昭 59・6・11 判時 1137 号 80 頁
………………………………………………………… 4-87
東京高決昭 59・10・3 判時 1134 号 85 頁
………………………………………………………… 6-23

——昭和 60 年代——

東京高判昭 60・1・25 判時 1153 号 169 頁
……………………………………………………… 注 11
最判昭 60・7・19 民集 39 巻 5 号 1326 頁
………………………………………………………… 6-22

東京高判昭 60・9・30 判時 1173 号 60 頁
.... 注 15
最判昭 61・4・18 集民 147 号 575 頁
.... 2-135, 2-137
最判昭 61・11・20 判時 1219 号 63 頁
.... 注 78
最判昭 62・2・12 民集 41 巻 1 号 67 頁
.... 4-34, 4-38
最判昭 62・7・10 金法 1180 号 36 頁 …… 5-19
最判昭 62・11・10 民集 41 巻 8 号 1559 頁
.... 4-9, 4-64, 4-65, 6-20
最判昭 62・11・12 判時 1261 号 71 頁 …… 4-9

［平成］
最判平元・2・7 判時 1319 号 102 頁 …… 4-39
盛岡地判平元・9・28 判タ 714 号 184 頁
.... 2-145
最判平元・10・27 民集 43 巻 9 号 1070 頁
.... 2-73
最判平 2・1・22 民集 44 巻 1 号 314 頁
.... 2-105
最判平 2・4・19 判時 1354 号 80 頁 …… 2-32
最判平 2・12・18 民集 44 巻 9 号 1686 頁
.... ◉2-16
最判平 3・3・22 民集 45 巻 3 号 268 頁
.... 2-41, ◉2-42
最判平 3・7・16 民集 45 巻 6 号 1101 頁
.... 5-35
最判平 3・10・1 判時 1404 号 79 頁 …… 2-109
最判平 4・11・6 民集 46 巻 8 号 2625 頁
.... 2-129, 2-132
最判平 5・2・26 民集 47 巻 2 号 1653 頁
.... 4-9
最判平 5・12・17 民集 47 巻 10 号 5508 頁
.... 注 50
最判平 6・1・25 民集 48 巻 1 号 18 頁 …… 2-39
最判平 6・2・22 民集 48 巻 2 号 414 頁 …… 4-35
仙台高判平 6・2・28 判時 1552 号 62 頁
.... 5-14
東京地判平 6・3・28 判時 1503 号 95 頁
.... 4-61

最判平 6・7・14 民集 48 巻 5 号 1126 頁
.... 2-53, 2-192, ◉2-193
最判平 6・12・20 民集 48 巻 8 号 1470 頁
.... 2-108
最判平 7・11・10 民集 49 巻 9 号 2953 頁
.... 4-9, 4-66
最判平 8・11・22 民集 50 巻 10 号 2702 頁
.... 4-29
最判平 9・1・20 民集 51 巻 1 号 1 頁 …… 2-144
最判平 9・2・14 民集 51 巻 2 号 375 頁
.... 2-93, 2-99
最判平 9・4・11 集民 183 号 241 頁 …… 5-18
最判平 9・7・3 民集 51 巻 6 号 2500 頁
.... 5-33
最判平 9・7・17 民集 51 巻 6 号 2882 頁
.... 4-39

——平成 10 年代——
最判平 10・1・30 民集 52 巻 1 号 1 頁
.... 2-76, 2-82
最判平 10・3・24 民集 52 巻 2 号 399 頁
.... 2-76
最判平 10・3・26 民集 52 巻 2 号 483 頁
.... 2-83
最判平 10・6・12 民集 52 巻 4 号 1121 頁
.... 4-79
最判平 10・7・14 民集 52 巻 5 号 1261 頁
.... 5-40
東京地判平 10・8・26 判タ 1018 号 225 頁
.... 注 13
最決平 10・12・18 民集 52 巻 9 号 2024 頁
.... 6-23
最判平 11・1・29 民集 53 巻 1 号 151 頁
.... 4-73
最判平 11・2・26 判時 1671 号 67 頁 …… 4-30
東京高決平 11・2・9 判時 1668 号 71 頁
.... 6-3
最判平 11・3・25 判時 1674 号 61 頁 …… 4-38
最決平 11・5・17 民集 53 巻 5 号 863 頁
.... 4-21
最判平 11・6・11 金法 1592 号 40 頁 …… 6-4
最大判平 11・11・24 民集 53 巻 8 号 1899 頁
.... 2-43, ◉2-44

判例索引

最判平 11・11・30 民集 53 巻 8 号 1965 頁
.... 2-69
最決平 12・4・14 民集 54 巻 4 号 1552 頁
.... 2-75
最判平 12・4・21 民集 54 巻 4 号 1562 頁
.... 4-77, 4-78, 注 76
最判平 13・3・13 民集 55 巻 2 号 363 頁
.... 2-82, 2-86
最判平 13・10・25 民集 55 巻 6 号 975 頁
.... 2-88
最判平 13・11・22 民集 55 巻 6 号 1056 頁
.... 4-74
最判平 13・11・27 民集 55 巻 6 号 1090 頁
.... 4-78
最判平 14・3・12 民集 56 巻 3 号 555 頁
.... 2-84
最判平 14・3・28 民集 56 巻 3 号 689 頁
.... 注 32
東京地判平 15・3・12 交民集 36 巻 2 号 313 頁
.... 4-105
最判平 15・10・31 判時 1846 号 7 頁 ... 2-174
東京地判平 16・4・13 金法 1727 号 108 頁
.... 注 80
最判平 16・7・16 民集 58 巻 5 号 1744 頁
.... 4-80
最判平 17・2・22 民集 59 巻 2 号 314 頁
.... 6-22
最判平 17・3・10 民集 59 巻 2 号 356 頁
.... 2-45, ●2-46, 2-59
最判平 18・2・7 民集 60 巻 2 号 480 頁 ... 4-3
最判平 18・7・20 民集 60 巻 6 号 2499 頁
.... 4-9, 4-13, 4-25, 4-45, 4-60
最判平 18・10・20 民集 60 巻 8 号 3098 頁
.... 4-51, 4-52, 4-53

最判平 18・10・27 民集 60 巻 8 号 3234 頁
.... 注 97
最決平 18・12・21 民集 60 巻 10 号 3964 頁
.... 注 62
最判平 19・2・15 民集 61 巻 1 号 243 頁
.... 注 77
最判平 19・7・6 民集 61 巻 5 号 1940 頁
.... 2-105
東京高判平 19・12・6 判タ 1293 号 150 頁
.... 4-104
――平成 20 年代――
最決平 20・12・2 民集 64 巻 8 号 1990 頁
.... 2-77
最判平 21・3・10 民集 63 巻 3 号 385 頁
.... 4-104, 注 81
最判平 21・7・3 民集 63 巻 6 号 1047 頁
.... 2-187
東京高決平 21・10・20 金法 1896 号 88 頁
.... 6-5
仙台高判平 21・10・28 判時 2077 号 58 頁
.... 4-83
最判平 22・6・4 民集 64 巻 4 号 1107 頁
.... 4-90, 4-95, 4-101
最判平 22・9・9 判時 2096 号 66 頁 ... 注 13
最決平 22・12・2 民集 64 巻 8 号 1990 頁
.... 4-21, 4-24
最判平 23・1・21 判時 2105 号 9 頁 ... 注 48
最判平 24・3・16 民集 66 巻 5 号 2321 頁
.... 2-174
最判平 24・9・4 判時 2171 号 42 頁 ... 注 31
東京高判平 25・5・22 判時 2201 号 54 頁
.... 注 50
最判平 28・5・30 裁判所ウェブサイト
.... 4-101

313

条文索引

*頁数ではなく、通し番号または注による。

[民法]

条	参照
87条2項	2-29
178条	4-17
295条1項	5-1〜
2項	5-21〜
296条	5-34〜
297条	5-2, 5-36
298条	5-39
299条	5-39
300条	5-38
301条	5-40
302条	5-32, 5-40
303条	6-9
304条	2-62〜, 2-78
305条	6-31
306条	6-7, 6-9
307条	6-3
308条	6-4
309条	6-5
310条	6-6
311条	6-1, 6-12
312条	6-13
313条	6-14
314条	6-17
315条	6-13
316条	6-13
317条	6-19
318条	6-19
319条	6-16
320条	6-19
321条	6-18
322条	6-19
323条	6-19
324条	6-19
325条	6-33
326条	6-27
327条	6-29
328条	6-30
329条	6-10, 6-11
330条	6-24
331条	6-33
332条	6-24
333条	6-8, 6-20, 6-22
334条	6-22, 6-25
335条	6-9
336条	6-7, 6-9
337条	6-27〜
338条	6-29
339条	6-29, 6-32
340条	6-30
341条	6-31
342条	3-1
343条	3-6
344条	3-4, 3-5
345条	3-4, 3-5
346条	3-12
347条	3-13
348条	3-17
349条	3-16
350条	2-10, 3-13, 3-23, 3-32
351条	3-22
352条	3-8
353条	3-9
354条	3-23
355条	3-4
356条	3-23
357条	3-25
358条	3-22

359条	3-23, 3-25	398条の6	2-149, 2-152
360条	3-22	398条の7	2-141
361条	3-23	398条の8	2-153
362条	3-26	398条の9	2-153
363条	3-27	398条の11	2-154
364条	3-30	398条の12	2-155
366条	3-33	398条の13	2-155
369条	2-1〜	398条の14	2-155
370条	2-29〜, 3-23	398条の15	2-155
371条	2-72〜	398条の16	2-156, 2-157
372条	2-12, 2-14, 2-62, 2-69, 2-73	398条の17	2-156
373条	2-122	398条の18	2-157
374条	2-122	398条の19	2-149, 2-159
375条1項	2-21, 2-25	398条の20	2-159
2項	2-22	398条の21	2-158
376条	2-119, 2-121, 2-122	398条の22	2-160
377条	2-154	501条	2-133
378条	2-114	504条（類推適用）	2-129
379条	2-116	577条	2-113
380条	2-116	578条	2-113
381条	2-116		
382条	2-116	［仮登記担保法］	
383条	2-116	2条	4-111
384条	2-116	3条	4-112
385条	2-116	4条	4-112, 4-113
386条	2-116	5条	4-114
387条	2-90	6条	4-115
388条	2-92〜	8条	4-112
389条	2-110〜	10条	4-118
390条	注40	11条	4-116
391条	注40	13条	4-109, 4-110, 4-117
392条	2-124	14条	4-108
393条	注45	19条	4-119
394条	2-179		
395条	2-90〜	［工場抵当法］	
396条	2-161〜	2条	2-191
397条	2-161〜	3条	2-192
398条	2-176	5条	2-194
398条の2	2-142, 2-143	7条2項	注9
398条の3	2-141		
398条の4	2-150	［質屋営業法］	
398条の5	2-151	19条	3-16

［借地借家法］		84条	2-123
12条	注109	［民事再生法］	
［商法］		148条1項	注44
515条	3-16	［民事執行法］	
521条	5-4	11条・182条	2-182
［立木法］		45条・188条	2-181
1条	2-200	46条・188条	2-182
2条	2-200	49条・188条	2-183
5条	2-200	59条4項・188条	5-32
		69条・188条	2-183
［動産債権譲渡特例法］		78条・188条	2-183
3条	4-18	79条・188条	2-183
14条・4条1項	3-31	84条・188条	2-185
		87条	2-181
［農業動産信用法］		89条・188条	2-185
2条	2-197	90条・188条	2-185
13条	2-197	93条の4・188条	2-187
		124条・190条	5-32
［破産法］		181条	2-180
2条	3-15	182条	2-180
		183条	2-180
［不動産登記法］		184条	注50
83条	2-19, 2-123	190条・192条	3-15

平野　裕之（ひらの・ひろゆき）
　1960年　東京に生まれる
　1982年　明治大学法学部卒業
　1984年　明治大学大学院法学研究科博士前期課程修了
　1995年　明治大学法学部教授
現　在　慶應義塾大学大学院法務研究科教授
　　　　早稲田大学法学部非常勤講師
主　著　『物権法』（日本評論社、2016）
　　　　『物権法（新・論点講義シリーズ）』（弘文堂、2012）
　　　　『間接被害者の判例総合解説』（信山社、2005）
　　　　『保証人保護の判例総合解説（第2版）』（信山社、2005）
　　　　『民法総合3担保物権法（第2版）』（信山社、2009）
　　　　『民法総合5契約法』（信山社、2007）
　　　　『民法総合6不法行為法（第2版）』（信山社、2009）
　　　　『コアシリーズ民法Ⅰ（民法総則）』～
　　　　『コアシリーズ民法Ⅵ（事務管理・不当利得・不法行為）』
　　　　（新世社、2011）等。

担保物権法（たんぽぶっけんほう）
2017年3月15日　第1版第1刷発行

著　者——平野裕之
発行者——串崎　浩
発行所——株式会社　日本評論社
　　　　〒170-8474　東京都豊島区南大塚3-12-4
　　　　電話 03-3987-8621（販売）-8590（同FAX）-8631（編集）
　　　　振替 00100-3-16
印刷所——平文社
製本所——松岳社
装　丁——大村麻紀子
© Hiroyuki, HIRANO　2017

ISBN978-4-535-52241-1　　　　　　　　　　　Printed in Japan

JCOPY〈(社)出版者著作権管理機構　委託出版物〉
本書の無断複写は著作権法上での例外を除き禁じられています。複写される場合は、そのつど事前に、(社)出版者著作権管理機構（電話 03-3513-6969、FAX 03-3513-6979、e-mail：info@jcopy.or.jp）の許諾を得てください。また、本書を代行業者等の第三者に依頼してスキャニング等の行為によりデジタル化することは、個人の家庭内の利用であっても、一切認められておりません。